동사

Dongsa(東史)

지은이 이종휘(李種徽, 1731~1797)의 자는 덕숙(德叔), 호는 수산(修山)이다. 병조참판을 지낸 정철(廷喆)의 아들이다. 집안이 소론(少論)에 속하였으며, 양명학(陽明學)을 받아들여 주자학과 대등하게 긍정하였다. 그의 개인적 기록은 거의 찾아보기 어려운데, 1792(정조 16)~1793(정조 17)년 사이에 공주에서 판관을 한 것을 제외하고는 관력이 분명하지 않다. 그가 지은 『동사』는 기전체로 쓰여진 고대사인데, 고조선과 삼한, 부여, 삼국, 고려까지를 소재로 한 통사적 저술이다. 1803년에 간행된 그의 문집인 『수산집(修山集)』에 포함되어 있다.

옮긴이 김영심(金英心)은 1963년 전북 고창에서 출생하여, 서울대학교 인문대학 국사학과, 동 대학원 석·박사과정을 졸업했다. 현재 서울대학교 규장각 책임연구원으로 있다. 저서로는 『역주 한국고대금석문』(공역), 『백제의 지방통치』(공저), 『고대 동아시아와 백제』(공저) 등이 있다.

옮긴이 정재훈(鄭在薰)은 1966년 강원도 정선에서 출생하여, 서울대학교 인문대학 국사학과, 동 대학원 석·박사과정을 졸업했다. 현재 서울대학교 규장각 책임연구원으로 있다. 주요논문으로 「조선전기 유교정치사상연구」, 「조선전기 『대학』의 이해와 성학론」, 「청조학술과 조선성리학」 등이 있다.

동사

1판 1쇄 인쇄 2004년 12월 20일
1판 1쇄 발행 2004년 12월 30일

지은이 / 이종휘
옮긴이 / 김영심·정재훈
펴낸이 / 박성모
펴낸곳 / 소명출판
출판고문 / 김호영
등록 / 제13-522호
주소 / 137-878 서울시 서초구 서초동 1621-18 (란빌딩 1층)
대표전화 / (02) 585-7840
팩시밀리 / (02) 585-7848
somyong@korea.com / www.somyong.com

ⓒ 2004, 한국학술진흥재단

값 26,000원

ISBN 89-5626-126-1 93910

동사
Dongsa(東史)

이종휘(李種徽) 저 / 김영심(金英心)·정재훈(鄭在薰) 역주

소명출판

일러두기

1. 이 역주서 『동사(東史)』는 『수산집(修山集)』 권11, 12, 13의 『동사(東史)』와 권14의 「동국여지잡기(東國興地雜記)」, 「만필(漫筆)」 및 「사론(史論)」 부분을 번역의 대상으로 하였다.
2. 번역은 다음과 같이 분담하였다.
   김영심 : 제1부 제1장~제5장 8절
   정재훈 : 제5장 9절~제2부 제4장
3. 원문에 나오는 저자의 주는 본서의 본문에서 (저자 주)로 표기하였고, 역자 주는 역자 주라는 표기 없이 ( ) 안에 간단히 표시하였다. 각주(脚註)는 모두 역자의 주이다.
4. 본문 중 [ ] 표시 안에 작은 글씨로 표기된 것(9포인트)은 내용 이해를 돕기 위하여 원문에서 생략되고 불완전한 부분을 역주자가 보충해 넣은 것이다.
5. 한글 표기와 한자 표기의 음가(音價)가 같은 경우는 ( ), 음가가 다른 경우 및 한자어를 풀어 번역한 경우는 [ ]를 사용하였다.

간행사

　한국학술진흥재단에서 시행하는 '동·서양 학술명저 번역사업'의 지원을 받아 『동사(東史)』의 역주본을 내놓게 되었다. 『동사』는 조선 후기의 학자인 수산(修山) 이종휘(李種徽, 1731~1797)의 문집인 『수산집(修山集)』의 일부이다.

　그 동안 이종휘의 사학에 대해서는 실천을 강조하는 양명학을 받아들여 유교사관의 재정립을 시도했다는 평가나, 그의 고구려 중심의 고대사 인식은 민족주의 사학의 전사(前史)라는 지적이 있었다.

　기전체형식에 따라 본기(本紀)·세가(世家)·열전(列傳)·연표(年表)·표(表)·지(志)로 구성된 『동사』에서는 고조선과 삼한, 부여·고구려 계통의 역사와 문화를 다루고 있다. 한국사 서술에서 최초로 「단군본기(檀君本紀)」를 설정하고 있는 점은 물론, 열전이나 지에서 드러나는 고구려 중심의 고대사 인식체계는 『동사』의 가장 큰 특징이다. 특히 「신사지(神事志)」에서는 단군조선이 기자조선에 의해 멸망되었지만 후손들이 부여·예맥·비류·옥저 등을 건국하였고, 부여의 후예가 고구려와 백제를 건국하였으므로 우리 역사의 중심 종족은 단군임을 강조하였다. 단군의 계승 왕조로서 부여·고구려를 강조함에 따라 우리 민족의 생활권에 대한 인식을 확대하였고, 발해는 고구려를 계승해서 일어났다고 하여 고구려와 발해의 연결관계도 분명히 밝히고 있다.

고구려 중심의 고대사 인식의 중요 근거는 강역의 범위와 도읍의 위치였다. 단군과 기자조선의 강역이었던 만주지역·한반도를 우리 역사의 중심 무대로 상정하고, 그 지역을 고구려가 차지했다는 점을 높이 평가했으며, 고구려가 단군, 기자 때의 도읍이었던 평양을 도읍으로 삼았다는 점도 중요하게 파악하였다. 여기에 고구려가 신라, 백제에 비해 기자의 유풍을 계승함으로써 유교문화가 훨씬 발달한 것도 중요한 배경이 되었다.

이종휘의 『동사』에 보이는 북방영토에 대한 관심이 민족주의사학자 및 그를 계승한 역사가에 의해 주목받아 왔음에도 불구하고, 아직까지 그에 대한 번역본이 없었다. 이에 역주자들은 1999년 한국학술진흥재단의 동·서양 명저 번역사업의 지원을 받아 그 해 11월부터 이듬해 10월에 걸쳐 역주사업을 마쳤다. 역주작업의 저본은 규장각 소장 『수산집』(奎4574)의 권11~권13의 『동사』 부분과 역사서인 『동사』를 보완할 수 있는 권14의 「동국여지잡기(東國與地雜記)」 「만필(漫筆)」 및 권6의 「사론(史論)」을 포함한 부분이다. 고조선사, 고구려사에 대한 연구자의 입장의 차이가 크기 때문에 주석에서는 가장 일반적이고 설득력 있는 견해를 소개하였으며, 최근의 연구성과도 반영하고자 노력하였다. 1년에 걸친 역주작업을 마친 후에도 부족한 점이 많고, 역자들의 사정도 있고 하여 역주서의 간행이 늦어졌다.

그러는 가운데 고구려사 귀속(歸屬)을 둘러싼 중국과의 마찰이 있었고, 북한과 중국의 고구려 유적에 대한 유네스코의 세계문화유산 지정이 있었다. 고구려사에 대한 국민적 관심은 연구기관의 성립으로까지 이어졌다. 이러한 상황에서 200여 년 전 이미 고구려 중심의 우리 고대사를 체계적으로 서술한 『동사』에 대한 역주서의 출간이 갖는 의미는 실로 크다 하지 않을 수 없다.

1년에 걸친 역주작업과 계속된 수정·보완작업에도 불구하고 미흡한 점이 많다. 부족한 점은 강호(江湖)에 숨어 있는 대가(大家)들의 질정을 바라며, 감히 부끄러움을 무릅쓰고 세상에 내놓는다. 기초학문 지원에 물심양면으로 애써 준 학술진흥재단과 부족한 원고를 맵시 있는 책으로 꾸며준 소명출판의 편집부에 깊은 감사를 드린다.

2004년 12월
규장각에서
역자 일동

동사의 체제와 역사의식

1. 머리말

『동사(東史)』는 조선 후기의 학자였던 수산(修山) 이종휘(李種徽, 1731~1797)가 지은 역사책이다. 『동사』는 따로 독립되어 하나의 책으로 전해진 것이 아니라 이종휘의 문집인 『수산집(修山集)』 가운데 수록되어 있다. 『동사』에서 기술하고 있는 대상은 고조선과 삼한, 부여, 삼국, 고려 등 주로 고대사이다. 그러나 상고시대부터 고려사 일부까지 역사서술의 대상으로 삼았기 때문에 통사체제를 갖추었다고 볼 수 있다.

이종휘는 당색으로는 소론에 해당한다. 그의 백부인 정걸(廷傑)이 윤증(尹拯)의 제자였으며, 그가 교유한 인물 중에서 소론으로 파악되는 인물이 많기 때문이다. 특히 소론파 가운데서도 조선 최고의 양명학자로 알려진 정제두(鄭齊斗)의 손서(孫婿)인 신대우(申大羽)와 가까워 그에게서 문집의 후서(後序)를 받기도 하였다. 그러한 영향으로 『수산집』에서는 왕수인(王守仁)을 긍정하는 언급을 여러 차례 하고 있으며 양명학(陽明學)을 비교적 받아들이고 있는 점을 확인할 수 있다. 하지만 이종휘의 학문은 주자성리학을 부정하고 양명학을 높이는 방향으로만 전개된 것은 아니었고, 주자성리학과 양명학을 공정하게 인식하는 것을 목표로 하였다.

이종휘의 학문을 평가한 홍양호(洪良浩)의 지적처럼 이종휘는 경술(經術)을 체(體)로 삼고, 사학(史學)을 용(用)으로 삼아 전통적인 학문의 큰 틀에서 벗어난 것은 아니었다. 그러나 다른 한편으로 양명학을 긍정한 것처럼, 전통적인 역사인식이나 역사의식에서 벗어난 점도 있었다. 성리학적인 역사서술방법인 강목체 대신에 기전체의 서술 방식을 『동사』에 적용한 점이나, 단군을 중심으로 단군의 혈통을 강조하고 문화적 위상을 높였던 점은 특징적이라고 할 수 있다. 또 단군만이 아니라 기자도 중국의 문화가 유입된 계기로 보아 우리나라가 소중화로서 문화국가가 될 수 있는 근거로 인식하였다. 이런 점에서 단군족의 혈통과 기자로 대표되는 선진적인 유교문화가 성공적으로 만날 수 있었던 지점에서 이종휘 사학의 특징이 드러난다고 할 수 있다.

2. 『동사』의 체제와 그 특징

『동사』는 본기(本紀), 세가(世家), 열전(列傳), 연표(年表), 지(志)의 편목으로 구성되어 있다. 고대사를 보는 기본적인 틀이 반영된 본기와 세가의 항목을 먼저 살펴본다면, 본기 항목은 단군본기(檀君本紀), 기자본기(箕子本紀), 삼한본기(三韓本紀), 후조선본기(後朝鮮本紀)로 구성되어 있고, 세가는 기자세가(箕子世家) 보유(補遺), 부여세가(扶餘世家), 발해세가(渤海世家), 가야세가(伽倻世家)로 되어 있다. 본기의 항목은 다분히 정통론적인 시각이 반영된 것으로 단군에서 기자, 기자에서 삼한으로 이어지는 체계와 단군에서 기자, 위만으로 이어지는 체계를 상정하고 있는 것으로 보인다. 우리 역사 계통의 이원성은 한백겸의 『동국지리지(東國地理誌)』에서 시작되고, 허목에 의해서도 단군－부여－고구려·백제의 북방계와 기자－마한－신라의 남방계의 이원적 체계를 상정되고 있는데, 이종휘는 이러한 이원적 계통론을 이은 것으로 보인다.

『동사』에서 본기와 세가를 구분한 기준은 자세하지 않다. 기자가 본기와 세가의 항목으로 나뉘어 있고, 단군의 후예인 부여세가와 고구려의 계승국인 발해세가, 가야세가 정도만이 실려 있어 구분 기준이 분명하지 않다. 다만 기자본기와 기자세가의 차이는 기자본기는 단군본기와 삼한본기를 연결하는 정통론으로서의 성격을 띠는 반면, 기자세가는 『한씨보(韓氏譜)』·『기씨보(奇氏譜)』·『기자통기(箕子通紀)』 등을 인용하여 만든 보유(補遺)의 성격이 강하다. 삼국에 관한 기록은 본기와 세가 모두에 빠져 있는 것이 주목된다.

열전에는 예맥(濊貊)·옥저(沃沮)·비류(沸流)·낙랑열전(樂浪列傳), 고구려가인열전(高句麗家人列傳), 고구려종실열전(高句麗宗室列傳), 탐라열전(耽羅列傳), 협·부·을·송열전(陜·扶·乙·松列傳), 을지문덕열전(乙支文德列傳), 설총(薛聰)·최치원열전(崔致遠列傳) 등의 항목이 있어 고구려와 관련된 열전이 주를 이루었다. 그러나 열전 내의 항목은 전체적으로 균형이 맞지 않는다. 개인에 관한 전기(傳記) 형식을 띠고 있는 것도 있지만, 예맥·옥저·비류·낙랑열전이나 탐라열전과 같이 세가의 항목으로 설정하는 것이 타당할 것 같은 항목도 굳이 열전에 배치하였기 때문이다. 또 본기 항목은 물론 세가 항목에도 고구려·백제·신라 등 삼국이 들어가지 않은 이유는, 당시 정통론적인 서술이 일반적인 흐름과의 충돌을 피해가면서도 고구려의 문화나 역사를 정리하기 위한 방편으로 열전이나 지에서 고구려 관계 서술을 많이 한 것과 관련 있을 것으로 생각된다.

지(志)의 서술이 많은 것도 형식상 특징의 하나이다. 예악지(禮樂志)·

식화지(食貨志)・신사지(神事志)는 고구려가 앞에 호칭되지 않았으나, 예문지(藝文志)・율력지(律曆志)・천문지(天文志)・지리지(地理志)・형법지(刑法志)・오행지(五行志) 등은 모두 고구려라는 호칭이 함께 붙어서 만들어진 항목명이라는 점에서 고구려 중심의 서술이 이루어지고 있음이 드러난다. 지(志) 편목 중에서 가장 주목되는 것은 「신사지(神事志)」가 설정되어 있는 점이다. 「신사지」의 기술 목적은 단군・기자 이래 귀신의 일을 차례로 논하여 삼대(三代)의 법도에 절충시키고, 신선황괴(神仙荒怪)의 이야기를 모두 드러냄으로써 후대의 군자가 참고로 삼도록 하기 위해서였다. 신선황괴한 일은 사실 유교적인 역사서술태도에 입각할 때는 기술할 수 없는 내용이다. 이종휘의 표현 그대로 「신사지」 서술의 목적은 다분히 유교적인 차원에 있는 것이었지만, 이러한 내용의 지(志)를 설정한 것 자체가 이종휘의 역사서술 태도에는 탄력성이 있음을 말해준다.

형식적인 측면에서 『동사』의 중요한 특징 가운데 하나는 한국사 서술에서 최초로 「단군본기(檀君本紀)」를 설정하고 있다는 점이다. 허목(許穆)의 『동사(東事)』에는 「단군세가(檀君世家)」로 되어 있고, 홍만종(洪萬宗)의 『동국역대총목(東國歷代總目)』에는 단군─기자─마한─무정통(無正統, 삼국)─신라(문무왕 이후)로 이어지는 정통체계는 상정했지만 강목체 서술이었다. 따라서 기전체사서인 『동사』에서 최초로 「단군본기」가 설정된 것의 의미는 큰 것이다.

이종휘가 단군과 기자로 이어지는 역사체계를 상정한 것은 허목과 홍만종에 영향받은 바가 많은 것으로 보인다. 허목은 「단군세가」에서 단군조선을 필두로 하여 고대사체계를 구상하였는데, 최초의 교화주(敎化主)를 신시(神市)로 보아 신시 때에 생민지치(生民之治)를 가르쳐서 백성이 와서 복종했다고 보고 있다. 홍만종은 단군으로부터 정통이 시작되고 그 정통이 입교(立敎)의 성후(聖后)인 기자로 이어졌다고 본 「단기정통론(檀箕正統論)」을 제시하였는데, 이는 이종휘의 단군─기자관과 유사하기 때문이다.

3. 『동사』의 역사의식

종래 이종휘의 고대사 인식과 관련하여서는 단군에 대한 인식과 고구려 중심의 삼국사인식이 자주 거론되어 왔다. 본기나 세가에 수록된 기자조선 관련 기록의 분량을 고려한다면 이종휘의 기자 및 기자조선 인식에 대해서는 상대적으로 덜 주목되었다고 할 수 있다. 그러나 수산 이종휘의 역사인식의 전모를 파악하기 위해서는 단군 및 기자에 대한 인식을 아울러 살펴볼 필요가 있다.

「단군본기(檀君本紀)」에 서술된 내용은 기실 이전의 역사서에서 전해 오던 것을 계승한 측면이 두드러진다. 단군이 백성들에게 편발개수(編髮 蓋首)를 가르치게 되어 군신과 남녀, 음식·거처에 절도가 있게 되었다는 내용이나, 팽오(彭吳)를 단군시대의 신하로 보는 것 등은 홍만종의 『동국역대총목』에도 나오는 내용이다. 또 환인(桓因)-환웅(桓雄)-단군(檀君)-부루(扶婁)로 이어지는 세계(世系)는 밝혀 놓았지만, 부루 이후는 전하지 않는다고 보았다. 단군의 아들 부루가 하우씨(夏禹氏)의 도산조회(塗山朝會)에 참가했다는 사실을 수록하고 있는데, 이는 단군과 고조선의 실재(實在)에 신빙성을 더하기 위한 목적에서였다. 중국의 고사(古史)에 단군왕검의 이름이 현저했다고 말한 것도 유자들에 의해 부정되던 단군을 역사적 실체로 부상시키려는 이종휘의 의도가 반영된 것이다.

한편 「신사지(神事志)」에서는 단군 이전부터 있었던 우리의 고유한 종교문화, 즉 신선신앙이나 귀신숭배의 전통이 구체적으로 언급되고 있다. 환인을 환국(桓國)의 제석(帝釋), 환웅(桓雄)을 신시천왕(神市天王), 그의 아들을 단군이라 하고, 신시 세상에서는 신(神)으로써 가르침을 베풀었다는 이신설교론(以神設敎論)도 주장하고 있다. 단군신화의 내용과 단군 관련 유적이 아울러 소개되고 기자 홍범구주의 세 번째 항목인 팔정(八政)의 사(祀)도 신명(神明)과 교제하는 것으로 보았던 것이다. 단군의 후세인

부루・금와(金蛙)・주몽(朱蒙)에 관한 내용, 고구려의 제천의례와 신에 대한 제사의례, 100여 세 이상을 누린 고구려의 동명왕(東明王) 이하 역대 왕과 수로왕(首露王)에 관한 기사, 신이한 행적을 남긴 신라 시조・선도성모(仙桃聖母)・문무왕・사선(四仙)에 관한 내용이 수록되어 있다.

이처럼 「단군본기」에서 단군에 의해 비로소 교화가 시작되었고, 기자의 팔조지교(八條之敎)로 바야흐로 우리나라의 풍속이 바르게 되었다고 본 것은 단군과 기자를 동시에 교화의 주체로 인정한 것이다. 또한 「신사지」에서는 웅녀(熊女)가 신시천왕(神市天王)과 야합해서 단군을 낳았다는 기록 바로 다음에 기자가 동쪽으로 와서 문물예악이 다스려졌다고 기술을 하고 있어 단군과 기자의 계승관계는 교화라는 차원에서 이어지고, 「고구려지리지」에서는 지역적인 측면에서 기자조선이 단군조선을 잇고 있음을 피력하고 있다. 따라서 단군에서 기자로 이어지는 관계는, 종족인 측면에서 단군의 후예로 상정되는 부여・고구려와 단군의 관계와는 다름을 알 수 있다.

「기자본기(箕子本紀)」, 「기자세가(箕子世家) 보유(補遺)」의 기록을 통해 나타나는 이종휘의 기자에 대한 입장은 다음과 같다. 은(殷)나라의 멸망 이후 기자가 주(周)나라 무왕에게 홍범구주를 베풀고 조선으로 피해 왔으나, 주나라에서는 그것을 막을 수 없었고, 후작(侯爵)을 내려주기는 했지만 신하로 삼지는 않았음을[箕子不臣說] 밝히고 있다. 기자의 동래시에 단군은 백악으로 옮겨감으로써 단군에서 기자로 이어지는 과정은 매우 순조로웠고, 팔조범금(八條犯禁)이나 정전법(井田法)의 실시로 백성들의 호응도 상당히 컸음을 알 수 있다. 기자의 교화로 동방이 시・서・예・악의 나라가 되었다고 본 것은 다른 사서들과 다를 바가 없으나, 교화가 쉽게 이루어질 수 있었던 것은 우리 백성의 천성 자체가 유선(柔善)한 때문이었다는 것을 부기한 점에 기자문화에 대한 평가의 특색이 있다. 기자문화의 일방적인 영향이 아니라 우리가 그 문화를 받아들일 수 있는 기본 바탕을 갖추고 있었음을 말한 것이다. 또한 천여 년 간 조선・마한이 이어져서 우리나라 백성들이 아직도 기자의 인현(仁賢)의 교화를 칭송한다는 것은 조선시대에 이르기까지 기자가 살아있는 숭배의 대상이었음을 강조한 것이다.

「기자세가」는 『기씨보(奇氏譜)』에 실린 42대 929(8)년의 왕계를 그대로 받아들여 작성한 것이다. 사료로서의 가치에 대해 논란이 있으나, 최초로 『기씨보』를 사료로 채택한 점이 주목된다. 한편 「후조선본기(後朝鮮本紀)」를 설정하여 위만조선을 다루고 있는 것은 기자·마한으로 이어지는 정통론의 견지에서 볼 때 위만에 대한 역사적 평가는 폄하되어야 하지만, 기씨의 영역을 차지했다는 현실적 상황을 인정한 때문으로 보인다.

이종휘가 기자불신설(箕子不臣說)을 취한 것은 기자가 주 무왕에게 신복(臣服)하지 않았다는 것을 강조함으로써 기자의 문화를 계승한 우리나라가 중국과 거의 대등한 문화를 누렸음을 강조하기 위한 의도가 담긴 것으로 추정된다. 더 나아가 진한 이후의 중국의 타락한 사회는 삼대의 유풍이 남아 있지 못한 반면, 기자조선은 삼대의 성인인 기자가 와서 건국하고 교화한 것이기 때문에 오히려 삼대의 유풍이 남아 있다는 소중화적(小中華的) 발상으로 이어질 수도 있었다.

이전의 역사서에서 내려오던 단군에 대한 인식을 심화시켜 종족적인 관념에서는 「단군본기」를 설정하여 단군을 부각시키고, 동이문화의 원천으로 기자문화를 인식하고 중국문화와 대등한 수준의 기자문화의 유풍이 고구려에 계승된다고 봄으로써 단군과 기자에 대한 통합적인 이해와 주체적인 소화가 가능하였던 것이다. 특히 고구려를 단군의 혈통과 기자의 문화를 동시에 계승한 것으로 이해함으로써 단군과 기자를 동시에 높이고 적절하게 의미 부여를 하여 하나의 전형을 제시한 것이 바로 『동사』라고 할 수 있을 것이다.

그리고 열전과 지의 내용을 종합해보면, 고구려는 보본사신(報本祀神)의 예, 부부의 예, 군신·부자·형제의 예가 갖추어지고, 의관·문물이나 음악이 정비된 나라였다. 기자의 유풍을 계승함으로써 신라나 백제에 비해 유교문화가 훨씬 발달했기 때문에 고구려가 고대사의 중심으로 평가되었다고 할 수 있다. 여기에 강역이 사방 4, 5천리에 이르는 대국이고, 중국이 갖춘 풍토와 기후의 다양성을 갖추고 있어서 문화적인 측면에서는 물론 자연환경에서도 소중화의 조건이 구비되었던 나라가 바로 고구려였던 것이다.

이에 비해 신라에 대해서는 사론에서 언급하는 내용이 주로 불교에 깊이 감화되었다든지, 삼교(三敎) 중에서 노장(老莊)에 특히 관심을 기울여 정수를 얻어 이에 능하다고 하였고, 명목은 유교지만 실제로는 노장(老莊)이 행해졌다고 하여서 유교가 신라에서는 제대로 행해지지 않았음을 비판하였다. 이러한 생각은 고려 태조가 이룬 통일의 공도 기자의 교화를 이어서 신라의 구차함을 일변한 것에서 찾았던 데에서도 확인된다.

종족·지역·문화적 측면에서 소중화의 여건을 구비한 고구려에 대한 평가는 그 계승국인 발해에 대한 평가로까지 이어졌다. 신라의 삼국통일에 대한 이종휘의 부정적 평가는 고구려의 계승국인 발해를 우리의 고대사체계에 적극적으로 자리매김하려는 의도가 내포된 것이었다. 발해를 독립된 세가로 다룬 것도 그러한 의지의 표현이었다. 발해가 5천리의 땅을 차지했으며, 백성들에게 의관·예악을 갖추게 한 지 수백 년만에 소중화의 나라가 되었다는 점에서 대조영(大祚榮)을 기자 이래 으뜸가는 위인으로 꼽았던 것이다. 발해의 5경(京)을 숙신(肅愼)·예맥(濊貊)·옥저(沃沮)·고구려 지역에 비정하고, 현재의 영토는 3/5이 상실되어 생숙(生熟)·여진(女眞)이 차지하고 있는 상황임을 안타깝게 여기고 있어, 이러한 북방 영토에 대한 관심이 후대 민족주의사학자의 북방고토 즉, 만주에 대한 수복론으로까지 전개되어 나갔다고 할 수 있다.

4. 맺음말

수산 이종휘는 기전체 사서인 『동사』에서 「단군본기」와 「기자본기」를 나란히 설정함으로써 단군과 기자를 통합적으로 이해하였다. 단군과 기자에 대한 관심은 곧 당시 유행하던 소중화주의(小中華主義) 내지 조선중화주의(朝鮮中華主義)와 관계가 있다. 조선 '중화민족'의 원형을 찾으려는 관심의 연장선상에서 중국의 중화민족에 대응하는 단군이 주목되었고, 더 발전되어 곧 단군에서 부여나 고구려까지 이어지게 되었던 것이다. 곧 단군과 기자의 영역을 주목하면서 우리 고대사의 강역에 대해 새로운 관심을 가지게 되었고, 이것이 삼국 중에서도 단군과 기자의 강역을 가장 많이 포함하였던 고구려까지 상대적으로 중요시하게 되었던 것이다. 이런 관점은 곧 수산 이종휘의 사학으로 연결되었던 것이다.

또 이종휘는 중국문화와 동 궤도에서 기자가 문화를 일으킨 것을 평가하고, 기자의 유풍이 고구려에 계승됨으로써 고구려의 문화가 유교문화를 꽃피웠던 것이라고 했다. 또 고구려는 부여와 함께 단군족의 혈통을 계승하였으므로 단군의 혈통과 기자의 문화를 동시에 계승한 것이, 고구려를 중심으로 삼국사를 인식하게 된 근거가 될 수 있었던 것이다. 중국문화와 대등한 수준으로 기자·고구려의 문화를 평가하고, 기자와 단군을 통합시켜 이해할 수 있었던 관점은, 곧 18세기 단계에 이르러서는 중국의 문화를 받아들이면서도 이미 이것을 주체적으로 소화시켜 조선화할 수 있었음을 말해주는 것이다.

이종휘의 이런 입장은 조선중화론으로 요약되는데, 종족의 측면에서는 단군, 지역적으로는 북방 중심의 역사무대, 문화적으로는 기자문화[유교문화]의 계승을 화두로 삼는다는 점에서, 종족적으로는 한족(漢族), 지역적으로 중국(中國), 문화적으로 기자문화를 근거로 하였던 중국의 화이론(華夷論)과 대비된다. 이와 같이 중국의 화이론과 그에 기반한 정통론을 나름대로 소화하여 조선의 실정과 당시의 시대적 상황에 맞게 재해석한 것은 18세기 단계의 조선사회가 그만큼 문화적으로 성숙해 있었다는 것을 의미한다.

차례

동사

2부 동국여지잡기 · 만필 · 사론

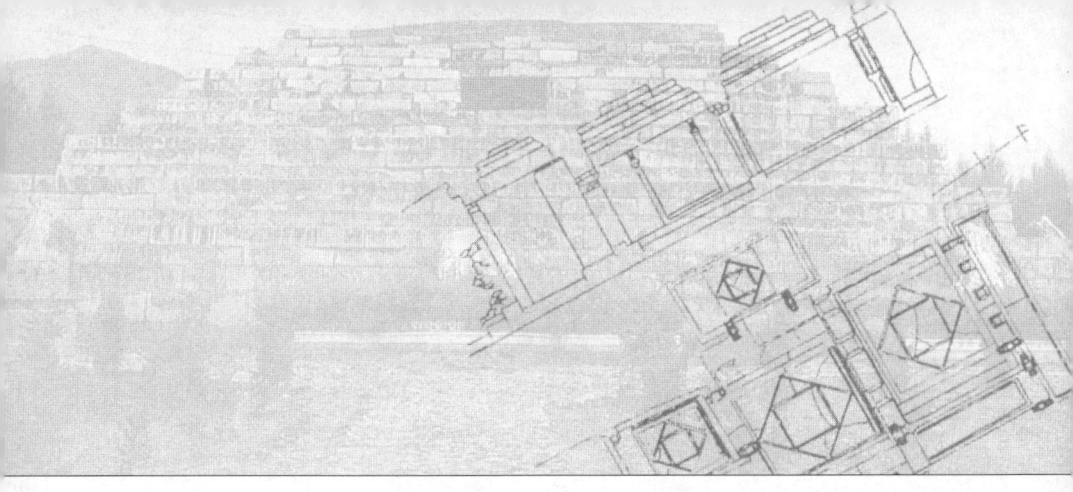

동사

본기(本紀)

1. 단군본기(檀君本紀)[1]

조선왕(朝鮮王) 단군(檀君)의 할아버지는 신인(神人) 환인(桓因)이다. 환인
에게는 환웅(桓雄)이라는 서자(庶子)가 있었다. 환웅은 태백산(太白山)에 살
았는데 신웅(神熊)의 이적(異蹟)[2]으로 박달나무 아래에서 (단)군을 낳았기

---

1) 이종휘가 단군과 기자로 이어지는 역사체계를 상정한 데에는 허목(許穆)과 홍만종(洪
萬宗)의 영향이 컸다고 생각된다. 그러나 기전체사서인 허목의『동사(東事)』에서는 '단
군본기'가 아니라 '단군세가(檀君世家)'를 설정하였고, 홍만종의『동국역대총목(東國歷
代總目)』은 강목체사서로서 단군—기자—마한으로 이어지는 정통체계를 상정한 반면,
이종휘의『동사(東史)』는 기전체사서로서 최초로 '단군본기'를 설정하고 있는 점이 사
학사적으로 의미가 있다.

2)『삼국유사(三國遺事)』에 나오는 내용이다. 곰 한 마리와 범 한 마리가 같은 굴에서
살며 신웅(神雄, 곧 桓雄)에게 사람이 되게 해달라고 빌어 결국 곰은 쑥과 마늘을 먹고
21일을 견뎌서 사람으로 되고 범은 되지 못한 것을 가리킨다.

때문에 단군(檀君)이라고 이름하였다. 어떤 기록에서는 단군(檀君)의 이름을 왕검(王儉)이라고 하고, 어떤 기록에서는 성을 환(桓)씨라고 하였다.

단군시대에는 동쪽 문명국인 우리나라[東夏]3)에 임금[君長]이 없어서 백성들이 어리석은 상태였고 금수(禽獸)와 더불어 무리지어 살았다. 이때에 단군이 백성들에게 편발개수(編髮盖首)4)를 가르치니 비로소 임금과 신하, 남자와 여자의 분별과 음식과 거처(居處)에 절도가 있게 되었다.5)

이때는 도당씨(陶唐氏)6)가 중국에서 나라를 세운 때인데, 비로소 단군이 개국(開國)하게 되었으니 대체로 무진(戊辰)년7)이라 한다. 9년 동안 이어지는 홍수를 당하여 팽오(彭吳)8)에게 높은 산과 큰 내를 정(定)하게 하고 우수(牛首)9)에 이르러 백성의 터전을 정하였다.10) 단군은 대체로 나

---

3) 이종휘의 『동사(東史)』에서는 우리나라를 지칭하는 표현으로 동하(東夏), 우리 백성을 지칭하는 표현으로 동민(東民)이라는 용어를 자주 사용하고 있는데, 이는 우리나라가 동쪽의 중국, 즉 동쪽의 문명국이라는 의도를 드러낸 것인 듯하다.

4) 머리를 땋고 머리에 모자나 관(冠), 수건 같은 것을 덮는 것을 말한다. 홍만종의 『동국역대총목』에 처음으로 이 기사가 나오는데 홍만종이 어디에 근거를 둔 것인지는 알수 없다.

5) 홍만종의 『동국역대총목』에서도 단군시대 문화에서 군신 · 남녀관계의 구별과 의복 · 주거제도가 출발했다고 인정하고 있는데, 이러한 해석방식은 고려 말 유학자 이승휴(李承休)의 『제왕운기(帝王韻紀)』 단계에 이미 받아들여진 것이다.

6) 도당씨(陶唐氏)는 요(堯)임금이다. 처음에 도(陶)라는 지역에 살다가 당(唐)이라는 곳으로 옮겨 살았기 때문에 붙여진 이름이다.

7) 기원전 2333년이다. 『삼국유사』에서는 요의 즉위년을 무진년으로 보고 단군의 개국연도는 그보다 50년 후인 경인(庚寅)년으로 보았으나, 『동사(東史)』에서는 요와 같은때인 무진년에 단군이 개국한 것으로 보았다. 『제왕운기』에서도 '요원년무진(堯元年戊辰)'이라 했다. 『동국통감(東國通鑑)』에서는 '당요원년갑자설(唐堯元年甲子說)'에 의거하여 '당요25년무진(唐堯二十五年戊辰)'이라고 기록하고 있는데 『해동이적(海東異蹟)』과 『동국역대총목』에서도 이를 따르고 있다.

8) 팽오(彭吳)에 대해서는 중국인이냐 아니냐를 둘러싸고 견해가 다양하다. 홍만종의 『동국역대총목』에는 단군의 신하로 홍수로 혼란된 국내산천을 다스려서 백성의 주거문화 수준을 높였다고 되어 있는 반면, 안정복은 팽오는 중국인이므로 고증 자체가 잘못되었다고 비판하였다.

9) 우두주(牛頭州) 혹은 우수주(牛首州), 수약주(首若州)라고도 하는 현재의 강원도 춘천지방을 지칭하는 듯하다. 홍만종의 『동국역대총목』 '단군조선조'에서는 김시습(金時習)의 시(詩)인 '수춘시맥국(壽春是貊國) 통도자팽오(通道自彭吳)'를 인용하고서 "우수주는 춘천이고, 수춘은 우수주의 별호라고 하였다[牛首州今春川 壽春郎本州別號]."

이 수천 세에 죽었다.

아들 부루(扶婁)가 왕이 되어 갑술(甲戌)년에 도산(塗山)[11]에서 하우씨(夏禹氏)[12]에게 조회(朝會)하였다.[13] 부루 이후는 세계(世系)와 연보(年譜)가 없어져 전하지 않는다. 어떤 기록에서는 단군이 죽지 않고 상(商)나라[14] 무정(武丁)[15] 을미(乙未)년[16]에 아사달산(阿斯達山)[17]에 들어가 신선이 되었다고 하였다. 또 어떤 기록에서는 주(周)나라 때에 당장지경(唐莊之京)[18]으로 기자(箕子)를 피해갔고, 나이는 천여 세였다고 하였다.

단군은 평양에 거처하였는데, 은주(殷周)의 교체기에 후세 자손이 백

---

10) 『동국역대총목』에 처음으로 등장하는 내용인데('命彭吳治國內山川 以奠民居'), 어디에 근거를 둔 것인지 알 수 없다.

11) 산명(山名)으로 안휘성(安徽省) 회원현(懷遠縣)의 회하(淮河) 동안(東岸)에 있다.

12) 하우씨(夏禹氏)는 하(夏)나라를 개국(開國)한 우임금을 가리킨다. 순(舜)임금의 선위(禪位)로 천자가 되었다.

13) 우왕의 도산 모임이란 하나라 우왕(禹王)이 도산에서 제후들과 회맹(會盟)했다는 것으로, 『좌전(左傳)』'애공 7년조'나 『죽서기년(竹書紀年)』'우왕 5년조' 같은 중국측 문헌에 보이는데 전통사회에서 역사적 사실로 받아들여지는 이 모임에 부루가 참석했다고 한다면 단군과 고조선의 실재가 신빙성을 더하게 되고, 고조선이 국제무대에 진출할 정도로 성장한 사회였음을 암시한다. 『응제시주(應製詩註)』가 전하는 부루의 도산조회(塗山朝會)는 『세종실록(世宗實錄)』「지리지」'평양부 영이(靈異)조'에도 보이며, 조선시대 문헌에서부터 한말사서에 이르기까지 흔히 언급된다.

14) 상나라는 주나라 사람들에 의해 은(殷)나라로 지칭되고, 기존의 연구에서도 은나라로 칭해지는 경우가 많았으나, 상나라 사람들이 스스로를 '상족(商族)'으로 지칭하는 당대의 갑골문이 발견되었으므로 상나라로 지칭하는 것이 좋을 듯하다. 이종휘의 경우도 상(商)과 은(殷)을 혼용하였는데 본문의 해석에서는 이종휘의 표현을 그대로 사용하고, 주석에서 다른 책의 내용을 인용할 경우도 원 저자의 표현을 그대로 따르되, 역자의 주석은 모두 상나라로 통일하도록 하겠다.

15) 무정(武丁)은 상(商)나라의 20대 왕인 고종(高宗)이다. 쇠미해진 상나라를 부흥시킨 황제로 알려졌다.

16) 『동사(東史)』에서는 단군 재위의 마지막 해로 상나라 무정 을미설을 따르고 있는데, 이는 『제왕운기』·『동국통감』·『응제시주』·『해동이적』 등과 같다. 무정 8년 을미설은 송나라 유서(劉恕)의 『자치통감외기(資治通鑑外紀)』권2「상기(商紀)」에 보이는 설이다.

17) 『삼국유사』에는 아사달에 대해 백악(白岳)에 있다고 하였다. 단군이 도읍을 정한 곳인데, 전설상의 지명으로 평양과 구월산(九月山)이라는 두 가지 설이 있다.

18) 『삼국유사』에는 단군이 장당경(藏唐京)으로 옮겼다고 한다.

악산(白岳山) 아래로 옮겼으니 단군이 즉위한 지 1,508년이었다.[19] 기자가 8조(條)의 가르침으로 동쪽 문명국인 우리나라[東夏]를 이어서 다스리니 우리나라의 풍속이 바르게 되었다.

외사씨(外史氏)는 다음과 같이 기록한다.[20]

"대체로 우하(虞夏)[21]의 때 천하에 임금이 있은 지가 오래되었다. 그러나 동방의 임금은 단씨(檀氏)에게서 시작이 되었는데 요와 같은 시기에 건국하였다고 한 까닭은 무엇인가. 서씨(徐氏)[22]의 『통감(通鑑)』에서는 유독 신라와 고려 이후만 싣고 『(필원)잡기(雜記)』에서 단군을 말하였는데,[23] 그

---

19) 단군의 재위년수에 대해서 『삼국유사』에서는 1,500년 이상, 『제왕운기』에서는 1,038년이라고 기록하고 있다. 이에 대해 단군의 자손이 대대로 왕위를 이어간 기간의 통산이라고 보는 견해도 있고, 단군은 고조선왕의 위호(位號)라고 보는 견해도 있다. 고대 사회에서 신이나 시조의 혼령의 수육(受肉, incarnation)이라는 관념이 왕의 신성성을 설명하는 방법임을 고려할 때, 고조선의 역대 군장은 신성한 시조 왕의 육화(肉化)이고, 군장의 즉위 의례는 시조 왕의 영(靈)을 받아들이는 절차이며, 현실세계에서 군장의 교체가 되풀이되더라도 통치의 주체는 시조왕이기 때문에 시조 왕의 재위 기간이 인간 수명의 한계를 넘어 장기간에 걸쳤다고 보는 것이 어떨까 한다.

20) 각 항목의 기록 말미에 이종휘가 자신의 견해를 붙이는 방법으로 '외사씨왈(外史氏曰)' '고사씨왈(古史氏曰)'이라는 표현을 쓴 듯하다. 「예맥(濊貊)」 「옥저(沃沮)」 「비류(沸流)」 「낙랑(樂浪) 열전(列傳)」 말미의 '외사씨왈'에는 "여고표이출지(余故表而出之) 작육국세가언(作六國世家言)"이라는 구절이 있어, 이러한 부분들이 이종휘의 견해를 담은 '사론(史論)'격에 해당한다는 것을 알 수 있다.

21) 요(堯)와 순(舜), 혹은 그 시대를 지칭한다.

22) 서거정(徐居正, 1420~1488)은 조선 성종 때의 유학자로 호가 사가정(四佳亭)이다. 권근(權近)의 외손으로 일찍이 문장으로 유명하였고 성리학에도 박식하였으며, 훈구파의 대신으로 세종에서 성종까지 여섯 임금에 걸쳐 관직생활을 하였다. 『경국대전(經國大典)』·『동국통감(東國通鑑)』·『동국여지승람(東國與地勝覽)』·『동문선(東文選)』 등의 편찬에 참여하였다.

23) 『동국통감』의 본문은 「외기(外紀)」·「삼국기(三國紀)」·「신라기(新羅紀)」·「고려기(高麗紀)」로 나뉘어 편년체로 서술되었다. 삼국기는 삼국의 건국부터 신라 문무왕 9년(669)까지, 신라기는 669년부터 고려 태조 18년(935)까지, 고려기는 935년부터 고려 말까지를 다루고 있다. 단군조선(檀君朝鮮)에서 삼한(三韓)까지의 역사를 외기(外紀)로 처리한 것은 자료 부족으로 체계적인 왕조사 서술이 불가능하다는 판단에 따른 것이었다. 이에 비해 『필원잡기』는 1권 맨 앞부분에 요임금이 나오자 단군이 일어났고, 단씨(檀氏)가 서로 전하여 국가를 향유한 것이 1048년이라는 사실은 의심할 것이 없다는 내용까지도 담고 있다. 이종휘가 잡기에서 단군을 언급하였다고 한 것은 바로 이 때문인 듯하다.

문장이 자못 유학 경전에 맞지 않아 사대부[搢紳先生][24]가 말하기를 어려워했다. 김부식(金富軾)이 천신(天神)·신시(神市)·천부삼인(天符三印)·단군연세(檀君年歲)를 전한 것을[25] 유자(儒者)들은 대부분 믿지 않았다. 내가 일찍이 '마니산(摩尼山)에는 단군의 제천단(祭天壇)이 있고,[26] 구월산(九月山)에는 삼성사(三聖祠)가 있으며,[27] 그 동쪽은 옛부터 당장경(唐莊京)이라고 불리는 곳이 있어 가끔 아름다운 기운이 그 위에 있다'고 들었는데, 총괄해보니 사가정(四佳亭) 서거정(徐居正)이 논한 것과 어긋나지 않았다. 근래에 내가 중국의 고사(古史)를 보니 단군왕검(檀君王儉)의 이름을 표현(表現)한 것이 현저하였다. 단군은 맨 처음 나온 성인으로[首出聖人] 중국으로 치면 아마도 복희(伏羲)나 신농(神農) 같은 임금이 아닐까? 삼가 고기(古記) 가운데 문의(文意)가 자못 바른 것을 뽑아 본기(本紀)의 첫머리로 삼는다."

2. 기자본기(箕子本紀)

조선후(朝鮮后) 기자(箕子)의 성(姓)은 자씨(子氏)이다. 어떤 기록에서는 이름이 서여(胥餘)라고 하였다. 은(殷)나라 왕인 성탕(成湯)의 16세손(世孫)

---

24) 진신(搢紳)은 홀(笏)을 큰 띠에 꽂는다는 뜻으로, 높은 벼슬아치나 행동이 점잖고 지위가 높은 사람을 이르는 말이다.

25) 김부식(金富軾)의 『삼국사기』에는 이에 해당하는 내용이 없다. 아마도 『삼국유사』의 오류가 아닌가 생각된다.

26) 참성단 기사는 『고려사(高麗史)』 56 「지리지」 '강화현조', 『해동이적(海東異蹟)』 등에 나오고 있다.

27) 단군이 산신으로 좌정했다는 문화현(文化縣) 구월산(九月山)에는 평양 단군사가 건립되기 훨씬 이전부터 단군 사당, 즉 삼성사(三聖祠)가 있었다. 삼성사란 명칭은 단군만 제사하는 평양 단군사와 달리 단군의 조·부인 환인과 환웅도 함께 모셔진 데서 비롯된 것이다. 구월산은 아사달산(阿斯達山)으로 추측되는 곳으로 이곳에 단군사당이 있다는 사실은 『제왕운기』에도 언급되어 있다.

인 마지막 임금(末帝) 수(受)[28]의 제부(諸父)[29]이다. 처음에 기자(箕子)의 작위(爵位)에 봉해져서 기자(箕子)라고 불렸다.

기자는 은나라에서 태사(太師)의 관직에 있었는데, 은나라의 도(道)가 쇠미해져 경사(卿士)와 서민(庶民)이 스승을 스승으로 여기는데 법도대로 하지 않고 윤리와 상도[倫常]가 난잡해져 대도(大道)가 거의 보이지 않았다.

기자는 홀로 하우씨의 홍범구주(洪範九疇)를 베풀었고, 주(周)나라 서백(西伯)인 창(昌)[30]은 유리(羑里)에 갇혀 있으면서 복희(伏羲)씨의 역(易)을 쉽게 풀었다. 이때 천하의 주 서백과 기자서여는 모두 성현이 되었으나, 말제(末帝)[31]는 법도가 없었다. 왕자(王子) 비간(比干)[32]은 간언(諫言)을 올리다가 죽고, 미자(微子) 계(啓)[33]는 떠났다. 기자도 간언을 올렸으나 받아들여지지 않아서 머리를 풀고 거짓으로 미친척하며 노비가 되어, "상나라가 망하여 없어지더라도 나는 [주나라의] 신하가 되지 않겠다"고 말하였다.[34]

주(周)나라의 임금이 일어나 이미 [은나라를] 이기고 명(命)을 받으니 소공(召公) 석(奭)이 기자를 풀어주었다. 왕이 만나 보고 은나라가 멸망한 이유를 물으니 기자가 차마 말하지 못하였다. 왕이 다시 천도(天道)에 대해 물으니 기자가 홍범구주(洪範九疇)를 진술하였다.[35]

그 큰 조목은 첫째는 오행(五行)[36]이고, 둘째는 오사(五事)[37]로써 공경

---

28) 수(受)는 상(商)나라의 마지막 왕인 주(紂)의 이름이다.

29) 천자가 동성(同姓)의 제후를, 또 제후가 동성의 대부를 부르는 칭호라는 의미도 있으나, 여기서는 아버지의 형제, 즉 백숙부(伯叔父)를 지칭한다.

30) 주(周)나라의 문왕(文王)을 가리킨다.

31) 상나라의 주왕(紂王)을 가리킨다.

32) 주(紂)왕의 숙부로 주왕의 음란함에 대해 간언하다가 죽음을 당하였다. 기자·미자와 더불어 상나라의 삼인(三仁)이라 일컬어진다.

33) 미(微)가 국명(國名)이고 자(子)는 작위(爵位)이며 이름이 계(啓)이다. 상(商)나라의 마지막 왕인 주(紂)의 서모형(庶母兄)이다.

34) 『서경(書經)』『주서(周書)』「홍범(洪範)」편에 나오는 구절을 그대로 인용한 것이다.

35) 무왕(武王)이 상나라를 이기고 기자에게 가서 천도(天道)를 물은 내용은 『사기(史記)』에도 나오고 『서경』「주서」「홍범」편에도 나온다.

하는 것이고, 셋째는 농업에 팔정(八政)[38]을 쓰는 것이고, 넷째는 오기(五紀)[39]로 합하는 것이며, 다섯째는 황극(皇極)[40]으로 세우는 것이며, 여섯째는, 삼덕(三德)[41]으로 다스리는 것이며, 일곱째는 계의(稽疑)[42]로써 밝히는 것이며, 여덟째는 서징(庶徵)[43]으로써 상고하는 것이며, 아홉째는 [선한 사람을] 따르게 하는 것은 오복(五福)[44]으로써 하고 위엄을 보임은 육극(六極)[45]으로써 하는 것이다.

그 황극(皇極)을 논하여 다음과 같이 말하였다. "편벽(偏僻)됨이 없고 기욺이 없어 왕의 의(義)를 따르며, 뜻에 사사로이 좋아함을 일으키지 말아 왕의 도(道)를 따르며, 뜻에 사사로이 미워함을 일으키지 말아 왕의 길을 따르라. 편벽됨이 없고 편당함이 없으면 왕의 도가 탕탕(蕩蕩)하며, 편당함이 없고 편벽됨이 없으면 왕의 도(道)가 평평(平平)하며, 상도(常道)에 위배됨이 없고 기욺이 없으면 왕의 도(道)가 정직(正直)할 것이니, 그 극(極)에 모여 그 극(極)에 돌아올 것이다."[46]

기자가 주왕(周王)을 위하여 도를 전한 후 중국을 피하여 조선으로 도

---

36) 수(水)·화(火)·목(木)·금(金)·토(土)를 말한다.
37) 모(貌)·언(言)·시(視)·청(聽)·사(思)를 지칭한다.
38) 식(食)·화(貨)·사(祀)·사공(司空)·사도(司徒)·사구(司寇)·빈(賓)·사(師)를 지칭한다.
39) 세(歲)·월(月)·일(日)·성신(星辰)·역수(曆數)를 가리킨다.
40) 한쪽에 치우치지 않은 중정(中正)의 도(道), 제왕이 국가를 다스리는 대중지정(大中至正)의 도, 또는 사방의 만민(萬民)의 범칙(範則)으로 하기 위하여 제왕이 정한 하늘을 의미한다.
41) 정직(正直)·강극(剛克)·유극(柔克)을 지칭한다.
42) 의심이 나는 것을 점쳐서 생각한다는 의미인데, 점의 조짐[卜兆]은 우(雨)·제(霽)·몽(蒙)·역(驛)·극(克)이고, 점괘(占卦)는 정(貞)과 회(悔)이다.
43) 우(雨)·양(暘)·오(燠)·한(寒)·풍(風)·시(時) 등의 여러 징조를 지칭한다.
44) 수(壽)·부(富)·강녕(康寧)·유호덕(攸好德)·고종명(考終命) 등의 다섯 가지 복을 말한다.
45) 여섯 가지의 불길한 일로 흉단절(凶短折)·질(疾)·우(憂)·빈(貧)·악(惡)·약(弱)을 가리킨다.
46) 『서경』「주서」「홍범」편에서 황극(皇極)을 설명하는 내용 모두를 그대로 인용한 구절이다.

망해오니,[47] 은나라의 유민과 옛 신하로서 따르는 자가 오천이었고, 시(詩)·서(書)·예(禮)·악(樂)·의무(醫巫)[48]·음양(陰陽)·복서(卜筮)[49]의 무리와 온갖 기술자, 재주 있는 사람이 모두 갖춰졌다. 주나라의 수신(守臣)[50]도 기자의 성스러움 때문에 감히 막을 수가 없었다. 주왕이 그것을 듣고서 작위를 내려 후(侯)로 삼았지만 신하로 여기지는 않았다.[51]

처음 요수(遼水)[52] 동쪽에 자리잡았을 때 백성들이 모두 그에게 귀의하니, 단씨(檀氏)는 백악으로 옮겨갔다.[53] 기자가 평양에 이르자 동쪽 문

---

47) 『사기(史記)』「조선열전」이나 『한서(漢書)』「조선전」에는 위만조선(衛滿朝鮮)에 관한 내용이 주로 기록되어 있을 뿐 기자조선이나, 단군조선에 관한 기록은 전무하다. 이에 비해 『후한서(後漢書)』「동이열전」의 '한(韓)조'와 『삼국지(三國志)』「위서(魏書)」「동이전」, '한조'에서는 조선왕 준(準)이 위만에게 패하여 남하하게 된 사실과 관련시켜 기자에 관한 기록을 남기고 있다. 본서 「기자본기」의 내용도 『후한서』나 『삼국지』 기록과 유사한 부분이 많다.

48) 고대사회에서는 무(巫)가 병을 고치는 역할도 담당했기 때문에 의무(醫巫)는 병을 고치는 사람을 일컫는다.

49) 좋고 언짢음을 점치는 일이라는 뜻으로 복(卜)은 귀갑을 태워서 점치는 일이고, 서(筮)는 점대, 곧 가새풀[蓍]로 점치는 일을 말한다.

50) 일정한 지방을 지키는 신하, 임금을 위하여 땅을 지키는 신하를 뜻한다.

51) 『서경』「주서」「홍범」편의 주석에서 인용한 『사기』에 따르면, 무왕이 은나라를 이기고 기자를 방문하자 기자가 홍범을 진술하였는데 무왕이 기자를 조선에 봉했으되 신하로 삼지는 않았다고 한다. 기자의 행적과 관련하여 기자가 주 무왕에게 신복(臣服)했느냐가 논란이 되는데, 기자가 주무왕에게 신복하지 않았다고 보는 것은 16세기 말 이이(李珥)의 『기자실기(箕子實記)』에서 정립된 이래 서인(西人) 사이에서는 정설로 받아들여졌다. 그러나 17세기 중엽 홍여하(洪汝河)는 주 무왕과 기자를 빈주(賓主) 관계로 재해석했고, 18세기 중엽 이익(李瀷)은 기자의 신복을 인정했다. 그러나 안정복(安鼎福)은 다시 불신(不臣)설로 돌아갔다. 이종휘는 기자불신설(箕子不臣說)을 따르고 있는데, 이는 소론계 학자인 임상덕(林象德)의 『동사회강(東史會綱)』의 설을 따른 것으로 생각된다.

52) 요수(遼水)에 대해서는 난하(灤河)와 요하(遼河)라고 보는 견해가 대립되고 있다. 고조선의 중심지가 멸망시까지 요동지역에 있었다고 보는 입장에서는 연나라 장수 진개(秦開)의 침입을 받기 이전까지는 고조선의 강역이 요수인 난하유역까지 미쳤다가, 진개의 침입 이후 대릉하(大凌河) 유역으로 쫓겨가서 현재의 요하를 중심으로 한 요동·요서지역을 강역으로 확보했다고 한다. 반면 고조선의 중심지가 요동에서 대동강유역[평양]으로 이동했다고 보는 입장에서는 요수는 현재의 요하로 진개의 침입 이전에는 요녕성지역에, 침입 이후는 평양지역에 중심지가 있었던 것으로 비정했다.

53) 『삼국유사』에서도 기자의 동래로 말미암아 단군이 장당경으로 천도했다고 나와 있는데 비해, 『제왕운기』에서는 기자가 오기 전에 단군은 아사달 산신이 되었고 기자가 올

명국인 우리나라 백성[東民]의 부로(父老)[54]·추장들이 모두 와서 맞이하였다. 기자가 말하기를 "슬프도다. 너희 무리들이 더럽고 후미진 곳에 처해 있어 예의를 알지 못한 지가 오래 되었구나. 내가 너희 백성과 더불어 8조의 법[55]을 약속하겠노라. 아버지와 아들은 친함이 있고, 임금과 신하는 의리가 있고, 남자와 여자는 분별이 있고, 어른과 젊은이는 차례가 있고, 친구 사이에는 신의가 있는 것이다. 백성이 서로 죽일 경우는 목숨으로 배상하고, 서로 다치게 할 경우에는 곡식으로 배상하는 것이요, 서로 도적질할 경우에는 남자는 노(奴)로 삼고 여자는 비(婢)로 삼되 스스로 노비에서 벗어나려고 하는 자는 50만 전을 내야 하고, 비록 일반 민으로 사면되더라도 시집가거나 장가들 때 짝을 삼으려는 사람이 없다는 것이다"고 하였다.

정전(井田)을 구획하고 백성의 재산을 정하였는데 70무(畝)[56]씩을 주어서 공전(公田)을 돕게 하였다.[57] 토지 모양은 '田'자(字)와 같아서 주나라 제도와 약간 다르나,[58] 그 10분의 1세를 내는 것은 마찬가지였다. 전야(田野)·도읍(都邑)·음식(飮食)·기용(器用)·변두(籩豆)[59]·의관(衣冠)제도가 모두 중국과 같았다. 서쪽으로는 요하를 지나고, 동북으로는 홀한(忽汗)

때까지 164년 간 군신관계가 없었다고 한다.

54) 한 마을에서 중심 인물이 되는 노인을 의미한다.

55) 일반적으로 '범금팔조(犯禁八條)'라고 하는 것인데 『한서』 「지리지」에는 앞의 다섯 가지 조항인 오륜(五倫)은 나와 있지 않고 뒤의 세 가지 조항만이 수록되어 있다. 뒤의 세 가지 조항은 고조선사회의 성격을 파악하는 데 상당한 도움이 된다. 고조선의 신분·계층이 분화되어 있고, 농업 위주의 산업구조였다는 점, 개인의 재산과 생명이 보호되었다는 점을 지적할 수 있다.

56) 지적(地積)의 단위인데 6척(尺) 사방을 1보(步)라 하고, 100보를 1무(畝)라 한다. 진나라 이후는 240보가 1무이다.

57) 상·주나라 때 정전법(井田法)에 따라 정전의 중앙에 있는 한 구역의 공전(公田)을 주위의 구역을 경작하는 여덟 가호가 공동으로 경작하여 그 수확을 관(官)에 바치던 전조(田租)를 말한다.

58) 정전법에 대해 전자형(田字形)의 70무(畝)제도로 이해한 것은 한백겸의 설을 따른 것이다.

59) 제기(祭器)이다. 변(籩)은 과일이나 포를 담는 대를 걸어 만든 제기이고, 두(豆)는 식혜·김치 등을 담는 나무로 만든 제기이다.

에 이르며, 남쪽으로는 바다에 닿으니 땅이 사방 4천~5천 리였다. 예(濊)·맥(貊)·부여(扶餘)·한(韓)의 무리가 처음의 태도를 완전히 바꾸어 귀의하였다. 기자가 동방을 다스린 지 1년 만에 백성들이 예의의 방도를 알았고, 3년 만에 백성이 크게 교화되어 시·서·예·악의 나라가 되었다. 유교의 도를 존숭하여 믿고 겸손하고 독실하게 하여, 마을에는 도둑이 없어서 저녁에도 문에 빗장을 잠그지 않았으며, 부인들은 곧고 미더워 음란하고 간사한 행동이 없었다. 대개 동쪽 문명국인 우리나라 백성[東民]이 부드럽고 착해서 쉽게 교화가 되니 그 천성 때문이었다.

기자가 죽으니 토산(兎山)에 장사지냈다. 태자가 즉위하였는데 사서에는 그 명씨(名氏)가 수록되어 있지 않다. 기자가 병술년에 태어나서, 기묘년에 우리나라[東國]로 들어와 무오년에 죽으니 재위년수는 40년이다. 대개 조선후(朝鮮后) 기자와 주나라 무왕(武王)[60]은 같은 시대에 살았고 향년은 모두 93세였다고 한다. 기자의 다스림은 법률조문을 간략히 하고 신의로써 하며, 덕으로 사람을 감복시키는 데 힘을 썼다. 일찍이 하루 동안의 난리에도 십 년이 안정되지 못하여 백성들이 도탄에 빠지고 그 생업에 편안할 수가 없다고 하는데, 40년 사이에 무기는 거두어져 쓰이지 않고, 강포한 이웃나라도 감히 서로 침범하지 않아 동방(東方)이 크게 안정되고, 조야(朝野)가 무사하게 되었다. 백성들이 모두 기쁘고 즐겁게 여겨 패수(浿水)를 황하(黃河)에 견주어 노래를 지어서 그 덕을 칭송하였다. 그 후 30여 세 무강왕(武康王)에 이르러 주의 연백(燕伯)이 참람되이 왕이라 칭하고 장차 동쪽으로 침략하고자 하였다. [조선]후가 노하여 군신에게 이르기를 "사(士)·대부(大夫)의 힘을 빌려 주의 참람된 신하 연백을 쳐서 서쪽으로 주나라 왕실을 존숭코자 한다"고 하였다. 대부[61] 예

---

60) 주나라의 제1대 임금으로 7년 간(B.C.1122~B.C.1166) 재위하였다. 이름은 발(發)이며, 문왕의 아들이다. 상나라를 정복하고 주 왕조를 세웠다. 지금의 섬서성(陝西省) 장안(長安)인 호경(鎬京)에 도읍하였다.

61) 제후국 지배계층의 총칭으로서 주나라의 경우 세부적으로는 경(卿)·대부(大夫)·사(士) 등으로 구분되어 있었다.

(禮)가 애써 간하니 후가 그만두고, 예를 보내어 연군(燕君)을 뵙고 우호를 맺게 하였다.62) 연군도 그만두고 감히 침공하지 않았다. 뒤에는 후도 왕이라 칭했다. 왕이 죽자 태자가 즉위하였는데 사서에는 그 이름과 시호가 전하지 않는다. 뒤에 왕이 덕을 닦지 않고 헛되이 그 백성을 부리고 이웃나라에 교만하니 연이 이에 병사를 보내 공격해 왔다.63) 우리 군대가 크게 지고 2천 리의 땅이 줄어들어서 만반한(滿潘汗)64)으로 경계를 삼고 마침내 요동을 상실하게 되었다. 그래서 조선은 마침내 약해져 기자의 업적이 쇠미하게 되었다. 41세손 부(否)는 곧 왕 부이다. 진왕 영정(嬴政)이 주나라를 멸하고 천하를 아울러 스스로 진시황제65)라 칭하고서 요동에까지 장성을 쌓았다. 왕이 두려워하여 진나라에 신하로서 복종하였다.

왕이 죽어 태자 준(準)이 즉위하니 이 사람이 왕 준이다. 이때 연(燕) · 제(齊) · 조(趙)가 진나라에 들어가니 [연 · 제 · 조의] 옛 백성들이 준에게 망명하여 오는 자가 많았다.66) 한나라 황제가 진을 멸하고 공신 노관(盧

---

62) 『삼국지』 '한조'에 인용된 『위략(魏略)』의 내용과 거의 유사하다. 고조선과 중국세력은 전국시대에 들면서 대립하기 시작하는데 기원전 4세기 후반 경계가 맞닿아 있던 연과 위기가 조성된다. 이때는 고조선 대부 벼슬로 있던 예(禮)의 만류로 외교적 절충을 벌여 일단 위기는 해소되나, 기원전 3세기 초에는 연의 침공을 받게 되었던 것이다.

63) 연나라 장수 진개(秦開)의 침입을 받아 서쪽 지방 2천여 리의 땅을 빼앗긴 것을 말한다. 진개는 연 소왕(昭王, B.C.311~B.C.279) 때의 훌륭한 장수로 동호(東胡)에 인질로 가 있다가 돌아와 동호를 정벌하여 천여 리를 개척한 것으로 알려져 있다.

64) 중국 정사에는 만번한(滿番汗)으로 되어 있다. 고조선의 위치를 설정하는 데 중요한 지명 중의 하나이다. 『한서』 「지리지」 '요동군 속현조'에 나오는 문현(文縣)과 번한현(番汗縣)의 합칭으로 오늘날 문현은 요동반도 개평(蓋平) 서쪽, 번한현은 요동 해성현(海城縣) 및 개평 일대에 해당한다.

65) 진의 초대 황제로 성은 영(嬴), 이름은 정(政)이다. 장양왕(莊襄王)의 아들이다. 재위 연대는 B.C.246~B.C.210년이다. 진은 주대(周代)의 후국이었는데 전국(戰國) 7웅 중 제(齊) · 초(楚) · 연(燕) · 한(韓) · 위(魏) · 조(趙)를 합병하여 중국 최초의 통일 왕조가 되었다.

66) 『삼국지』 '한조'에 인용된 『위략(魏略)』에 따르면 조선왕 준이 즉위한 지 20여 년이 지나 중국에서 진승(陳勝)과 항우(項羽)가 기병하여 천하가 어지러워지자 연 · 제 · 조의 백성들이 괴로움을 견디다 못해 차츰 준에게 망명하므로, 준이 이들을 서부지역에 거주하게 했다고 한다.

縮)[67]을 연나라에 봉하니, 조선과 패수(浿水)[68]로써 경계를 이루었다. 연왕 [노]관이 [한을 배반하고 흉노로] 도망하니, 연인(燕人) 위만(衛滿)[69]도 무리 수백, 천인을 거느리고 동쪽으로 패수를 건너 새내(塞內)의 빈터에 살면서 번병왕(藩屛王)으로 삼아달라고 요구하였다. 국왕이 박사(博士)[70]로 임명하여 규(圭)[71]를 하사하고 백 리를 봉해주어 서쪽 변경을 지키게 하였다. 박사 만이 연·제에서 망명한 사람을 불러들이니 무리가 점점 많아졌다. 거짓으로 사람을 보내 한나라 군대가 열 갈래의 길로 쳐들어오니, 들어가 숙위를 하고자 한다고 하고서는 마침내 반란을 일으켜 평양을 습격하였다. 왕은 싸웠으나 이기지 못하여 배를 타고 남쪽 한(韓)으로

---

67) 노관(盧綰)은 풍인(豊人)으로 한 고조 유방(劉邦)과 동향인이다. 한 건국에 적극 참여하여 이성제후(異姓諸侯) 7인 중 1인으로 연왕(燕王)에 봉해졌으나, 한 고조의 이성제후 제거정책이 진행되자 흉노로 망명하였고 흉노는 그를 동호로왕(東胡盧王)으로 봉하였다. 그곳에서 사망하였다.

68) 한과 조선의 국경으로 그 위치에 대해서는 대동강설·청천강설·압록강설·대릉하(大凌河)설 등이 있으나, 시기에 따라 패수의 위치 자체에 변화가 있었을 가능성도 배제하기 어렵다. 『사기』의 내용에 따르면 패수는 요동고새(遼東故塞)와 진고공지(秦故空地) 사이의 강인데 연의 동방진출시 조선과의 국경선이었던 만번한(滿番汗)과 병행하는 강이 된다. 만번한이 천산산맥 주변의 지명에 비정되므로 여기서의 패수는 요동지역의 강일 것이다. 『한서』「지리지」에 나오는 평양 남쪽의 후대(後代)의 패수는 고조선 말기의 중심지인 대동강으로, 『사기』나 여기에 나오는 패수와는 다른 강으로 생각된다.

69) 위만에 대해서 『사기』「조선열전」에는 "조선왕 만은 옛 연나라 사람이다"라 하여 '만(滿)'이라고만 기록되어 있는 데 반해, 『삼국지』「위서」「동이전」 '한조' 인용의 『위략』에는 '위만(衛滿)'으로 기록되어 있고, 망명해서 세력을 키워가기까지의 상황이 잘 정리되어 있다. 본문의 기록도 『위략』의 기사와 거의 동일하다. '연인위만(燕人衛滿)'이라는 표현 때문에 중국 왕조의 식민정권이라는 일제학자의 주장도 제기되었지만, 망명 당시 위만의 복장과 '조선'이라는 국호가 그대로 쓰인 점, 유이민세력과 토착세력이 갈등 없이 정권을 이끌어나갔다는 점을 고려할 때 위만은 당시 연나라 지역에 가서 살던 고조선계 주민 위만으로 해석하는 것이 합리적이다.

70) 일반적으로 전문적인 직임이 부여된 직능인을 의미하나, 이외에도 특별히 당시 최고 통치권자의 명을 받아 지방에 대한 통치권을 행사하는 경우도 있었다. 위만도 특정사항에 제한된 단순한 전문기능인의 의미가 아니라 중앙에서 특별히 파견된 지방관을 맡았던 것이다.

71) 고대에 제후가 조회(朝會)·회동(會同)할 때 손에 갖는 위가 둥글고 아래가 모진 길쭉한 옥(玉)으로 만든 홀(笏)로 천자가 제후를 봉할 때 내려준다.

달아나니, 만이 드디어 조선을 차지하게 되었다.

기씨가 평양을 도읍으로 삼아 42세를 이었으니, 무릇 929년이었다. 대개 기씨가 망한 것은 주 군왕 난(赧)이 진에 들어간 지 63년 후니 그 지나온 햇수도 대강은 서로 같다고 한다. 그 후 1,500여 년에 우리 태조가 남평양(南平壤 : 한양)에 나라[조선]를 세우니 문물예악(文物禮樂)이 끊어졌다가 다시 일어났다.

외사씨(外史氏)는 다음과 같이 기록한다.

"내가 서해를 보니 수양산(首陽山)이 있고, 그 남쪽에 이른바 백이(伯夷)·숙제(叔齊)72) 형제의 섬이라는 것이 있다. 그러니 기자가 주백(周伯)을 피할 때 백이·숙제도 그를 따라 동쪽으로 간 것인가? 내가 중국의 지리[輿地]73)를 보니 곽주(霍州) 수양은 풍호(豐鎬)땅에 아주 가깝고 고죽국(孤竹國)은 요수 서쪽에 있으니, 어찌 다른 사람이겠는가? 그 고국으로부터 마침내 여기로 온 것인가? 이것을 잘 알 수 없다. 그 후 공자도 구이(九夷)에서 살고자 했다.74) 이것으로 보면 하늘이 우리나라[東國]를 낸 것은 군자가 세상을 피하는 곳으로 삼고자 해서였다. 아, 기이하구나. 은주의 교체기를 당해 태백(泰伯)·우중(虞仲)은 오나라로 떠나갔고, 기자는 조선에서 살았다. 오나라는 합려왕(闔廬王)75)에 이르러서도 몸에 문신(文身)을 하는 풍속을 바꾸지 않았으나, 조선 인현(仁賢)의 교화는 지금도 끊어지지 않았으니, 역시 기자의 성스러움을 볼 수 있다. 공자가 말씀하

---

72) 주나라 고죽군(孤竹君)의 두 아들이다. 백이는 아버지가 동생 숙제에게 선위(禪位)할 뜻이 있음을 알고 아버지가 돌아가신 후 나라를 사양하고 달아나니, 숙제 또한 형인 백이에게 나라를 사양하고 달아났다. 후에 주 무왕(武王)이 상나라를 칠 때 형제가 말고삐를 잡고 간하였으나 듣지 않으므로 주나라의 녹을 먹는 것을 부끄럽게 여기어 수양산에 들어가 고사리를 캐어 먹으며 숨어살다가 굶어 죽었다.

73) 여지(輿地)는 원래 수레처럼 만물을 싣고 있는 땅의 뜻으로, '중국여지'는 중국 땅의 형세를 의미한다.

74) 『논어(論語)』「자한(子罕)」편에 나오는 글인데, 안사고(顔師古)는 공자가 뗏목을 타고 동이(東夷)에 가겠다고 한 것은 그 나라에 인현(仁賢)의 교화가 있는 까닭이라고 하여 구이(九夷)는 곧 동이를 뜻하는 것으로 해석했다.

75) 춘추시대 오왕의 이름이다. 월왕 구천(句踐)과 싸우다가 다쳐서 죽었다.

시기를 "군자가 거하는데 무슨 누추함이 있겠느냐?"[76]라고 했으니 참으로 맞는 말이다. 조선후가 연(燕)을 치고 주(周)를 존숭하여 춘추(春秋)의 의리를 밝혔다면 아마도 그 능히 이룬 것이 제 환공(齊桓公),[77] 진 문공(晉文公)[78] 등 중국의 후백(侯伯)과 짝을 이룰 만할 것이다. 대부 예가 간한 것은 유독 어째서인가? 군자로부터 받는 벌을 면하기 어려울 것이다. 비록 그러하나 [조선]후는 공이 빛나도다, 후는 공이 빛나도다!

3. 삼한본기(三韓本紀)

대개 단군과 기자의 때에 다른 부족[別部]으로 동남쪽에는 예맥(濊貊), 서남쪽에는 한(韓), 동북쪽에는 여(餘)[79]·말갈(靺鞨)이 있었으니, 중국에 만이(蠻夷)[80]·민월(閩粵)[81]이 있던 것과 같다. 이 다섯 종족 가운데 한이 가장 컸으니, 진 땅[辰地]에 사는 사람을 진한(辰韓), 변 땅[卞地]에 사는 사람을 변한(卞韓), 마 땅[馬地]에 사는 사람을 마한(馬韓)이라 불렀다. 마한이 서쪽에 있었기 때문에 진한·변한인이 [마한을] 서한(西韓)이라고 일컬었다. [한의] 땅은 한강 이남에 있었으며 사방 1천 리였다. 78국으로 나뉘어졌는데 모두 조선에 신속(臣屬)하여 군현(郡縣)처럼 세금과 조공품[貢

76) 『논어』「자한」편에 나오는 글이다.
77) 춘추시대 제나라의 15대 임금이다. 명상인 관중(管仲)의 도움으로 춘추 오패(五覇)의 제일인자가 되었다.
78) 춘추시대 진의 임금으로 오패의 한 사람이다. 이름은 중이(重耳)이다. 현신을 등용하여 난국을 수습하고 제 환공에 이어 제후의 맹주가 되었다.
79) 서기전 2세기경부터 494년까지 북만주지역에 존속하였던 예맥족의 국가인 부여(夫餘)를 지칭한다.
80) 중국의 동쪽에 사는 이민족을 한족이 이르던 말로 번이(蕃夷)라고도 한다.
81) 중국의 복건성(福建省) 일대를 가리키는 지명으로 주나라 때에는 칠민(七閩)의 땅이었고, 뒤에 월인이 이곳에 살았기 때문에 붙여진 이름이다. 월(粵)은 월(越)이다.

賦]을 냈다.

마한인은 토착생활을 하며 농사를 지었다. 누에치기와 뽕나무를 가꿀 줄을 알았으며, 면포(綿布)를 만들었다. 크기가 배만큼 큰 밤이 생산되었으며, 닭의 꼬리는 길이가 5척이나 되었다. 성곽이 없었으며, 초가집·흙집을 지었는데 그 출입구가 위에 있었다. 금은보화와 비단·모직물은 귀히 여기지 않았으나, 구슬로 머리를 장식하고 귀에 늘어뜨리는 것을 아름답게 여겼다. 부인은 머리를 틀어 묶어 드러내놓으며, 남자는 베로 만든 두루마기를 입고 짚신을 신었다.[82] 성품이 용맹스럽고 사나웠다. 소년이 집을 짓느라고 힘을 쓸 때는 매번 밧줄로 등을 꿰어 큰 나무를 매달고[83] 소리를 지르는데, [이것을] 건장하다고 했다. 항상 5월에 밭갈이가 끝나면 귀신에게 제사를 지냈는데, 밤낮을 가리지 않고 술자리를 가지며, 무리를 지어 노래부르고 춤추었다. 춤을 출 때는 매번 수십 인이 서로 줄을 서서 땅을 밟으며 장단을 맞추었다. 10월에 농사일을 마친 다음에도 다시 이와 같이 하였다. 대체로 그 풍속은 농사짓는 데 힘쓰고 귀신을 좋아하였다. 병장기로는 활과 방패, 창과 큰 방패[櫓]가 있다. 제사지내고 굿을 할 때에는 방울[鈴]과 북[鼓]을 사용하여 음악을 연주하였다.

진한은 그 동쪽에 있다. 토지가 기름지며 오곡에 알맞고, 누에를 치고 뽕나무를 가꿔 비단[縑布]을 짤 줄 알았다. 딸을 시집보내고 아내를 맞이하는 것을 예에 맞게 하였다. 남녀는 구별이 있어 지나다니는 자가 길에서 서로 만나면 문득 발걸음을 멈춰 양보하였다. 어떤 기록에서는 "그 사람들이 스스로 진(秦)나라의 유망인(流亡人)이라고 말한다"고 하였

---

82) 『후한서』 「동이열전」 '한조'에서는 남녀의 구별없이 마한 사람들의 대체적인 의생활의 특징이 이렇다고 묘사했다("大率魁頭露紒 布袍草履").

83) 종래 이 기사에 대해서는 공동으로 일을 하는 과정에서 고통을 이겨내는 성년식의 의미로 보는 견해와, 시골에서 농사나 작업에 사용한 지게를 의미한다는 해석이 있었다. 나라에서 일을 하거나 관가에서 성곽을 만들 때의 작업을 설명하는 과정에서의 표현이므로 지게를 지칭할 가능성이 높다.

으니 대개 기주(岐周)[84]의 옛 풍속에서 연유한 것이다.[85]

변한은 진한 남쪽에 있다. 성곽이 있었다. 그 사람들은 키가 컸으며 머릿결이 아름다웠다. 의복이 깨끗하였으며, 형법은 엄격하였다. 동남쪽으로 흑치(黑齒) 오랑캐에 가까운 까닭에 문신(文身)을 하는 자가 제법 많았다.[86]

마한의 첫 왕 기준(箕準)은 조선후(朝鮮侯) 기자(箕子)의 42세손으로 왕부(否)의 아들이다. 부가 죽고 준이 즉위한 지 10여 년에 박사(博士) [위(衛)] 만(滿)이 서쪽 변방을 지키다가 반란을 일으켜 평양을 함락시켰다. 왕이 좌우의 궁인(宮人)을 거느리고 남쪽으로 바다를 건너 한에 들어가서 금마(金馬)[87]에 도읍을 하고 여러 소국 54개를 멸망시켜 군현으로 삼았다. 진한·변한 24국도 복속해 와서 직공(職貢)을 닦았다. 이에 왕이 조선의 옛 명칭을 고쳐 마한이라 하고 기자의 제사를 받들었다. 어떤 기록에서는 "조선 무강왕(武康王)이 곧 준이다"라고 하나, 어찌 준이 모름지기 한(韓) 땅에 거주하면서 옛 이름 조선을 바꾸지 않았겠는가? 잘 모르겠다.

왕이 죽자 태자가 즉위하였다. 그 후 역대 [왕]의 이름과 시호는 모두 망실되어 전하지 않는다. 다만 나라를 세운 햇수로 미루어 알 수 있다고 한다.

---

84) 서주(西周)의 별칭으로 주나라 문왕(文王)이 기산(岐山)에 나라를 세웠기 때문에 붙여진 이름이다.

85) 중국 진나라 사람들이 망명해와서도 '진'이라는 명칭을 써 진한이라 칭한 것을, 주나라가 서안(西安)에서 낙양(洛陽)으로 천도한 후에도 '주(周)'라는 국명을 그대로 쓴 것과 관련시킨 표현인 듯하다.

86) 『삼국지』「위서」「동이전」에는 왜(倭)와 가까운 지역이므로 남녀가 문신을 하기도 한다고 되어 있다. 왜인전에는 문신을 함으로써 교룡(蛟龍)의 해를 피한다 하여 문신을 행하는 이유가 비교적 소상하게 기술되어 있다.

87) 현재의 익산지방을 지칭한다. 백제 시조 온조가 마한을 병합하고서 이 지역을 금마저(金馬渚)라고 했다. 삼국을 통일한 문무왕에 의해 보덕국(報德國)이 세워져 고구려의 유족인 안승(安勝)이 보덕국왕으로 임명된 바 있으며, 경덕왕 때 금마군(金馬郡)으로 개칭되었다.

왕 준이 남쪽으로 바다를 건넌지 87년에 후조선왕 우거(右渠)가 한나라 군대에게 멸망당하였다. 한나라가 처음으로 낙랑(樂浪)·현도(玄菟)·진번(眞番)·임둔(臨屯) 4군을 조선의 옛 터전에 두었다.

[준이 남쪽으로 바다를 건넌 지] 138년에[88] 진한 6부가 박혁거세를 세워 임금[君][89]으로 삼고 국호를 서라벌이라 하였다. 167년에 변한 여러 나라가 서라벌에 항복하였다. 169년에 부여인 고주몽(高朱蒙)이 졸본(卒本)에 터전을 잡고 국호를 고구려라 하였다. 187년에 서라벌에서 호공(瓠公)을 사신으로 보내니, 왕이 군대의 위엄을 잘 갖추어서 불러들여 타이르기를 "진한과 변한은 본래 우리의 속국[與國]으로서[90] 잘 지내왔다. 혁거세(赫居世)를 임금으로 삼은 이후 오래도록 직공을 빠뜨려 소국으로서 대국을 섬기지 않으니 어찌 예라고 하겠느냐?"라고 하였다. 호공이 응대하는 것이 불손하니 왕이 노하여 죽이고자 하였으나, 좌우의 신하가 간언하니 돌려보냈다.[91] 다음 해에 왕이 죽고 태자가 즉위하였다. 서라벌에서 사신을 보내 조문하였다. 189년에 고구려왕 주몽이 죽었다.

190년에 고구려의 서자 온조(溫祚)가 도망해오자 서북 100리의 땅을 나누어 경계로 삼았다. 온조가 스스로 백제왕이라 칭하고 위례성(慰禮城)[92]에 도읍하였다. 200년에 백제군(百濟君) 온조가 신이한 사슴을 사냥

---

88) 준이 위만에게 멸망당해 남쪽으로 내려온 연대인 B.C.194년을 기준으로 삼아 모든 연대를 계산하였다. 『삼국사기』에 따르면 박혁거세의 즉위 연대는 B.C.57년이므로 138년이라는 연대가 정확하다.

89) 마한이나 고구려에 대해서는 왕(王)이라는 표현을 썼고, 백제나 신라에 대해서는 군(君)이라는 표현을 써서 구분하였다.

90) 청동기문화 단계의 마한 소국연맹체는 진한이나 변한보다 앞선 선진집단인데, 『삼국지』「위서」「동이전」과 『후한서』「동이전」 '한조'의 마한이 동쪽 땅을 진한에게 분할해주어 살게 했다는 기록이나, 한의 여러 나라 왕의 선대(先代)는 모두 마한 종족이라는 표현 등에서 이것이 입증된다.

91) 『삼국사기』권1「신라본기」, 제1 '혁거세거서간 38년조'에는 호공이 대답한 내용도 자세히 실려 있다.

92) 백제 초기의 도성이다. 백제가 한수(漢水) 이북에서 한수 이남으로 천도했다고 하여 하북위례성과 하남위례성으로 구분하여 부르기도 한다. 구체적인 위치를 둘러싸고 논란이 많으나, 최근의 발굴성과에 따라 한강유역 일대로 보는 것이 타당하다.

해 잡아서 바쳤다. 203년에 온조가 [도읍을] 한산(漢山)으로 옮기고 사신을 보내 천도를 고하였다. 마침내 강계(疆界)를 명확히 정하여 웅진(熊津)으로 경계를 삼았다.

214년에 백제가 웅천(熊川)에 목책(木柵)을 설치했다. 왕이 사신을 보내 백제군 온조를 꾸짖기를 "처음 군(君)이 곤궁하여 나에게 귀의하였을 때, 과인이 백 리의 땅을 떼어 주어 편히 살게 했다. 군을 대함이 특별히 야박하지 않았으니, 그대는 곧 나에게 보답하는 것이 마땅하다. 지금 나라가 완전하게 되고, 백성들이 많아지게 되자 나를 대적할 사람이 없다고 하여, 높은 성을 쌓고 깊은 연못을 파서 우리 강역을 침범해 오니, 설사 군은 스스로 계책이 좋다고 생각할지 모르겠으나, 다만 의(義)에 대해서는 어떻게 할 것인가?" 하니 온조가 부끄러워 마침내 그것을 허물었다.[93] 백제가 말갈을 격파하고 와서 포로를 바쳤다.

216년에 백제군 온조가 군사를 몰래 들여와 왕도를 습격하여 함락시켰다. 왕이 달려가 원산(圓山)·금현(金峴)을 지켰으나, 다음 해에 두 성을 지키지 못하였다. 오직 장군 주근(周勤)만이 우곡성(牛谷城)을 지켜 항복하지 않고 버티다가 4년 만에 패하여 죽게 되니, 마한도 망하여 기씨는 제사를 받지 못하게 되었다.

외사씨(外史氏)는 다음과 같이 기록한다.

"내가 마한을 조선에 붙이고 위만을 뒤로 물린 것은 정통과 참위[正僞]의 계통을 밝히기 위해서이다. 기자의 자손은 그 후 사방에 나뉘어 살았다. 동방에 있는 사람들은 나라 이름으로 성(姓)을 삼아 한씨(韓氏)가 있게 되었다. 기(箕)와 기(奇)는 음이 서로 비슷하여 기씨(奇氏)가 있게 되었다. 중국에는 선우씨(鮮于氏)가 있는데 선우씨는 춘추 선우자(鮮虞子)의 후예이다.[94] [선우씨의] 계통과 근본이 가장 분명하기 때문에 동방으로 온

---

93) 『삼국사기』 권23 「백제본기」 제1 '온조왕 24년조'에 이와 동일한 내용의 기사가 실려 있다.

94) 기자의 후손이 한씨·기씨·선우씨로 삼분되었다는 설은 17세기 초 이정구(李廷龜,

자가 숭인전(崇仁殿)95)을 주관하였다. 숭인전에 제사지내는 것은 우리 조정[조선]에서 평양에 기자묘를 세우고, 그 후손을 봉하여 숭인전감(崇仁殿監)으로 삼고서부터이다. 감(監)이라는 것은 종실(宗室)의 칭호로 옛날의 자작(子爵)·남작(男爵)에 비교되니, 그 작위로서 제사를 받드는 것이 예(禮)이다.

주근은 나라가 망할 때 외로이 남은 성을 지키다가 죽음으로써 세한(歲寒)의 절개96)를 홀로 보존하였다. 또 임씨(林氏)의 동사(東史)97)를 보면, 마한에 맹쇼(孟召)라는 사람이 있어 복암성(覆巖城)을 지키고 백제에 항복하지 않았다고 했으니, 아 슬프도다, 어찌 기씨의 인자하고 현명함에 대한 보답이 아니겠는가? 진한·변한의 이한(二韓)은 사적으로 고찰할 만한 것이 없어서 따로 세가(世家)를 만들 수 없으니 『춘추』 「황수기(黃隨紀)」의 괵(虢)나라98)와 같은 부류이다."

1564~1635)가 지은 「기자숭인전비(箕子崇仁殿碑)」에서 처음으로 제시되었다고 한다.

95) 기자조선의 시조인 기자를 추모하기 위하여 위패를 모시고 봄과 가을로 제사지내던 전각이다. 평양에서 가장 오래된 건축물로 1325년(고려 충숙왕 12)에 처음 세운 뒤 여러 차례 보수를 거쳐 현재까지 전해지고 있다. 기자사(箕子祠)라 불리던 것을 1612년(조선 광해군 4)에 숭인전으로 개칭하였다.

96) 세한(歲寒)은 역경·난세를 이르는 말로 어렵고 힘든 일을 만나도 기가 죽지 않는 절개를 비유한 것이다. 『논어』 「자한(子罕)」편에 나오는 표현이다.

97) 조선 숙종 때 임상덕(林象德)이 지은 고려말까지의 통사인 『동사회강(東史會綱)』을 지칭한다.

98) 주나라 때에 있던 나라 이름으로 동괵(東虢)과 서괵(西虢)으로 나뉘어 있었다고 한다.

4. 후조선본기(後朝鮮本紀)[99]

후조선왕 위만은 옛 연나라 사람이다. 한 고황제(高皇帝, 고조)가 공신 노관(盧綰)을 연나라에 봉하였는데 연나라 노관이 한나라에 반란을 일으켜 호(胡)로 도망해 들어갔다. 만이 일부러 노관의 신하가 되어, 모인 무리 천여 인과 함께 망명하여 패수(浿水)를 건너 조선에 소속되기를 요구하였다. 조선에서 [위만에게] 박사 벼슬을 주고 백 리를 봉하여 서쪽 변방을 지키게 하였다. 만은 진의 옛 공지(空地)인 상하장(上下鄣)[100]을 아우르고 점차 진번(眞番) 제 소국 및 연나라·제나라 망명자를 복속시키니 무리가 점점 많아졌다. 마침내 거짓으로 사람을 보내 한나라 사람이 와서 정벌한다고 칭탁하고 숙위하게 해달라고 청하였다. 조선이 미처 설비하지 못한 사이에 만이 몰래 군사를 보내 왕 준(準)을 압박하니, [왕 준이] 마침내 남쪽으로 달아나 금마(金馬)에 숨었다. 만이 평양으로 들어가 자리를 잡고 왕위에 나아가서, 옛 국호 조선을 그대로 따랐다. 당시는 한 혜제(惠帝) 원년 정미(B.C.194)이다.

왕이 사신을 보내 신하로 칭하니, 한의 요동태수(遼東太守)가 조선을 외신(外臣)으로 삼겠다고 약속하고, 변방 오랑캐[塞外蠻夷]를 지켜 그들이 변경에서 도둑질을 못하게 하도록 하였다. 여러 나라가 들어와 천자를 알현하려고 했는데 [조선만이] 금지되지 않았기 때문에[勿禁止][101] 군대

---

99) 위만조선을 삼한본기 뒤에 배치한 것은 삼한이 이미 단군·기자 때에도 별부(別部)로 독립되어 있어 위만보다도 시기적으로 앞선다는 것과, 기자의 정통을 이은 것은 위만이 아니라 삼한(마한)이라는 것을 확실하게 하기 위해서가 아닐까 한다.

100) 한의 동쪽 경계 요새[東界 裝塞]는 패수(浿水) 서안에 존재했으며, 그 동쪽은 조선영토였다. 당시 진의 고지였던 이 지역에 대해 위만이 준왕에게 거주 허가를 요청한 사실에서 조선영토였음을 알 수 있다. 진고공지(秦古空地)는 진의 요동외장(遼東外鄣)에서 관할하던 지역으로, 이 지역을 근거로 위만은 인구를 계속적으로 증가시켜 준왕을 축출할 수 있는 정복국가적 성격을 갖추게 되었다. '상하장'이란 표현은 순서를 나타낸 것일 수도 있고, 원근에 따른 표현일 수도 있으나 두 개의 요새가 존재했음은 확실하다.

의 위세를 보존하고 재물을 얻을 수 있게 되었다. 여러 나라 중 굴복하지 않은 나라를 침략하여 항복시킨 땅이 동서 4천 리, 남북 2천 리였다. 동쪽으로 대해에 이르기까지 400리이고, 북쪽으로 영주(營州)에 이르기까지 920리였다. 남쪽으로 한에 이르기까지 600리이고, 북쪽으로 숙신씨(肅愼氏)에 이르기까지 1,400리였다.

왕이 죽고 손자 우거(右渠)가 즉위하였다. 우거 때에 한나라에서 망명해오는 사람들이 점차 많아졌다. 나라가 점점 강해지자 왕이 교만해져서 천자를 알현하지도 않았다. 주변의 여러 나라가 글을 올려 천자를 뵈려고 했으나, 또 가로막고 통하지 못하게 하였다. 예군남여(濊君南閭)[102]가 노하여 그 무리를 거느리고 요동에 나아가 한에 항복하였다. 한이 그 옛 땅에 창해군(滄海郡)[103]을 설치하였다.

한 원봉(元封) 3년에[104] 한나라는 사신 섭하(涉何)를 보내어 왕을 회유하였으나, 왕이 끝내 천자의 명을 받들려 하지 않았다. 섭하가 돌아가는 길에 국경상의 패수(浿水)에 이르러 마부를 시켜 [자신을] 전송나온 조선의 비왕(裨王)을 찔러 죽이고, 돌아가 한의 천자에게 "조선의 장(長)을 죽였다"고 보고하였다.[105] 천자가 그 공을 기려 꾸짖지 않고 섭하에게 요

---

101) 물금(勿禁)은 관아에서 금한 것을 특별히 허가하여 준다는 의미이다.
102) 위만조선 말기 예족(濊族, 薉族)의 군장이다. '예군'이라는 표현은 단순히 예족의 족장을 나타내는 표현으로도 볼 수 있지만, 위만조선이나 한으로부터 수여된 칭호일 가능성이 높다. 당시 예족사회는 압록강 상류 및 동가강유역 일대를 중심으로 부족연맹체 단계의 정치적 성장을 이룩했지만, 동방사회의 영도세력의 위치에 있던 위만조선으로부터 상당한 간섭을 받고 있었기 때문에 위만조선의 압력에서 벗어나기 위해 서기전 128년에 휘하의 28만인과 함께 한에 투항한 것이다.
103) 창해군(蒼海郡)이라고도 표기되어 있다. 창해군의 위치에 대해서는 함경남도 영흥설, 함흥 또는 정평설 등이 있으나, 뒷날 현도군(玄菟郡)이 설치된 압록강 중류의 통구(通溝)지방일 것으로 보는 견해가 유력하다. 한은 창해군을 설치함으로써 위씨조선 진출의 발판으로 삼으려 했기 때문에 교통로도 정비하였으나, 서기전 126년 군을 폐지하였다.
104) 『한서』 「조선전」에는 원봉 2년(B.C.109)으로 나와 있다.
105) 원문에는 "살송하자비(殺送何者裨)"와 "살조선장(殺朝鮮長)"이라 기록되어 있는 데 반해, 『한서』 「조선전」에는 조선의 비왕(裨王) 장(長)을 죽이고 천자에게는 조선의 장수[朝鮮將]를 죽였다고 보고했다고 기록되어 있다. 안사고(顏師古)는 장(長)을 비왕의

동동부도위(遼東東部都尉)[106]의 벼슬을 내렸다.

[우거]왕은 섭하를 원망하여 군사를 출동시켜 기습공격으로 섭하를 죽였다. 천자가 그것을 듣고 누선장군(樓船將軍) 양복(楊僕)[107]을 보내 배를 타고 발해(渤海)를 건너가게 하고,[108] 병력 5만을 가지고는 좌장군(左將軍) 순체(荀彘)가 요동에서 출격하여 조선을 공격하게 하여서, 사신 섭하를 죽인 죄를 문책하였다. 왕이 군사를 일으켜 험한 곳에 의지하여 좌장군 소속 군대를 무찔렀다. 양복이 제나라 병사 7천 명을 거느리고 먼저 평양에 도착하였는데,[109] 왕이 성을 지키고 있다가 한나라 군대가 적은 것을 몰래 알아내어 곧바로 성을 나와 한나라 군대를 공격하여 대패시키자, 양복은 달아나 산중에 숨어 들어갔다. 또 순체의 군대도 패수 서쪽에서 크게 물리쳤다.[110]

이름이라 했는데, 장수절(張守節)은 '비왕장(裨王長)'은 비왕(裨王)과 장사(將士)인 장(長) 두 사람을 뜻한다고 하였다. 장(長)이 비왕의 이름이라면 섭하의 어자가 살해한 사람은 비왕인 장이었다는 것이 되므로 섭가가 천자에게 조선의 비왕 또는 장을 죽였다고 보고해야 하는데 섭하는 조선의 장을 죽였다고 했기 때문에 비왕과 장사 장(長)으로 구분해야 한다고 보았던 것이다. 그러나 여기서는 비(裨)와 조선장(朝鮮長)이 동일시되어 서술되었기 때문에 비왕인 장으로 볼 수 있는 근거가 된다.

106) 『한서』「지리지」에는 요동군(遼東郡) 무차현(武次縣)에 동부도위(東部都尉)의 치소가 있었던 것으로 되어 있다.

107) 의양인(宜陽人)으로 기원전 112년 서한 무제가 남월(南越)을 정벌할 때 망루가 2층으로 되어 있는 대선의 군단인 누선군단(樓船軍團)의 장군으로 임명되었으므로 누선장군이라 부른다.

108) 『사기』「조선전」에는 '부발해(浮渤海)', 『한서』「조선전」에는 '부발해(浮㪍海)'로 되어 있다. 서한의 누선장군인 양복이 제(齊)나라를 출발하여 발해로 항해했다고 한 구절은 위만조선의 위치를 알게 하는 자료로, 당시 중국 역사가들은 고조선과 위만조선의 위치를 한반도가 아닌 발해의 북안으로 인식했음을 알 수 있다. 이종휘도 이 구절을 그대로 답습한 듯하다.

109) 『한서』「조선전」에는 '왕험(王驗)'으로 기록되어 있는데 여기에서는 '평양'으로 분명히 밝히고 있다.

110) 서한의 좌장군 순체가 조선 패수 서쪽 군대를 공격했다고 하는데, 패수 서군이 위만조선에 있었던 군대의 명칭이었는지, 당시 패수 서쪽까지 진출한 위만조선의 군대를 말하는 것인지 불분명하다. 당시 패수는 국경선이었고 패수 서쪽은 서한의 영토였으므로, 위만조선에 패수서군이라는 군대가 있었을 것 같지는 않다고 하였으나, 본서의 기록과 같이 패수 서쪽이라는 곳에서 순체의 군대가 패배한 것으로 보면 좋을 듯하다.

한나라가 위산(衛山)을 시켜 군사의 위엄을 갖추고 와서 왕을 달래게 하였다. 왕이 사자를 보고 머리를 조아리며 사죄하기를 "항복하기를 원하였으나, 두 장군이 신을 속여서 죽일까 두려웠습니다. 이제 신절(信節)을 보았으니 항복하기를 청합니다" 하고는 태자를 보내어 들어가 사죄하게 하고, 말 5천 필과 군대에게 먹일 양식을 바쳤다. 무리 1만여 명이 무기를 가지고 바야흐로 패수를 건너려 하는데 사자인 위산과 좌장군 순체는 그들이 무슨 변을 일으킬까 두려워 태자에게 이르기를, "이미 항복했으니, 따르는 사람들에게 병기를 휴대하지 못하게 하는 것이 마땅하다"고 하였다. 태자 또한 사자와 좌장군이 거짓으로 그를 죽일까 의심하여 마침내 패수를 건너지 않고 나라로 돌아왔다.

순체가 곧바로 패수가의 군대를 격파하고, 전진하여 [왕검]성 아래에 이르러 그 서북방면을 포위하였다. 양복의 군대도 가서 합세하여 성 남쪽에 주둔하였다. [그러나] 왕이 끝내 도성을 견고하게 지키니 한나라 군대도 싸움이 불리하게 되었다. 왕이 대신을 시켜 몰래 사람을 보내서 누선장군에게 항복을 약속하여 이간질시켰다. 좌장군은 급히 공격을 했으나, 누선장군은 약속을 지키려고 싸우지 않았다. 좌장군은 누선[장군]이 조선과 더불어 반란을 일으키려고 일부러 서로 돕지 않는다고 생각했다.

한이 다시 제남태수(濟南太守) 공손수(公孫遂)를 보내어서 정벌하게 하고 편의대로 종사하게 했다. [공손]수가 순체에게 이르러 바로 누선장군을 잡고 아울러 급히 성을 공격하였다. 상국(相國) 한음(韓陰)과 니계장(尼谿長) 삼(參), 상국(相國) 노인(路人), 장군(將軍) 왕겹(王唊)이 서로 모의하기를 "처음 누선[장군]에게 항복하려 했으나, 누선은 지금 잡혀 있고, [좌우]군 단독으로 군사를 모아서 싸우는 것은 더욱 급박하여 당해낼 수 없을까 두렵거늘, 왕은 또 한나라에 항복하려 하지 않는다"고 하였다. [한]음과 [왕]겹, 노인이 모두 도망하여 좌장군에게 항복하였다. 노인이 길에서 죽었다.

다음 해 여름 니계장 삼이 사람을 시켜 왕을 죽이고 한에 항복하였다.

대신(大臣) 성기(成己)가 왕도를 지키고서 항복하기를 거절하여, 병사를 모아 한나라 군대를 공격하였다. 좌장군 [순]체가 왕자 장(長)과 항복한[111] 상[국] 노인의 아들 최(最)로 하여금 도읍의 백성을 달래고, 대신 성기를 죽이도록 하였다. 위씨(조선)가 드디어 망하니 한이 그 땅을 나누어 4군을 설치하였다. 그 후 73년에 고구려가 흥기하였다. 위씨가 조선왕 준을 거짓으로 멸망시켜 세워진지 87년 만에 끊어졌다고 하여 왕 우거의 아들 장(長)을 한이 기후(幾侯)[112]로 봉하였다.

고사씨(古史氏)는 다음과 같이 말한다.

"심하구나, 위씨의 속임수는! 처음에는 왕 만(滿)이 기자 일천 년의 사직을 속임수로 멸망시키더니, 말손(末孫) 우거는 한나라 천자의 성난 군사에게 속임수로 유인되어, 이 때문에 나라는 망하고 자신은 죽게 되었구나. 심하구나, 위씨의 속임수여! 노인(路人), 니계(尼谿)는 나라를 팔고 임금을 시해했는데 유독 대신 성기만이 구구하게 절의를 지켜 고성(孤城)과 존망(存亡)을 함께 했으니, 또한 우러러볼 만하구나."

---

111) 안사고(顔師古)의 주석에는 우거왕의 아들 이름을 장(長)이라고 하여 본문에 우거자 장(右渠子長)과 항(降) 사이에 구두점을 찍었으나, 『사기』 「조선열전」에서는 장항(長降)으로 읽었다.
112) 기(幾)는 하동에 속해 있던 현의 명칭이라 한다.

세가(世家)

1. 기자세가(箕子世家) 보유(補遺)

중조선(中朝鮮) 태조 문성왕(文聖王)의 성은 자씨(子氏)인데 어떤 사람은 이름이 서여(胥餘)라고 한다.[1] 그 선조는 은나라의 왕 성탕(成湯)이다. 말제 수(受)의 제부(諸父)가 주나라 무왕(武王)의 혁명을 당하여 그 무리 5천인을 거느리고 동쪽으로 요수를 건너 평양의 언덕에 거주하였다. 주 무

---

1) 이하 4대 929년의 왕계는 『기씨보(奇氏譜)』에 실린 기자조선의 왕계를 받아들인 것이다. 기자후손이 한씨(韓氏)·기씨(奇氏)·선우씨(鮮于氏)로 삼분되었다는 견해는 17세기 초에 이미 제시되어, 18세기 후반 『동사강목(東史綱目)』 단계에서도 받아들여졌다. 그러나 이들 사서에서는 『기씨보』에 실린 기자조선 및 마한의 왕계표(王系表)는 사실로 믿지 않은 데 반해, 이종휘는 최초로 『기씨보』를 사료로 채택하였다. 『기씨보』를 사료로 이용할 수 있느냐에 대해서는 안정복이 의문을 제기하기도 했지만, 19세기 후반 개화기(開化期)에는 여러 사서에서 이를 사실로 받아들이고 있다.

왕이 이 때문에 그를 봉했으되 신하로 삼지는 않았다. 삼대(三代)2)의 교체기에 성인의 후예가 중국에서 뜻을 얻지 못하여 오랑캐의 땅[方外],3) 이역의 임금이 된 자가 기자 이외에도 오(吳)나라의 태백(泰伯)·중옹(仲雍) 및 월(越)나라의 무여(無余)·신장교(愼莊蹻) 같은 무리가 있었다. 오·월은 주나라가 쇠퇴할 때에 이르러 중국에서 계속 패자가 되어 그 대업을 떨쳤으나, 다만 기자의 뒤에는 들은 바가 없다. 그러나 조선·마한은 서로 이어져 천여 년 동안 끊어지지 않아서 동방의 백성이 지금도 그 인현(仁賢)의 교화를 칭송하고 전하는 유풍도 없어지지 않았으니, 성대하다고 할 만하다. 기자가 즉위한 지 10년에 주나라가 세운 은나라의 후예 무경(武庚) 및 주나라의 삼숙(三叔)이 하내(河內)에서 난을 일으켰다. 주나라가 무경을 죽이고 송(宋)나라에 미자(微子) 계(啓)를 봉하여 은나라 제사를 받들게 하였다. [즉위] 41년에 왕이 죽었다.4)

아들 송(松)이 즉위하니 이가 장혜왕(莊惠王)이다. 4년에 주나라 성왕(成王)이 죽으니 강왕(康王)이 즉위하였다. [즉위] 25년에 장혜왕이 죽었다.

경효왕(敬孝王) 순(詢)이 즉위하였다. 경효왕부터 애평왕(哀平王)까지의 연대와 이름과 시호는 기록할 수는 있으나, 그 부자·형제의 차례는 자세히 알 수 없다고 한다. 5년에 주 강왕(康王)이 죽었다. [즉위] 27년에 왕이 죽었다.

공정왕(恭貞王) 구(泃)가 즉위하였다. 29년에 주 소왕(昭王)이 남쪽으로 순수하여 강을 건너다가 초나라 사람에게 시해당하였다. [즉위] 30년에 왕이 죽었다.

문무왕(文武王) 춘(椿)이 즉위하였다. [즉위] 28년에 왕이 죽었다.

---

2) 중국의 하(夏)·상(商)·주(周)의 세 왕조를 말한다.
3) 방외(方外)는 세속을 초월한 세계, 구역 밖이라는 의미도 있으나, 여기서는 중국의 밖, 곧 오랑캐의 땅이라는 뜻이다.
4) 기자조선의 왕이 죽은 것에 대해서는 '훙(薨)', 중국 주나라의 왕이 죽은 것에 대해서는 '붕(崩)', 연이나 송의 공(公)이 죽은 것에 대해서는 '졸(卒)'로 구분하여 표기하고 있다.

태원왕(太原王) 공(孔)이 즉위하였다. 6년에 주 목왕(穆王)이 견융(犬戎)[5]을 쳐서 흰 사슴[白鹿] 네 마리와 흰 이리[白狼] 네 마리를 사로잡았다. 이로부터 황복(荒服)[6]은 주나라에 조회하지 않게 되었다. 21년에 서이(徐夷)가 구이(九夷)[7]를 거느리고서 주나라를 크게 쳤다. 주나라가 그것을 두려워하여 동방 제후를 나누고 서이로 하여금 그것을 주관케 하니 육지에서 조회한 나라가 36국이었다. [즉위] 44년에 왕이 죽었다.

경창왕(景昌王) 장(莊)이 즉위한 지 11년에 죽었다.

흥평왕(興平王) 착(捉)이 즉위한 지 14년에 죽었다.

철위왕(哲威王) 조(調)가 즉위하였다. 7년에 주나라가 은나라 주(紂)의 신하 악래(惡來)[8]를 봉하여 변개시킨 후에 비자(非子)[9]가 진(秦)에 갔다. 10년에 주 이왕(夷王)이 즉위하니 제후가 근례(覲禮)[10]를 폐하고 황복이 모두 이르지 않았다. [즉위] 18년에 왕이 죽었다.

선혜왕(宣惠王) 삭(索)이 즉위하였다. 선혜왕 때에 주나라의 도는 쇠미해지고, 기자의 업적은 더욱 성대하여져 국가가 편안하고 무사하게 되었다. [즉위] 29년에 왕이 죽었다.

의양왕(誼襄王) 사(師)가 즉위하였다. 15년에 주나라 여왕(厲王)이 달아나 종적을 감추니 체(彘)가 공화행정(共和行政)[11]을 하였다. 29년에 주나

---

5) 옛날 섬서성(陝西省) 봉상현(鳳翔縣) 지방에 있던 오랑캐를 가리킨다.
6) 오복(五服)의 제일 변두리의 구역, 즉 왕기(王畿)로부터 2천 리에서 2천5백 리 사이에 해당한다. 전하여 화외(化外)의 만이(蠻夷)를 지칭한다.
7) 상고시대 동방에 있던 9종의 오랑캐, 즉 견이(畎夷)·우이(于夷)·방이(方夷)·황이(黃夷)·백이(白夷)·적이(赤夷)·원이(元夷)·풍이(風夷)·양이(陽夷)를 지칭한다.
8) 상나라 주왕(紂王)의 신하로 비렴(飛廉)의 아들인데, 큰 힘을 가지고 있었다.
9) 비자(飛子)라고도 한다. 주나라 효왕(孝王)이 비자에게 견위(汧渭) 사이에서 말을 주관하게 하였는데 말이 크게 번식하자 부용(附庸)으로 삼고, 진(秦)에 도읍해서 영씨(嬴氏)의 제사를 잇게 하고서는 진영(秦嬴)이라 이름 붙였다. 이를 진나라의 시봉(始封)의 조(祖)라 한다.
10) 제후가 천자에게 알현하는 의식이다.
11) 주나라의 여왕(厲王)이 출분(出奔)한 후 14년 동안 주공(周公)·소공(召公)이 공동으로 협의해서 행한 정치를 가리킨다.

라 선왕(宣王)12)이 즉위하여 사이(四夷)로서 조회하지 않는 자를 정벌하였다. 이 해는 연나라 혜후(惠侯)가 죽고 한후(韓侯)가 왕에게 조회하였으니, 한(韓)은 북방의 우두머리[北伯]이다. [즉위] 53년에 왕이 죽었다.

문혜왕(文惠王) 염(炎)이 즉위하였다. 22년에 주나라 선왕(宣王)이 죽었다. 33년에 서융(西戎)이 중국으로 들어와 주나라 유왕(幽王)을 여산(驪山)13) 아래에서 시해하였다. 34년에 주나라가 동쪽 낙양(洛陽)으로 도읍을 옮기자 제후들이 정벌에 힘써 문왕·무왕의 업적이 더욱 쇠미해지고 중국이 마침내 크게 어지럽게 되었다. 이를 일러 춘추시대[春秋之世]라고 하는데, 동방은 오히려 무사하게 되었다. [즉위] 50년에 왕이 죽었다.

성덕왕(盛德王) 월(越)이 즉위하였다. [즉위] 15년에 죽었다.

도회왕(悼懷王) 직(職)이 즉위하였다. 19년에 주 평왕(平王)이 죽었다. [즉위] 25년에 왕이 죽었다.

문열왕(文烈王) 우(優)가 즉위하였다. 10년에 남만 웅통(熊通)이 형초(荊楚)14)에서 왕이라 칭하였다. [즉위] 15년에 왕이 죽었다.

창국왕(昌國王) 목(睦)이 즉위하였다. 2년에 주 환왕(桓王)이 죽었다. [즉위] ○○○○년15)에 왕이 죽었다.

무성왕(武成王) 평(平)이 즉위하였다. 4년에 주 장왕(莊王)이 죽었다. 22년에 제(齊)나라의 후(侯) 소백(小白)이 제후의 군대를 거느리고 산융(山戎)16)을 쳐서 고죽(孤竹)에 이르렀다. 고죽은 대략 조선의 서쪽 이웃이다. 연(燕)나라 군(君)에게 주나라에 공납을 바치도록 명하니 [주나라는] 연나

---

12) 주나라 제11대왕으로 희성(姬姓)이고, 이름은 정(靜)이며, 여왕(厲王)의 아들이다. 공화(共和) 14년(기원전 828) 여왕이 죽자 대신이 정(靜)을 세워 왕으로 삼았다. 선왕이 즉위한 후 소목공(召穆公)·주정공(周定公)·윤길보(尹吉甫) 등의 대신을 임용하여, 조정을 정돈하고 이미 쇠락한 주나라를 일시 부흥시켰다.
13) 섬서성 임동현(臨潼縣)의 동남인 옛날의 장안(長安) 부근에 있는 산 이름이다.
14) 형(荊)땅은 우공구주(禹貢九州)의 하나로 지금의 호남·호북·광서(廣西) 및 귀주(貴州)의 땅에 해당한다. 전하여 초나라의 땅, 초나라를 지칭한다.
15) 궐자(闕字)이다. 이종휘도 확인을 못한 것이 아닐까 한다.
16) 옛날 중국 동북부에 살던 만족(蠻族)의 이름이다.

라에게 남쪽 경계의 땅을 내려주어 장로(長蘆)에까지 이르게 되었고, 다시 소공(召公)의 법을 닦게 하니 연나라 장공(莊公)의 때이다. [즉위] 26년에 왕이 죽었다.

정경왕(貞敬王) 궐(闕)이 즉위하였다. 2년에 연 장공(莊公)이 죽었다. 18년에 중국 백군(伯君)과 제나라 환공(桓公)이 죽었다. [즉위] 19년에 왕이 죽었다.

낙성왕(樂成王) 회(懷)가 즉위하였다. 4년에 송공(宋公) 자보(茲父)가 죽었다. 자보라는 자는 미자(微子)의 후손이다. 미자부터 19세를 전하여 자보가 되었다. 자보는 송나라의 우두머리[宋伯]으로서 초나라에 붙잡히고자 하였다. 그러나 세상 사람들은 다섯 우두머리[五伯]의 하나라고만 칭한다. 문성(文聖)부터 [낙성]왕에 이르기까지도 또한 19세라고 한다. [즉위] 28년에 왕이 죽었다.

효종왕(孝宗王) 존(存)이 즉위하였다. 6년에 주나라 광왕(匡王)이 죽었다. [즉위] 17년에 왕이 죽었다.

천로왕(天老王) 효(孝)가 즉위하였다. 11년에 구오자(句吳子)[17] 수몽(壽夢)이 즉위하였다. 오나라는 태백(太伯) 우중(虞仲) 이후부터 수몽에 이르기까지 무릇 19세인데, 오나라가 비로소 커져 왕이라 칭하고 중국에도 통하게 되었다. 24년에 주나라 간왕(簡王)이 죽었다. 이 해에 왕이 죽었다.

수도왕(修道王) 양(襄)이 즉위하였다. 3년에 진(晉)나라 대부 위강(魏絳)[18]이 여러 오랑캐와 화합하여 무종자(無終子) 가보(嘉父)의 말을 들었다. 무종은 연나라에 가까웠다. 18년에 연 문공(文公)이 즉위하였다. [즉위] 19년에 왕이 죽었다.

미양왕(微襄王) 이(邇)가 즉위하였다. 2년에 공자가 중국의 노나라에서

---

17) 구오(句吳)는 국호로 태백(太伯)이 세운 오(吳)를 일컫는다.
18) 『춘추좌씨전(春秋左氏傳)』 '양공(襄公) 4년'의 "無終子嘉父使孟樂如晋 因魏莊子納
虎豹之皮 以請和諸戎"에서 따온 것이다. 무종(無終)은 산융(山戎)의 국명이며, 자(子)
는 오랑캐의 국주(國主)를 지칭하는 용어이다. 가보(嘉父)는 자호(字號)이다.

태어났다. 노는 주공(周公)의 나라이다. 공자의 이름은 구(丘)이니 송공(宋公)의 후손이고 은나라의 후예이다. 기씨(箕氏)와 마찬가지로 탕(湯)에서 근본하였다. 8년에 주나라 영왕(靈王)이 죽었다. [즉위] 21년에 왕이 죽었다. 봉일왕(奉日王) 삽(參)이 즉위하였다. 12년에 주나라 경왕(景王)이 죽었다. [즉위] 16년에 왕이 죽었다.

덕창왕(德昌王) 근(僅)이 즉위하였다. 11년에 구오왕(句吳王) 합려(闔廬)가 초나라를 쳐부수고 영(郢)[19] 땅에 들어갔다. [즉위] 18년에 왕이 죽었다.

수성왕(壽聖王) 상(翔)이 즉위하였다. 수성의 시기에 중국은 더욱 어지러워졌다. 공자께서 탄식하기를 "오랑캐[夷狄]에게 임금이 있는 것이, 중국의 여러 제후국[諸夏]에 없는 것과는 같지 않다"[20]고 하였다. 이에 [공자께서] 구이(九夷)에서 살려고 하시니, 어떤 자가 "[그곳은] 누추한데, 어떻게 하시렵니까?"라고 하였다. 공자께서 "군자가 거주한다면 무슨 누추함이 있겠는가?"[21]라고 대답하셨다. 또 일찍이 뗏목을 타고 바다를 항해하고자 하여 말씀하시기를 "나를 따라올 사람은 아마도 유(由)일 것이다"[22]고 하셨다. '유(由)'는 그 문인 중유(仲由) 자로(子路)이다.[23] 후세 유학자들은 공자가 바다를 항해한다고 한 것은 대개 조선에 가고자 한 것이니, 그곳이 기자의 나라여서 인현(仁賢)의 교화가 있기 때문이라고 생각했다. 그러나 끝내 거기에서 거주하지 않았던 것은 부모의 나라인 노나라를 차마 떠나지 못해서였다고 하였다. 17년에 구오왕(句吳王) 부차(夫差)[24]가 황지(黃池)에서 중국 제후와 회합하였다. 20년에 공구(孔丘)가 돌

---

19) 춘추시대 초나라의 서울로 지금의 호북성(湖北省) 강릉현내(江陵縣內)에 있다. 역사상 음탕한 곳으로 유명하다.
20) 『논어』「팔일(八佾)」편에 나오는 구절로, 원문에는 '무(無)'자 대신 '무(亡)'자가 쓰였다. 두 글자는 통용된다.
21) 『논어』「자한(子罕)」편에 나오는 구절이다.
22) 『논어』「공야장(公冶長)」편에 나오는 구절이다. 원문에는 '승부(乘桴)' 앞에 '도불행(道不行)'이라는 문구가 있다.
23) 노나라의 변(卞) 사람으로 성은 중(仲), 이름은 유(由), 자는 자로(子路) 또는 계로(季路)라고도 한다. 공자의 제자로 정사(政事)에 뛰어났다.

아가셨다. 22년에 주나라 경왕(敬王)이 죽었다. 24년에 월왕 구천(句踐)[25)]
이 오나라를 멸망시키고 마침내 중국에서 우두머리가 되었다. 주나라
원왕(元王)이 구천에게 조(胙)나라[26)]를 하사하였다. 34년에 주나라 정왕(定
王)이 즉위하였다. [즉위] 42년에 왕이 죽었다.

영걸왕(英傑王) 여(藜)가 즉위하였다. [즉위] 16년에 죽었다.

일민왕(逸泯王) 강(岡)이 즉위하였다. [즉위] 17년에 죽었다.

제세왕(濟世王) 혼(混)이 즉위하였다. 제세의 시대는 주나라 위열왕(威烈
王)에 해당하는데 3진(三晉)[27)]이 처음으로 후(侯)가 되자 주나라 왕실[周室]
은 더욱 쇠미해지고 7웅(七雄)[28)]이 중국에 전횡하였다. 왕이 국경을 보전
하고 백성을 편안하게 하여, 나라가 그 때문에 다스려졌다. [즉위] 21년
에 죽었다.

청국왕(淸國王) 벽(璧)이 즉위하였다. 31년에 연나라 환공(桓公)이 즉위
하였다. [즉위] 35년에 왕이 죽었다.

도국왕(導國王) 징(澄)이 즉위하였다. [즉위] 19년에 죽었다.

혁성왕(㷱聖王) 즐(騭)이 즉위하였다. 17년에 연 역왕(易王)이 즉위하였
다. 26년에 연나라 임금[燕君]이 참람되이 왕이라 칭하고 장차 동쪽 땅
을 노략질하려 하니 왕이 노하여 여러 신하에게 "사대부의 힘을 빌려
주나라의 참람되고 반역적인 신하 연백(燕伯)을 쳐서 서쪽으로 주나라
왕실을 높이고자 한다"고 말하였다. 대부(大夫) 예(禮)가 애써 간하니 왕
이 이에 그만두었다. [즉위] 28년에 왕이 죽었다.

---

24) 춘추시대 오나라의 왕이다. 월나라를 쳐 그의 부왕(父王) 합려(闔廬)의 원수를 갚았
    으나, 후에 월왕 구천(句踐)에게 패전하여 죽음으로써 오나라는 멸망하였다.
25) 춘추시대 월나라의 제2대 왕으로 와신상담(臥薪嘗膽) 끝에 부차에게 당한 치욕을 씻
    었다.
26) 주나라 소속의 나라 이름으로 현재의 하남성 연진현(延津縣)의 북쪽에 해당한다.
27) 전국시대의 한(韓)·위(魏)·조(趙)의 세 씨(氏). 이들의 선조는 본시 진(晉)나라를 섬
    겼는데, 후에 진나라를 분할하여 각각 독립하였으므로 이렇게 칭했다.
28) 전국시대(戰國時代)의 일곱 강국(强國), 즉 제(齊)·초(楚)·진(秦)·연(燕)·조(趙)·
    위(魏)·한(韓)의 일곱 나라를 말한다.

화잡왕(和雜王) 습(謵)이 즉위하였다. 대부 예로 하여금 연나라와 우호를 다지게 하니, 연이 그만두고 공격하지 않았다. 그 후에 조선도 왕을 칭하였다. 어떤 사람이 말하기를 "조선이 연과 통교한 것과 왕을 칭한 것은 혁성(赫聖) 시기에 있었던 것인데, 왕의 의리로 미루어보면 아마도 그렇지 않은 것 같다"고 하였다. 6년에 주 신정왕(愼靚王)이 죽었다. 7년에 연왕 쾌(噲)가 나라를 상(相) 자지(子之)에게 넘겨주었다. 제나라가 연을 쳐부수고 왕 쾌 및 상 자지를 살해하였다. 연나라 사람들이 태자 평(平)을 세우니 이가 바로 소왕(昭王)이다. [즉위] 16년에 왕이 죽었다.

설문왕(說文王) 하(賀)가 즉위하였다. [즉위] 8년에 죽었다.

경순왕(慶順王) 췌(萃)가 즉위하였다. 화왕(和王)·나왕(羅王) 이하 여러 왕 때에는 덕을 닦지 않고 그 백성을 가혹하게 부려 이웃나라에 교만하였다. 연나라가 이에 군사를 보내와 우리 군대를 공격하니 [우리 군대개] 크게 패하고 땅 이천 리가 줄어들어 만반한(滿潘汗)으로 경계를 삼아 마침내 요동을 잃게 되었다. 이에 조선이 마침내 약해지고 기자의 업적이 쇠퇴하게 되었다. 11년에 송공(宋公) 언(偃)이 자립해서 왕이 되어 제(齊)나라·초(楚)나라·위(魏)나라와 더불어 다투어 제후를 공격하니 그를 일컬어 송걸(宋桀)이라 하였다. 제나라 민왕(湣王)에게 멸망당하여 은나라가 마침내 제사가 끊어지게 되었다. 19년에 연나라 소왕이 죽었다. 이 해에 왕이 죽었다.

가덕왕(佳德王) 후(詡)가 즉위하였다. 7년에 연나라 무성왕(武成王)이 즉위하였다. 22년에 진나라가 주나라를 공격하니 주나라 왕이 진나라에 항복하였다. 이 해에 주나라 난왕(赧王)이 죽어 주나라가 망하였다. [즉위] 27년에 왕이 죽었다.

삼로왕(三老王) 욱(煜)이 즉위하였다. [왕이] 죽으니 현문왕(顯文王) 석(釋)이 즉위하였다. 죽으니 장평왕(章平王) 윤(潤)이 즉위하였다. 죽으니 종통왕(宗統王) 흄(恤)이 즉위하였다. 정사(正史)에 흄은 부(否)로 되어 있다. 삼로(三老)부터 종통(宗統)에 이르기까지 그 연월(年月)이 중국 정사와 같지 않은 까닭에 그 연월을 논하여 차례를 정하지 않았다고 한다. 종통왕 때에 진왕(秦王) 영정(嬴政)이 서이(西夷)에서 일어나 6국을 멸망시켜 천하를 아우르고서는 스스로 진시황제(秦始皇帝)라 일컬었다. 장성(長城)을 쌓아 요동에 이르렀다. 왕이 그것을 두려워하여 진에 신하로서 복종하였다. 왕이 죽었다.

애평왕(哀平王) 준(準)이 즉위하였다. 애평 때에 연(燕)나라·제(齊)나라·조(趙)나라가 진에 들어가니 옛 백성들이 많이 도망하여 한으로 돌아갔다. 고제(高帝)가 처음 왕으로 즉위하였을 때, 그 공신 노관(盧綰)을 연나라의 왕으로 세워 조선과 더불어 패수(浿水)를 경계로 삼게 했다. 연왕[노]관이 도망하자 연나라 사람 위만(衛滿)도 그 무리를 거느리고 동쪽으로 패수를 건너서 국경 내에 거주하기를 요구하니, 왕이 박사(博士) 벼슬을 주고, 홀[圭]을 내려 백 리에 봉하여서 서쪽 변방을 지키게 하였다. 박사 위만이 반란을 일으켜 평양을 습격하자 왕이 좌우의 궁인을 거느리고 남쪽으로 배를 타고 가서 한 땅[韓地]에 거주하니, 이것이 곧 마한이다.

마한은 스스로 본기(本紀)를 가지고 있다. 왕 준이 남천한 것은 한 고제(高帝) 12년이다. 그러나 그때를 상고해보면 아마도 그렇지 않은 듯하다. 어떤 사람은 혜제(惠帝) 고후(高后)의 교체기에 해당한다고 말하나, 조선의 역사에는 빠져 있어 그 일을 자세히 알 수 없다.[29] 그러나 기자 같은 성인은 이미 주나라에 신하 노릇하지 않고 동쪽으로 바다 밖으로 나와 인의(仁義)로써 그 백성을 복종시키고 구역(九域)[30]의 땅을 중화(中華)로 올렸으니 그 도는 「홍범(洪範)」 1편에 실어도 다 덮을 수가 없다.

기자의 근본은 설(契)[31]에서 나왔다. 설은 고신(高辛)[32]의 아들로 그 후

---

29) 한 고조(高祖)가 사망한 것은 B.C.195년 4월이고, 그 이후 혜제(惠帝)가 즉위해서 혜제 원년은 B.C.194년이 된다. 왕 준이 남천한 것은 B.C.195년과 B.C.194년의 교체기에 해당하므로 이러한 혼란이 있는 것으로 생각된다.
30) 구주(九州), 즉 옛날 중국의 우(禹)가 전국을 아홉 개의 주로 나누었다는 행정구획을 말한다.

탕(湯)이 되었다. 기자는 탕의 16세손으로 조선으로 나와서 군(君)이 되어 41세를 전하였다. 오 태백(太伯)·우중(虞仲)은 주나라 태왕(太王)의 아들이고, 주나라 조상[周祖] 후직(后稷)도 고신(高辛)에게서 나왔다. 태백 또한 형만(荊蠻)으로 도망가서 구오군(句吳君)이 되어 25세를 전하였는데, 그 사이 합려(闔廬)가 중국의 우두머리가 되었다. 구천(句踐)의 조상은 소강(小康)의 서자인데 회계(會稽)에 봉해진 지 20여 세에 구천 또한 중국의 우두머리가 되었다. 대개 월(越)은 전욱(顓頊)에서 근본하였는데, 전왕(滇王)[33] 장교(莊蹻)의 조상 또한 고양(高陽)에서 나와 한 무제 때에 이르러 왕이 되어 끊어지지 않았다. 대개 4국은 모두 옛 성제(聖帝)의 후예로 모두 중국 밖 이역에서 흥기하였는데 오직 기씨(箕氏)의 조정만이 가장 길고 그 은택이 가장 멀리까지 미치니, 대개 인을 베푸는 것[施仁]과 힘으로써 도와주는 것[與力]의 보답은 자연히 다르게 되기 때문이다.

2. 부여세가(扶餘世家)

부여의 선조는 단군으로부터 나왔다. 대개 단군이 맏아들 이외의 아들을 남은 땅[餘地]에 봉하니 후세에 이를 따라 스스로 '부여(扶餘)'라고 이름지었다. 어떤 사람은 부여는 처음 봉해진 임금의 이름이라고 한다.

그 나라는 압록강 북쪽에 있었는데 땅이 사방 2천 리이다. 단군·기자의 교체기를 지나면서 어떤 것은 살아남고 어떤 것은 망하였는데 모

---

31) 설(偰) 또는 설(卨)이라고도 한다. 우(禹)를 도와 치수(治水)에 공을 세워 상(商)에 책봉되었다.
32) 제곡(帝嚳)을 가리키는데, 그가 흥기한 지명을 따라서 붙인 이름이다.
33) 전(滇)은 한대(漢代) 서남이(西南夷)의 하나로 운남성 곤명현 부근이 그 근거지이다.

두 조선에 신하로서 복속했다고 한다. 대대로 전한 것이 2천여 년이 되었다. 왕 해부루(解夫婁)[34]에 이르러 가섭원(迦葉原)으로 천도를 하였는데 [가섭원이] 동해 바닷가에 있었기 때문에 동부여(東扶餘)[35]라 하였다. 국인(國人) 해모수(解慕漱)[36]가 스스로 천제(天帝)의 아들이라 칭하고 부여의 옛 도읍을 훔쳐 근거지로 삼았다.

왕이 죽고 태자 금와(金蛙)가 즉위하니 이가 왕 금와이다. 금와는 태어나면서부터 신이하였다. 어떤 사람들은 "왕 부루가 늙도록 자식이 없어 산천에 아이를 주기를 기도하였는데, 왕의 말이 빨리 달려 곤연(鯤淵)에 이르자 큰 돌을 마주 대하여 눈물과 같은 즙을 흘렸다. 왕이 괴이하게 여겨 그것을 옮기게 하니 돌 아래에 작은 아이가 있었다. 금색으로 모습은 개구리와 같았는데 왕이 기뻐하여 '이는 하늘이 나에게 준 아이이다'라고 말하고 마침내 아들로 삼았다"고 한다. 왕 금와가 나와 노닐다가 우발수(優渤水)에서 자칭 하백(河伯)[37]의 딸이요, 이름은 유화(柳花)[38]라고 하는 여자를 만나 데리고 함께 돌아왔다. 햇빛에 비춰어 주몽(朱蒙)을 낳으니 신비하고 괴이한 것이 거의 사람이 아니었다. 왕 금와가 아들 일곱 명을 낳았는데 장자 대소(帶素)[39]가 주몽의 재주와 능력을 꺼려하니 주

---

34) 동부여의 왕이다. 『삼국유사』 「기이」편 '북부여조'에 인용된 고기(古記)에서는 해부루가 해모수(解慕漱)의 아들이고, 부여의 왕성(王姓)이 해씨라고 하였다. 단군이 하백지녀(河伯之女)와 관계하여 부루를 낳았다는 전승도 있다.

35) 현재의 길림인 녹산(鹿山)에 중심을 두고 있던 부여가 3세기 후반 모용외(慕容廆)의 침공을 받아 북옥저(北沃沮) 방면으로 옮기게 되었는데, 그 후 길림지역으로 되돌아간 후에도 이 지역에 계속 남은 부류를 동부여라 불렀다. 동부여란 고구려 쪽에서 보아 동쪽에 위치한 데서 지칭된 국명이며, 길림 방면의 부여는 북부여(北扶餘)라고 불렀다.

36) 『삼국사기』 권13 「고구려본기」 제1 '시조 동명성왕 즉위년조'에 따르면, 동명의 아버지라고 할 수 있다.

37) 중국의 황하에 사는 수신(水神)으로, 사면으로 운거(雲車)를 타고 두 마리의 용을 부린다고 한다.

38) 주몽의 어머니이다. '유화'라는 이름은 동명왕 관계 신화 중에서도 「동명왕편」과 『삼국사기』·『삼국유사』 계통의 자료에만 전해온다. 『위서(魏書)』 등의 중국측 기록이나 「광개토왕릉비문」에는 이름이 전하지 않고, '하백녀(河伯女)'라고만 기록되어 있다.

39) 금와의 뒤를 이어 동부여의 왕이 되었으며, 뒤에 고구려 대무신왕(大武神王)에 의해

몽은 졸본으로 달아났다.

왕 금와가 즉위한 것은 한나라 선제(宣帝, B.C.74~B.C.49)와 원제(元帝, B.C.
48~B.C.33) 사이인데, 원제 건소(建昭) 2년(B.C.37)에 고주몽이 졸본국(卒本國)
에 터전을 잡고 고구려라 이름하였다. 3년에 비류국(沸流國)⁴⁰⁾이 고구려
에 항복하였다. 한나라 성제(成帝) 양삭(陽朔) 원년(B.C.23)에 고구려 국모
유화가 죽으니 태후의 예로 장례를 지내고 신묘(神廟)⁴¹⁾를 세웠다. 주몽
이 사신을 보내 방물을 바치고 감사하였다. 한 홍가(鴻嘉) 2년(B.C.19)에 고
[구]려 왕자 유리(類利)⁴²⁾가 도망하여 돌아갔다. 이 해에 고[구]려왕 주몽
이 죽었다. 다음 해에 주몽의 서자인 온조가 하남국(河南國)에 나라를 세
우고 백제라고 이름하였다. 그 선조가 부여에서 나온 까닭에 스스로 부
여씨(扶餘氏)라고 불렀다. 한 원연(元延) 4년(B.C.9)에 고[구]려가 선비를 쳐
부수었다.

한 애제(哀帝) 건평(建平) 원년(B.C.6)에 왕 금와가 죽고 태자 대소가 즉
위하였으니, 이가 왕 대소이다. 왕 대소 원년에 고[구]려에 사신을 보내
인질[質子]을 들이도록 질책하였다. 태자 도절(都切)이 이르지 않아서 왕
이 군대 5만을 거느리고 고[구]려를 쳤는데, 눈이 오고 날씨가 추워 사
졸(士卒)들이 얼어죽어 10에 2, 3명 정도만 이끌고 돌아왔다.

9년에 고[구]려가 국내암(國內巖)으로 도읍을 옮겼다.⁴³⁾

15년에 고[구]려가 그 태자 해명(解明)⁴⁴⁾을 죽이니 왕이 사람을 시켜

죽임을 당하였다.
40) 고구려 왕실, 즉 계루부(桂婁部) 집단에 앞서 졸본지역에 거주하던 집단으로, 여기서
　　의 '국(國)'은 소국(小國)을 의미한다.
41) 시조 동명왕의 어머니의 묘(廟)이다. 태후묘(太后廟)라고도 불렸으며, 동부여지역에
　　있어 고구려왕은 그곳에 가서 제사를 지냈다.
42) 고구려의 제2대 왕이다. 시조 주몽의 맏아들로서 주몽이 부여로부터 고구려로 도망
　　한 이후에 부여에서 출생하였으며, 아버지를 찾아 고구려에 와서 주몽의 뒤를 이어 왕
　　이 되었다.
43) 고구려가 졸본(卒本)으로부터 국내성(國內城)으로 도읍을 옮긴 해는 유리왕 22년
　　(A.D.3)이다.
44) 고구려 유리왕의 태자인데, 황룡국왕(黃龍國王)을 모욕한 일로 부왕(父王)의 분노를

고[구]려의 군(君)을 꾸짖기를 "처음 나의 선왕(先王)이 왕의 선군(先君)인 동명(東明)과 더불어 서로 아버지와 아들과 같이 좋아하였는데, 나의 백성들을 꾀어내어 우리 변방에 몰래 자리를 잡아 나라를 열고 군(君)이라고 칭한 지가 오래 되었다. 대저 어린 사람은 나이든 사람을 섬기고, 작은 것은[45] 큰 것을 섬기는 것이 예(禮)이고 순리[順]이다. 예와 순은 하늘이 돕는 바이니 예·순으로 하지 않으면 하늘이 돕겠는가?"라고 하였다. 고려 왕자 무휼(無恤)[46]이 대답하기를 "군왕(君王)은 어찌 그것을 잊으셨습니까? 옛날 우리 선왕은 태어나심이 비상하고 재주와 능력이 많아서 왕의 질투의 대상이 되어 낮추어 마부가 되었습니다. 위태로움에 빠지게 된 것이 [자신의] 허물이 아니었으나, 기미를 보고 도망하여 살아서 남쪽 변방에 끼어 있게 되었습니다. 이 허물은 군왕(君王)에게 있는 것이지 우리 조상에게 있는 것이 아닙니다. 만약 왕이 또 나를 가볍게 여긴다면 홀로 계란을 쌓아놓은 것 같은 위험한 지경[累卵]을 당하지 않겠습니까? 왕이 만약 그 위험한 것을 허물어뜨리지 않는다면 장차 내가 그대를 섬기는 것도 그렇지 않게 될 것이니, 무엇을 두려워하십니까?"라고 하였다. 왕이 좌우에게 누란의 고사를 알지 못하냐고 물으니 어떤 노파[47]가 대답하기를 "누란이라는 것은 위험한 것이요, 허물어뜨리지 않는다는 것은 편안히 여긴다는 것인데 왕께서 스스로 위험하다는 것을 알지 못하고 남의 일만을 지적하고자 하실 뿐이니 위험을 바꾸어서 스스로 편안해지는 것이 낫다는 것입니다"라고 하였다.

11년에 신(新)의 왕망(王莽)[48]이 고[구]려에 쳐들어 왔다.[49] 12년에 왕

사게 되어 마침내 왕의 명령으로 스스로 목숨을 끊고 말았다.
45) 원문에는 '쇼(少)'라 되어 있으나, '쇼(小)'로 정정해야 할 것이다.
46) 고구려 3대왕 대무신왕의 이름이다.
47) 여기서의 노파는 무당(Shaman)일 것인데, 삼국초기의 무당은 보통 나이든 여자로 등장하며 상징이나 조짐에 대한 해석을 담당하였다.
48) 한나라 효원황후(孝元皇后)의 조카로 자는 거군(巨君)이다. 책모로써 평제(平帝)를 죽이고 한조를 빼앗아 즉위하여 신나라를 세웠으나, 내치 외교에 실패하여 재위 15년 만에 광무제(光武帝)에게 망하였다.

이 고[구]려를 쳐서 학반령(鶴盤嶺) 아래에 이르렀는데 (매)복병을 만나 크게 패하였다. 13년에 고[구]려가 양맥(梁貊)[50]을 멸망시켰다.

19년에 백성이 이상한 까마귀를 잡아 왕에게 바쳤다. 어떤 자가 "까마귀이면서도 붉고, 또 머리 하나에 몸이 두 개이니 아마도 두 나라가 하나가 된다는 징조인 듯합니다"라고 하니 왕이 기뻐서 고[구]려에 보내 그것이 이미 응험이 되는 이유를 말하였다. 고[구]려왕이 보답하여 이르기를 "흑색은 북방의 색인데 지금 변하여 적색이 되었으니, 남방의 색입니다. 또 붉은 까마귀는 상서로운 것인데 군(君)께서 자신의 것으로 삼지 않으시고 저의 것으로 해주시니, 존립과 멸망이 누구에게 있는지 알지 못하겠습니다"라고 하니 왕이 후회하였다.

21년에 고구려가 거국적으로 침략해 오니 왕이 스스로 무리를 이끌고 나가 싸웠다. 진창을 만나서 왕의 말이 빠져 나올 수가 없게 되자 고구려 장수 괴유(怪由)가 곧바로 앞으로 나가 왕을 죽였다. 우리 군사가 오히려 굴복하지 않고 고구려왕을 몇 겹 둘러쌌다. 마침 큰 안개가 7일 동안 펼쳐지니 고려왕이 군대를 잠복시켜 몰래 달아났다. 왕의 막내 동생이 달아나 갈사수(曷思水) 물가 쪽을 지키고 있다가 왕위에 올랐다. 왕의 종제(從弟)가 국인(國人)에게 이르기를 "선왕께서 자신은 몸소 죽임을 당하시고 나라는 망하여 백성들이 의지할 데가 없는데, 갈사는 한 구석에 편안히 있으면서 자기나라도 잘 다스리지 못하는구나. 나도 재주와 지혜가 둔하고 어리석어 다시 일어날 가망이 없다"고 하고 마침내 옛 도읍의 백성 1만여 인을 이끌고 고[구]려에 항복하였다. 고[구]려가 [그를]

---

49) 『후한서』나 『삼국지』에는 왕망의 고구려 침입에 관한 경위가 자세히 기록되어 있다. 왕망 초 고구려 군사를 징발하여 흉노를 정벌하고자 했으나 여의치 않자 신하 엄우(嚴尤)를 시켜 고구려를 치고 고구려의 국호를 하구려(下句麗)로 칭하게 했다는 기록이 나오는데 이를 매우 간략하게 다룬 것으로 생각된다.

50) 만주에 거주한 예맥족(濊貊族)의 한 집단이다. 『삼국지』 「동이전」, '고구려조'에 보이는 소수맥(小水貊)으로, 한 현도군의 한 속현이었던 서개마현(西蓋馬縣)에 근거했으리라 생각된다.

부여왕으로 세워 연나부(椽那部)에 소속시켰다. 그 등에 줄무늬가 있어 낙씨(絡氏) 성을 하사하였다.

그 후 67년 한 명제(明帝) 영평(永平) 11년(68, 고구려 태조왕 16)에 갈사왕의 손자 도두(都頭)가 나라 전체를 바쳐 고[구]려에 복속해왔다. 갈사가 마침내 끊어지고 부여도 후에 점점 자립한 나라가 되었다.

한 안제(安帝) 영초(永初) 5년(111, 고구려 태조왕 59) 부여왕이 보병·기병 8천인으로 한의 낙랑군에 쳐들어가 관리와 백성을 죽이고 해친 후 다시 한에 귀순하여 복종하였다. 고[구]려·예맥이 한 현도군[玄菟]을 침략하니 왕이 태자 위구태(尉仇台)를 보내 군대를 거느리고 구원하게 하였다. 그 무리 2만이 한나라 군대와 더불어 고구려 군사를 협공하여 성 아래에서 패배시켰다.

한 영령(永寧) 원년(120)에 왕이 위구태를 보내 한에 나아가 공물을 바치게 하니, 천자가 가상히 여겨 인수(印綬)[51]와 금비단[金綵]을 하사하였다. 한 영화(永和) 원년(136)에 왕 위구태가 경사(京師)에 조회하니[52] 천자가 대궐문[黃門]에서 북을 치고 피리를 불며 나팔을 불어[鼓吹角牴] 즐겁게 하여 그를 위로하였다. 왕 위구태가 죽으니 아들 부태(夫台)가 즉위하였다.[53]

한 연희(延熹) 4년(161)에 왕이 한에 배반하고 군대 2만인을 이끌고 현도(玄菟)에 쳐들어갔다.[54] 태수 공손역(公孫域)이 맞아 싸우니 우리 군대가 크게 패하여 죽은 자가 1천여 인이었다.[55]

한 희평(熹平) 3년(174)에 왕이 다시 한에 조공을 바쳤다.

---

51) 옛날 벼슬아치로 임명되어 임금으로부터 받는 인장(印章)과 끈을 지칭한다.
52) 부여왕이 친히 조회하였다는 것은 특이한 일로 당시 부여가 고구려를 견제하기 위하여 좀더 적극적인 대중외교를 전개하였던 사실을 단적으로 보여주는 기록이다.
53) 『후한서』 「동이열전」 '부여조'에도 '부태(夫台)'로 되어 있으나, 『삼국지』 「위서」 「동이전」 '부여조'에는 간위거(簡位居)가 왕이 되었다고 기록되어 있다.
54) 『후한서』 「동이열전」 '부여조'에는 영강(永康) 원년(167)으로 되어 있다.
55) 『삼국지』 권8 '공손도전(公孫度傳)'에는 현도태수의 이름이 '公孫域'으로 되어 있다.

왕 의려(依慮)에 이르니, 진 무제(武帝) 태강(太康) 6년(284)에 선비(鮮卑) 모용외(慕容廆)가 와서 우리 군대를 쳐 [우리 군대가] 크게 패하였다. 왕이 몹시 걱정이 되어 자살하고, 왕자 의라(依羅) 등은 달아나 옥저에서 몸을 보전하고 있었다. [모용]외가 마침내 도성을 함락시키고 1만여 인을 노략질하여[驅掠] 갔다. 다음 해에 왕자 의라가 진에 구원을 청하니 진 교위(校尉) 하감(何龕)이 도호(督護) 가침(賈沈)을 보내 구원하고, 모용외의 장수 손정(孫丁)을 죽여서 마침내 고국에 돌려보냈다. 모용외가 다시 침범하여 나라사람[國人]을 약탈해서 진(晉)나라에 파니 진이 곧 관아의 물품을 내어서 죄를 면해 돌려보내고, 변방에서 부여 사람들을 거래하는 것을 금지하였다.

왕 현(玄)에 이르니, 진 목제(穆帝) 영화(永和) 13년(357)이다. 연나라의 왕 [모용(慕容)] 황(皝)이 세 장군과 기병 1만 7천을 보내와 왕도를 습격해서 [왕도를] 지키지 못하였다. 연이 왕 및 신민(臣民) 5만여 인을 사로잡아갔다. 왕을 진군장군(鎭軍將軍)으로 임명하고 그 딸로 아내를 삼으니 부여가 더욱 약해져 나라를 제대로 다스릴 수도 없었다.

그 후 127년은 제나라 명제(明帝) 건무(建武) 원년(494)이다. 부여의 줏대가 없는 약한 왕[孱王]이 그 나라를 고[구]려에 바치고 들어가니[折入] 부여씨가 마침내 제사가 끊기게 되었다.

외사씨(外史氏)는 다음과 같이 기록한다.

"부여는 큰 나라이다. 중원(中原)에 매우 가까워 그 풍속이 엄하고 급하며, 은혜롭지 못해 싸움을 좋아하니, 북쪽 변방의 숙살(肅殺)[56]의 풍습을 얻은 것인가? 단군의 후예들이 수천 백년 나라를 세우고 왕을 칭해 대대로 끊어지지 않은 것은 처음 봉해질 때 어질고 성스러운 임금이 있어 어진 은혜가 만물에 미치고, 흐르는 은택[流澤]이 자손에까지 이르렀기 때문이다. 아쉽도다, 그 일의 큰 줄기가 드러나지 않은 것이! 대소(帶

---

56) 가을의 찬 기운이 초목을 말라죽게 하는 일을 말한다.

素)가 그 누란의 위기를 편히 여길 수가 없어서 또 그것을 허물어 버렸으며, 붉은 까마귀의 상서로움도 마침 고구려 군대를 불러들이기에 족했구나. 슬프도다!"

3. 발해세가(渤海世家)

발해 진국(震國)의 고왕(高王)은 성이 대씨(大氏)이며, 이름은 조영(祚榮)이다.[57] 그 선조는 고[구]려 속말인(粟末人)이다.[58] 고[구]려가 망하자 무리를 거느리고 읍루(邑婁)[59]의 동모산(東牟山)[60] 지역을 차지하였다. 영주(營州)[61] 동쪽 2천여 리를 지키고, 남쪽으로는 신라와 니하(泥河)[62]로 경계를 삼았다. 동쪽은 바다에 닿고, 서쪽은 거란과 접하고 있다. 성곽을

---

57) 『구당서』「발해말갈전」에서는 발해왕국의 건국자를 대조영으로 명기하고 있으나, 『신당서』「발해전」에서는 당에 처음 반기를 들어 동주(東走)하여 발해왕국의 기틀을 잡았던 것을 대조영의 아버지인 걸걸중상(乞乞仲象)으로 기록하고 있다. 이에 대해 걸걸중상과 대조영은 동일인으로서 걸걸중상은 건국전 영주(營州)에 있을 때의 본명이며, 대조영은 건국 후 중국식으로 개명한 것이라는 설도 있으나, 걸걸중상은 말갈인이었다고 보는 것이 일반적이다.

58) 『구당서』「북적열전」의 '발해말갈조'에는 발해말갈의 대조영은 본래 고[구]려의 별종(別種)이라고 기록되어 있으나, 『신당서』「북적열전」의 '발해조'에는 발해는 본래 속말말갈(粟末鞨鞨)로서 고[구]려에 복속되어 있었으며 성은 대씨(大氏)라고 기록되어 있다.

59) 후한대부터 알려진 만주(滿洲)에서 연해주(沿海州) 부근에 걸쳐 거주하던 종족명이다. 고대의 숙신족과 읍루의 관계는 명확하지 않으나, 읍루가 그 이전에 중국에 알려져 있던 숙신족의 개념에 포함되어 있던 일부 지역의 주민을 지칭하는 점만은 인정된다.

60) 위치에 대해 이설이 많았으나, 돈화현 일대의 발굴 결과 돈화현(敦化縣) 관내의 오동성(敖東城)으로 밝혀졌다.

61) 건국전설시대부터 근세까지 중국에서 불리어져 내려왔던 지명이다. 당대의 영주는 동북지방 장악의 거점으로 현재의 조양(朝陽) 부근이다.

62) 『삼국사기』에도 니하 관련 기록이 많이 나오는데 아마도 대관령(大關嶺)에 설치된 신라의 방어구조물로 추측된다.

쌓고 살자 고려의 망명자들이 점점 모여들었다.

당 무후(武后) 만세통천(萬歲通天) 중(696년)에 [걸걸(乞乞)]중상(仲象)63)이 거란의 이진충(李盡忠)의 난을 틈타 말갈 추장 [걸사(乞四)]비우(比羽) 및 고려의 남은 무리와 함께 동쪽으로 달아나, 요수(遼水)를 건너서 태백산(太白山)64)의 동북을 거점으로 삼아 오루하(奧婁河)65)를 사이에 두고 성벽을 쌓아서 수비를 굳혔다. 무후는 걸사비우를 허국공(許國公)으로, 걸걸중상을 진국공(震國公)으로 책봉하였는데 걸사비우는 명령을 받아들이지 않았다. 무후가 장군 이해고(李楷固)를 시켜 쳐죽였다. 이때 걸걸중상의 막내아들 [대]조영이 패잔병을 이끌고 도망쳐 달아나니, 해고가 끝까지 추격하여 천문령(天門嶺)66)을 넘었다. 조영이 고[구]려와 말갈의 군대를 거느리고 해고와 겨루어 승리하였다. 그러자 거란이 돌궐(突厥)67)에게 귀복하여서 당나라의 군대는 길이 끊겼다. 조영이 곧 비우의 무리를 합병하고 중국과 먼 거리에 있는 것을 믿고서 나라를 세워 진(震)68)이라 이름

---

63) 『신당서(新唐書)』「발해전」에 의하면 걸걸중상은 고구려에 복속되었던 속말말갈 출신으로 당나라의 영주지방에 옮겨가 살고 있었다. 676년 거란족의 반란을 틈타 함께 억류생활을 하던 말갈추장 걸사비우 및 고구려 유민과 함께 당나라의 지배에서 벗어나 동으로 이동하였는데 당나라는 이들을 공(公)으로 책봉하여 회유를 꾀하였다. 회유를 거부하자 당이 토벌군을 보내 걸사비우는 이해고의 군대에 의해 전사하고, 걸걸중상의 아들 대조영은 걸사비우의 잔당과 고구려 유민을 규합해 천문령에서 당의 군대를 격파했다고 한다. 이에 비해 『구당서(舊唐書)』에는 대조영이 영주지방 탈출시부터 자기 집단의 우두머리이고 고구려 출신이라 했으며 걸걸중상에 관한 언급이 없다. 따라서 이 종휘의 「발해세가」의 내용은 『신당서』에 의거한 것으로 생각된다.

64) 우리나라의 백두산을 지칭한다. 백두산은 송나라 때부터는 중국인이 장백산(長白山)이라 부르고 있다.

65) 정약용은 백두산의 동북에 보이는 액돈산(額敦山)을 근원으로 하는 수계(水系)라고만 했을 뿐 뚜렷한 비정은 하지 못했다. 그 후 동모산의 위치 비정에 따라 그와 불가분의 관계에 있는 오루하의 위치에 대한 비정도 변화하게 되었는데, 현재는 호이락하(瑚爾喀河) 상류로 비정되고 있다.

66) 휘발하(輝發河)와 혼하(渾河)의 분수령인 장령자(長嶺子), 즉 길림성 합달령(哈達嶺)이라고 보는 견해와 백두산(白頭山) 동북으로 보는 견해가 있다.

67) 5세기 초반부터 알타이산맥에서 성장하여, 6세기 중반에는 북위(北魏)와 제휴하여 유연(柔然)의 가한(可汗)을 공살하고 북방민족을 대표하는 돌궐한국(突厥汗國)을 건국하는 데 성공하였다.

하고, 왕위에 올랐다. 사신을 보내 돌궐과 통교하였다.

땅은 사방 오천 리이며, 호는 십여 만이고, 뛰어난 군대[勝兵]가 수만 이다. 글[書契]69)을 제법 안다. 부여·옥저·변한·조선70) 등 바다 북쪽 의 여러 나라를 모두 차지하였다.

당 선천(先天, 712~713 : 발해 고왕 14~15) 중에 왕을 좌효위대장군 발해군 왕(左驍衛大將軍 渤海郡王)으로 책봉하고,71) 다스리고 있는 곳을 홀한주(忽 汗州)72)로 삼아 홀한주도독(忽汗州都督)73)을 맡게 하였다.

개원(開元) 7년(719 : 발해 무왕 1)에 왕이 죽어 아들 무예(武藝)가 즉위하니 이가 무왕(武王)이다. 무왕은 영토를 크게 개척하자 동북의 모든 오랑캐 들이 두려워하여 신하로서 복종하였다. 연호를 인안(仁安)으로 고쳤다. 얼마 되지 않아 흑수(黑水) 추장이 사신을 보내 당나라에 조회하니, 당나 라가 그 땅에 흑수주(黑水州)를 세우고 장사(長史)74)를 두어 전체를 관할

---

68) 『주역』 「설괘전(說卦傳)」에 '제출호진(帝出乎震)'이라는 말이 있고 동방의 뜻도 있어 국명으로 한 듯하다. 『구당서』 「발해말갈전」에는 '진국(振國)'으로 되어 있다.

69) 서계에는 ① 중국 태고의 글자 또는 나무에 새긴 글자, ② 문자를 나무에 새겨 약속의 표지로 한 부서(符書), ③ 우리나라에서 옛날에 일본정부와 왕래하던 문서 등의 여러 가지 뜻이 있으나, 여기에서는 문자, 글이라는 일반적인 의미로 사용되었다.

70) 발해의 서한을 농안(農安) 부근으로, 남한을 압록강구에서 동으로 함경남도의 철원 북쪽까지를 상정한다면, 옛 고구려 영토인 부여·옥저를 차지한다고는 할 수 있으나, 변한·조선까지를 획득했다는 기사는 과장된 표현이다. 『신당서』 「발해전」의 과장된 기사를 이종휘도 그대로 받아들이고 있는 것이다.

71) 명목상이기는 하나, 당나라 중앙군대인 16위(衛) 중의 하나인 좌효위대장군과 당나라 발해군의 왕으로 봉해졌음을 의미한다. 군왕(郡王)은 당나라 봉작제도에서 친왕(親王) 다음에 해당하는 작호이다.

72) 발해왕국의 상경용천부(上京龍泉府) 근방을 흘러내리는 호이합하(瑚爾哈河)의 고명 인 홀한하(忽汗河) 일대를 당이 그들의 행정구역으로 삼고 붙인 주(州) 명칭이다.

73) 홀한하(忽汗河)는 현재의 흑룡강성(黑龍江省) 영안현(寧安縣) 동경성(東京城)인 발해 시대의 상경용천부(上京龍泉府) 근방을 북류하는 호이합하(瑚爾哈河), 즉 목단강(牧丹 江)이다. 당이 이 지역에 홀한주(忽汗州)를 두어 대조영을 도독으로 겸임케 하였다는 것은 관념면에서는 발해왕국의 독립을 인정하지 않고 발해국왕(渤海國王)은 당제국의 주장관(州長官)이라는 중국중심 천하관에서 비롯된 조처라 할 수 있다.

74) 당나라 관직으로 도호부(都護府)·도독부(都督府)·주(州)에 설치하였는데, 막료의 우두머리에 해당한다.

하게 하였다. 왕이 여러 신하와 의논하기를 "흑수가 처음에는 우리에게 길을 빌어서 당과 통하였고, 지난번 돌궐(突厥)에게 토둔(吐屯)[75]을 청할 때에도 모두 먼저 우리에게 알려 왔다. 이제 당에게 벼슬을 청하면서 우리에게 알리지 않으니, 이는 반드시 당과 더불어 앞뒤로 우리를 치려는 것이다"고 하였다. 곧 아우 문예(門藝) 및 [왕의] 외삼촌 임아상(任雅相)[76]을 보내 군사를 동원하여 흑수를 치게 하였다. 문예는 일찍이 당의 수도에 볼모로 와 있었으므로 이해관계를 잘 알아서, 왕에게 이르기를 "흑수가 벼슬을 청하였다고 하여 우리가 그를 친다면 이는 당을 저버리는 것입니다. 당은 큰 나라로 군사가 우리의 1만 배나 되는데, 그들과 원한을 맺는다면 우리는 곧 망하게 됩니다. 지난날 고[구]려가 전성시에 군사 30만으로 당에 맞서 싸운 것은 굳세고 강하다고 할 만하지만, 당나라 군대가 한 번 출정하자 땅을 쓸어버린 듯이 멸망하였습니다. 지금 우리 군대는 고[구]려에 비해 3분의 1밖에 안 되니, 왕이 장차 그들을 어기는 것은 안 됩니다"고 하였으나, 왕이 따르지 않았다.

　군사가 국경에 이르렀을 때에 또 글을 올려 강경하게 간언하자, 왕은 성을 내어 종형 일하(壹夏)를 보내 대신 군대를 거느리게 하고, 문예는 소환하여 죽이려고 하였다. 문예가 두려워서 지름길을 통해 스스로 당에 귀순하니, 당에서는 문예에게 좌효위장군(左驍衛將軍) 벼슬을 내렸다.

　왕이 사자(使者)를 보내 문예의 죄를 폭로하고, 그를 죽이기를 청하였다. 당이 조서를 내려 그를 안서(安西)[77]에 안치하고 우호적으로 답장하기를 "문예가 곤궁하여 나에게 귀순해 왔으므로 의리상 죽일 수가 없어

---

75) 돌궐의 관직으로, 속국에 파견되어 그곳에 상주하면서 행정감독과 부세 징수의 책임을 맡았다.
76) 유득공(柳得恭)의 『발해고(渤海考)』에도 '임아상(任雅相)'으로 되어 있으나, 다른 사료를 참조해 볼 때 '임아(任雅)'로 보는 것이 옳을 듯하다. 무왕의 구[王舅]로 표현되어 있는데, 외삼촌 또는 장인을 의미하는 것으로 생각된다.
77) 당대의 안서도호부 치하의 지역을 지칭하는데, 현재의 행정구역으로는 중국의 신강성(新疆省) 전역에 해당한다.

서 이미 나쁜 곳으로 추방해버렸소"라고 하고 아울러 사자는 머물러 있게 하였다. 왕이 사실을 알고 글을 올려 분명히 말하기를 "폐하는 거짓을 천하에 보여서는 안 됩니다"라고 하니, 기필코 문예를 죽이라는 뜻이었다. 당은 거짓으로 문예를 배척하고 답장하였다.

10년 뒤 왕이 대장 장문휴(張文休)[78]를 보내 해적을 거느리고 등주(登州)[79]를 치니, 당 황제는 급히 문예를 보내 유주(幽州)[80]의 군대를 동원하여 이들을 치는 한편, 태복경(太僕卿) 김사란(金思蘭)[81]을 사신으로 보내 신라의 군대를 독려하여 [발해의] 남쪽 경계를 치게 하였다. 마침 큰 눈이 한길이나 쌓여 군사들이 태반이나 얼어죽으니, 공을 세우지 못하고 돌아갔다. 왕이 문예를 바라보고서 원한이 풀리지 않아, 자객을 모집하여 동도(東都)[82]로 들여보내 길에서 저격하게 하였으나, 문예가 그들을 물리쳐 죽지 않게 되었다. 하남에서 자객을 체포하여 모두 죽였다.

왕이 죽자 아들 흠무(欽茂)가 즉위하니, 이가 문왕이다. 연호를 대흥(大興)이라 고치니 당에서 왕 및 거느리고 있는 사람을 책봉하였다. 왕이 이로 인해 국경 내에 사면령을 내렸다. 천보(天寶, 742~755 : 발해 문왕 6~19) 말년에 상경(上京)[83]으로 도읍을 옮기니, 곧 옛 도읍지[84]에서 300리 떨어

---

78) 발해 무왕 때의 장수로 생몰년은 알 수 없다. 732년 9월 무왕의 명령으로 당나라의 등주를 공격하여 자사(刺史) 위준(韋俊)을 죽였다. 등주 공격 사건은 신라와 당나라의 관계 개선의 실마리가 되었다.

79) 지금의 산동성 봉래(蓬萊), 용구(龍口) 등의 동쪽 지역을 가리킨다.

80) 시대에 따라 지칭하는 지역이 다른데 여기서는 지금의 북경(北京)을 지칭하고 있다.

81) 신라 왕족으로, 일찍이 견당사로 당나라에 들어갔을 때 당 황제가 머물러 숙위하게 했다고 한다. 732년 발해가 당나라를 공격하자 당나라는 신라의 지원을 받기 위해 사신 하행성(何行成)의 부사(副使)로 삼아 귀국시켰다.

82) 하남성(河南省) 낙양현(洛陽縣) 서쪽의 하남폐현지가 주나라의 동도(東都)로 알려지고 있으나, 후한 광무제가 경영한 동도는 당대에도 그대로 동도라 했으며, 지금의 낙양현치(洛陽縣治)가 그곳이다.

83) 발해의 상경용천부(上京龍泉府)를 지칭한다. 중국 흑룡강성(黑龍江省) 영안현(寧安縣) 동경성(東京城)의 서남측에 유적이 있다.

84) 정약용은 이를 발해왕국이 상경용천부로 천도하기 전 일시 수도였던 중경현덕부(中京顯德府)로 추단하여 상경인 영고탑(寧古塔)에서 300리 남쪽인 지점을 찾아 경박호(鏡泊湖) 남쪽 200리인 액돈산성(額敦山城)으로 비정한 바 있다. 김육불(金毓黻)은 구

진 홀한하(忽汗河)의 동쪽이다.

보응(寶應) 원년(762, 발해 문왕 26) 당이 처음으로 왕을 책봉하여 발해국 왕(渤海國王)으로 삼고,[85] 검교태위(檢校太尉)로 진수하였다. 그 후 일본의 무녀(舞女) 11명을 당에 헌상하였다.

정원(貞元) 연간(785~804 : 발해 문왕 49~강왕 10)[86]에 동남쪽 동경(東京)[87]으로 도읍을 옮겼다.

왕이 죽었다. 아들 굉림(宏臨)이 일찍 죽어서, 족제(族弟) 원의(元義)가 1년간 왕위에 올랐으나, 의심이 많고 포학하여 국인(國人)[88]이 그를 폐위시켜 죽이고 굉림의 아들 화여(華璵)를 추대하여 왕으로 삼으니, 이가 성왕(成王)이다. 연호를 중흥(中興)으로 고치고 다시 상경(上京)으로 천도하였다.

왕이 죽자 문왕의 작은 아들 숭린(嵩鄰)이 즉위하니, 이가 강왕(康王)이다. 연호를 정력(正曆)으로 고쳤다.

[왕이] 죽자 아들인 정왕(定王) 원유(元瑜)가 왕위에 올라 연호를 영덕(永德)으로 고쳤다.

[왕이] 죽자 아우인 희왕(僖王) 언신(言信)[89]이 즉위하여 연호를 주작(朱雀)으로 고쳤다.

[왕이] 죽자 아우인 간왕(簡王) 명충(明忠)이 즉위하여 연호를 태시(太始)로 고쳤다. 즉위한 지 1년 만에 죽으니 종부(從父)[90]인 선왕(宣王) 인수(仁

국(舊國)과 중경현덕부를 구분하여 구국은 돈화현성에서 멀지 않은 오동산성(敖東山城)으로 비정하였는데 발굴성과로 인해 정설화되었다.

85) 당나라에서 처음에는 발해를 독립국가로 인정하지 않아 발해를 발해군(渤海郡), 발해왕을 발해군왕으로 삼았다가, 이때에 이르러 발해군을 발해국, 발해군왕을 발해국왕으로 승격시킨 것이다. 명목적이기는 하지만, 발해가 비로소 독립국가로 인정받은 것이라 할 수 있다.

86) 문왕이 793년 3월에 사망하였으므로, 동경으로 천도한 것은 785~793년 사이가 되어 실제로는 정원 초반에 해당한다.

87) 발해 5경 중의 하나인 동경용원부(東京龍原府)를 지칭한다. 동경은 훈춘(琿春)의 팔련성(八連城)이라고 보는 견해가 많다.

88) 지금은 국민이란 의미로 쓰이지만, 고대에는 국정을 운영해가던 귀족을 지칭했다.

89) 유득공의 『발해고』「군고(軍考)」에는 희왕의 이름이 언의(言義)로 되어 있다.

秀)가 즉위하여 연호를 건흥(建興)으로 고쳤다. 왕의 4대조 야발(野勃)은 고왕(高王) 조영의 아우이다. 왕이 바다 북쪽의 여러 부(部)를 토벌하여 국토를 크게 개척한 공이 있었다. 당 헌종(憲宗)이 왕을 검교사공(檢校司 空)으로 책봉하였다.

당 태화(太和) 4년(830 : 발해 彝震 1) 왕이 죽었는데 아들 신덕(新德)이 일 찍 죽어서, 손자 이진이 왕위에 올라 연호를 함화(咸和)로 고쳤다. 처음 여러 왕 재위시에 많은 학생을 자주 당 태학(太學)91)에 보내어 고금의 제도를 배우고 익히게 하였더니 이에 이르러 마침내 해동의 번성한 왕 국[海東盛國]이 되었다.

국토는 5경(京)·15부(府)·62주(州)였다. 숙신의 옛 땅으로 상경(上京)을 삼으니 용정부(龍井府)92)이며, 용(龍)·호(湖)·발(渤)주의 3주를 통치하였다. 그 바로 남쪽 600리로 중경현덕부(中京顯德府)를 삼으니 노(盧)·현(顯)· 철(鐵)·탕(湯)·영(榮)·흥(興)주의 6주를 통치하였다. 예맥의 옛 땅으로 동경(東京)을 삼으니 용원부(龍原府)이며 책성부(柵城府)라고도 하는데, 경 (慶)·염(鹽)·목(穆)·하(賀)주의 4주를 통치하였다. 옥저의 옛 땅으로 남 경(南京)을 삼으니 남해부(南海府)이며, 옥(沃)·청(晴)·초(椒)주의 3주를 통 치하였다. 고려의 옛 땅으로 서경(西京)을 삼으니, 압록부(鴨綠府)이며, 신 (神)·환(桓)·풍(豊)·정(正)주의 4주를 통치하였다. 신주(神州)는 압록강 박 작성(泊汋城)으로부터 700리를 거슬러 올라가면 닿게 되었다. 이로부터 동쪽으로 중원(中原)과의 거리가 400리인 곳에서 곧바로 정북으로 600리 를 가면 상경(上京)이 되니, 그 지역 내에 있는 것을 미루어 알 수 있다.

장령부(長嶺府)는 하(瑕)·하(河)주의 2주를 통치하였다. 부여의 옛 땅에 둔 부여부(扶餘府)에는 항상 굳센 병사를 주둔시켜 거란을 방어하였는데,

---

90) 아버지의 형제인 백부(伯父) 또는 숙부(叔父)를 의미한다.
91) 601년 국자학을 폐지하고 태학만 남겼기 때문에 최고학부인 국자감생(國子監生)을 태학생이라 칭하기도 하였다. 당나라 때에는 문무관 5품 이상, 군·현공(郡縣公)의 자 손, 종3품의 증손을 학생으로 받아들여 교육시켰다.
92) 일반적으로 용천부(龍泉府)라 일컬으며, 현재의 중국 길림성 영안현 동경성이다.

부(扶)·선(仙)주의 2주를 통치하였다. 막힐부(鄭詰府)는 막(鄭)·조(高)주의 2주를 통치하였다. 읍루(挹婁)의 옛 땅에 둔 정리부(定理府)는 정(定)·반(潘)주의 2주를 통치하였다. 안변부(安邊府)는 안(安)·경(瓊)주의 2주를 통치하였다. 솔빈(率賓)[93)의 옛 땅을 솔빈부(率賓府)로 삼으니 화(華)·익(益)·건(建)주의 3주를 통치하였다. 불열(拂涅)[94)의 옛 땅에 둔 동평부(東平府)는 이(伊)·몽(蒙)·타(沱)·흑(黑)·비(比)주의 5주를 통치하였다. 철리(鐵利)[95)의 옛 땅에 둔 철리부(鐵利府)는 광(廣)·분(汾)·포(浦)·의(義)·귀(歸)·등(等)주의 6주를 통치하였다. 월희(越喜)[96)의 옛 땅에 둔 회원부(懷遠府)는 원(遠)·월(越)·회(懷)·기(紀)·부(富)·미(美)·복(福)·야(耶)·지(芝)주의 9주를 통치하였다. 안원부(安元府)는 영(寧)·미(郿)·모(慕)·상(常)주의 4주를 통치하였다. 또 영(郢)·동(銅)·속(涑)주의 3주를 독주주(獨奏州)로 삼았다. 속주는 그곳이 속말강(粟末江)에 가까운데, [속말강은] 대개 이른바 속말수(涑末水)인 듯하다.

용원(龍原)의 동남쪽 연해는 일본도(日本道)이고, 남해는 신라도(新羅道)이다. 압록은 조당도(朝唐道)[97)이고, 장령(長嶺)은 영주도(營州道)이며, 부여는 거란도(契丹道)이다.

그 예악(禮樂)·관부(官府)·제도는 중국을 모방하여 왕명은 '교(敎)'라 하고, 왕의 아버지는 '노왕(老王)', 왕의 어머니는 '태비(太妃)', 처는 '귀비(貴妃)', 장자는 '부왕(副王)', 여러 아들은 '왕자(王子)'라고 하였다.

관제로는 선조성(宣詔省)이 있는데, 좌상(左相)·평장사(平章事)·시중(侍中)·좌상시(左常侍)·간의(諫議)가 소속되어 있다. 중대성(中臺省)에는 우상

---

93) 솔빈부(率賓部)는 말갈의 한 부락으로, 중국 흑룡강에서 발원하여 러시아 연해주로 흐르는 수분하(綏芬河)의 명칭도 여기서 유래되었다.
94) 불열부(拂涅部)는 말갈 7부락의 하나로, 지금의 중국 흑룡강성 일대에 있었던 것으로 추정된다.
95) 철리부(鐵利部)는 말갈의 한 부락으로, 송화강 하류 일대에 있었던 것으로 추정된다.
96) 월희부(越喜部)는 말갈의 한 부락으로, 러시아 연해주 일대로 보는 설이 있다.
97) 『신당서』 '발해조'에는 조공도(朝貢道)로 되어 있다.

(右相)·우평장사(右平章事)·내사(內史)·조고사인(詔誥舍人)이 소속되어 있다. 정당성(政堂省)에는 대내상(大內相) 1명이 좌·우상의 위에 있고, 좌·우 사정(司政) 각 1명이 좌·우 평장사의 아래에 배치되어 있는데 복야(僕射)와 비슷하다. 좌·우 윤(允)은 [좌·우] 이승(二丞)과 비슷하다.

좌 6사(司)에는 충부(忠部)·인부(仁部)·의부(義部)에 각각 1명의 경(卿)이 사정(司政)의 아래에 배치되어 있다. 지사(支司)[98]인 작부(爵部)·창부(倉部)·선부(膳部)에는 부마다 낭중(郎中)과 원외(員外)가 있다. 우 6사에는 지부(智部)·예부(禮部)·신부(信部)와 지사인 융부(戎部)·계부(計部)·수부(水部)가 있다. 경(卿)과 낭(郎)은 좌[6사]에 준한다. [이것은] 6관(官)과 비슷하다.

중정대(中正臺)에는 대중정(大中正) 1명이 있는데 어사대부(御史大夫)와 비슷하며, 직위는 사정(司政)의 아래이고 소정(少正) 1명이 있다.

또 전중시(殿中寺)와 종속시(宗屬寺)를 두었는데, [시마다] 대령(大令)이 있다. 문적원(文籍院)에는 감(監)이 있다. 영(令)·감(監) 밑에는 모두 소령(少令)·소감(少監)이 있다. 태상시(太常寺)·사빈시(司賓寺)·대농시(大農寺)[99]에는 시(寺)마다 경(卿)이 있다. 사장시(司藏司)·사선시(司膳寺)에는 [사마다] 영(令)과 승(丞)이 있다. 주자감(胄子監)에는 감장(監長)이 있다. 항백국(巷伯局)에는 상시(常侍) 등의 관원이 있다.

무관으로는 좌(左)·우(右) 맹분(猛賁)[위(衛)], 웅위(熊衛), 비위(羆衛), 남(南) 좌·우위(左·右衛), 북(北) 좌·우위(左·右衛)가 있어 각각 대장군(大將軍) 1명과 장군(將軍) 1명을 둔다.

품계는 질(秩)로 쓰는데, 3질 이상은 자주색옷[紫服]에 상아홀[牙笏][100]

---

98) 6부에는 각기 아래에 정사(正司)와 지사(支司)를 두었는데, 이는 당나라 제도를 모방한 것이다. 예를 들면 충부에는 정사로서 충부(忠部), 지사로서 작부(爵部)를 두었는데, 다른 부도 이와 동일한 방식으로 구성되어 있었다.

99) 원문에는 대부농시(大夫農寺)라고 되어 있으나, 부(夫)자는 잘못 들어간 것으로 보인다.

100) 홀(笏)은 신하가 임금을 뵐 때 지니는 장방형 판으로, 원래는 임금의 명령을 기록하던 메모판이었는데 나중에 의례적인 물건으로 바뀌었다. 중국에서는 지위에 따라 옥, 상아, 대나무 등으로 만들었다.

과 금어(金魚)[대(袋)]101)를 찬다. 5질 이상은 주홍색옷[緋服]에 상아홀[牙笏]과 은어(銀魚)[대(袋)]를 찬다. 6질과 7질은 옅은 주홍색옷[緋衣]을 입고, 8질은 녹색옷[綠衣]을 입는데 모두 나무홀[木笏]을 찬다.

물산으로서 그 풍속에 귀중히 여기는 것은 태백산102)의 토끼·남해의 다시마[昆布, 지금 함흥 이북의 바다에서 다시마가 나온다—저자 주]·책성(柵城)의 된장·부여의 사슴·막힐(鄚詰)의 돼지·솔빈(率賓)의 말·현주(顯州)의 베·옥주(沃州)의 솜·용주(龍州)의 명주·위성(位城)의 철·노성(盧城)의 벼·미타호(湄沱湖)103)의 가자미이다. 과일로는 구도(九都)의 오얏과 낙유(樂遊)104)의 배가 있다.

왕 이진(彛震)의 뒤로는 사서에 죽은 해와 시호가 빠져 있다. 아우인 건황(虔晃)이 즉위하였다. 건황의 뒤에는 또 현석(玄錫)이 있다. 현석이 즉위한 것은 당 의종(懿宗) 함통(咸通) 연간(860~873)에 해당한다. 그 후 50여 년은 후당 명종(明宗) 천성(天成) 원년(926)에 해당한다.105) 왕 인선(諲譔)이 거란과 싸웠는데, 거란이 서쪽 변방의 여러 성을 무너뜨리고, 부여106)를 공격하여 그 성을 함락시키고 마침내 상경을 포위하였다. 왕이 전투에서 패전하여 항복하기를 청하니, 거란의 임금[主]이 군사를 시켜 왕 및 종속(宗屬)을 호위하게 하여 왕을 임황(臨潢)107) 서쪽에 내어놓고서는 오

---

101) 어대(魚袋)는 당나라 때 물고기 모양으로 된 부절(符節)을 넣던 주머니를 뜻하는데, 금어대는 금으로 만든 부절을 넣은 주머니이다. 당나라 고종 때에 처음으로 시행되어, 처음에는 수도의 관료에게 지급하다가 점차 지방관료에게까지 확대되어 갔다.

102) 백두산을 가리킨다.

103) 중국 흑룡강성에 있는 흥개호(興凱湖)로 추측된다.

104) 낙랑(樂浪)의 잘못으로 보기도 한다.

105) 유득공의 『발해고』「군고(君考)」에는 선왕의 손자 이진(彛震) 다음에 이진의 아우인 건황(虔晃), 건황의 아들인 현석(玄錫), 역사 기록에 계보가 나와 있지 않은 인선(諲譔)까지 수록되어 있다. 그러나 13대 왕 현석과 마지막 왕 인선 사이에 적어도 위해(瑋瑎)라는 왕 한 명이 더 있었다는 사실이 20세기에 들어와 확인되었다.

106) 발해의 부여부(扶餘府), 지금의 중국 길림성 농안(農安) 일대를 지칭한다.

107) 요나라의 상경에 임황부(臨潢府)를 두었으므로, 요나의 수도를 말한다. 지금의 내몽고 소오달맹 파림좌기(巴臨左旗, 즉 林東)의 남쪽에 있는 파라성(波羅城)이 당시의 성 터이다.

로고(烏魯古)라는 이름을 내리고, 발해(渤海)를 동단국(東丹國),108) 홀한(忽汗)을 천복(天福)으로 고쳤으며, 성책을 쌓았다. 그 장자 배(倍)는 사람됨이 황왕(皇王)으로서 주관할 만하였다.

이에 발해세자 대광현(大光顯)109) 및 장군 신덕(申德),110) 예부경(禮部卿) 대화구(大和鈞)111)·균로(均老), 사정(司政) 대원구(大元鈞), 공부경(工部卿) 대복모(大福謨), 좌우위장군(左右衛將軍) 대심리(大審理), 소장(少將) 묵두간(墨豆干),112) 검교개국남(檢校開國男) 박어(朴漁), 공부경 오흥(吳興) 등이 그 남은 무리를 거느리고, 앞뒤로 고려로 들어간 것이 수만호였다. 고려왕이 후하게 대접하여 세자에게 왕계(王繼)란 성명을 내리고, 속적(屬籍)113)에 붙여주어, 그 제사를 받들게 하였다. 보좌하는 신하[僚佐]에게는 모두 벼슬을 내렸다. 발해는 당 개원(開元) 원년(713)에 책봉을 받아 후당 천성(天成) 원년(926)에 거란에게 멸망당하니 무릇 214년 간 존속하였다.114)

찬(贊)하기를 다음과 같이 한다.

"대조영은 고[구]려의 한 굶주린 노예로서 기회를 틈타 참새처럼 일어나 동북 여러 오랑캐의 5천 리 땅을 전부 차지하였다. 어지럽고 속이며, 흉악하고 포악한 마음을 꺾어버리고, 상투머리와 활을 쏘는 백성들

---

108) 동쪽 거란국이라는 의미이다.

109) 유득공의 『발해고』 「신고(臣考)」에는 대인선의 세자로 되어 있다. 고려 태조 17년
(934) 7월 무리 수만 명을 거느리고 고려로 도망하자 태조가 왕계(王繼)란 성명을 내려
주고 왕실 호적에 붙여주었으며, 특별히 원보(元甫)를 주고 백주(白州, 지금의 황해도
배천)를 지키게 하여 제사를 받들도록 했다고 하는데, 『동사』의 기록도 이와 거의 유사
하다.

110) 유득공의 『발해고』 「신고」에는 고려 태조 8년(925) 9월 병신일에 휘하의 500명과 함
께 고려로 도망하였다고 되어 있다.

111) 대화구와 대원구의 이름이 유득공의 『발해고』 「신고」에는 대화균(大和鈞), 대원균(大
元鈞)으로 되어 있다.

112) 유득공의 『발해고』 「신고」에는 모두간(冒豆干)으로 되어 있으며, 관직은 좌수위소장
(左首衛小將)이었다고 한다.

113) 한 문중에 속하는 호적, 또는 구적(舊籍)을 의미한다. 유득공의 『발해고』에는 종적(宗
籍), 즉 왕실 호적으로 되어 있다.

114) 대조영이 진국(震國)을 세운 698년이 아니라, 당의 책봉을 받은 713년부터 거란에게
멸망당한 926년까지를 발해의 존속 기간으로 삼은 것이 특징적이다.

에게 의관예악(衣冠禮樂)을 갖추게 한 지 수백 년 만에 소중화(小中華)의 나라가 된 것은 태사(太師)115) 이래로 한 사람뿐이니, 선하다고 할 만하다. 지금 중·동·서·남 4경 지역에서 우리 조정에 들어온 것은 다섯 중 둘이고, 그 나머지 1경·11부·50여 주는 모두 생숙(生熟)·여진(女眞) 여러 부(部)가 분할하였는데, 누르하치(奴兒哈赤)가 합하여 금나라를 세웠으니, 지금 성경(盛京) 영고(寧古) 일대가 그곳이다. 풍호(豊鎬) 지역에서 주나라는 인(仁)을 이루었고, 진나라는 강성함[强]을 이루었으니, 잘 하는 바가 달랐기 때문이지, 어찌 풍토에 달려 있겠는가?

우리 목조(穆祖)가 터전을 연 곳은 동경 지역 내에 있었으며, 지금 백산(白山) 또한 중경의 관할 지역이다. 단군·동명이 발상한 곳이라 한다.

발해가 망한 후 54년에 유손인 대난하(大鸞河)가 서쪽으로 송에 가서 복속하였는데, 송 태종이 난하에게 발해도지휘사(渤海都指揮使) 벼슬을 주었다."

4. 가야세가(伽倻世家)

대가야의 이진아고왕(伊珍阿鼓王)은 가락(駕洛) 수로왕(首露王)의 아우이다. 다섯 가야의 우두머리가 되어 한나라 광무제 건무(建武) 18년(기원후 42) 임인(壬寅)년에 고령군(高靈郡)에 나라를 세웠다. 네 가야는 낙동강 서쪽을 나누어 차지하니, 고령(古寧)은 지금의 함창(咸昌),116) 성산(星山)은 지금의 성주(星州), 아라(阿羅)는 지금의 함안(咸安)이며, 소가야는 곧 감문

---

115) 삼공의 하나로 문관의 최고위이다. 천자의 사법(師法)이 될 만한 사람이라는 뜻으로 이름지어졌다.
116) 현재의 경상북도 상주시 함창읍 일대이다.

소국(甘文小國)이다.

대가야가 가장 커서 신라와 국경을 접하였는데, 대대로 서로 침공하여 승부를 다투었다. [신라] 파사왕 때에 신라의 남쪽 경계를 습격하여 그 장수 장세(長世)를 죽였다. 또 황산강(黃山江)[117) 위에서 신라 왕을 포위하여 거의 사로잡을 뻔하였다.[118) 그 후 신라가 더욱 여러 소국을 침공하여 멸망시키니, 가야의 무력(武力)은 경쟁이 되지 못하여 마침내 신라에 복속하였다.[119) 법흥왕은 [신라] 종실의 여자를 아내로 삼아주었다.

후세에 가실왕(嘉悉王)이라는 자가 있었는데 음률(音律)을 아주 잘 알아서 12현금(絃琴)을 만드니, 12개월을 본딴 것이다. 이것은 중국 악부(樂部)[120)의 쟁(箏)[121)을 본떠서 만든 것이나, 중국과 우리나라의 말이 각각 달라서 성음(聲音)을 똑같이 하기가 어려웠다. 악사인 우륵(于勒)[122)에게 명하여 다시 12곡[123)을 만들게 하니, 첫 번째는 하가라도(下加羅都), 두 번째는 상가라도(上加羅都), 세 번째는 보기(寶伎), 네 번째는 달이(達已), 다섯 번째는 사물(思勿), 여섯 번째는 물혜(勿慧), 일곱 번째는 하기물(下奇

---

117) 현재의 경상북도 양산시 부근의 낙동강 하류를 가리킨다.
118) 신라 지마니사금(祗摩尼師今) 4년 2월의 일이다.
119)『삼국사기』권4「신라본기」제4 '법흥왕 19년조'에는 금관국주(金官國主) 김구해(金仇亥)가 아내와 노종(奴宗)·무덕(武德)·무력(武力)의 세 아들을 데리고 항복해오니 이들을 후대하여 고위 벼슬을 내렸는데 무력은 각간(角干)의 지위에까지 올랐다고 기록되어 있다.
120) 음악을 관장하는 관서이다. 중국에서는 북주(北周) 시기(557~581)에 처음 설치되었다고 하지만, 여기서의 악부는 그 이전 예부(禮部)나 태상시(太常寺) 등에 속해 음악을 전담하던 부서를 가리킨다.
121) 대쟁(大箏)과 비슷한 13줄(고대에는 5현, 진나라 때에는 12줄)로 된 중국 고대의 현악기이다.
122) 가야국 가실왕과 신라 진흥왕 때 악사로 활약한 가야금의 명인이다. 가야국이 어지러워지자 가야금을 들고 제자 이문(泥文)과 함께 신라 진흥왕에 투항하였는데, 왕은 그를 맞아 국원(國原, 충주)에 안치시키고 계고(階古)·만덕(萬德)·법지(法知) 등을 보내 그의 업을 전수받게 하였다.
123) 열두 곡 가운데 사자기(師子伎)와 보기(寶伎)는 중국에서 전래된 일종의 곡예 음악인 기악(伎樂)에 바탕을 둔 것이고, 나머지 10곡은 당시의 지명을 그대로 쓰고 있기 때문에 후기 가야연맹 소속국의 음악을 정리하여 가야금 곡으로 편곡한 것으로 추정되고 있다.

物), 여덟 번째는 사자기(師子伎), 아홉 번째는 거열(居烈), 열 번째는 사팔
혜(沙八兮), 열한 번째는 이사(爾師), 열두 번째는 상기물(上奇物)이다. 우륵
의 제자 니문(泥文)이 만든 것에 또 세 곡이 있으니, 첫째는 까마귀[烏],
둘째는 쥐[鼠], 셋째는 메추라기[鶉]이다. 뒤에 다시 하림(河臨)124) · 눈죽
(嫩竹)125)의 두 악조[調]를 만들었는데, 악조는 모두 185곡(曲)이었다. 지
금 세상에 전하는 가야금이 이것이다. 후에 우륵 등은 나라가 장차 어지
러워질 것이라는 것을 알고 악기를 가지고 신라에 투항하였다.

진(陳) 문제(文帝) 천가(天嘉) 3년(562 : 신라 진흥왕 23)에 도설지왕(道設智王)
이 나라가 쇠약해져서 신라에게 업신여김당하는 것을 애통히 여겨, 신
라를 침략하여 그 치욕을 씻으려고 도모하였다가 도리어 공격당하였다.
신라의 장수 사다함(斯多含)이 기병 5천으로 치고 들어와 전단문(旃檀門)
을 빼앗고 성 안에 백기를 세우자 대장 이사부(異斯夫)가 군대를 이끌고
뒤를 이었다. 왕성(王城)이 깜짝 놀라 무너지고 마침내 멸망당하였다.

가야는 무릇 16세 520년 간 있었다. [대가야] 다섯 가야 중에서 최후
로 망하였으나, 전해오는 가야금 소리가 평이하고 담박하여 옛날에 가
까우니 그 나라가 다스려졌었다는 것을 미루어 알 수 있다고 한다.

---

124) 신라 시기에 가야금 음악에서 사용된 악조의 하나로, 조선 초기 세종조까지 계승된
    것으로 나온다.
125) 하림조(河臨調)와 함께 신라 시기에 사용된 가야금 음악의 하나로, 조선시대 세종조
    까지 전승된 것으로 알려진다.

열전(列傳)

1. 예맥(濊貊)·옥저(沃沮)·비류(沸流)·낙랑(樂浪) 열전(列傳)

　예맥(濊貊)의 선조는 부여(扶餘)와 함께 나왔으니 모두 단군씨(檀君氏) 자손이다. 그 땅은 산과 물이 많은데, 험하고 좁은 땅이 그 사이에 들어 있다. 동쪽은 예(濊)가 되고, 서쪽은 맥(貊)이 된다. 맥은 매우 미약하여 항상 예에 부용(附庸)되었으나, 예·맥은 모두 조선에 신하로서 예속되었다고 한다. 예는 혹은 예(薉)라, 혹은 선(銑)이라, 혹은 창해(滄海)라 일컫는다.

　그 나라를 열어 대대로 전한 햇수는 분명하지 않아 미루어 알 수 없다. 진나라 때 예에는 창해군(滄海君), 한인(韓人)인 장량(張良)[1]과 대보(大

---

1) 장량(張良)은 한대(漢代) 사람으로 자는 자방(子房), 시호는 문성(文成)이다. 선조는 한왕(韓王)의 5대에 걸쳐서 재상을 역임했다. 진(秦)이 한(韓)을 멸하자 전 재산을 들여 자객을 구해서 진왕을 박랑사(浪浪沙)에서 저격하여 중부거(中副車)를 맞췄다. 진이 급

父)가 있었다. 보(父)는 한(韓)의 다섯 왕을 도왔다. 한이 망하자 장량은 진나라에게 원수를 갚으려고 하였는데 창해에는 힘쓰는 사람[力士]이 많았다. 장량이 동쪽으로 와서 임금[君]을 뵈니, 군이 그를 위하여 역사를 구하고 철몽둥이 120근 짜리를 만들었다. 장량이 그와 함께 돌아가서 박랑사(博浪沙)2)에서 진나라 황제를 저격하여 중부거(中副車)를 맞췄다. 진나라 황제가 크게 노하여 천하를 다 찾았으나, 10일 동안이나 찾지 못하였다. 역사가 장량과 함께 [위기를] 모면하였다. 군(君) 남려(南閭)3)에 이르러서는 조선왕 우거(右渠)가 교만하여 여러 나라 사신들이 한나라에 들어가려는 것을 통하지 못하게 하니, 남려가 성이 나서 마침내 조선과의 관계를 끊고 28만인을 거느리고 요동에 나아가 한에 항복하였다. 이때는 [한] 무제 원삭(元朔) 원년(128)이다.

한이 군현을 축출하고 그 땅을 창해(滄海)라 이름하였는데 [그곳이] 험하고 멀어 수년 후에 없앴다. 후에 다시 낙랑 동부도위(樂浪東部都尉)에 속하게 하니 예맥이 드디어 망하였다. 한 광무제 건무(建武) 6년(30)에 단단대령(單單大嶺) 이동의 땅을 모두 그 우두머리[渠帥]에게 봉해 주고 후(侯)로 삼았다.4)

히 범인을 찾자 성명을 바꾸고 하비(下邳)로 도망해 숨어 지내면서 태공(太公)의 병법을 비상(圯上)의 노인에게서 받았다. 한 고조가 군대를 일으키자 획책해서 항우(項羽)를 멸하고 천하를 평정하는 데 공을 세웠다. 고조가 즉위하자 유후(留侯)로 봉해졌다. 만년에 황로(黃老)를 좋아하여 신선벽곡(神仙辟穀)의 술(術)을 배웠다. 소하(蕭荷)·한신(韓信)과 함께 삼걸(三傑)이라 칭해진다.

2) 하남성(河南省) 양무현(陽武縣) 남쪽에 있는 지명으로 장량(張良)이 역사(力士)로 하여금 진시황을 저격케 한 곳이다.

3) 위만조선 말기 예족의 군장이다. 당시 예족사회는 압록강 상류 및 동가강(佟佳江) 유역 일대를 중심으로 정치적 성장을 이루었지만, 한편으로 위만조선의 간섭을 상당히 받고 있었기 때문에 위만조선의 압력에서 벗어나기 위해 기원전 128년에 휘하의 28만인과 함께 투항함으로써 한나라가 이 지역에 창해군을 설치하는 계기를 만들었다. 『사기』나 『한서』에서는 그를 '예군(薉君, 濊君)'이라 표현하고 있다.

4) 『후한서(後漢書)』「동이열전」'예조'에는 이에 관한 기사가 비교적 자세히 실려 있다. 원봉(元封) 3년(B.C.108)에 한사군을 설치한 후 소제(昭帝) 시원(始元) 5년(B.C.8) 임둔과 진번을 낙랑과 현도에 합병하고, 현도는 다시 고구려로 옮겼으며, 단단대령의 동쪽 옥

대군장(大君長)이 없어 일체를 통솔하지는 못하였다. 그 관직으로는 후 (侯)와 읍군(邑君)과 삼로(三老)가 있다.5) 노인들은 [자신들이 고구려와 같은 종 족이라 말하는데 언어와 법령과 풍속이 대체로 비슷하다].6) 그 사람들의 성품은 우직하고 건실하며, 욕심이 적고 염치가 있다. 남녀가 모두 곡령(曲領)7) 을 입는다. 그 풍속은 산천(山川)을 중요시하여 산과 내마다 각 읍락의 경계선이 있어서 서로 함부로 침범하지 않는다.8) 동성(同姓)끼리는 혼인 하지 않았으며,9) 구슬과 옥[珠玉]을 보배로 여기지 않았다. 새벽에 별자 리[星宿]의 움직임을 잘 관찰하여 다음 해의 풍흉을 미리 알았다.10) [부 락을] 침범하는 자가 있으면 벌로 생구(生口)와 소·말을 부과하였으며, 또 군사정벌이 있으면 중국과 같이 조공물과 부세를 냈다. 기씨(箕氏)의

저와 예맥은 모두 낙랑에 예속시켰다고 한다. 뒤에 다시 대령 동쪽 7현을 떼어 낙랑군 에 속한 동부도위를 두었다. 건무 6년에 동부도위의 관직을 폐지하고, 대령 동쪽의 지 역을 포기한 뒤 그 지방의 우두머리들을 봉해 현후(縣侯)로 삼았다고 한다.

5) 한이 토착사회의 크기에 따라 그 지역의 우두머리에게 부여한 직명(職名)이다. 후는 현(縣) 크기의 집단의 군장에게, 읍군·삼로는 한의 읍차(邑次)·불례(不禮)에 대응될 만한 보다 소규모 공동체의 장에게 준 칭호이다. 삼로는 원래 전국시대 이래 현 아래의 조직인 향(鄕)의 우두머리에게 붙이던 명칭이다.

6) 원문에는 문장의 일부가 빠져 있는데, 『후한서』「동이열전」'예조'에 의거하여 보충 하였다. 『삼국지』「동이전」'예조'에는 '고구려와 같은 종족이다'라는 기록만 있을 뿐 언어·법령·풍속에 관한 기록은 없다.

7) 원령(圓領)이라고도 하며, 목둘레를 둥글게 한 옷깃을 말한다.

8) 『삼국지』「동이열전」'예조'에는 '산천각유부분 부득망상섭입(山川各有部分 不得妄 相涉入)'으로 되어 있으나, 『후한서』편찬자는 그 뜻을 명료히 하고자 하여 '부분(部 分)'을 '부계(部界)'로, '섭입(涉入)'을 '간섭(干涉)'으로 고친 것인데, 이종휘는 『후한서』 의 기록을 그대로 따랐다. 산과 내를 경계로 한 일정지역이 각 읍락에 귀속되어 있었음 을 의미한다. 다른 부락의 사람들이 허락없이 이 지역 내에 들어와 활동하면 곧 그에 대한 벌을 내리니 이를 책화(責禍)라 한다.

9) 같은 씨족 내에서의 혼인이 금지되었다는 뜻이다. 당시 예에는 아직 중국식의 성이 없었으며, 동성(同姓)이라는 용어는 씨족단위를 성으로 이해한 중국인 나름의 표현이 다. 부락외혼(部落外婚)·동성불혼(同姓不婚) 등 일정한 단위 바깥에서 배우자를 구하 는 것은 집단간의 연계관계를 통해 용이한 물품교환 및 상호안전을 도모하려는 데서 비롯되었다.

10) 『삼국지』'한조'에는 '예지연세풍약(豫知年歲豊約)'으로 되어 있는데, 원문에는 다음 해[明年]의 풍흉을 미리 안다고 기록되어 있다. 동예인들이 그들 나름의 기후변동과 역 (曆)에 관한 지식을 가지고 있었고, 그에 의거해 농사를 조정·관리하였다는 의미이다.

유풍(遺風)이 가장 많이 남아 있다고 한다. 그 후 고구려에 복속하여 항상 중국[上國]을 함께 공격하더니 위나라·진나라 교체기에는 예맥이 고구려·신라·말갈에 편입되었다.

동옥저(東沃沮)[11] 또한 단군의 후예이다. 나라는 개마산(蓋馬山)[12] 동쪽에 있다. 동쪽으로 큰 바닷가에 접해 있고, 북쪽은 읍루(挹婁)·부여(扶餘)와, 남쪽은 예맥(濊貊)과 접해 있다. 그 지형은 동서간은 좁고, 남북간은 길어서 사방 천리 정도나 된다.[13]

토질은 비옥하고 오곡(五穀)[14]이 자라기에 적합하다. 사람들의 성질은 질박하고 정직하며 굳세고 용감하다. 창을 들고 보전(步戰)을 잘 한다. 한나라 건평(建平) 2년(B.C.5)에 옥저의 군(君)이 남한왕(南韓王) 혁거세(赫居世)가 신성(神聖)하다는 말을 듣고 사신을 파견하여 좋은 말 20필을 보냈다. 61년 뒤에 고구[려] 왕 궁(宮:태조왕)이 군사를 보내와 치니, 옥저의 군이 그 나라는 지역이 좁고 작은 데다가 큰 나라의 사이에 끼어 있어 자립할 수가 없다고 생각하여 마침내 온 나라를 들어 고구려군에게 항복하였다. 동옥저가 마침내 끊어졌다. 또 남옥저·북옥저(北沃沮)[15]가 있는데 어느 대(代)에 처음으로 봉해졌는지 알 수 없으며, 토지와 법속은 대체로 같지 않다. 후에 고구려가 멸망시켰다.

비류왕(沸流王) 송양(松壤)의 선조는 단군의 후예이다. 비류수가에[16] 나

---

11) 오늘날의 함흥에서 두만강에 이르는 지역에 비정된다. 『삼국사기』 '태조왕 4년조'에는 동옥저가 A.D.40년 고구려에 복속되어 그 지배를 받게 되었다고 기록되어 있다.
12) 평양성의 서쪽에 있다고 하는 견해와 평안남도와 함경남도 사이를 가로지르는 병풍산 일대로 보는 견해가 있으나, 정약용은 해마니(奚摩尼, 백두)로 비정하였다.
13) 『후한서』 및 그 이후의 사서에도 모두 본서의 기록과 같이 되어 있으나, 『삼국지』에는 동북방으로는 협소하고, 서남방으로는 길게 뻗쳐 있다고 기록되어 있다.
14) 다섯 가지 곡식이란 뜻이지만 그 명목에 여러 설이 있는데, 주로 벼·보리·콩·조·기장을 말하며, 전하여 곡식의 총칭으로 쓰인다.
15) 오늘날의 함경북도 및 북간도 일대로 비정된다. 『삼국사기』에 따르면 B.C.28년 고구려에 복속되었다고 한다. 일반적으로 광개토왕비에 나오는 동부여(東夫餘)가 세워진 곳으로 이해되고 있다.
16) 『동사』권14 「동국여지잡기(東方興地雜記)」 「동방지명지변(東方地名之辨)」에서는 비

라를 세우니 졸본(卒本)·말갈(靺鞨)·부여(扶餘)와 서로 인접하였다. 신명
왕(神明王)에 이르러 백성들에게 천자의 덕[聖德]을 베풀었다. 신명이 죽
자 이로 인하여 시호를 신명이라고 하였다. 지금 상원군(祥原郡)에 신명
왕의 무덤이 있다고 한다.

왕 송양에 이르러 부여인 주몽(朱蒙)이 스스로 천제(天帝)의 아들이라
칭하고 졸본에 터를 잡고 와서 왕을 뵈니, 왕이 이르기를

"내가 바다 모퉁이에 치우쳐 있어 일찍이 다른 나라의 어진 군자(君子)
를 보지 못했는데 지금 그대가 친히 굽혀 나의 고을에 행차해주니 내가
받은 것이 크다. 그러나 졸본과 비류는 지역이 서로 접해 있고 나라도
작아서 두 임금을 받아들일 수가 없다. 내가 비록 불초하나 선조의 두텁
지 않은[不腆]17) 업적이 진실로 금일에까지 이르렀다. 그대가 비록 뛰어
난 무용(武勇)은 있으나, 나라를 세운 지가 얼마 되지 않으니 그 선후를
논한다면 그대가 나에게 부용(附庸)18)해야 하지 않겠느냐?"고 하였다. 주
몽이 성을 내어 "나는 하늘을 이은 후손이지만 지금 왕은 신의 후예도
아니면서 억지로 왕이라 부르고 있으니, 만약 나한테 돌아오지 않으면
하늘이 반드시 벌을 줄 것이다"라고 말하고 무예를 비교하기를 청하였
다. 더불어 함께 활을 쏘는데 왕이 이기지 못하였다. 주몽은 뛰어난 재
주가 있어 흰 사슴을 잡아 거꾸로 나무에 매달고 주문(呪文)을 외기를,
"하늘이 만약 비를 내려 송양의 도읍을 물에 빠지게 하지 않는다면 진
실로 나의 칼날에 피칠을 하게 되리라"고 하니 사슴이 슬프게 울부짖는

류수의 위치를 평안도 성천(成川)이 아니라 압록강 이북에 있었던 것으로 보고 있다.
예맥은 고조선의 동남지방에 해당하고, 옥저는 동·북·남의 3옥저가 있어 동옥저는
함경남도, 남옥저는 삼수(三水)·갑산(甲山)·위원(渭原)·강계(江界)지방, 북옥저는 함
경북도와 두만강 이북에 위치한 것으로 보았다.

17) '부전(不腆)'은 '후하지 않다'는 뜻으로, 남에게 물건을 보낼 때 겸사(謙辭)로 쓰는 말
인데, 여기서는 주몽에 비해 송양의 선조가 여러 대에 걸쳐서 왕노릇을 하였음을 드러
낸 표현이다.

18) 원래 천자에 직속(直屬)하지 못하고 제후에 부속한 작은 나라라는 뜻인데, 여기서는
남에게 의지하여 따로 독립하지 못한다는 일반적인 의미로 쓰였다. .

것이 마치 하늘에 호소하는 것 같았다. 비가 7일 동안이나 내려 비류수가 크게 불어나 성(城)이 드디어 침몰되었다. 다음 해에 왕이 나라 전체를 들어 고구려에 항복하니, 얼마 있다가 주몽이 다시 송양을 후(侯)로 봉하여 그 옛 땅을 회복하게 하고, 그 딸을 맞아들여 아들 유리(類利)의 아내로 삼았다.

낙랑왕[19]은 그 선조가 한의 낙랑태수(樂浪太守)인 듯하다. 소제(昭帝) 시원(始元) 연간(B.C.86~81)에 4군(郡)을 폐하여 2부(府)로 삼았다. 얼마 있다가 고구려가 일어나자 낙랑과 한의 길이 끊어져 서로 통하지 않게 되었다. 대체로 낙랑의 흥기도 이때에 있었다고 한다. 한나라 하평(河平) 원년(B.C.28)에 낙랑왕이 남한(南韓)을 쳤다. 그 백성들은 밤에도 문에 빗장을 걸지 않으며, 벼와 곡식을 들에 쌓아놓았다. 왕이 이르기를 "이 나라는 도둑이 없는 것이니, 생각건대 그 임금[君]이 도가 있는 자일 것이다. 내가 군대를 몰래 보내서 미처 대비하지 못한 상태에서 친다면, 아마도 진짜 도둑이 될 것이니 부끄럽지 않을 수 있겠는가?"라고 하고 마침내 되돌아왔다. 때는 혁거세가 진한(辰韓)에서 왕노릇 하고 있을 때이다.

한나라 영소(永昭)[20] 2년(B.C.15)에 백제가 사신을 보내 우호를 닦았다.[21] 한 수화(綏和) 원년(B.C.8)에 왕이 말갈의 군대를 거느리고 백제의 병산책(甁山柵)을 습격하여 함락시키고 백여 인을 죽이거나 사로잡았다. 백제가 독산(禿山) 구천(狗川)에 목책을 설치하여 우리 군대가 오는 길을 막았다. 한나라 원수(元壽) 2년(B.C.1)에 백제가 우리 우두산성(牛頭山城)을 침략하였는데 큰 눈을 만나 돌아갔다. 한나라 원시(元始) 4년(A.D.4)에 우리 군대가[22] 남한을 포위하였으나 이기지 못하여 돌아왔다.

---

19) 낙랑국왕(樂浪國王)의 의미인데 낙랑국은 낙랑군과는 별개의 토착세력에 의해 세워진 것으로 낙랑군 소멸 이전에 존재했을 가능성이 있다. 뒷날 고구려에 복속된 한 소국이었을 것이다.
20) 영시(永始, B.C.16~B.C.13)라는 연호를 피휘(避諱)한 것이 아닌가 생각된다.
21) 이하 낙랑과 백제의 기사는『삼국사기』「백제본기」'온조왕 4년, 11년, 18년조'의 기사와 동일하지만, 원시(元始) 4년의 기사는『삼국사기』에는 보이지 않는다.

한나라 건무(建武) 8년(32)에 왕 최리(崔理)가 옥저의 들판에 나와 노닐다가 한 남자를 만났는데 얼굴이 어여쁜 소년이었다. 왕이 "그대의 모습을 보니 필시 보통 사람이 아니다. 혹시 북국(北國) 신왕(神王)의 아들이 아니냐?"고 물으니, 과연 고구[려] 왕자 호동(好童)이었다. 마침내 함께 돌아와 그 자녀로 삼았다.

낙랑에는 매우 신이한 북과 뿔피리[鼓角]가 있었는데 침략자가 이르면 갑자기 울렸던 까닭에 미리 대비를 하여 갑작스런 근심이 없었다. 호동은 최씨(崔氏 : 최리의 딸)와 서로 가엾이 여기고 사랑하여 장차 돌아오려 할 때 몰래 그 여자에게 이르기를 "만약 능히 무기 창고에 들어가 신이한 북과 뿔피리를 가르고 부술 수 있다면 내가 장차 그대를 육례(六禮23)로 맞이할 것이나, 그렇게 하지 못한다면 마침내 지금부터 헤어지게 될 것이다. 그대는 마땅히 어떻게 할 것이냐?"고 하였다. 여자가 "그렇게 하겠습니다"라고 하고서 무기 창고에 들어가 북과 뿔피리를 가져다가 북의 바닥면을 찢고 뿔피리의 입구를 터뜨리고서 돌아와 알렸다. 호동이 돌아가 군사를 일으켜 가지고 와서 습격하였다. 국경을 건너 성 아래에 이르렀는데 전에 울리던 북과 피리가 끝내 울리지 않았기 때문에 낙랑은 대비하지 않았다. 왕이 딸을 두고 이르기를 적국(敵國)을 위하여 북과 뿔피리를 갈라서 나라를 쳐부수기를 도모했다고 하고, 마침내 딸을 죽여 그 한을 풀고 항복하기를 청하니 고구려 사람들이 데리고 돌아왔다. 5년 후에 고구려 사람들이 다시 습격하여 멸망시키고 그 땅을 취해서 군(郡)으로 삼으니, 낙랑이 드디어 없어졌다.

위만(衛滿) 말년에 군현이 스스로 군장(君長)이라 하였는데, 졸본(卒本)24)

---

22) 우리 군대[我師]는 낙랑군의 군대를 가리킨다. 후일 고구려에 복속된 한 소국으로 여겼기 때문인지 이종휘는 백제보다도 낙랑을 위주로 한 표현을 하고 있다.

23) 혼인의 여섯 가지 의식, 곧 납채(納采)·문명(問名)·납길(納吉)·납징(納徵)·청기(請期)·친영(親迎)을 말한다.

24) 고구려 초기의 수도이다. 「광개토왕릉비문」에는 '비류곡(沸流谷) 홀본(忽本)'으로 되어 있다. 『위서(魏書)』「고구려전」의 흘승골성(紇升骨城)과 같은 곳으로서, 현재의 중

·행인(荇人)25) · 개마(盖馬)26) · 구다(句荼)27) · 황룡(黃龍)28) · 양맥(梁貊)29) · 조나(藻那)30) · 주나(朱那)31)의 무리는 고구려가 멸망시키고, 실직(悉直)32) · 음즙(音汁)33) · 소문(召文)34)의 무리는 서나벌(徐那伐)이 멸망시켰다. 그 나머지 포상팔국(浦上八國)35) · 영북칠국(嶺北七國)의 무리는 이루 헤아릴 수가 없다. 어떤 나라는 사적이 있어 고찰할 수 있기는 하나, 아주 적어 나란히 열거할 수 없기 때문에 열전 위에 가려 싣지 못한다.

국 요녕성 환인현[옛 懷仁縣] 지방을 가리킨다.

25) 『삼국사기』 권13 「고구려본기」 '동명왕 6년(기원전 32) 10월조'에, 왕이 오이(烏伊)와 부분노(扶芬奴)에게 명하여 태백산 동남의 행인국을 쳐서 빼앗아 성읍(城邑)으로 삼았다는 기록이 나온다. 여기서의 태백산은 현재의 백두산이므로, 행인국은 대체로 개마고원 방면의 나라였던 듯하다.

26) 『삼국사기』 권14 「고구려본기」 '대무신왕 9년(서기 26) 10월조'에 고구려의 개마국 정복기사가 나오는데 압록강 상류 방면의 개마가 아닌가 한다.

27) 『삼국사기』 권14 「고구려본기」 '대무신왕 9년 12월조'에 구다국의 자진 투항 기사가 나오지만, 그 위치는 알 수 없다.

28) 『삼국사기』 권13 '유리명왕 27년조'에 명칭이 보이나, 현재의 위치를 알 수 없다.

29) 맥족(貊族)의 한 갈래이다. 거주지역에 대해서는 『삼국지』 「위서」 「동이전」 '고구려조'에 보이는 소수맥(小水貊)으로서 현도군의 속현이었던 서개마현(西蓋馬縣)이라는 견해와, 현재의 중국 요녕성 태자하(太子河) 유역이라는 견해가 있다.

30) 『삼국사기』 권15 「고구려본기」 '태조왕 20년(72) 2월조'에 관나부(貫那部) 패자(沛者) 달가(達賈)를 보내 조나를 쳐서 그 왕을 사로잡았다는 기사가 있으나, 그 위치는 알 수 없다.

31) 『삼국사기』 권5 「고구려본기」 '태조왕 22년(74) 10월조'에 왕이 환나부(桓那部) 패자 설유(薛儒)를 보내 주나를 정벌하고 그 왕자 을음(乙音)을 사로잡아 고추가(古鄒加)로 삼았다는 기록이 나오지만, 정확한 위치는 알 수 없다.

32) 현재의 강원도 삼척시에 있던 소국으로, 실직곡국(悉直谷國)으로 표기하기도 한다. 『삼국사기』 권1 '파사니사금 23년(102)조'에 음즙벌국과 함께 강역을 다투다가 마침내 항복했다고 나와 있으나, 멸망 시기는 자세히 알 수 없다.

33) 현재의 경북 경주시 안강읍 부근에 있던 소국으로 추정된다. 『삼국사기』에는 파사 23년에 신라에 항복해 왔다고 기록되어 있으나, 멸망 시기는 자세히 알 수 없다.

34) 현재의 경북 의성군 금성면에 있던 소국으로, 『삼국사기』에는 벌휴니사금 2년(185) 2월에 신라에 병합되었다고 기록되어 있으나, 언제 멸망하여 신라에게 복속되었는지는 자세히 알 수 없다. 경덕왕대에 문소군(聞韶郡)이 되었다.

35) 낙동강 하류 유역에 있던 여덟 나라로 『삼국사기』 권48 「물계자(勿稽子)」 「열전」과 『삼국유사』 권5 「피은(避隱)」 '물계자조'를 종합해보면, 여덟 나라 중 골포국(骨浦國, 현재의 마산), 칠포국(柒浦國, 현재의 칠원), 고사포국(古史浦國, 현재의 고성), 보라국(保羅國), 사물국(史勿國, 현재의 사천) 등 다섯 나라의 이름을 확인할 수 있다.

외사씨(外史氏)는 다음과 같이 기록한다.

"심하도다, 우리나라 역사[東史]의 빠지고 소략함이여! 부여(扶餘)・예맥(濊貊)의 무리는 중국[中原]의 오(吳)・초(楚)・연(燕)・제(齊)나라와 비견되는데, 그 사적은 겨우 한두 개만이 삼국사에 덧붙여져서 세가(世家)를 만들 수가 없다. 열전과 같은 것은 비록 '너무 미미해서 논할 수가 없다'고 한다 하더라도 자장씨(子長氏) 또한 진(陳)・기(杞)나라의 세가를 만들었다. 그러니 누구라도 알 수 있는 일이라도 깊이 캐내어 밝히는 것이[微顯闡幽]36) 진실로 훌륭한 역사 기록법[史法]이다. 내가 일부러 겉으로 드러내어 6국의 세가를 만들게 된 이유이다."

또 다음과 같이 기록한다.

"자장씨가 옛날 12제후를 순서대로 열거할 때 전국(戰國) 여섯 나라와 같은 무리는, 전한 대수(代數)가 많고 지나온 햇수가 길어지면 일찍이 우(虞)・하(夏)・상(商)・주(周)나라의 덕을 추칭(追稱)하지 않은 적이 없었으니, 지극히 후한 것이다. 내가 듣건대 옛 역사에서는 부여・예맥・비류・옥저는 모두 단군에서 나왔다고 한다. 나라를 세워 대를 전한 것이[立國傳世] 혹은 수천 년 동안 끊어지지 않았으니, 이는 기원이 먼 것이다. 그러니 단군의 덕은 요사(姚姒)37)나 탕희(湯姬)38)와 같은 것이 아니겠는가. 그렇지 않다면 어떻게 그토록 오래 갈 수 있었겠는가?"

---

36) 아무라도 알 수 있는 일까지도 깊이 캐내어서 오묘한 지경에까지 도달하여 세상이 모르는 원리를 규명해 낸다는 뜻이다.

37) 요(姚)는 순(舜)임금의 성, 사(姒)는 우(虞)임금의 성으로 순임금과 우임금을 가리킨다.

38) 탕(湯)은 상나라 시조의 성, 희(姬)는 주나라의 성이므로 상나라와 주나라의 시조를 지칭한다.

2. 고구려(高句麗) 가인열전(家人列傳)

동명 유화태후(東明 柳花太后), 동명 예후(東明 禮后), 송후(松后), 우태후(于太后), 중천 연후(中川 椽后)

슬프다! 국가가 생긴 이래 흥하고 망하는 것과 다스려지고 어지러운 것이 일찍이 궁중[閨闈] 안에서 기인하여 조정 위, 사해 밖까지 이르지 않은 것이 없으니, 그 단서는 지극히 미미하나 파급되는 효과는 원대한 것이다. 바야흐로 그 흥하게 된 것은 도산씨(塗山氏)[39]를 하나라의 배필로 삼고 유신(有莘)[40]을 상나라의 짝으로 삼았던 때이고, 어지러워지게 된 것은 한나라에서 여치(呂雉)[41]를 짝으로 삼고 당나라에서 무조(武曌)[42]를 만나서였다. 아마도 운명과 운수[命數]가 그 사이에 있는데도 사람이 하늘에서 얻을 수 없는 것이 있다면 대체로 이와 같은 것이다. 따라서 비록 [한나라] 고제(高帝)나 [당나라] 태종(太宗)의 밝은 지혜로도 상안(商顔)이 보좌하는 것[羽翼]과 순풍(淳風)의 선견지명에 대해서는 어떻게 할 수 없었으니, 저 곤역(壼域)[43]의 구분과 내외의 경계가 다만 그렇게 되었을 뿐이다. 비록 그러하나, 성인이 반드시 그를 위하여 예(禮)를 갖추고, 방비[防]로써 그 근본을 바로잡은 것은 다른 이유에서가 아니라 다만 중인(中人) 이상으로 하여금 경계하여 지키는 바가 있어서 감히 하지 않게 하고, 하등의 사람 또한 혹시 더러운 것을 징계하고 두려워하여 큰 혼란에

---

39) 도산은 원래 산이름인데 일설에 우(禹)가 도산씨를 취한 곳이라 한다.
40) 탕왕(湯王)의 비로 유신씨(有莘氏)의 딸이라 한다.
41) 여후(呂后), 즉 한나라 고조의 황후로 고조를 도와서 천하를 평정하였다.
42) 당나라 고종의 황후인 무씨(武氏), 즉 측천무후(則天武后)를 일컫는다. 고종의 사후 그의 아들 중종(中宗)과 예종(睿宗)을 폐하고 스스로 왕위에 올라 국호를 주(周)라고 고치고 음학(淫虐)의 생활을 하였다. 후에 재상 장간지(張柬之) 등에 의해 폐위되었다.
43) 곤(壼)은 대궐 안길, 역(域)은 경계지역으로, 곤역은 궐내의 깊은 곳과 가장자리를 의미한다.

이르지 않게 하기 위해서일 뿐이다. 어찌 능히 포사(褒姒)[44]·달기(妲己)[45]·여치·무조의 무리로 하여금 그 천성을 바꾸어 악을 하지 못하게 할 수 있겠는가?

아! 고구려 우후(于后)[46]의 일을 보면 알 수가 있다. 바야흐로 남무(男武)[47]가 임금이 되었을 때는 나라가 한창일 때여서 신대왕(新大王)[48]의 남은 공적에 힘입어 영명한 자태로 뜻을 떨쳤다. 버림을 받아 쓰이지 않은 사람들 가운데서 [을]파소(巴素)를 발탁하고, 발호하는 자들 중 외척을 죽였다. 일에 임할 때는 남의 말을 잘 듣고 과단성이 있었으며, 관대하고 엄함에 있어서는 중용을 지켰으니 세상에 나오기 힘든 임금이라 이를 만하다. 그 형벌을 내리는 방법은 비록 자세히는 알 수 없으나, 평소 왕비의 인척[后黨]을 억누르는 제도로 미루어보건대 필시 엄하게 막고 굳세게 제어했을 것이다. 침착하게 법도[閑]로 집안을 다스려야 후회함이 없는 길함이 있게 될 것이다.[49] 그 돌아가실 때 시신이 아직 차가와지기도 전에 궁중 안의 음란하고 더러운 사람이 중대한 사직(社稷)을 사사로운 사람에게 맡기어 천륜(天倫)[50]이 더럽고 어지러워졌으며, 나라의 형세가 위태롭게 되었으니 이것이 어찌 남무(男武)의 죄이겠는가? 그

---

44) 주(周)나라 유왕(幽王)의 총희(寵姬)로서 포는 국명, 사는 성(姓)이다. 유왕이 웃기를 좋아하지 않는 그의 웃음을 보기 위하여 봉화를 올려 제후를 참집시키고 포사를 웃겼다는 이야기는 유명하다. 후에 폐후 신후(申后)의 아버지, 신후(申侯)가 병란을 일으켜 유왕은 죽고 포사는 포로가 되었다고 한다.
45) 상나라 주왕(紂王)의 아내이다.
46) 고국천왕(故國天王)의 왕후는 이름이 전해지지 않고 '우씨(于氏)'라고만 되어 있어 '우후(于后)'라고 이름 붙여진 듯하다. 그러나 이 '우(于)'는 성씨는 아니고, 왕후의 아버지가 우소(于素)라고 하는 데서 억지로 끌어다 붙인 것이다.
47) 고구려 제9대왕인 고국천왕(故國川王)의 이름이다. 재위 기간은 179~197년이다. 을파소(乙巴素)를 국상(國相)으로 등용하여 강력한 중앙집권체제를 구축하였다.
48) 고구려의 제8대왕으로 이름은 백고(伯固)이다. 재위 기간은 165~179년으로 군국(軍國)을 총괄하는 국상을 처음으로 두었다. 『삼국유사』 왕력편(王曆篇)에는 태조대왕·차대왕 두 형제를 모두 죽이고 왕이 된 것으로 되어 있다.
49) 『주역』 권4 「함(咸)」괘 초구(初九)의 "閑有家悔亡"에서 따온 구절이다.
50) 부자형제(父子兄弟) 사이의 변하지 않는 떳떳한 도리를 말한다.

것은 반드시 고구려의 운이 중간에 쇠해지고 세상의 도덕이 점점 약화
된 데서 말미암지 않은 것이 없으니, 이른바 명수(命數)가 그 사이에 있
는데 사람들이 하늘에서 그것을 얻을 수 없는 것 같은 것이다.

아, 슬프다! 본사(本史)가 거칠고 소략하여 후비(后妃)의 사적을 고찰할
만한 것이 없으니, 우후 이상에서 3인을 찾고, 우후 이하에서 1인을 찾
아 가인전(家人傳)을 만든다.

동명 유화태후(柳花太后)는 부여국 사람이다. 스스로 하백(河伯)의 딸이
라고 칭하였다. 일찍이 여러 동생들과 더불어 웅심산(熊心山) 아래에서
노닐다가 북부여 임금 해모수(解慕漱)와 사통을 하여 임신을 하니[51] 부
모가 그녀를 우발수(優渤水)가의 동쪽에 버렸다. 왕 금와(金蛙)가 지나가
다가 그것을 보고 기이하게 여겨 함께 돌아와 그녀를 어두운 방 안에
두었는데, 햇빛이 그녀가 앉아 있는 데를 쫓아다니며 비추었다. 후에 주
몽(朱蒙)을 낳았다. 주몽이 장성하자 재주가 많았다. 왕자 대소(帶素) 등이
꺼려서 그를 죽이고자 하였다. 왕후가 그것을 알고 주몽으로 하여금 떠
나게 하였다. 주몽이 졸본(卒本)에서 나라를 세웠을 때 태후는 따라가지
않았다. 동명왕 14년(B.C.24) 왕후가 부여에서 죽자 왕이 태후의 예로 장
례를 치르고 신묘(神廟)를 세웠다. 고구려가 사신을 보내 사례하고 방물
을 바쳤다.

동명 예후(禮后)는 부여인이다. 왕이 부여에 있을 때 아내로 취하여 비
로소 임신을 하게 되었다. 아내와 이별을 할 때

"당신의 뱃속에 있는 아이가 다행히 남자이면 나를 위하여 일곱 모가
난 돌 위의 소나무 아래에 어떤 물건을 놓아두었다고 말해주시오. 그것
을 얻은 자가 나의 아이일 것이오"라고 말하였다. 해산을 하여 유리(類
利)를 얻었다. [유리는] 기이한 기운이 있어서 활쏘기를 좋아하였다. 일찍

---

51) 『삼국사기』 권13 「고구려본기」 제1 '동명성왕 즉위년조' 기사에는 금와(金蛙)가 방
   안에 가두었을 때 유화(柳花)가 햇빛을 피했으나 쫓아와 비친 결과 임신하여 알 하나를
   낳았다고 한다.

이 나가서 새와 참새를 맞추며 놀다가 잘못해서 어떤 아낙의 물긷는 그릇을 맞췄다. 아낙이 "아비 없는 아이라 고약한 것이 바로 너로구나!"라고 욕하였다. 유리가 부끄러워하여 다시 진흙 탄알을 만들어 틈이 있는 곳을 맞춰 온전하게 해놓았다. 돌아와서 어머니에게 "사람들이 나를 두고 아비 없는 자식이라 하니 아비가 없는데 어떻게 아이가 생긴 것입니까?"라고 말하니, 어머니가 장난삼아 "너에게 아버지가 없는 것은 다른 사람이 모두 네 아버지라는 것이다"고 말하였다. 유리가 울면서 "천지에 어찌 아비 없는 아이가 있겠습니까? 아이가 진실로 정해진 아비가 없다면 차라리 자살하는 것이 낫습니다"라고 하고 목을 베고자 하니, 어미가 다시 "너를 놀려주려고 그런 것일 뿐이다"라고 하고 마침내 그 일을 일러 주었다.

유리가 말하기를 "아버지가 임금인데 아들이 보통 사람[匹夫]이 되면 되겠습니까?"라고 하고 마침내 나가서 이른바 일곱 모가 난 돌 위, 소나무 아래 놓아둔 물건을 찾으려 했다. 온 나라를 돌아다녔는데 얻지 못하였으나, 하루는 머물러 있던 곳의 주춧돌 사이에서 쩽하는 소리 같은 것이 들렸다. 들여다보니 돌이 일곱 모가 나 있어서 깨달아 말하기를 "이 것이 돌 위, 소나무 아래가 아니겠느냐?"고 하였는데 과연 칼이 반으로 쪼개진 것이 있었다. 그 길로 바로 가서 졸본에 이르러 왕에게 그것을 바쳤다. 왕이 짐짓 그 절반을 보관해오다가 합쳐보니 과연 징험이 되었다. 왕이 크게 기뻐하여 태자로 세웠다.

왕이 남쪽으로 와서는 졸본의 소서노(召西奴)를 얻어 두 아들 비류(沸流)와 온조(溫祚)를 낳았다. 왕이 나라를 새로 열 때 소서노가 꽤 도움이 되어서 왕이 총애하였다. 왕이 죽자 비류 등은 그녀를 받들어 모시고 남쪽으로 왔다. 백제의 첫 왕 13년에 비(妃)가 죽으니 나이가 61세였다. 동명(東明)과 더불어 따로 사당을 세웠다.

유리의 송후(松后)는 비류국 송양(松壤)의 딸이다. 대무신왕(大武神王)을 낳고 일찍 죽었다. 또 화희(禾姬)와 치희(雉姬)가 있었는데 모두 총애를 받아서 누가 더 낫다고 할 수 없었다. 이에 양곡(涼谷)에 동서의 두 궁을 쌓고서 거처하게 하였다. 치희는 한나라 사람이었는데 화희가 왕이 기산(箕山)에 사냥 나간 틈을 타서 꾸짖어 쫓아버렸다. 왕이 듣고 몸소 쫓아가서 따라잡을 수 있었다. 치희가 성을 내어 끝내 돌아가지 않았다. 왕이 일찍이 꾀꼬리가 수풀을 둘러싸고 날아다니는 것을 보고 느낀 바가 있어 애통해하면서 황조가(黃鳥歌)를 지었으니 다음과 같다.

"황조는 비척거리며 걷다가 계수나무 가지에 모이고, 왕비는 하릴없이 모였다가 떠나질 않네. 한가롭고 한가로운 황조만 못하구나."

우태후(于太后)는 연나(椽那) 우소(于素)의 딸이다. 고국천왕 2년에 왕후로 책봉되었다. 우씨가 가장 성했을 때 패자(沛者)[52] 어비류(菸畀留),[53] 평자(評者) 좌가려(左可慮)는 모두 친척으로서 국가의 권력을 잡아, 자제들이 세력을 믿고 교만하고 방자하여 부정한 방법으로 이익을 취하는 행위를 국중에서 마음대로 하였다. 좋은 땅과 아름다운 여자들을 차지하는 것이 끝간데를 알 수 없어서 백성들이 원망하고 분개하였다. 왕이 그것을 듣고 죽이고자 하였으나 일이 자못 누설되어, 좌가려 등이 마침내 연나와 더불어 반란을 일으켜 왕도를 공격하였다. 왕이 기내(畿內)의 군사를 징발하여 평정시켰다. 왕이 선왕의 명으로 장가든 것이라서 차마 왕후를 폐위하지 못했는데 19년 동안 후사가 없었다. 왕의 병이 점차 심해지자[54] [우태후가] 밤에 왕의 동생 발기(發岐)[55]의 집으로 달려가 그 뜻을 물었다.[56] 발기가 말하기를

---

52) 『삼국지』「동이전」, '고구려조'에 나오는 고구려 10 관등 중 상가(相加)·대로(對盧)에 이은 제3위의 관등명이다.

53) 패자로서 중외대부(中畏大夫)라는 관직에 있었으며, 190년(고국천왕 12)에 반란을 일으켜 191년에는 왕도를 공격하기도 했으나 진압되었다고 한다.

54) 『삼국사기』권16「고구려본기」제4 '산상왕(山上王) 즉위년조'에는 고국천왕이 죽었을 때 왕후 우씨가 죽음을 비밀로 하여 발설하지 않고, 발기의 집으로 간 것으로 되어 있다.

55) 『三國史記』에도 발기(發岐)로 되어 있으나, 『삼국지』권30「위서」「고구려전」에는 '발기(拔奇)'로 되어 있다.

"하늘의 운수는 저절로 돌아가는 바가 있는 것이니 사직의 일을 가벼이 논의할 수 없습니다. 하물며 위태로운 때[惟幾之日]에 스스로 자세히 살피지 않고 밤을 틈타 함부로 다니니, 어찌 부인의 도리이겠습니까?"라고 하였다. 후가 크게 부끄러워 다시 연우(延優)의 집에 가니 연우는 의복과 관을 갖추어 입고 그녀를 문밖에서 맞이하였다. 급히 술자리를 베풀어 그녀를 위로하려고 몸소 고기를 베어 바치다가 칼날로 그 손가락을 다쳤다. 후가 치마의 허리끈을 잘라 손수 상처를 매주고 마침내 그와 함께 돌아왔다. 다음날 아침 초상을 알릴 때 왕이 남기신 명령이라 칭탁하여 연우를 왕으로 삼았다. 발기가 크게 노하여 무리를 거느리고 왕궁을 공격하기를 3일간이나 했으나 따라주는 사람이 없었다. 좌우가 점점 흩어져 도망가고 발기도 마침내 요동으로 달아나 태수 공손도(公孫度)[57]를 알현하고 우후(于后)와 연우(延優)의 죄를 말하니 공손탁이 군사 3만을 주어 토벌하게 하였는데, 발기는 왕의 아우 계수(罽須)에게 패하여 배령(裴嶺)에서 죽었다.[58]

원년에 왕이 우씨에게 덕을 입었다고 하여 마침내 왕후로 삼았다. 왕이 자식이 없어 자주 산천에 기도하였는데 일찍이 꿈에 하늘이 자신에게 이르기를 "너의 아들은 아마도 소후(小后)한테 있는 듯하구나"라고 하였다. 왕은 왕후가 질투하는 성품이라 생각하여 감히 다른 여자를 받아들이지 않았다. 12년 겨울에 교제사(郊祭祀)에 쓰는 돼지가 달아나서 담당자가 그것을 추격하였으나 따라잡을 수가 없었다. 주통촌(酒桶村)에 한 여자가 있었는데 그 앞에서 돼지를 잡았다. 왕이 그것을 듣고 이상히

---

56) 이하 우태후에 관한 일은 『삼국사기』 '산상왕 즉위년조'의 내용과 거의 동일하다.
57) 후한 말 요동에서 웅거하던 실력자이다. 처음 현도군리(玄菟郡吏)가 되었다가 후에 요동태수(遼東太守)가 되어 고구려와 오환(烏丸)을 공격하였다. 다시 산동의 동래(東萊)를 접수하고 스스로 요동후(遼東侯) 평주목(平州牧)을 칭하였다. 204년에 죽어 아들 강(康)이 뒤를 이었다(『삼국지』 권8 「위서」 「공손도전」).
58) 『삼국사기』에는 발기가 동생 계수(罽須)가 한 말을 듣고 부끄럽고 후회스러움을 이기지 못하여 배천(裴川)으로 달아나 스스로 목을 찔러 죽었다고 한다.

여겨 밤에 몰래 그 집으로 갔는데 여자의 나이는 20살이었고 매우 아름다웠다. 왕이 그녀를 좋아하여 한번 관계를 가졌는데 임신을 하게 되었다. 왕후의 성품이 음험하게 남을 해치는 성격이어서 기회를 엿보아 왕을 미행하게 하여 상황을 알 수 있었다. 몰래 사람을 시켜 그 여자를 죽이려 하니 여자가 크게 울부짖으며 말하기를

"와서 나를 죽이는 것이 왕의 뜻이냐, 아니면 후의 명(命)이냐? 내 배속에는 왕과 관계를 맺어 가진 아들이 있으니, 왕의 뜻이 아닌데 나를 죽이는 것은 왕자를 죽이는 것이 된다. 나는 죽일 수 있으나, 왕자는 죽일 수 없다"고 하니 사자가 감히 핍박하지 못하고 돌아와 왕후한테 아뢰었다. 왕후가 더욱 노하였으나, 왕 또한 그것을 알았기 때문에 다시는 감히 해를 입히지 못하였다. 해산에 이르러 아들을 낳았다. 왕이 그 신이함을 기억하는 뜻에서 '교체(郊彘)'라고 이름을 지었다. 여자를 소후(小后)로 삼고 교체를 태자로 삼았다. 소후에게는 어머니가 있었는데 점을 쳐보니 아들을 낳으면 임금이 될 것이고 딸을 낳으면 후가 될 것이라고 했기 때문에 그 이름을 후녀(后女)라고 했던 것이다.

우후가 마침내 교체를 길러 아들로 삼으니, 동천왕(東川王) 2년에 왕이 존호(尊號)[59]를 올려 왕태후(王太后)라고 하였다. 8년에 죽었는데 장차 죽으려 할 때 "내가 바르지 못한 행동을 했으니 무슨 면목으로 지하에서 국양(國壤)[60]을 뵙겠느냐? 만약 여러 신하들이 차마 도랑과 골짜기에 밀치지 않는다면 장례지낼 때 산상왕(山上王) 옆에 묻히기를 청한다"고 하였다. 여러 신하들이 그것을 따랐다. 국양이 무당에게 내려와 말하기를 "내가 우씨가 산상에게 돌아가는 것을 보고 분을 이기지 못하여 마침내 더불어 싸웠는데, 물러나 생각하니 부끄러워 차마 나라사람들을 보지 못하겠다. 너희 왕에게 말하여 물건으로 나를 가려달라"고 하니 고국양(故國壤)에 7중으로 소나무를 심었다.

---

59) 왕이나 왕비의 덕을 칭송하여 올리던 칭호이다.
60) 고국천왕의 이름으로 고국천왕 즉위년조에는 국양(國襄)으로 되어 있다.

중천(中川) 연후(椽后) 또한 연나(椽那)의 귀족이다. 중천왕 원년(248)에 왕후로 삼았다. 관나부인(貫那夫人)[61]은 왕이 총애하는 여자였다. 머리카락이 길어 9척 가량 되었는데 아름답고 화려함이 견줄 자가 없었다. 왕후가 그녀가 총애를 한 몸에 받을까[專房][62] 염려하여 항상 계책을 써서 그녀를 제거하려 하였는데 뜻대로 되지 않았다. 이로 말미암아 부인과 더불어 나쁜 짓을 하였는데 부인이 그 틈을 타 왕후를 헐뜯는 것이 이르지 않는 데가 없었다. 하루는 왕이 기구(箕丘)로 사냥을 나갔다가 돌아오니 부인이 가죽 주머니를 들고 있는데 그 크기가 몸을 가릴 정도였다. 하소연하며 말하기를 "중궁이 이것에 첩을 담아서 장차 바다에 던지려고 했는데 지혜로 다행히 면하고, 주머니를 가지고 와서 왕을 한 번 뵙고 갖추어 진술하게 되었습니다. 이제 다행히 목숨을 보존하여 집으로 돌아가 죽어서 중궁의 노여움을 피할 수 있다면 감히 다시는 군왕을 모시는 것을 바라지도 않겠습니다"라고 하고는 눈물을 흘리며 오열하니 왕이 그것이 거짓인 것을 깨닫고 자세히 보며 "네가 꼭 바다로 들어가야만 하겠느냐?"고 말하고는 주머니에 담아서 서해바다에 던져버렸다.

서천왕의 우후(于后)와 고국천왕의 주태후(周太后)는 모두 그 성씨를 가졌으나 사적이 전하지 않으며, 나머지 21 왕후는 그 성씨조차 함께 기록할 수가 없다. 아! '부인은 선(善)을 할 수도 없고 악(惡)을 할 수도 없다'는 말이 있다. 저 21 왕후가 덕으로서 후대에 기록만한 것이 없다면 차라리 평범하여 일컬을 만한 것이 없는 것이 그 이름과 성씨를 어둡게 하는 것보다 낫지 않겠느냐? 우후(于后)나 관나(貫那)와 같이 이름을 남긴다면 심한 불행이다.

---

61) 관나부 출신의 부인이라는 뜻이다. 관나부는 관노부(灌奴部)라고도 썼으며, 뒤에 남부(南部), 전부(前部)라 하였다.
62) 전방지총(專房之寵)으로 많은 비빈(妃嬪) 가운데에서 어떤 한 사람만이 오로지 받는 군주의 총애를 일컫는다.

3. 고구려(高句麗) 종실열전(宗室列傳)

선명(鮮明) · 호동(好童) · 추안(鄒安) · 계수(罽須) · 달가(達賈) · 보덕왕(報德王)

유리왕의 다섯 아들은 장자가 도절(都切)이고, 그 다음이 해명(解明) · 무휼(無恤)[63] · 해읍(解邑) · 주재사(周再思)이다. 도절이 태자가 되어서 일찍 죽으니 해명이 다음 차자여서 대신 태자가 되었다. [유리]왕 22년에 국내(國內)로 도읍을 옮겼다. 해명은 옛 수도에 머물러 있으면서 옮기려 하지 않았다. 황룡군(黃龍君)이 해명에게 강한 활을 보내왔다. 해명이 평소 힘이 세고 무용(武勇)을 좋아하여 사신 앞에서 그것을 당겨 부러뜨리며 "내가 힘이 세어서가 아니라 활 자체가 강하지 못하기 때문이다"고 말하였다. 황룡군이 [이 말을 전해듣고] 부끄러워하였다. 왕이 이것을 듣고 성을 내어 사람을 시켜 황룡군에게 해명을 죽여달라고 청하였으나, 황룡군이 감히 죽이지 못하였다.

28년 봄 3월에 왕이 해명에게 말하였다. "내가 도읍을 옮긴 것은 본래 백성을 편안하게 하고 나라를 튼튼히 하고자 해서였는데 너는 따르지 않았다. 이웃나라가 활을 보내온 것은 본래 호의로 나를 섬기는 것이었는데, 너는 또 원한을 맺었으니 아들이 되어 아버지를 섬기는 도리가 너무나도 아니다"라고 하고 해명에게 칼을 주었다. 해명이 스스로 목숨을 끊으려 하는데, 어떤 사람이 "태자는 종묘 사직의 근본입니다. 지금 [왕의] 사자가 한 번 왔는데, 다시 청하지 않고 죽음을 빨리 하려고 하시니 오로지 부소(扶蘇)[64] · 이사(李斯)[65]의 일을 보시지 않은 것입니까?"라

---

63) 무휼(無恤)은 고구려 3대왕 대무신왕의 이름이다. 『위서(魏書)』 「고구려전」에서는 대무신왕의 이름을 '여율(如栗)'이라 하고, 『삼국유사』 「왕력」편에는 '무휼'이라는 이름 외에 '미류(味留)'라는 기록도 전한다.

64) 부소(扶蘇)는 진 시황제의 장자이다. 시황제의 분서갱유(焚書坑儒)를 간하다가 노여움을 사서 경원당했다가, 시황제가 죽자 재상 이사(李斯)와 환관 조고(趙高)가 꾸민 거

고 하였다. 해명이 말하기를 "활을 끊은 것은 본래 우리의 국세를 중히 여겨 그들로 하여금 감히 우리를 가볍게 보지 말게 하려는 것이었는데, 아마도 이것 때문에 아버님께 책망을 당한 듯하다. 아버님께서는 나를 불효하다고 하시고 나에게 스스로 목숨을 끊게 하셨으니 아버지의 명을 피하고, 왕의 명령을 어기는 것은 나를 거듭 불효하게 하는 것이다. 비록 산다 한들 무엇을 하겠는가?"라고 하고 여진(礪津) 동쪽 벌판에 가서 땅에 창을 꽂고, 뭇 창날이 밖으로 향하게 해 놓고서는 말을 달려 부딪쳐 바로 죽었다. 그때의 나이가 21세였으니 태자의 예로 장례를 치르고, 사당을 세워 제사지냈으며, 그 땅의 이름을 창원(槍原)이라 하였다.

호동(好童)은 대무신왕(大武神王)의 아들이다. 어머니도 갈사(曷思),[66] 비도 갈사왕(曷思王)의 딸이다. 용모가 아름다웠기 때문에 왕이 그를 위하여 호동이라는 이름을 붙여주고 사랑하였으며, 낙랑왕(樂浪王)의 딸 최씨(崔氏)에게 장가들게 하였다. 낙랑에는 신기한 북과 피리가 있어서 적이 이르면 울렸다. 그래서 군대가 미리 대비할 수 있어서 이웃 나라가 감히 침범할 수 없었다. 호동이 여자한테 북과 피리를 부수게 하고, 마침내 군사를 일으켜 낙랑을 습격하였다. 낙랑왕 최리가 곧 딸을 죽이고 나와서 항복하였다. 왕후 갑씨(甲氏)는 호동은 왕이 사랑하는 사람이고 또 특별한 공을 세워서 왕이 적자를 빼앗으려는 뜻이 있을까 염려하여 끝내 그를 헐뜯어 일러바쳤다. 왕이 죄를 주려 할 때 어떤 사람이 "그대는 왜 스스로 해명하지 않고 분명하지 않은 허물을 뒤집어써서 스스로 죽으려고 하느냐?"고 말하니, 호동이 "옳고 그른 것을 따져서 사는 것이 따지

짓 조서에 의해 사사(賜死)되었다.

65) 이사(李斯, ?~B.C.208)는 진의 정치가이다. 시황의 천하 통일 후 승상(丞相)이 되었다. 순자(荀子)에게 배우고 한비자(韓非子)의 법치주의를 실행하였다. 분서갱유를 행하여 사상 통일을 꾀하고, 문자를 통일하여 소전(小篆)을 제정하는 등 진의 패업(霸業)과 정치는 그의 정책에 기인한 바가 많았으나, 후에 참살당했다.

66) 갈사국을 동부여(東扶餘)로 보는 견해도 있다. 『삼국사기』 '대무신왕 15년조'에는 호동이 대무신왕의 둘째 부인인 갈사왕의 손녀가 낳은 사람이라고 한다.

지 않고 죽는 것만 못하다"고 하고 곧 칼에 엎어져 죽었다.

양국군(讓國君) 추안(鄒安)은 차대왕(次大王)67)의 태자이다. 답부(荅夫)68)가 난을 일으켰을 때 추안은 도망해 숨었다. 신대왕(新大王) 2년(166) 대사면령을 내리자 국인(國人)69)들이 모두 새롭게 될 수 있었다. 그러자 추안도 관문(官門)70)에 나아와 아뢰었다. "신 추안이 살아서 나라의 화를 당했으나 곧바로 죽지 않고 산골에서 여생을 빌게 되었습니다. 지금 새로운 정치를 베푼다는 것을 듣고 감히 죽음을 무릅쓰고 아룁니다. 만약 대왕이 법을 지키는 요체를 백성과 신하들에게 널리 알려 [저를] 저자거리나 조정에 버리더라도 오직 명을 따르겠습니다. 만약 성인의 마음으로 죽이시지 않으시고 먼 곳에 쫓아버리신다면 신이 원하는 바이기는 하지만 감히 바랄 수는 없습니다. 왕이 보시고 슬프게 여겨 양국군으로 봉하고71) 구산(狗山)과 누곡(婁谷)의 땅을 내려주었다.

신대왕(新大王)의 네 명의 아들은 장자는 남무(男武), 차자는 발기(發岐)·연우(延優)·계수(罽須)이다. 계수는 가장 어렸는데 지혜와 용기가 있었다. 고국천왕이 죽을 때 발기는 두 번째 연장자인데 왕위에 오르지 못해 무리를 모아 연우와 우후(于后)를 공격하였으나 이기지 못하였다. 마침내 달아나 요동의 공손도(公孫度)에게 아뢰어 군대 3만을 이끌고 와서 치니, 산상왕이 계수를 시켜 그를 막게 하였다. 한나라 군대가 크게 패하자 계수는 승승장구하여 추격하였다. 발기는 급하여 계수를 뒤돌아보

---

67) 고구려의 제7대 왕으로 이름은 수성(遂成)이다. 재위 기간은 146~165년이며, 태조대왕의 동생으로서 그 뒤를 이어 왕위에 올랐으나, 명림답부(明臨荅夫)에 의하여 죽임을 당하였다.
68) 『삼국사기』에는 명림답부(明臨荅夫)로 되어 있다.
69) 『삼국사기』에는 국인(國人)이라는 표현이 많이 나오는데, 그 의미는 '나라 사람' 또는 '수도에 사는 지배계층' 등 일정치 않다. 여기에서는 전자보다는 후자의 의미가 강한 것으로 생각된다.
70) 『삼국사기』 권16 「고구려본기」 제4 '신대왕 2년조'에는 '궁문(宮門)'으로 되어 있는데, 전후 문맥상 궁문이 타당한 듯하다.
71) 고구려가 봉건제 단계로 발전했다는 근거로 언급되기도 하지만, 양국군의 '군(君)'은 봉군제(封君制)에 의한 것이라기보다는 단순히 '우두머리'라는 뜻으로 쓰인 존칭이다.

며 "형제는 진실로 같고 다름이 없는 것인데 어찌 서로 재앙을 주는 것이 이와 같으냐? 또 나이 든 형을 죽이는 것이 너한테 편하겠느냐?"고 말하였다. 계수가 "둘째 형이 때를 틈타 나라를 빼앗은 것은 의(義)가 아니라고 할 수 있지만, 형 또한 한 때의 분을 참지 못하여 원수의 힘을 빌어 종주국을 함락시키고자 하였다. 비록 마음은 통쾌하겠지만 후일에 지하에서 어떻게 선대(先代) 왕(王)을 뵙겠습니까?"라고 말하니 발기가 크게 부끄럽고 한스럽게 여겨 배천(裵川)에 이르러 스스로 목숨을 끊었다. 계수가 매우 슬프게 곡을 하고 그 시신을 거두어 얕은 흙을 덮어 안치해 두었다.

왕이 그것을 듣고 노하여 계수에게 이르기를 "발기는 나라와 집안[國家]을 망하게 하려고 했는데 네가 그를 놓아준 것은 너무 지나쳤다. 지금 또 슬피 울고 시신을 거두어 묻었다고 하니 이것은 아마도 나를 무도하다고 여겨서인 듯하구나"라고 하였다. 계수가 땅에 엎드려 울면서 일어나 말하기를 "대왕께서 신에게 노하시니 신의 죄는 진실로 피할 바가 없습니다. 다만 신이 형제의 반열에 끼일 수 있었으니 감히 한 마디 말도 못하고 죽겠습니까? 대왕께서 비록 선왕의 유지(遺旨)를 받들어 즉위할 수 있었으나, 여러 신하들은 고명(顧命)[72]에 참여할 수 없었습니다. 갑작스런 사이에 단지 왕후가 입으로 전하는 말에만 의지하였을 뿐입니다. 대왕께서 형제간의 차례대로 발기에게 물러나 양보하지 않으시고 발기로 하여금 다른 나라에 몸을 의탁하여 종주국을 어지럽히게 하였으니 이것이 어찌 발기만의 죄이겠습니까? 왕 또한 우애하고 공경하는 의리에 부끄러움이 없을 수 없습니다. 신이 시신을 거두어 묻은 것은 다만 신의 슬픔을 덜어버리려는 것이 아니라 또한 대왕의 아름다움을 이루려고 해서였습니다. 대왕께서 진실로 인(仁)으로써 악(惡)을 잊어버리고, 아우로서 형을 생각할 수 있다면, 예로써 장례를 지내 은혜가 의리를 가리

---

72) 임금이 임종 때에 후사를 부탁하는 유언을 말한다.

지 않게 하고 의리가 은혜를 상하지 않게 하십시오 그렇게 하면 천하의 국인(國人)들이 누구인들 왕의 덕에 감복하여 왕이 의롭다고 하지 않겠습니까? 신은 말을 다했기 때문에 비록 죽어도 산 것과 같습니다"라고 하고서 마침내 빨리 걸어나가니 왕이 이끌어 나아오게 하고서 절하며 사죄하기를, "과인이 허물을 알겠다"고 하고서 마침내 발기의 초상을 맞아들여 왕의 예로 배천의 들판에 장사지냈다.

중천왕(中川王)의 다섯 아들은 장자는 그 이름을 알 수 없고, 차자는 약로(藥盧)로 서천왕(西天王)[73]이 되었다. 다음은 달가(達賈)·일우(逸友)·소발(素勃)이다. 달가는 용감하고 지략이 있었다. 서천 11년 숙신씨(肅愼氏)가 자주 내군(內郡)을 침범하여 백성과 가축을 짓밟고 약탈해갔다. 왕이 여러 신하에게 다음과 같이 말하였다.

"과인이 보잘것없는 몸으로 외람되이 나라를 이어받았으나, 덕은 [백성을] 편안하게 하지 못하고 위엄은 널리 떨치지 못하여, 이웃의 적이 쳐들어와 우리의 백성을 모조리 죽이고 우리의 강역을 허물어뜨리고 있으니, 꼭두서니 같은 강력한 기세가[74] 아니고서는 막을 수가 없다. 무릇 우리 장수로서 변방에 있는 자 중에는 남은 기개를 다해 대적할 자가 없다. 한문제도 등청(登廳)해서 퇴청(退廳)할 때까지[75] 생각했다고 하는데, 과인도 이것을 이른 아침부터 밤늦게까지 생각해서 그대들 여러 공들에게 묻는 것이니, 만약 기이한 꾀와 특별한 책략이 있어서 내 뜻에 맞는 자가 있으면 각각 한 사람을 천거하라."

여러 신하들이 모두 달가를 천거하자 왕이 달가를 장수로 삼아 숙신

---

73) 고구려 제13대 왕으로 재위 기간은 270~292년이다.
74) 원문에 기록된 여(茹)는 꼭두서니과에 속하는 다년생 만초(蔓草)로 뿌리는 한방에서 진통제로 쓰기 때문에 여기서는 진통제처럼 즉각적인 효과를 낼 수 있는 기세, 강력한 기세라는 뜻으로 쓰인 것으로 추정된다.
75) 원문에 기록된 '청고(聽鼓)'는 북소리를 듣는다는 뜻인데, 관아에서는 묘시(卯時)에 북을 쳐서 관속을 소집하였기 때문에 등청하여 상관에게 문안하는 일을 일컫는다. 또 퇴청 때에도 북을 쳐서 알리기 때문에 퇴청의 시간을 지칭한다.

을 치게 했다. 달가가 기병(奇兵)76)을 거느리고 사잇길을 따라 곧바로 단운성(檀雲城)77)으로 달려 불시에 오랑캐에게 나아가 엄습해서 크게 격파시켰다. 그 추장을 죽이고, 600가(家)를 부여 오천(烏川)으로 옮겼으며 일곱 부락을 항복시켰다. 숙신이 이로부터 고구려에 부용(附庸)하였다. 왕이 크게 기뻐하여 달가를 안국군(安國君)으로 삼고 내외의 군대 일을 맡게 하였으며, 아울러 양맥(梁貊)78)과 숙신의 여러 부락을 통솔하게 하였다. 왕이 만년에 피를 같이 나눈 형제를 시기하였다. 일우와 소발이 행동을 가벼이 하여 일찍이 병을 칭하고 온천에 가서 목욕하며 그 무리들과 더불어 도리에 어긋나는 말을 하였다. 왕이 거짓으로 명령을 내어 재상[相國]을 삼아준다고 하고서는 [그들이] 오자 힘센 장사를 잠복시켰다가 사로잡아 죽였다. 봉상왕(烽上王)79)이 즉위하여서는 전의 왕보다 시기가 심하였다. 달가가 계속하여 존경을 받고 명망이 있게 되자 좌우의 신하와 함께 모의해서 그를 죽였다. 나라 사람들이 그 공을 추모하여 거리에서 여러 날 통곡을 했다.

고구려 보덕왕(報德王) 안승(安勝)은 보장왕(寶臧王)80)의 서자이다. 혹은 왕의 외손자라고도 한다. 당나라 고종(高宗) 총장(總章) 원년(668)에 이적(李勣)81) 등이 고구려를 멸망시키고 보장을 당나라 수도로 옮겨갔다.82) 3년

---

76) 기이한 꾀를 써서 불의에 적을 치는 군사를 말한다.
77)『三國史記』권17「고구려본기」제5 '서천왕 11년(280)조'에는 단로성(檀盧城)으로 되어 있다.
78) 만주 동가강(佟街江) 부근에 거주한 예맥족(濊貊族)의 한 집단을 가리킨다.
79) 고구려의 제14대 왕으로 이름은 상부(相夫)이며 재위 기간은 292~300년이다. 서천왕의 태자이다.
80) 고구려 제28대 마지막 왕으로, 보장왕(寶臧王)이라고도 쓴다. 재위 기간은 642~668년이며, 연개소문에 의해 왕위에 올랐으나, 나라가 망하자 당나라에 끌려갔다.
81) 이적(李勣, 584~669)은 중국 당 고조(高祖)~고종(高宗)대의 인물이다. 본성은 서씨(徐氏)였으나 이씨(李氏) 성을 하사받고 영국공(英國公)으로 봉해졌다. 영휘(永徽) 연간(650~655)에 이름이 당 태종의 이름 이세민(李世民)에 저촉된다고 하여 개명하였다. 당 고종시 요동도행군대총관(遼東道行軍大總管)으로 고구려를 정벌하여 멸망시켰다.
82)『삼국사기』권6「신라본기」제6 '문무왕 8년 9월조'에는 보장왕과 함께 왕자 복남(福男)·덕남(德男), 대신 등 20만 명을 이끌고 당나라로 돌아갔다고 되어 있다.

(670)에 고[구]려의 대형(大兄) 검모잠(劒牟岑)[83]이 몰래 부흥(復興)을 도모하여 도망가고 흩어진 사람들을 거두어 모아 패강(浿江)[84]에 이르러 당나라 관리와 승려 법안(法安) 등을 살해하였다. 남쪽으로 내려와 한성(漢城)[85]에 이르러서는 안승을 맞이하여 왕으로 세웠다. 소형(小兄) 다식(多式) 등을 보내 신라에 아뢰기를 "저희 선왕 장(臧)이 도를 잃어 멸망을 당하였습니다. 지금 저희들이 안승을 군(君)으로 받들었으니 번병(藩屏)으로 삼아주셔서 영원토록 충(忠)을 다하게 해주십시오. 저희들이 듣건대, 망한 나라를 일으키고 끊어진 나라를 잇는 것은 천하의 올바른 도리이니, 오직 대국(大國)에게 이것을 바랄 뿐입니다"라고 하였다.

당나라 장수 고간(高侃) 등이 와서 치자 안승이 검모잠을 죽이고 신라로 달아났다. 신라왕은 그를 나라 서쪽 금마저(金馬渚)[86]에 안치하고, 사찬(沙湌) 김수미산(金須彌山)을 사신으로 보내 안승을 고구려왕으로 책봉하였다. 책봉하는 글은 다음과 같다.

"공의 선조가 덕을 쌓고 공을 세워 자손이 서로 이어져서 국토가 천리나 되고 햇수는 장차 800년이 되려고 한다. 남건(男建)[87]·남산(男産)[88]

---

83) 검모잠(劒牟岑)은 고구려 부흥운동의 지도자로 생몰년은 알 수 없다. 고구려 수림성(水臨城) 출신으로 관등은 대형(大兄)이었다. 고구려 유민을 규합하여 부흥운동을 일으키고, 안승이 고구려왕으로 책봉받는 데까지 기여하였으나, 당나라 장군 고간(高侃)의 침공에 대한 대처방안을 놓고 의견 대립으로 안승에게 피살되었다.

84) 패강(浿江)은 압록강·대동강·임진강 등 여러 지역으로 비정되나, 여기서는 대동강을 지칭하는 것으로 생각된다.

85) 지금의 황해도 재령 부근에 해당한다.

86) 현재의 전북 익산시 금마면이다. 문무왕 10년(670) 이 곳에 안승이 보덕국을 세웠으나, 신문왕 3년(683)에 폐지되고 경덕왕대 금마군(金馬郡)으로 개칭되었다.

87) 남건(男建)은 연개소문의 둘째 아들이다. 형인 남생(男生)과 권력 다툼을 벌이고 스스로 막리지(莫離支)가 되어 정권을 장악하였다. 당나라가 침공할 때 압록강변에서 대항하였으며 평양성에서 끝까지 항거하다가 포로가 되어 중국의 검주로 귀양보내졌다. 남생과 남산(男産)은 그 묘지명이 전하나, 남건에 대해서는 상세한 기록이 전해지지 않는다.

88) 남산(男産, 639~701)은 연개소문의 셋째아들이다. 형인 남생과 거의 유사한 경로로 관품이 승진되었다. 둘째형인 남건과 함께 맏형 남생에 대항하여 권력다툼을 하다가 남생을 앞세운 당나라에 의해 고구려가 망하자 당에 항복하였다. 당으로부터 사재소경

형제에 이르러서는 화가 집안에서 일어나고 형제간에 틈이 생겨 집안과 나라가 망하고 종묘 사직이 다 없어져 버렸으며, 백성들은 동요하여 마음을 의탁할 곳이 없게 되었다. 오직 공만이 난을 피해 민간에 있다가 이웃나라에 몸을 의탁하였다. 백성들에게는 임금이 없어서는 안 되니, 황천(皇天)도 반드시 사랑하며 염려할 것이다. 선왕의 정당한 후계자는 오직 공뿐이다. 고씨(高氏)의 제사를 주관하는 것을 공이 아니면 누가 하겠는가? 이에 고구려왕(高句麗王)으로 책봉하니 공은 마땅히 유민들을 어루만져 모으고, 옛 왕업을 이어서 일으켜 영원토록 이웃나라가 되어 형제처럼 지내야 할 것이다. 삼갈지어다. 아울러 멥쌀 이천 섬과 갑옷을 갖춘 말 한 필, 무늬비단[綾] 다섯 필, 명주[絹]와 가늘고 곱게 짠 베[細布] 각 10필, 목화솜[綿] 15칭(稱)[89]을 보낸다.”

의봉(儀鳳) 2년(677) 당나라가 [고구려의] 항복한 왕 보장을 요동도독조선왕(遼東都督朝鮮王)으로 삼고 요동으로 돌려보내 남은 무리를 편안히 다스리게 하였다. 동쪽 나라 사람으로서[東人] 앞서 여러 주(州)에 있던 자들도 모두 보내 왕과 함께 돌아가게 하였다. 그리고 안동도호(安東都護)를 신성(新城)으로 옮겨 다스리게 하였다. 보장왕이 요동에서 모반하여 몰래 말갈(靺鞨)과 통하였다. 개요(開耀)[90] 원년(681)에 공주(邛州)[91]로 소환되었다가 영순(永淳, 682) 초에 죽었다. 위위(衛尉)를 추증하고 조서를 내려 장안(長安)의 힐리(頡利)[92] 묘 옆에 장사지내게 했다.

홍도(弘道) 원년(683) 신라가 안승을 불러 소판(蘇判)으로 삼고 집을 내려주고, 김씨 성을 내려주었다. 안승의 조카뻘[族子] 되는 대문장군(大文將軍)이 보덕성을 근거로 부흥을 도모하였는데 제대로 되지 못하여 죽임

(司宰少卿)의 관직과 작위를 받았다. 병으로 죽은 후 낙양(洛陽)에 묻혔다.

89) 무게의 단위로 10근(斤)을 형(衡), 15근을 칭(稱), 30근을 균(鈞)이라 한다.

90) 원문에는 ‘개요(開曜)’로 되어 있으나, 요(曜)는 오자(誤字)이므로 실제 연호인 ‘개요(開耀, 681~682)’로 수정하였다.

91) 지금의 사천성(四川城) 공협(邛峽)에 해당한다.

92) 힐리(頡利)는 돌궐의 가한(可汗)으로 당나라에 투항한 사람이다.

을 당했다. 안승이 세워진 지 무릇 14년이 지나 망한 것이다. 수공(垂拱) 2년(686) 당이 보장왕의 손자 보원(寶元)으로 조선왕(朝鮮王)을 삼았다. 성력(聖曆, 698~699) 초에는 다시 충성국왕(忠誠國王)으로 봉하고 안동(安東) 구부(舊部)를 통솔하게 하였으나 행해지지 않았다. 다음 해에 항복한 왕자 덕무(德武)를 안동도독(安東都督)으로 삼았는데 후에 점점 나라를 마음대로 하였다. 원화(元和) 13년(818)에 이르러 사신을 보내 당에 들어가서 악공(樂工)을 바치게 하였는데 발해(渤海)의 대씨(大氏)가 고구려를 계승하여 일어나서 해동성국(海東盛國)이 되었다.

4. 탐라열전(耽羅列傳)

탐라국 성주(星主) 고후(高厚)라는 사람은 15세 조상이 고을나(高乙那)이다. 처음 탐라에 사람과 사물이 없었을 때 한라산(漢拏山) 북쪽 기슭에 모흥(毛興)이라는 구덩이가 있었는데 그 사이에서 세 신인(神人)이 용솟음쳐 나왔다. 맏이는 양을나(良乙那), 둘째는 고을나(高乙那), 셋째는 부을나(夫乙那)이다. 세 사람이 사라봉(沙羅峰)에 올라가 활을 쏘아 살 곳을 골라서 세 개의 주(州)로 나누어 우두머리가 되었다. 샘이 달고 땅이 기름진 곳에 나아가 그 거처할 곳을 '도읍[都]'이라고 이름지었다. 양(良)은 첫번째 도읍에 살고, 고(高)와 부(夫)는 두 번째와 세 번째 도읍에 살았다. 그 땅은 사방을 바다가 둘러싸고 있는데, 너비와 둘레가 400리 가량 되었다. 북쪽으로 마한(馬韓)의 뱃길과 700리 떨어져 있다.

을나(乙那) 치세에는 사냥으로 생업을 삼아 가죽을 입고 고기를 먹었다. 하루는 한라산에 올라가 멀리 동쪽 바다를 바라보니 바다 위에 이상한 물건이 있었다. 나아가서 살펴보니 자줏빛의 진흙[紫泥]93)으로 봉한

나무 상자 속에 또 돌 상자가 들어 있었는데 붉은 띠를 하고 자줏빛 옷을 입은 사신이 그 뒤를 따라오며

"나는 동해국(東海國)의 사신입니다. 우리 왕의 명령으로 왕의 세 딸을 모시고 와서 서해 가운데의 산에 내려온 세 명의 신의 아들[神子]의 배필을 삼으려고 합니다. 지금 군께서는 나라를 열려고 하니, 마땅히 배필을 삼아 대업을 이루십시오"

라고 말하고는 곧 구름을 타고 가버렸다. 상자를 열어보니 푸른 색 옷을 입은 세 명의 처녀와 여러 망아지와 송아지, 오곡의 씨앗이 들어 있었다. 그 후 사람과 물건이 날로 더욱 번성해져서 도(都)를 이루고 읍(邑)을 이루어 바다 가운데 특별한 나라가 되었다.

대체로 900여 세에 백성들의 마음이 모두 고씨(高氏)에게 돌아와 그를 즉위시켜 임금으로 삼고 모라(毛羅)라고 이름지었다. 부씨와 양씨도 스스로 나라를 세웠다. 고씨가 하늘을 믿고 장차 군사를 일으켜 두 나라를 치고자 하여 여러 해 동안 군사를 해산하지 않았다. 그 후 고준(高準)이 부씨(夫氏)와 함께 상서로이 기(奇)·세(世)·화(華) 3인을 내어 몰래 해평(海平) 자오도(子午島) 모리(某里) 고을에 나가 살게 했는데 그 자손이 신라에서 벼슬을 많이 하였다.

신라 ○○왕 때[94] 객성(客星)이 남쪽에 보이니 태사(太史)가 '다른 나라 사람이 와서 조회할 징조'라고 하였다. 이에 이르러 국군(國君) 고후(高厚)가 그 아우 청(淸) 등 3인과 함께 배를 타고 와서 탐진(耽津)에 정박하였다가 신라에 조회하였다. 왕이 그것을 가상히 여겨 그 움직이는 별 모양

---

93) 무도(武都)에서 나는 자줏빛의 진흙인데 조서(詔書)를 봉하는 인주(印朱)로 썼다.

94) 『고려사』「지리지」에 제주도 3성 시조신의 하나인 고을나의 15세손 고후(高厚)·고청(高淸)과 그 아우 등 삼형제가 탐진(耽津)에 왔는데 이때가 신라의 성시였다고 한다. 신라의 성시가 언제인지 정확히 알 수 없어 여기에서도 공백으로 처리한 듯하나, 『삼국사기』에 문무왕 2년(662) 탐라국주 좌평(佐平) 도동음률(徒冬音律)이 와서 항복하여 신라의 속국이 되었다는 표현이 나오므로 아마도 신라의 삼국통일 직후인 문무왕대가 아닐까 한다.

을 따라 후하게 작호를 내려주어 성주(星主)라고 하였다. 청(淸)한테는 바지 가랑이 밑에서 나오게 하여95) 자기 아들과 같이 예뻐하고서는 왕자(王子)라고 칭하였다. 또 그 막내는 도내(都內)라고 부르고 국호를 내려 탐라(耽羅)라고 하였다. 처음 그들이 탐진에 머물면서 신라에 조회할 때 각각 보개(寶蓋)96) 및 옷과 띠[衣帶]를 내려주어 보냈다. 이로부터 탐라가 마침내 신라를 섬겼다. 그 후 탐라가 널리 순수하여 양(良)으로 하여금 안무(按撫)를 엄히 하게 하고, 부(夫)로 하여금 양을 계승하게 하였다. 또 신라에 들어가 조회하여 이웃나라의 의리를 통하였다. 왕이 의관(衣冠)을 상으로 주고, 또 성주(星主)·왕자(王子)의 작호를 내렸다. 비로소 양(良)을 양(梁)으로, 부(夫)는 부(浮)로 고쳤다.

이보다 앞서 한 무제 때 탐라가 중국에 들어가 조공했었는데, 당 태종이 동쪽으로 고구려를 칠 때에 이르러 당나라 장수 이회근(李懷根)이 뗏목을 타고 바다를 건너가 탐라에게 조칙을 내려 깨우쳤다. 이에 양씨 성주 세자 보원(寶瑗)이 당나라에 질자(質子)로 간 지 12년 만에 나라에 돌아와 그 형 보기(寶璣)에게 나라를 양보하고 동생 보용(寶瑢)과 함께 고[귀]려(高[句]麗)로 가서 벼슬을 했다.

지금 제주성(濟州城) 안에는 석축으로 된 옛 터가 남아 있다. 3성이 처음에는 북두(北斗)의 형상을 본떠서 대(臺)를 쌓고 터전을 삼아 칠성도(七星圖)라고 이름지었다. 고려 초에 탐라가 비로소 항복해 오니 [읍호(邑號)를] 낮추어서 군(郡)으로 삼았다. 그 후에 목(牧)을 설치하였다고 한다. 탐라의 일명은 탐탁라(耽乇羅)이다. 당나라 때 탐탁라 소속의 항해용 배가 광주(廣州)에서 정박하였다. 신라 말기에 한라군(漢羅君) 양순(良洵)이 바다를 건너 신라에 조회하였는데 후손 섭천(涉川)부터 보숭(保崇) 및 준(峻)에

---

95) 한나라 한신(韓信)의 고사에서 나온 과하욕(袴下辱), 즉 바지가랑이 아래를 기어 나온 치욕을 말한다. 신라왕이 고청(高淸)을 자신의 휘하에 두었다는 표시로 하게 했던 것이 아닌가 생각된다.
96) 귀한 사람이 타는 수레에 비치한 일산(日傘)을 말한다.

이르기까지는 모두 고려를 섬기고 성주를 세습했다. 준(峻)의 아들 순(淳)
은 고려 원종(元宗)에게 벼슬하여 관직이 찬성사(贊成事)에 이르렀다.

5. 협부을송열전(陝扶乙松列傳)

협보(陝父)는 부여인이다. 금와왕(金蛙王) 때에 동명왕이 재주 때문에 질
시를 받아 혼자서 편안하지 못하였다. 협보는 오이(烏伊)·마리(摩離)[97]와
함께 동명을 어여삐 여겨 왕을 따라 남쪽 졸본(卒本)으로 가서 나라를 세
웠다. [동명왕이] 비류(沸流)를 항복시키고, 말갈(靺鞨)을 물리치며, 옥저를
멸망시켜서 무릇 사방을 경략한 모책과 계략은 모두 협보 등의 도움 덕
분이었다. 일찍이 극재사(克再思)·중실무골(仲室武骨)·소실묵거(少室默居)
여러 사람과 더불어 나라를 개창한 으뜸가는 신하[開國元臣]가 되었다.
협보는 동명·유리(琉璃) 부자의 시대 40여 년을 섬겨 벼슬이 대보(大輔)[98]
에 이르렀다. 유리왕 22년 국내(國內)로 도읍을 옮겨 위나암성(尉那巖城)[99]
을 쌓았다. 새로운 도읍은 북쪽으로 패수가 굽어진 데에 있어서 산수가
깊고 견고하여 순록[麋鹿]을 쏘아 맞추는 즐거움이 있었다. 왕이 또 무사
안일에 빠져 일찍이 질산(質山)[100]에서 짐승을 사냥하느라 날이 가도 돌
아갈 줄을 몰랐다. 협보가 간언하였다.

---

97) 『삼국사기』 「백제본기」 '온조왕 즉위년조'에는 오간(烏干)·마려(摩黎)로 표기되어
　　있으나, 「고구려본기」 '동명성왕 즉위년조'나 '동명성왕 6년조'를 볼 때 오이·마리가
　　옳을 것이다.
98) 신라의 예로 미루어 군국의 일을 총괄하는 재상과 같은 존재로 생각된다. 후에 좌보
　　(左輔)·우보(右輔)로 나뉘고, 다시 국상(國相)으로, 또 대대로(大對盧)로 변천되어 갔다.
99) 현재 길림성 집안현 통구에 있는 산성자산성(山城子山城)으로 보는 견해가 유력하다.
100) 고구려 왕실이나 귀족의 사냥터였던 듯하나, 현재의 지명은 알 수 없다.

"지금 나라의 도읍을 새로 옮겨서 백성들은 어진 정치[德政]를 하여 편히 살게 해주기를 바라고 있는데, 대왕께서는 나라의 일[軍國之務]은 버려두고 꿩이나 토끼를 쫓아다니기를 즐기느라 5일이나 성을 떠나 궁을 비워두고도 돌아가지 않았습니다. 만약 오래도록 고치지 않아 백성들의 마음이 한번 흩어지면 선왕의 공업을 어찌 하시겠습니까?"

왕이 노하여 협보를 파직시켰다.[101] 이때 왕은 자못 죽이기를 좋아하고 이로운 것에 뜻을 두어 곧 비루해져서 작은 죄라도 파묻어 죽이니, 대신들이 많이 두려워하였다. 협보가 마침내 남쪽 한으로 달아났다. 오이·마려는 함께 유리왕의 장수가 되어 군사 2만을 거느리고 서쪽으로 양맥(梁貊)을 멸망시켰다. 협보가 후에 죽게 된 사정은 알지 못한다.

부분노(扶芬奴)는 지혜와 용기가 있어서 동명왕을 섬겨 장군이 되었다. 일찍이 군사를 거느리고 오이(烏伊) 등과 태백(太白) 동남쪽으로 나와 행인(荇人)[102]을 쳐서 그 나라를 빼앗았다. 이때는 고구려가 새로 개창된 때여서 선비(鮮卑)·말갈(靺鞨)이 자주 변경을 침략질하여 시끄러웠다. 유리명왕 11년 여름 선비가 또 쳐들어오니 왕이 근심하여 군신을 돌아보며 말하였다.

"누군가 나를 위하여 선비를 제압하는 자가 있으면, 토지와 인민을 꺼이 나눠주겠다."

부분노가 나아와 말하였다.

"선비 지역은 험하고 견고하며 그 사람들은 용맹스러우나 어리석으니, 이 때문에 힘으로 싸우기는 어렵고 계책으로써 쳐부술 수는 있습니다. 왕은 마땅히 스스로 장군이 되시고 저는 기습군대를 거느리고 왕을 따르기를 청합니다."

이내 정예군대를 숨기고, 스스로 남쪽 성에 이르러 파리한 군사로 그

---

101) 『삼국사기』 권13 「고구려본기」 제1 '유리명왕 22년조'에는 협보의 관직을 빼앗고 관원(官園)을 맡아보게 하였다고 되어 있다.
102) 태백산을 백두산이라 할 경우 함경북도 무산이나 그 남쪽의 해안지역일 가능성이 높다.

들을 꾀니 선비가 손가락질하며 "누가 고구려가 강하다고 했는가? 도리어 도모하기가 쉬울 따름이다"라고 하면서 비웃었다. 그래서 [고구려 군대가] 거짓으로 달아나니, 곧 성을 비워두고 쫓아왔다. [부]분노가 정예 기병을 거느리고 사잇길로 달려 문에 들어가 성 위에 고구려 깃발을 세우자, 선비가 멀리서 바라보고 크게 놀라 달아나니 [고구려가] 관문을 빼앗았다. 왕이 깃발을 들고 북을 울리며 돌아와서 그들을 쳤다. 선비가 크게 패하여 그 우두머리가 모두 항복했다. 이로부터 선비는 고구려에 복속하였다. 왕은 부분노에게 식읍(食邑)을 내렸는데 사양하자 황금 30근·좋은 말 10필을 주었다. 고구려 초 부분노가 당시의 명장이 되었다. 부분노와 같은 [성]씨로 부위염(扶尉猒)이라는 자가 있었는데 역시 장군이 되어 북옥저를 쳐서 멸망시켰으니,[103] 분노와 같은 때의 사람이다.

을두지(乙豆智)는 동방의 대성(大姓)이다. 지혜와 식견으로 칭송을 받았다. 송옥구(松屋句)는 그 선조가 비류왕(沸流王)에서 나왔다.[104] 대무신왕 10년(27 : 후한 광무제 3)에 함께 재상으로 임명되어 두지가 좌상(左相)이 되고, 옥구가 우상(右相)이 되었다. 이때 중국에는 왕망(王莽)의 난이 있었고, 유씨(劉氏)가 다시 일어났으나 천하가 아직 안정되지 않았다. 11년에 요동의 군대가 대거 공격해 오니 왕이 여러 신하들에게 싸우는 것과 수비하는 것 중에서 어느 것이 나은 지를 물었다. 우보(右輔) 송옥구가 말하였다.

"신은 싸우는 것이 낫다고 생각합니다. 옛 사람이 이르기를 '덕을 믿는 자는 창성하고, 힘을 믿는 자는 망한다'고 하였습니다. 지금 중국은 황폐하고 흉년이 들어 도적이 사방에서 일어나고, 변방의 장수가 함부로 군사를 일으켜 스스로 그 이익을 도모하니, [이는] 하늘을 거스르고 사람을 어긴 것이라 반드시 성공할 리가 없습니다. 만약 험한 데 의지하

---

103) 『삼국사기』 「고구려본기」 '동명왕 10년조'에 동일한 내용이 수록되어 있다.
104) 고구려에 투항한 비류국왕이 송양왕(松讓王)이며, 송양왕의 딸을 송씨(松氏)라 하였던 점으로 미루어 선조가 비류왕이라 한 듯하다.

여 기습군대를 내보낸다면 반드시 쳐부술 수 있습니다."

좌보(左輔) 을두지가 말하였다.

"신은 가능하지 않다고 생각합니다. 대개 작은 적은 강하다 해도, 큰 적에게 사로잡히는 법입니다. 신이 헤아리건대 대왕의 군사와 한나라의 군사를 비교할 때 어느 쪽이 더 많습니까? 지금 한나라 군대는 멀리서 싸우러 와서 그 예봉을 당해낼 수가 없으니, 성을 견고히 하여 스스로 지키다가 그들이 지칠 때를 기다려 나가 싸워도 늦지 않습니다."

왕이 을두지의 계책을 따라 위나암성을 지키고, 그 높고 험한 것에 의지하여 스스로 견고히 지켰다. 한이 수십 일 동안 공격하고도 포위를 풀어주지 않아 성 안에 있는 사람들이 자못 피곤해했다. 왕이 두려워 여러 신하를 돌아보며 "일이 급하니, 어찌하면 좋으냐?"라고 말하니, 두지가 나아와 말하였다.

"한나라 사람들은 산성에 물이 없다고 생각하여 오랫동안 끌어서 지치게 만들려고 하는 것입니다. 지금 연못 가운데에는 고기도 있고, 수초 따위도 많으니 거짓으로 [한나라 군사들에게] 음식을 보내어 [우리가 물이 많다는 것을] 보여주시는 것이 마땅합니다."

왕이 사람을 시켜 고기를 수초에 싸고, [맛있는 술을 담은] 항아리를 끌어다가 한나라 장수에게 보내주면서 말하였다.

"수고스럽게도 공(公)께서 이슬을 맞게 하였습니다. 감히 부하들에게 음식을 보냅니다." 한나라 장수가 장차 단번에 함락시킬 수 없다는 것을 알고 곧 사례를 표하고서 군대를 철수하여 떠났다. 두지 이후 을씨 (乙氏)에는 영달한 자가 많으나, 송씨(松氏)의 세계는 알려진 자가 없다.

6. 을지문덕열전(乙支文德列傳)

아! 천하에 가득 찬 것이 만물인데 사람도 그 하나를 차지하고 있다. 일물(一物)로서 1만 가지를 재단하여 처리하니 이것이 사람이 귀한 이유이다. 천지가 있은 이래 음양오행(陰陽五行)의 기운을 품부받아 살고 또 없어지는 것이 겨우 한 세상뿐이다. 능히 다른 물건이 되지 않고 사람이 된 것은 그 행운이 매우 큰 것이다. 대저 사람이 된 것을 행운으로 여기는 이유는 인의예지(仁義禮智)의 행동과 영웅호걸의 재목이 있어서 살아서는 한 시대를 잘 다스려 이익과 은택이 다른 사물에까지 미치고, 죽어서는 백대(百代) 동안 빛을 발해 바람 같은 꾀가 사람을 움직여, 새나 짐승, 나무나 풀[鳥獸草木]이 함께 살다가 함께 죽는 것과는 같지 않기 때문이다. 진실로 능히 이와 같이 할 수 없다면 이 또한 조수초목일 뿐이니 사람에게서 어떤 점이 귀하겠는가?

이 때문에 옛날 성현들은 하늘과 땅 사이에서 생명을 가지고 있으면 반드시 쉬지 않고 힘써 학문과 도덕을 갈고 닦으면서도 오로지 미치지 못할까 염려하였다. 살아서 이루고 세운 바가 있는, 설령 진실로 그런 사람의 이름이 있다면 오직 요(堯)·순(舜)·우(禹)·탕(湯)·문(文)·무(武)·주공(周公)·공자(孔子)뿐이다. 여러 군자(君子)들은 그 모습과 지혜가 뭇사람들과 다르지 않고, 나이를 마친 것도 뭇사람들과 다를 바가 없다. 하늘과 땅 사이에서 사람이 된 자는 대부분 백 년 간을 뛰어넘지 못하는데, 명성과 공덕이 하늘·땅의 수명이 함께 다하는 데 이르러서도 없어지지 않는 것은 어째서인가? 그러나 저 대성인들도 오히려 거론할 것이 없는데, 삼대(三代)·한나라·당나라 시대의 훌륭한 신하, 보좌하는 현량한 신하[碩輔], 공이 뛰어난 신하로서 이목을 밝게 비추는 소리와 꾀가 하늘과 땅에 드리운 자 같은 경우는 실로 전적의 넓음과 고대의 전적[墳典]105)의 성함에 힘입은 것이다. 이 때문에 제왕이 도서의 보관

[柱下]106)을 엄격히 하여 명산에 숨겨둔 문서를 금궤나 석실에 넣어 무궁하기를 기원하니, 비록 여정(呂政)107)의 화(火)와 오호(五胡)108)의 난(亂)이 있었어도 그것을 태워 버리거나 없애지 못했다. 이로 말미암아 보건대 요·순·우·탕·문·무·주공·공자의 도라는 것도 이것을 버리고서는 전할 수가 없는 것이다. 하물며 그 아래 사람들이랴! 대저 이전(二典)109)·삼모(三謨)110)·팔고(八誥)111)의 문장 또한 사가(史家)의 시초이고 사마천(司馬遷)·반고(班固)의 부류도 그 흐름을 따라 거슬러 올라가기를 중도에 맞게112) 한 것이다. 위대하도다! 황제로부터 한의 서경(西京)에 이르기까지 3천 년 간에 현인(賢人) 군자(君子)가 공명을 떨친 사적을 후세에 전할 수 있게 된 것은 빛이 밝고 어둡지 않아 초목 조수와 더불어 함께 귀결되지 않을 수 있었기 때문이니, 사마천·반고의 덕택이 크다.

동방에 이르러서는 큰 바다의 한 모퉁이에 또한 선성(先聖)이 남긴 교화가 있는 것이니 다른 세 방향이 사리에 밝지 못한 것과는 같지 않다. 기자 이후 나라를 세운 지 수천 년에 밝은 임금과 어진 보필자가 어찌 중화의 여러 군자와 같이 후대에 전할 만한 자가 없었겠는가? 그러나 또한 적막하여 들리는 바가 없고, 비록 혹 있다 하더라도 사적이 소략하여 그 사람됨을 알기에 부족하니, 비록 인의예지의 행위와 영웅호걸의

---

105) 삼분(三墳)과 오전(五典), 곧 삼황오제의 전적으로서 전하여 고대의 전적을 일컫는다.
106) 원문의 주하사(柱下史)는 도서를 맡은 벼슬이므로 주하는 도서의 관리를 의미한다.
107) 한나라 고조의 황후인 여후(呂后)의 정치를 지칭하는 듯하다. 여후는 혜제(惠帝)의 생모(生母)로서 혜제가 죽은 후 정권을 좌우하고 동족을 제왕(諸王)에 봉하여, 여씨(呂氏)의 난의 원인을 만들었다.
108) 한나라·진나라 무렵 서북방에서 중국 본토에 이주한 다섯 민족, 곧 몽고의 흉노(匈奴)·갈(羯), 몽고계와 퉁구스계의 혼혈인 선비(鮮卑), 티베트계의 저(氐)·강(羌)을 가리킨다.
109) 『서경』의 요전(堯典)과 순전(舜典)을 지칭한다.
110) 『서경』의 대우모(大禹謨), 고요모(皐陶謨), 익직(益稷)을 일컫는다.
111) 『서경』의 중훼지고(仲虺之誥), 탕고(湯誥), 대고(大誥), 강고(康誥), 주고(酒誥), 소고(召誥), 낙고(洛誥), 강왕지고(康王之誥)를 가리킨다.
112) 원문의 범범(汎汎)은 중용의 소리인데, 일설에는 떴다 가라앉았다 하며 도는 모양을 의미한다고 한다.

재목이 있다고 하더라도 어떻게 중화(中華)의 군자와 더불어 칭해질 수 있겠는가? 그러니 사마천·반고가 천지간에 없어서는 안 되는 것이 대개 또한 분명하다. 중국에도 사마천·반고가 항상 있는 것은 아니니 그렇다면 이 한 모퉁이 동방에서 한 번도 만날 수 없는 것은 이상할 것이 없다. 아, 만물 가운데 사람으로 태어날 수 있게 된 것은 다행이다. 이미 사람으로 태어나 이름과 행동을 힘써 닦아서 구차하지 않은 사람이 되면 다행이다. 이미 구차하지 않은 사람이 되었는데 중국에 태어나지 못했다면 비록 장량(張良)과 진평(陳平)[113]의 지혜와 손무(孫武)[114]와 오기(吳起),[115] 한유(韓愈)[116]와 백거이(白居易)[117]의 재주와 무예가 있다 하더라도 그 사적을 전할 수가 없으니 그렇다면 또한 매우 큰 불행이다.

내가 고구려 을지문덕(乙支文德)의 사적에 대해서 감개무량함을 이루 다 말할 수 없다. 그 전(傳)에는 '을지문덕은 선대의 계보[世系]를 자세히 알 수 없다. 자질이 침착하고 굳세며 지략과 술수가 뛰어났고, 아울러 글을 알고 지을 수 있었다'고 되어 있다(본문을 다 쓴 것이다—저자 주).[118] 오직 2,700인이었으니[119] 이것으로 보건대 을지문덕은 호걸의 재주가

---

113) 진평(陳平)은 전한의 공신으로 양무(陽武) 사람이다. 지모가 뛰어나 고조를 도와 천하를 평정하고 혜제(惠帝) 때 좌승상이 되었으며, 주발(周勃)과 함께 여씨(呂氏) 일가를 죽이고 한나라 왕실을 편안하게 하였다.

114) 손무(孫武)는 춘추시대 제나라 사람인 손자(孫子)이다. 병법으로 오왕(吳王) 합려(闔廬)를 도와 서쪽으로 초(楚)를 깨고 북으로 제(齊)·진(晉)을 쳐서 오는 제후의 패자가 되어 크게 그 이름을 떨쳤다.

115) 오기(吳起)는 전국시대 위(衛)나라 사람으로 병법에 밝았으며, 저서로는 『오자(吳子)』 1권이 있다.

116) 한유(韓愈, 768~824)는 중당(中唐)의 문호로 당송팔대가(唐宋八大家)의 한 사람이다. 자는 퇴지(退之)이고, 창려(昌黎) 선생으로 불렸으며, 유종원(柳宗元) 등과 함께 고문(古文) 부흥에 힘썼다.

117) 백거이(白居易, 772~846)는 당대의 대표적 시인으로, 자는 낙천(樂天), 호는 취음선생(醉吟先生) 또는 향산거사(香山居士)이다. 벼슬은 형부상서(刑部尚書)에 이르렀다. 평이·명쾌·정절한 시풍이 특징적이며, 대표적 작품인 장한가(長恨歌)·비파행(琵琶行) 등은 문사나 서민들 사이에 널리 애송되었다.

118) 『삼국사기』 권44 「을지문덕열전」의 첫 구절을 그대로 인용한 것이기 때문에 이종휘가 본문을 다 쓴 것이라는 주(注)를 달아 놓았다.

있다고 이를 만한 것이 아닌가? 수천의 파리한 졸개를 가지고 백만의 날로 불어나는 군사를 당해내 하루에 일곱 번을 싸워 모두 이기고, 아주 작은 나라로서 천자를 대적하여 백 번 이기는 위엄이 마치 대나무를 가르는 것처럼 쉽다. 이것이 공명과 업적이 크고 빛나 천지를 처마로 삼고 고금을 가릴 수 있게 된 이유인데, 우리나라 역사[本史]에는 그 이름과 성씨가 없다. 김부식이 겨우 수나라 역사[隋史]에서 그것을 얻어 끌어다가 편찬해 넣었으나, 적막한 수천 마디가 그 만의 하나도 전하기에 부족하니, 동방의 선비로서 매우 뛰어나 우뚝 선 것이 이와 같은 부류가 있는데도 이름이 없어져 칭해지지 않는 것을 또 어찌 이루 다 말할 수 있겠는가?

내가 안시성주(安市城主)[120]에 대해서는 더욱 슬프게 여긴다. 안시성주는 역사에 그 이름이 전해지지 않는다. 사람됨이 재주와 용맹이 있어 막리지의 난에[121] 성을 지켜 굴복하지 않았다. 막리지가 그를 쳤으나 함락시키지 못하고서 그에게 [성을] 주었다. 당 정관(貞觀) 연간에 태종이 고연수(高延壽)[122] · 고혜진(高惠眞)[123]의 군대를 이기고 여러 장수로 하여

---

119) 『삼국사기』 「을지문덕열전」에 따르면 처음 요하를 건넌 수나라 군대는 9개 부대 30만 5천 명이었는데, 요동성으로 되돌아간 자는 겨우 2,700명이었다고 한다.

120) 안시성은 현재 중국 요녕성 해성시(海城市) 동남 15km의 영성자둔(英城子屯)에 있는 고구려 산성의 터로 추정된다.

121) 연개소문이 영류왕을 죽이고 국정을 농단한 것을 지칭한다.

122) 고연수(高延壽, ?~645)는 고구려 보장왕 때의 장군이다. 당 태종이 645년 고구려를 침략하여 요동성을 함락하고 이어 안시성을 포위하자 고구려는 당시 남부욕살(南部褥薩) 고혜진(高惠眞)과 북부욕살이던 그를 파견하여 안시성의 군사를 돕도록 하였다. 이에 두 사람은 고구려와 말갈의 연합군 15만여 인을 거느리고 당군과 대항하였다. 이 작전 중 고연수는 당군의 계략에 말려 3만여 군사를 잃고 고혜진과 함께 당나라에 항복하였다. 당 태종은 고연수를 홍려경(鴻臚卿)에 임명하였다. 그 뒤 안시성전투에서 당군의 피해가 계속되자, 그는 무방비상태에 가까운 오골성(烏骨城, 지금의 鳳凰城)을 공격하는 것이 상책이라고 태종에게 건의하였으나, 그 계책은 당나라의 장군 장손무기(長孫無忌)의 반대로 시행되지 않았다. 그 뒤 당군과 같이 전장에 있었는데, 자신의 행동과 처지를 비관하다가 죽었다.

123) 고혜진(高惠眞)은 고연수와 같이 활약한 장군인데 생몰년은 미상이다. 당군의 철수와 함께 당나라 수도인 장안(長安)으로 들어갔으나, 그 뒤의 행적은 전하지 않는다.

금 급히 안시성을 치게 하니 이도종(李道宗)이 무리들을 독려하여 성 동남쪽 모퉁이에 흙산을 쌓게 하고 핍박하였다. 성주 또한 그 성을 더욱 높게 하였다. 당나라 군대가 차례를 나눠 서로 싸웠는데 하루에 여섯, 일곱 차례나 교전을 하였다. 적진에 병거(兵車)를 돌진시키고 돌쇠뇌를 날려 망루의 성가퀴를 부서뜨렸다. 성 안에서는 그것이 빠져 있는 데를 따라 목책(木柵)을 세워 항거하였다. 당나라에서는 밤낮으로 산을 쌓아 60일 동안 쉬지 않았다. 일을 한 사람이 50만이나 되고, 산 정상에서 성까지는 수 장(丈)이나 떨어져 있는데, 아래로 성 가운데의 산이 무너져 성을 눌러서 성이 무너졌다. 우리 군사 수백인이 성이 이지러진 데를 따라 나와 싸워서 마침내 빼앗아 흙산을 차지하고서, 참호를 만들어 지켰다. 황제가 부득이하여 마침내 군대를 철수하고 성 아래에서 병장기를 거두고 돌아갔다. 성 안에서는 자취를 감추고 나오지 않았다. 성주가 성에 올라가 삼가 작별을 고하니 황제가 그가 성을 견고히 지킨 것을 가상히 여겨 비단[縑] 100필을 주고 임금 섬긴 것을 독려하였다. 어떤 사람은 안시성주의 성이 양(楊)이고 만춘(萬春)이 그 이름이라고 한다.

7. 설총(薛聰) · 최치원(崔致遠) 열전(列傳)

설총은 자(字)가 총지(聰智)이다. 아버지는 원효(元曉)[124]로 세상 사람들

---

124) 원효(元曉, 617~686)는 신라의 고승으로 성은 설씨(薛氏), 아명은 서당(誓幢) 또는 신당(新幢)이다. 조부는 잉피공(仍皮公), 부는 나마(奈麻) 담날(談捺)이다. 어려서 화랑의 무리에 속했으나, 출가하여 자기 집터에 초개사(初開寺)를 짓고, 진덕왕 2년(648) 황룡사에서 불경을 공부하였다. 34세 때에 의상과 함께 도당유학을 하려다가 모든 것은 마음에 달려 있다는 진리를 터득하고 유학을 포기하였다. 태종의 둘째 딸인 요석궁의 공주와 사통하여 파계한 후 소성거사(小性居士)라 자처하고 무애가(無碍歌)를 지어 민중

이 소성거사(小性居士)라고 칭한다. 삼한(三韓)·삼국(三國)의 때에 신라가 가장 궁벽지고 먼 곳에 위치하여 선비들이 유학(儒學)을 알지 못하였다. 유신(庚信)의 무리는 공을 세우는 데 힘쓰고, 대세(大世)[125]와 담수(淡水)는 세속 밖에서 노닐어, 화랑은 실속은 적고 겉만 화려했다. 그러나 세상에서 그들을 다투어 흠모하였다. 설총은 구경(九經)[126]을 읽기 좋아하여 우리나라 말[方言]로 그 뜻을 해독하여 후생들을 가르치고 깨우쳤으니, 신라의 유학은 설총으로부터 시작되었다.

법흥왕 때에 근신(近臣) 이차돈(異次頓)이라는 자가 인도[西夷]의 종교를 믿었는데 신라에는 아직 불교[佛]가 없어서 왕이 그를 세우고자 하였으나, 여러 신하들의 의견이 일치되지 않았다.[127] 이차돈이 "저의 머리를 베어서 여러 사람들을 진정시키십시오 부처님께서 만약 영험(靈驗)이 있다면 제가 죽을 때 반드시 이상한 일이 나타날 것입니다"라고 말하였다. 왕이 그가 요망스러운 것을 미워하여 죽였다. 이차돈이 죽을 때[128] 목의 피가 흰 우윳빛으로 변하였다.[129] 왕이 그것을 신이하게 여

<hr />

에게 포교하였다. 저술 100여 부 240권 중 현재 20부 20권이 전해오며 『대승기신론소(大乘起信論疏)』·『금강삼매경론(金剛三昧經論)』·『십문화쟁론(十門和諍論)』이 대표적인 저서이다. 불교의 종파를 초월하여 불교교리를 고차원적인 견지에서 회통시키려한 화쟁사상(和諍思想)과 일심사상(一心思想), 무애사상(無碍思想)이 그의 사상의 특징이다.

125) 대세(大世)는 신라 진평왕 때의 선가(仙家)로 내물왕의 7대손인 이찬 동대(冬臺)의 아들이다. 어려서부터 세속사에는 관심이 없고, 풍운을 타고 허공을 날아다니며 천하를 주유하는 선술(仙術)에 심취했다고 한다. 선술을 체득하기 위해 중국 오나라와 월나라로 건너가 수도할 작정으로 승려인 담수(淡水)에게 동행을 권하였으나 거절당하자, 구칠(仇柒)이라는 동지를 만나 함께 남해에서 배를 타고 중국에 건너갔다고 하는데, 그 뒤의 행방은 알 수 없다.

126) 아홉 가지 경서(經書)라는 뜻으로 『주례(周禮)』·『의례(儀禮)』·『예기(禮記)』·『좌전(左傳)』·『공양전(公羊傳)』·『곡량전(穀梁傳)』·『역경(易經)』·『서경(書經)』·『시경(詩經)』을 지칭하기도 하고, 『역경』·『시경』·『서경』·『예기』·『효경(孝經)』·『춘추(春秋)』·『논어(論語)』·『맹자(孟子)』·『주례』를 지칭하기도 한다.

127) 이하 이차돈의 사적은 『삼국사기』 권4 「신라본기」 제4 '법흥왕 15년조'와 『삼국유사』 권3 「흥법」편 '원종흥법 염촉멸신(原宗興法 厭髑滅身)조'의 내용을 토대로 한 것이다.

128) 『삼국사기』에는 본서의 내용과 같이 여러 신하들의 반대로 왕이 이차돈을 관리에게

겨 이로부터 신라에 불법(佛法)이 있게 되었다. 누대에 걸쳐 더욱 성해져서 마침내 온 나라에서 그것을 높이 받들게 되었다. 황룡사(皇龍寺) 장육(丈六)의 상(像)은 구리의 무게가 35,007근이고, 봉덕사(奉德寺) 종은 11만 근이었다. 그것을 치면 수십, 수백 리까지 들렸다.

가야(伽倻) 불경의 근본은 그 편목이 8만이고, 탑과 사찰[塔廟殿刹]도 산을 따라 바둑판처럼 펼쳐져 있다. 무릇 그 용마루와 처마[棟宇],130) 창문과 문지방의 규모와 고운 색채131)의 제도는 웅장하고 화려함을 다하였다. 효성왕(孝成王)과 선덕왕(宣德王)·원성왕(元聖王)은 널을 불태우고 뼈를 흩뿌려 화장하는 법[茶毗]132)을 따랐다. 왕 반(飯)133)은 승려가 되어 팔관회(八關會)에서 강의를 들었다. 대대로 그것을 행하지 않은 때가 없어 신라시대가 다 끝나가도록 유교는 마침내 진작되지 못하였으니, 이차돈의 해악이다. 아마도 우리나라의 풍속[方俗]이 사리에 밝지 않아 괴이한 설[異說]로는 쉽게 미혹시킬 수 있었으되, 선왕(先王)의 가르침으로는 그 좋아하는 바를 바꾸게 할 수가 없었던 듯하다. 슬프도다.

신문왕(神文王) 때에는 고구려와 백제가 이미 망해서 국가에 아무 일이 없었다. 설총이 한림(翰林)이 되어, 풍요롭고 여유가 있는 사람은 나태해지기 쉽고, 경력이 많아 사물에 노련한 사람은 소원해지는 바가 많으며, 아첨하고 망녕된 사람은 자주 등용되고, 요망하고 단련된 사람은 남을 미혹시키기가 쉽다고 생각하여 화왕설(花王說)을 바쳤다. 그 내용은 다음과 같다.

왕이 한 여름[5월]에 높고 밝은 방에 거처하여 조정의 한가로움을 보

넘겨 목을 베게 했다고 되어 있으나, 『삼국유사』에는 이차돈이 사전에 모의하여 사찰을 지으라고 한 왕명을 어긴 죄로 처형되었다는 설과 왕명을 거짓으로 전하여 사찰을 짓게 했다는 향전(鄕傳)의 설을 동시에 수록하였다.
129) 우유는 불교에서 참된 진리를 상징한다.
130) 용마루와 처마 또는 마룻대와 처마라는 뜻인데, 전하여 집·가옥을 의미한다.
131) 금벽(金碧)은 노란빛과 푸른빛, 전하여 고운 색채를 뜻한다.
132) 범어(梵語)로 화장(火葬)을 뜻한다.
133) 진평왕의 동생 백반(伯飯)과 국반(國飯)을 지칭하는 듯하다.

면서 설총을 맞아들여 말하였다.

"오늘은 오랫동안 내리던 비가 처음으로 그치고 향기로운 바람이 살랑살랑 부니 고상한 말과 좋은 웃음거리로 울적한 회포를 풀 수 있겠다. 그대가 기이한 것을 들은 것이 있거든 어찌 나에게 말해주려 하지 않는가?"

설총이 몸을 구부려 사례하고 우러러 대답하였다.

"제가 듣건대 화왕(花王 : 모란)이 처음 전래되었을 때 이를 향기로운 정원에 심고, 비취색 장막을 둘러 보호하자 봄 내내 고움을 발하니 여러 꽃들을 능가하여 홀로 빼어났습니다. 그래서 아름다운 꽃과 예쁜 꽃들이 달려나와 뵙지 않는 것이 없었습니다. 그런데 홀연히 한 아리따운 사람[佳人]이 나타났는데 이름은 장미(薔薇)라 하였습니다. 붉은 얼굴, 옥같이 하얀 이에 곱게 단장하고 예쁘게 고요히 와서 얌전히 다가서며 '저는 눈처럼 희고 깨끗한 모래를 밟고, 거울같이 맑은 봄비를 맞이하여 은혜로운 비[惠雨]에 목욕을 하여 때를 없애고, 맑은 바람을 쏘이며 스스로 즐깁니다. 삼가 왕의 아름다운 덕을 듣고 향기로운 휘장에서 잠자리를 모시고자 하오니 왕께서는 저를 받아들여 주시겠습니까?'라고 하였습니다.

또 한 장부(丈夫)가 있었는데 이름은 백두옹(白頭翁, 할미꽃)이라 하였습니다. 베옷을 입고 가죽 허리띠를 둘렀으며 하얀 모자를 쓰고 지팡이를 짚었습니다. 노쇠하여 힘없이 걷고 굽은 허리로 걸어나와서 말하기를 '저는 신이한 서울[神京] 밖 큰 길가의 모퉁이에 살면서 아래로 넓은 들판의 빛깔을 바라보고, 위로 뾰죽이 솟은 산 빛에 의지하여 있습니다. 삼가 생각건대 좌우에서 공급하는 기름진 음식이 풍부하고, 옷장에 옷을 가득 보관하고 있더라도, 모름지기 좋은 약이 있어야 합니다. 그 때문에 비록 실을 만드는 삼[麻]이 있다 하더라도 띠풀을 버리지 않는다는 말이 있습니다.[134] 무릇 모든 군자는 어느 세대이고 없어지는 것은 아니니, 모르겠습니다만 왕께서도 그런 뜻이 있으십니까?'라고 하였습니다.

(화)왕이 말하기를 '장부의 말 또한 일리가 있으나, 가인은 얻기 어려우니 장차 어떻게 해야 할까?'라고 하니, 장부가 여유있게 나아와 빙긋이 웃으면서 말하였습니다.

'무릇 임금된 자가 경력이 많아 노련한 사람[老成]을 친근히 하면 흥하고, 예쁘고 고운 사람을[天艶] 가까이 하면 망하지 않는 경우가 없습니다. 그런데 요염한 자는 비위를 맞추기가 쉽고 노련한 사람은 가까이 하기 어렵습니다. 이 때문에 하희(夏姬)¹³⁵⁾는 진(陳)나라를 망하게 했고, 서시(西施)¹³⁶⁾는 오나라를 멸망시켰으며, 맹가(孟軻)¹³⁷⁾는 때를 만나지 못한 채 일생을 마쳤고, 풍당(馮唐)¹³⁸⁾은 낭잠(郎潛)¹³⁹⁾해 있다가 머리가 희어졌습니다. 예로부터 이와 같았으니, 제가 어찌하겠습니까?'

화왕이 부끄러워하며 일어나 두 손을 마주잡고 사례하며 '내가 잘못했구나, 내가 잘못했구나!'라고 말했답니다."

왕이 "그대의 말은 풍자하여 깨우쳐주는 것이 매우 간절하니 청컨대이것을 써서 교훈으로 삼도록 하라"고 말하였다.

설총은 또 속된 말[俚語]로 이두(吏讀)¹⁴⁰⁾와 향찰(鄕札)을 만들어 관부(官府)에서 사용되게 하였다. 어떤 사람은 말하기를 "설총이 일찍이 당

---

134) 『춘추좌씨전』 '성공(成公) 9년'에서 인용한 것이다. 관(菅, 솔새)은 다년초로 줄기가 강하고 질겨 삿갓 또는 도롱이를 만드는 데 사용되고, 괴(蒯, 기름새)는 수초로 줄기섬유로는 자리를 만들 수 있으며 새끼를 꼬기도 한다.
135) 하희(夏姬)는 춘추시대 정(鄭)나라의 미희(美姬)로 진(陳)의 대부 어숙(御叔)의 아내가 되었다. 하미서(夏微舒)의 어머니이기도 하다.
136) 서시(西施)는 오나라 임금 부차(夫差)의 총희(寵姬)였던 월나라의 미인이다.
137) 맹가(孟軻)는 전국시대 노나라 사람 맹자이다.
138) 풍당(馮唐)은 풍이(馮異)를 지칭하는 것인 듯하다. 후한 광무제(光武帝)의 공신으로 부성(父城) 사람이다. 자는 공손(公孫)이며, 맹진장군(孟津將軍)이 되어 양하후(陽夏侯)로 추봉되었다. 언제나 홀로 수하(樹下)로 물러나 공을 논하지 않기 때문에 대수장군(大樹將軍)이라 일컬었다.
139) 낭잠(郎潛)은 한나라 안사(顔駟)가 오랫동안 낭관(郎官)으로 있으면서 등용되지 않았던 데서 나온 말로 물 속에 가라앉아 때를 만나지 못한다는 뜻이다.
140) 삼국시대부터 한자의 음과 뜻을 빌려서 우리나라 말을 표기하는 데 쓰이던 문자이다.

에 들어가 학업을 닦았는데, 또 어떤 사람을 스승으로 삼았는지 알지 못한다.[141] 그러나 한유(韓愈)가 활약하던 전당(前唐)시대 또한 유학자[儒者]가 없었기 때문에 그 학문이 중국에서 얻었다고 기필할 수는 없다"고 하였다.

그 후 김대문(金大問)[142] · 박인범(朴仁範)[143] · 최언위(崔彦撝)[144] · 김수훈(金垂訓)[145]의 무리가 있다. 그 전임(前任) 강수(强首)[146]는 『효경(孝經)』[147]과 『곡례(曲禮)』[148]를 닦았다. 태종을 섬겨 사대문자(事大文字)를 주관한 것이 설총보다 앞섰다. 그 다음 최치원(崔致遠)[149]은 설총보다 후대인데

---

141) 『삼국사기』 권46 「열전」 제6 '설총조'에는 당나라에 가서 공부했다고 하는 사실이 맞는지 아닌지 알 수 없다고 하였다.

142) 김대문(金大問)은 신라 중대 진골 출신의 학자로 성덕왕 3년(704) 한산주도독에 임명되었다. 『계림잡전(鷄林雜傳)』 · 『화랑세기(花郞世紀)』 · 『고승전(高僧傳)』 · 『한산기(漢山記)』 · 『악본(樂本)』 등의 저술이 있다.

143) 박인범(朴仁範)은 효공왕 때의 문신 · 학자이다. 당나라에 유학하여 빈공과에 급제하였고 특히 시문에 뛰어나 명성이 높았다. 귀국한 뒤 한림학사(翰林學士) · 수예부시랑(守禮部侍郞) 등을 역임하였다. 현전 작품으로는 찬문(贊文) 2편과 칠언율시 10수가 전해진다.

144) 최언위(崔彦撝, 868~944)는 신라 말 고려 초의 문신이다. 본관은 경주이고, 초명은 신지(愼之) · 인연(仁渷)이며, 최치원의 종제이다. 당나라에 유학하여 그곳 문과에 급제하고 귀국하여 집사성시랑 서서원학사(執事省侍郞 瑞書院學士)를 제수받았다. 신라가 망하자 고려에 가서 태자사부(太子師傅)가 되고 문한(文翰)을 위임받았다.

145) 김수훈(金垂訓)은 신라시대의 문장가이다. 당나라에 숙위학생(宿衛學生)으로 파견되어 빈공과에 합격하였다. 왕거인(王巨仁) · 원걸(元傑) 등과 더불어 문장으로 크게 이름을 떨쳤다고 하나, 현재 문장은 전해지지 않는다.

146) 강수(强首)는 7세기 신라 통일 전후의 유학자 · 문장가이다. 본명은 우두(牛頭)이며, 대가야의 후예로서 충주 중원경 출신이다. 6두품 신분으로 태종무열왕 즉위시 당에서 온 외교문서를 해독하여 왕의 칭찬과 함께 임(任)씨라는 성과 강수라는 이름을 받았다. 당나라 및 백제 · 고구려에 보내는 외교문서 작성을 전담하였다.

147) 공자가 제자 증삼(曾參)과 더불어 효에 대하여 문답한 것을 증삼이 기록한 책이다. 금문본(今文本)과 고문본(古文本) 2종이 있었는데, 한 · 당 시기에 가장 기초적인 경전으로 중시되었다.

148) 『예기』 20권 중 제1권으로 부모에 대한 예, 어른에 대한 예, 주인과 손님의 예, 남녀 간의 예 등의 원칙과 예절의 기본정신이 서술되어 있다.

149) 최치원(최치원, 857~?)은 신라 말기의 학자 · 문장가이다. 본관은 경주이며, 자는 고운(孤雲) · 해운(海運)이다. 신라 골품제에서 6두품으로 신라의 유교를 대표할 만한 많은 학자들을 배출한 최씨가문 출신이다. 12세에 당나라로 유학하여 18세에 빈공과에

모두 조용히 관직을 임명받아 문자를 섭렵하였으나, 끝내 설총의 깊이
잠긴 유학에는 미치지 못하였다.

어떤 사람은 "설총은 본성이 총명하고 예민하여 태어나면서부터 도
를 알았으나, 신라와 같은 불법을 숭상하는 때를 만나 그 학문을 베풀
곳이 없었다. 또 글을 잘 지어서 지금 남쪽에는 가끔 설총이 지은 비석
이 있으나, 글자가 떨어져나가 읽을 수가 없고 그 문장 또한 어떠한지
알 수 없다"고 하였다.

대개 설총은 우리나라[東方] 유학자의 시초이니 학사(學士)[150]들은 그
것에 뜻을 두어 게을리 하지 말 것이다. 고려 현종(顯宗) 때에 홍유후(弘儒
侯)로 추증되었다.[151] 설총이 죽은 후 500여 년에 크게 두드러진 자가 최
충(崔沖)[152]이다. 구경(九經)을 닦아 후학들을 가르쳐 설총에 근접하였다.

합격하였다. 고변(高騈)의 종사관이 되어 표문·격문·장·서계 등을 제작하는 일을
맡아 문명을 떨쳤다. '토황소격(討黃巢檄)'은 명문으로 『계원필경(桂苑筆耕)』에 실려
있다. 귀국한 후 당나라에서 지은 저작들을 정리하여 국왕에게 진헌하였는데, 당시 신
라사회는 하대의 혼란기로 국가재정은 궁핍한 상태였다. 10여 년 간의 관료생활에서
경험한 바를 토대로 894년 진성여왕에게 시무책을 올렸으나, 개혁안은 시행되지 못하
였다. 이후 유랑생활을 거듭하여 해인사에서도 머물렀으나, 908년(효공왕 12)까지의 행
적만이 파악될 뿐이다.

150) 학식 있는 사람 또는 고관을 우대하여 수여하는 칭호이기도 하고, 국가의 전례·편
찬·찬술 등을 맡은 사람을 가리키기도 한다.

151) 현종 재위 13년 천희(天禧) 5년 신유(1021)년에 있었던 사실이다.

152) 최충(崔沖, 984~1068)은 고려의 문신이다. 본관은 해주이며, 자는 호여(浩然), 호는
성재(惺齋)·월포(月圃)·방회재(放晦齋)이다. 1005년(목종 8) 문과에 장원으로 급제한
뒤 국사수찬관(國史修撰官)·문하시중(門下侍中) 등을 역임하였다. 관인으로 현달했을
뿐만 아니라 벼슬을 그만 둔 이후에는 인재양성에도 힘썼다. 구재학당(九齋學堂)을 두
어 질서와 법도를 갖춘 교육사업을 실시하였는데, 이 사립학교가 바로 사학 12도의 하
나인 문헌공도(文憲公徒)이다.

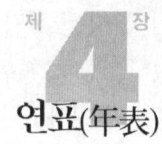

연표(年表)

1. 삼조선연표(三朝鮮年表)

삼조선은 중국의 삼황(三皇)과 같다. 그 사적은 상고할 수 없으나, 나라를 세운 연월은 중국의 사서를 통해 시작과 끝을 자세히 알 수 있다.

중조선(中朝鮮)에 이르러 이미 왕호(王號)와 연대를 얻었는데, 기씨(奇氏)·한씨(韓氏)의 옛 족보 중에서 사마천(司馬遷)의 『사기(史記)』의 여러 연표와 따져 징험해 보니 맞는 것도 있고, 맞지 않는 것도 있다. 그러나 의심스러운 것을 의심스러운 상태 그대로 전하는 것도[疑以傳疑] 역사 서술법[史法]이다. 공자가 『춘추(春秋)』를 지을 때 반드시 먼저 계절[時]·날짜[日]·달[月]을 바로잡는 일을 상세히 하신 것은 어째서인가? 대개 왕자의 정치라고 하는 것은 호천(昊天)·역상(曆象)·일월(日月)·성신(星辰)을 공경하고 따르며, 생업에 적당한 시기[人時]를 삼가 맞춰주는 것이니,

요임금·순임금 이래로 급선무로 여기던 바이다.

사마천이 처음으로 그 제도를 변화시켜 기전체(紀傳體)로 편년체(編年體)를 대신하였으나, 편년체도 끝내 없앨 수 없다는 것을 알았다. 때문에 특별히 연표(年表)를 만들어 서찰[牘]과 간찰[簡]을 쌓아놓고 이어놓아 그 번거로움을 꺼리지 않았다. 어떤 때는 10년에 한가지 일도 없기도 하고, 어떤 때는 100년에 기록할 만한 것이 없기도 하여 다만 햇수[年數]만을 써놓았다. 진(秦)나라·초(楚)나라 때에 이르러서는 달마다 표시하여 극진하게 하였다. 그 중함이 저와 같으니 역사를 편찬하는 자가[爲史者]가 어찌 빠뜨릴 수가 있는가?

내가 기씨(奇氏)의 족보를 보건대, 중조선은 문성(文聖) 원년부터 애평(哀平) 말년에 이르기까지 1014년이 되지만, 그것을 정사(正史)에서 살펴보니 무왕(武王) 기묘(己卯)부터 한 고제(高帝) 병오(丙午)에 이르기까지 곧 928년이 된다. 비록 차이가 나지만 그 연표를 빠뜨릴 수 없기 때문에 삼로왕(三老王) 이하는 다만 햇수만을 쓰고, 돌아가시고 즉위한 자취는 언급하지 않는다. 심지어 단군도 그러하니 사례는 더욱 간략함을 따를 것이다.

2. 삼한연표(三韓年表)

군자가 인(仁)을 행하려면 반드시 그 강함[剛]을 갖추어서 부드러움[柔]을 극복해야 하니, 극복한 후에 어진 정치[仁政]가 행해지는 것이다. 때때로 부드러움에 치우쳐서 극복하는 것을 알지 못하는 자가 있으니 군자는 그런 사람을 일러 어질다고 하지 않는다. 그 폐단이 나라를 망하게 하고, 자기 자신에게 화를 미치지 않는 경우가 없다. 따라서 공자께서

"인(仁)만 좋아하고 배우기를 좋아하지 않으면 그 폐단이 어리석게 된다"[1]고 말씀하셨다.

[내가] 일찍이 조선(朝鮮)·마한(馬韓)에 대해 읽을 때 책을 덮고 탄식하지 않은 적이 없다. 애평왕(哀平王) 때에 연인(燕人) 위만(衛滿)[2]이 수백인을 이끌고 동쪽으로 패수(浿水)를 건너와서 살 만한 빈터를 구하여 왕실의 번병(藩屛) 노릇을 하고자 하니 왕이 그를 믿어 박사(博士)로 임명하고서, 홀을 하사하고 백 리를 봉해주어 서쪽 변방을 지키게 하였다. 후에 위만이 한나라 군대가 여러 갈래 길로 오니 들어가 숙위하고자 한다고 거짓으로 칭하고 마침내 왕도를 습격하자, 조선은 드디어 남쪽으로 옮겨갔다. 마한의 원왕(元王)이 또 온조의 거짓을 믿고 서북 백 리를 떼어주었다가 마침내 화를 받아 그 나라가 망하게 되었으니 대체로 마찬가지이다. 수레를 전복시켰는데 자손이 그 수레바퀴 자국을 이어 밟아 엎어지게 되어서 얼마 안 있어 멸망하게 된 것이니, 그 어리석음이 진실로 심하구나! 그러나 그 근원을 따져보면 또한 인(仁)만 좋아하는 것의 허물이다. 어떻게 그것이 그러한 줄을 알 수 있는가? 기자의 다스림은 인(仁)

---

1) 『논어』 「양화(陽貨)」편 "好仁不好學 其蔽也愚 好知不好學 其蔽也蕩 好信不好學 其蔽也賊 ……"에서 인용한 구절이다.
2) 위만조선의 성격을 보는 시각에는 큰 차이가 있다. 위만이 동쪽으로 올 때 조선옷을 입고 상투를 틀었으며 국호를 계속 '조선(朝鮮)'이라 한 점을 들어 요동방면에 있던 고조선계 주민이었다는 설이 제기된 바 있으며, '연인 위만(燕人衛滿)'이라는 『사기』와 『한서』의 기록을 중시하여 위만조선은 일부 토착민이 그 국가운영에 참여하였지만 한계(漢系) 사람이 중심이 된 식민지적인 성격을 지닌 정권이라는 견해도 제기되었다. 그런데 위만이 살고 있던 지역은 오늘날의 하북성(河北省)과 요녕성(遼寧省)을 포괄하는 지역으로, 기원전 3세기 초 연나라에 병탄되기 전에는 고조선 땅이었다고 해도 위만이 무리를 이끌고 온 시기는 이미 연의 지배하에서 1백여 년을 지낸 뒤다. 따라서 왕조의 개창자인 역사적 인물로서의 위만은 중국계다. 그러나 이것이 위만조선의 국가적 성격을 중국계 사람들의 식민정권으로 볼 수 있는 근거는 되지 못한다. 위만조선이란 국가는 고조선계집단과 유이민계 집단이 함께 참여하여 정치를 운영해나간 형태를 띠고 있다. 상투를 틀고, 조선옷을 입고, 국호를 조선이라 한 것은 위만집단의 방향성을 나타내는 것이므로 위만조선은 유이민과 토착민의 연합정권으로서 고조선의 계승국적인 성격을 띤다고 할 것이다.

을 근본으로 삼아서 자손이 대대로 그것을 지켰다. 그런데 배우지 않는 자는 강함이 부드러움을 이기는 까닭을 알지 못한다. 이 때문에 남의 마음[人心]이 내 마음과 같지 않다는 것을 알지 못하고 마침내 그 강함을 받기에 이를 뿐이니, 어찌 이른바 인(仁)만 좋아하고 배우기를 좋아하지 않으면 그 폐단이 어리석게 된다는 것이 아니겠는가?

비록 그러하나 또한 기씨(箕氏)가 어질다는 것은 알 수 있다. 그때를 당하여 [위]만과 온조가 사람을 속여 나라를 차지하고서 스스로 계책을 얻은 것이라 생각하였다. 그러나 우거(右渠)는 만(滿)의 손자로 한나라 군대에게 그 종족을 멸망시켰고, 온조의 후예는 동성(東城)부터 의자(義慈)에 이르기까지 거짓과 속임수 때문에 이웃나라에게 천하게 여겨져 신라·고구려보다 앞서 망하였으니, 나라를 세운 것이 선하지 못하여 그런 결과에 이르게 된 것이다. 후대에 나라를 다스리는 자는 거울로 삼아야 할 것이다.

김부식(金富軾)이 우리나라 역사[東史]를 지을 때 삼국(三國)부터 끊어서 처음을 만들고, 서거정(徐居正)의 『동국통감(東國通鑑)』 또한 삼한(三韓)을 외기(外紀)에 붙인 것은 그 사적이 미미했기 때문이다. 그러나 자장씨(子張氏)가 12제후의 보첩을 만든 것 또한 그 대강의 의미만을 취한 것에 불과할 뿐이다. 어찌 일찍이 그 자세한 것을 언급했겠는가? 내가 이에 기씨의 계보를 근거로 중조선의 후예를 이어서 애평왕(哀平王)부터 계왕(稽王)에 이르기까지 무릇 216년의 대략을 저술하여 후대의 학식이 넓고 성품이 단아한 사람[博雅]을 기다린다. 진한(辰韓)·변한(卞韓)의 사적은 고찰할 만한 것이 없고, 또 일찍이 마한(馬韓)에 신속되었던 까닭에 다시 차례를 정해 논하기에는 부족하다.

3. 육국연표(六國年表)

　학자들이 4군(四郡)과 이부(二府)의 때에 조선은 마침내 군장이 없었다고 하나, 잘못된 것이다. 부여(扶餘)·예맥(濊貊)·옥저(沃沮)의 무리가 진실로 한나라 땅에 개이빨[犬牙]처럼 섞여 있었는데, 부여가 큰 나라였다. 그 후에 낙랑이 한나라에서 멀리 떨어져 있어 군(郡)을 국(國)으로 삼았다. 비류(沸流)의 건국은 그 처음은 알 수 없으나, 또한 스스로 패수(浿水)와 살수(薩水) 사이의 큰 나라가 되었다. 대개 이들은 모두 조선의 유민으로서, 그 일이 매우 미미하다. 비록 갖추어 열거하기에는 부족하지만, 부여는 단군의 후예로서 쇠망해 가는 나라를 일으키고 끊어진 나라를 이어 중화와 동국[華東] 사이에서 서로 관계를 맺은 것이 거의 수백 년 동안 끊어지지 않았으니, 어찌 미미하다고 하여 마침내 빠뜨릴 수 있겠는가?

　아, 내가 이에 느끼는 바가 있다. 공자께서 말씀하시기를 "옛것을 믿고 좋아하는 것을 외람되게도 우리 노팽(老彭)[3]에 견준다"[4]고 하였다. 이 때문에 『춘추(春秋)』를 짓고자 자하(子夏)[5]를 보내 120국의 보배로운 책을 널리 찾아 싣고 와서 곽극(郭極)·시항(邿項) 같은 무리의 흥망의 대략은 그래도 빠뜨리지 않을 수 있었으니, 이것이 옛것을 좋아하는 것의 한 증거이다. 초나라 좌사(左史)[6] 의상(倚相) 또한 삼분오전(三墳五典)[7]과

---

3) 노팽(老彭)은 상(商)나라의 어진 대부로 『예기(禮記)』 「대대례(大戴禮)」편에 나오는데, 옛것을 믿고 전하여 기술하는 자였다.
4) 『논어』「술이(述而)」편의 맨 처음에 나오는 "子曰 述而不作 信而好古 竊比於我老彭"이라는 구절 중 '술이부작(述而不作)'이라는 말을 생략하였다.
5) 자하(子夏)는 공자의 제자로 성은 복(卜), 이름은 상(上)이다. 자하는 그의 자(字)이며, 공자보다 44세 아래로 공자의 시학(詩學)을 전했다.
6) 옛날 군주의 좌우에 있던 사관 중에서 군주의 말을 기록하던 사관이다.
7) 고서(古書)의 이름이다. 삼분은 삼황(三皇)의 책이고 오전은 오제(五帝)의 책인데 지금 전하지 않는다.

구구팔삭(九丘八索)[8]을 읽었고, 노담(老聃)[9]은 주나라의 주하사(柱下史)가 되어 널리 여러 책을 구해놓고서는 사방의 귀하고 뛰어난 자[振紳][10]들이 와서 묻기를 기다렸다. 이 때문에 우(虞)[11]·하(夏)·상(商)·주(周)의 책이 지금도 사람들의 귀와 눈에 있어 밝은 것이 마치 어제의 일과 같으니 모두 옛 성현이 옛것에 힘쓴 덕분이다.

조선은 산과 바다로 멀리 떨어져 있어 자하(子夏)가 찾으려고 하여도 이를 수 없었다. 동방의 선비가 모두 천박하고 비루하여 그 견문과 지식이 대체로 눈앞에서 벗어나지 않으니 모름지기 100년 이상의 일도 오히려 잘 들리고 밝게 보이는[聰明] 데에 두지 않으려 하는데, 하물며 저 융성한 옛날보다 전 시기에 대해서는 더 말할 것도 없다. 이 때문에 삼한(三韓)·삼조선(三朝鮮) 때에는 그 일이 있는 듯도 하고 꿈인 듯도 하니, 비록 기자 성인 41세의 성대한 덕의 다스림 또한 방불한 것인지 알 수 없다.

슬프도다! 고려 이전에 만약 옛 것을 독실히 하는 군자가 한 명이라도 있었다면 이토록 산산조각나는 데까지는 이르지 않았을 것이다. 내가 이를 걱정하여 다행히 아직 남아서 없어지지 않은 것을 중국과 우리나라 여러 사서에서 끝까지 다 찾아내었다. 부여에서 시작하여 널리 다섯 나라[五邦]에 이르기까지, 한나라 건소(建昭) 2년(B.C.37)부터 남제(南齊) 건무(建武) 원년(494)에 이르기까지 무릇 400여 년의 일에 대해 그 흥망의 요지를 채록하여 편(編) 뒤에 붙여서 군자들이 살펴볼 수 있게 하였다.

---

8) 고서(古書)를 일컫는 말로 구구(九丘)는 구주(九州), 즉 중국 본토에 관한 지리책이다.
9) 노담(老聃)은 도가(道家)의 시조인 노자(老子)를 지칭한다. 주나라 말기의 철학자로 성은 이(李), 이름은 이(耳), 자는 백양(白陽), 시호는 담(聃)이다.
10) 진신은 홀(笏)을 조복(朝服)의 대대(大帶)에 꽂는 것으로 의관속대(衣冠束帶)를 한다는 것이다. 전하여 귀현(貴顯)한 사람을 의미한다.
11) 고대의 성천자(聖天子)인 순임금의 성에서 유래하여 순임금이 다스린 나라를 지칭한다.

4. 사군이부(四郡二府) 건치연혁표(建置沿革表)

심하다, 우리나라 사람들의 비루함이여! 학문이 깊고 세밀하지 못하면서 논의를 세우기를 좋아하니, 이것은 그 해악의 허(虛)와 실(實)이 서로 섞이어 어지러운 데에 이르게 된 것이다. 옛날 한나라 무제가 조선을 멸망시키고 4군을 두었는데, 현토(玄菟)·진번(眞番)·임둔(臨屯)은 모두 요좌(遼左, 요동)에 있었고, 낙랑(樂浪)만은 압록강[鴨江] 남쪽, 패수(浿水)의 서쪽에 있었다. 그 후 팽오(彭吳)가 도로를 개통하여[鑿空] 예와 맥 사이에 창해군(滄海郡)을 수년 동안 두었는데 곧 없어졌다.

대개 한사군의 영역은 절령(岊嶺 : 자비령)의 남쪽, 강춘(江春 : 강릉·춘천) 밖을 벗어나지 않는데, 높고 귀하신 여러 유학자들이[搢紳諸儒] 혹 임둔의 치소는 강릉(江陵), 현도(玄菟)의 치소는 함흥(咸興), 낙랑(樂浪)의 치소는 경주(慶州)라고 하여 삼한(三韓)의 땅 전체가 모두 한나라에 속한 것으로 여겼다.12) 이에 중국 사람들은 전부터 옛 전적을 살펴서 그것을 찾고자 하다가, 황조(皇朝)의 중앙관 및 지방관[科道]13)이 임계(壬癸)14)의 때를 당해 혹 조선에 군현을 두자고 의논한 것을 모두 한나라라고 말하기도 했다. 아, 저 중국 사람들이 자세히 살피지 못하여 저지른 잘못은 고루하구나. 우리나라의 선비 또한 소홀하여 조선과 한의 경계선을 알지 못한

---

12) 16세기 사서에서는 4군의 위치에 대해 낙랑=평양, 임둔=강릉, 현도=함경도, 진번=삽현(霅縣)으로 보는 것이 일반적이다. 17세기에 들어오면 오운(吳澐)의 『동사찬요(東史纂要)』나 허목(許穆)의 『동사(東事)』에서는 현도군치를 옥저성으로 보고 있다. 정약용과 같은 경우는 낙랑은 요동의 해성현(海城縣)도, 경주(慶州)도 아니고 지금의 평안·황해도로서 군치는 평양이라 보고, 임둔을 강릉으로 본 홍만종의 견해와 달리 임둔은 임진(臨津)으로, 진번은 강계(江界) 외요(外徼)로 보고 있다.

13) 이(吏)·호(戶)·예(禮)·병(兵)·형(刑)·공(工) 육과(六科)의 급사중(給事中) 및 각도(各道)의 감찰어사(監察御使)를 총칭한 것이다.

14) 한이 조선을 침공하여 멸망시킨 임신(壬申, B.C.109)년과 계유(癸酉, B.C.108)년을 가리킨다.

다. 혹시 공 세우기를 매우 좋아하는 임금이 죄보다 벌이 무거운[踐田奪牛]15) 계책을 낸다면, 장차 무엇을 근거로 대답을 하겠는가?

거란(遼)에서 고려(高麗)를 치고서는 발해(渤海)의 옛 땅을 요구하였다. 당시의 여러 신하들은 도리어 기자조선과 고구려[箕高]의 영토를 요에게 요구하여 요나라 사람들이 아무 말도 못하고 물러났으니, 대개 영토를 분명히 해서 그렇게 된 것이다. 대체로 절령 이남의 수천 리는 본래 삼한의 땅으로서 한나라에 들어간 것이 아닌데도,16) 저 비루한 유자들이 황해도 평산(平山)을 옛날 이부(二府)의 평주(平州)로 여겼다. 영주(營州)17)·평주(平州)18)가 하나는 요서이고, 하나는 요동인 줄을 알지 못하고 압록강 남쪽에서 그것을 찾은 것이니, 이것은 조선과 한을 혼동하여 구별하지 못했기 때문이다. 평주는 곧 개원(開原) 서북쪽 지금의 삼위복여(三衛福餘)의 경계인데 위(魏)에 이르러 공손도(公孫度)가 웅거하다가 모용씨(慕容氏)의 연(燕)에 들어가게 되자 고구려 또한 그 땅을 가질 수 없게 되고, 오직 동부(東府)만이 고구려의 남쪽 경계가 되었던 것이다.

---

15) 소가 남의 전답(田畓)에 들어가면 벌로 그 소를 빼앗는데, 벌이 죄보다 무거운 것을 의미한다.

16) 절령을 경계로 조선과 삼한이 구분되어 있었다고 본 것은 임상덕의 삼한설을 따른 것인데, 임상덕은 한사군의 위치를 분명하게 밝히지 않은 데 반해 이종휘는 이를 명시적으로 주장했다.

17) 중국 동북부의 요녕성 조양현지방을 가리킨다. 본래는 요서군(遼西郡)이었는데 당나라 초에 상도독부(上都督府)를 설치하였다.

18) 중국 동북지역의 지방행정구역 명칭이다. 이 방면에는 한대에 유주(幽州)가 두어졌는데 평주가 유주로부터 독립하여 따로 설치된 것은 삼국시대 위나라 238년이 처음이다. 그러나 후한 말 공손도(公孫度)가 이미 평주목(平州牧)을 자칭하고 있다. 그 치소는 시기에 따라 변화가 있었으나, 만주 요녕성(遼寧省)·열하성(熱河省) 지역에서 크게 벗어나지 않는다.

5. 삼한지제(三韓之際) 칠십팔국(七十八國) 분속표(分屬表)

옛날 황제(黃帝) 때에는 천하에 수많은 나라[萬國]가 있었는데 그 후 점점 쇠퇴해져 주나라 초에 이르러서는 1,800국이 되었다. 주나라가 쇠퇴해질 때에 이르자 천하는 여섯 나라로 되었다가 진으로 통일되었으니, 대체로 후세에 덕이 쇠해져서 겸병의 화가 더욱 심해지게 된 때문이다. 이역의 다른 나라[方外別國]의 경우는 진나라의 해로움이 아직 미치지 않아 융성한 고대의 풍속이 그래도 남아 있었다. 그 때문에 한 무제 때에 서남이(西南夷)에는 1백여 국이 있었고, 서역의 여러 나라도 60국이나 될 정도로 많았다. 그 후 한나라가 서쪽과 남쪽 오랑캐 지역을 군(郡)으로 삼고, 서역 또한 스스로 서로 삼켜 없애버렸으니 대개 중국의 해독이 미친 것이다.

삼한의 땅은 조선(朝鮮)의 남쪽에 있었다. 제나라·노나라와 더불어 바다를 사이에 두고 서로 바라보고 있으며, 북쪽으로는 대수(帶水, 지금의 임진강이다—저자 주)를 지난다. 동쪽으로는 예·맥과 접하고, 서쪽과 남쪽은 바다에 닿아 있다. 땅은 사방 1천 리인데, 크고 작은 나라 78국이 있다. 기씨(箕氏)시대에는 외복(外服)의 신하가 되었으나, 애평왕(哀平王)이 남쪽으로 천도할 때에 이르러서는 점차 합해져 삼국이 되었다.

실직(悉直 : 삼척)으로부터 남쪽으로는 바다에 접하며, 장산(萇山)[19]·팔공(八公)[20]에 이르러서는 오른쪽으로 돌아서 낙동강을 빙 둘러 무릇 12국이 진한(辰韓)이 되었다. 황산(黃山)[21]을 건너 바다를 따라가다가 서쪽으로 지리산(智異山)을 끼고서 왼쪽으로 돌고 있는 12국 역시 변한(卞韓)이

---

19) 장산(萇山)을 잘못 표기한 것이 아닐까 한다. 장산은 신라 때는 양주(良州)에 속했으며, 현재의 경북 경산시에 해당한다. 본래 압량소국(狎梁小國)이었는데, 신라가 빼앗아 압량군으로 삼았다.
20) 대구 팔공산을 지칭하는 듯하다.
21) 현재의 충남 논산시 연산면 천호산 개태사 주변의 들판으로 추정된다.

되었다. 한수(漢水) 남쪽으로 웅진(熊津)을 건너고 서쪽으로는 바다에 접하며, 동쪽으로는 큰 고개에 미치기까지 대체로 54국이 마한이 되었다. 큰 나라(大國)는 4, 5만 가(家)이고, 소국은 수천 가이다. 진한·변한은 스스로 나라를 이루지 못하고 항상 마한에 복종하였는데 마한이 성립된 것은 한나라 문제(文帝, B.C.179~157)·경제(景帝, B.C.156~141) 때에 해당한다.

안타깝게도, 이 78국은 그 시작이 언제인지는 알 수 없으나, 이치로 미루어보면 대개 백성[民]이 생겨난 처음에 해당될 것이다. 백성들이 어질고 지혜로운 사람에게 나아가 그를 군장(君長)으로 삼아서 각각 스스로 나라를 이룬 것인데, 단군(檀君)과 기자(箕子) 수천 년을 지나는 동안 끊어지지 않았으니, 어찌 그 덕(德) 때문이 아니겠는가? 위만이 한번 난을 일으키자 일의 형세가 서로 급박해져 하루아침에 한씨(韓氏)의 군현이 되었다. 슬프다! 그러나 그것이 망한 이유를 근본적으로 따져보면 대개 중국이 남긴 해독 아닌 것이 없다. 이것이 오늘날의 사람들이 진나라와 한나라 때를 애달파하는 이유이다.

6. 고사고금인표(古史古今人表)

반고(班古)가 한사(漢史)를 지을 때 처음으로 '옛날과 오늘날 사람에 관한 표[古今人表]'를 세웠으되 한나라 사람을 싣지 않은 것은, 그 뜻이 옛 사람을 빌어서 천자[袞鉞]에게 의견이나 교훈을 나타내고, 오늘날의 사람들은 감히 논하지 않으려는 것이었으니, 한나라의 역사[漢史]와는 관련이 없다. 이것이 그것[漢史]이 우활한 이유이다. 또 중국의 서적은 성인 군자의 일을 아주 널리 찾아서 진실로 이미 사람들에게 환히 밝혀져 있기 때문에 어질지 못한 자는 또한 그 악을 피할 수가 없으니, 어찌 반고의 포폄을 기다리겠는가?

우리나라는 사서가 원래 자세하지 않아 사람들이 전하는 바가 없으니, 악한 사람도 그 실상을 감추는 것이 가능하다. 어진 사람과 뜻 있는 선비에 이르러서도 성(姓)이 명(名)과 자(字)에 매여 있어 또한 세상에 환히 드러내놓고 분명히 밝힐 수 없으니 어찌 슬프지 않겠는가? 고려 왕씨(王氏) 이후는 다만 연대가 가까운 사람은 그래도 자못 알 수 있으나, 내가 진실로 논할 수가 없는 것은 신라로부터 단군·기자로 거슬러올라가 무릇 명자(名字)를 기록할 것이 없는 자이다. 옛날의 예에 의거하여 9등의 순서를 나누어서 낮췄다 높였다 할 것이니, 이른바 9등의 순서라는 것은 사람의 성질에 상·중·하가 있고, 그 중에 또 모두 3등의 차이가 있는 것이다.

성인(聖人)은 나면서부터 아는 자로 털끝만치도 더하지 않아도 족하니, 요(堯)·순(舜)·공자(孔子)의 무리, 이들을 일러 상지상(上之上)이라 한다. 탕(湯)·무(武)는 이것에 돌아갔으니 이들을 일러 상지중(上之中)이라 한다. 안연(顔淵)22)·민자(閔子)23)의 무리는 나면서부터 아는 것[生知]의 다음이니, 성인을 만나서 [지(知)에] 돌아가게 된 것이다. 장량(張良)·제갈량(諸葛亮)과 같은 자에 이르러서는 재주와 지혜가 무리에서 특출 나고 충성과 의리를 천성으로 얻은 것이므로 비록 성인의 학문을 듣지는 못했으나, 또한 타고난 모습이 빼어난 자들이니 이들을 일러 상지하(上之下)라 한다.

이 이후로는 중등이 되는데 행하는 바가 군자에서 어긋나지는 않으나 때때로 넘나듦이 있고, 재주와 힘[才力]이 사람들을 감복시키지만 종종 옳고 그름의 귀결에 혼미하다. 요컨대 선인(善人)이 되는 것은 잃어버리지 않은 것이니, 관중(管仲)24)과 악의(樂毅)25) 같은 무리가 중지상(中之

---

22) 안연(顔淵, B.C.518~482)은 춘추시대 말기의 학자인 안회(顔回)이다. 노(魯)나라 사람으로 자는 자연(子淵)이다. 안빈낙도(安貧樂道)하여 덕행이 뛰어났으므로 공문십철(孔門十哲)의 으뜸으로 꼽히며, 아성(亞聖)이라 불린다. 32세에 공자보다 앞서서 죽었다.
23) 민자(閔子)는 춘추시대 노나라 사람 민손(閔損)을 지칭한다. 자는 자건(子騫)이다. 공자의 제자 중 효로써 이름이 났으며, 공문십철(孔門十哲)의 한 사람이다.

上)이 된다. 제 환공(桓公)은 더불어 선을 할 수도 있고, 더불어 악(惡)을
할 수도 있으니, 이가 중지중(中之中)이 된다. 선을 행하면서도 그 성품을
순수하게 하지 못하고, 악을 행하면서도 본디 마음에서 말미암지 않아
보는 것에 밝지 않음이 있고 마음 또한 이와 다름이 없으니, 호광(胡
廣)[26]·장거정(張居正)[27] 같은 자가 중지하(中之下)가 된다.

이로부터 또 내려가면 하(下)가 되니, 하는 사람들이 천히 여기는 바
이다. 그러나 인연으로 일은 만나지만 아는 것이 투철하지 않아 저절로
악에 빠지는 것이다. 순욱(荀彧)[28]·장빈(張賓)[29]·왕맹(王猛)[30]은 재주가
없거나 지혜롭지 못한 것은 아니나 군자가 천히 여기는 것을 면하지 못
하니, 이것을 일러 하지상(下之上)이라 한다. 또 몸이 큰 악에 빠져 있어
서 악을 두려워하나 다만 묻기를 꺼려 차마 하지 못하고, 옛것을 그대로

---

24) 관중(管仲, ?~B.C.645)은 춘추시대 제나라의 어진 재상이다. 이름은 이오(夷吾), 자는
중(仲), 시호는 경(敬) 또는 경중(敬仲)이다. 환공(桓公)을 섬겨 부국강병에 힘쓰고 제후
를 규합하여 환공으로 하여금 오패(五覇)의 으뜸이 되게 하였다.

25) 악의(樂毅)는 전국시대 연나라 소왕(昭王)의 장수이다. 조·초·한·위·연의 연합군
을 거느리고 제나라를 쳐서 70여 성을 빼앗았으나, 뒤에 혜왕(惠王)이 그를 중용하지
않았으므로 조나라로 갔다.

26) 호광(胡廣)은 후한 안제(安帝) 삼공(三公)이 되어 조정에 도움되는 바가 많았던 신하
이다.

27) 장거정(張居正)은 명대(明代)의 강릉인(江陵人)으로, 자는 숙대(叔大), 호는 태악(太
岳), 시는 문충(文忠)이다. 신종(神宗) 때 고공(高拱)을 대신해서 수보(首輔)가 되었는데
재상이 된 지 10년에 해내(海內)가 다스려져 황제로부터 원보장소사선생(元輔張少師先
生)이라는 칭호를 받았다. 후에 장성(張誠)에게 참소되어 가(家)가 적몰되었다. 저서에
『서경직해(書經直解)』·『태악집(太岳集)』·『제감도설(帝鑑圖說)』 등이 있다.

28) 순욱(荀彧)은 후한(後漢) 영음인(潁陰人)으로 연(衍)의 동생이다. 순욱(荀郁)이라고도
하며, 자는 문약(文若), 시는 경(敬)이다. 효렴으로 천거되어 조조(曹操)의 분무사마(奮
武司馬)가 되어서 군국의 일을 자문하였다. 그 공으로 만세정후(萬歲亭侯)로 봉해졌으
나, 동소(董昭) 등이 조조에게 위공(魏公)이라는 작호를 바치려하는 데 동의하지 않아
조조의 미움을 받았다. 손권(孫權) 정벌시에 시중(侍中)으로 참여하기도 했으며, 유수
(濡須)에서 병을 얻어 죽었다. 당시 사람들이 순령군(荀令君)이라 칭하기도 했다.

29) 장빈(張賓)은 16국시대 후조(後趙)의 중산인(中山人)으로 자는 맹손(孟孫), 시는 경
(景)이다. 석륵(石勒)의 모사(謀士)로 활약했다.

30) 왕맹(王猛)은 진(晉)나라 사람으로 당시의 권려인 환온(桓溫, 312~373)을 처음 만
났을 때 이를 잡으며 세상사를 논담(論談)했다는 고사로 유명하다.

따라 감히 그 죄를 과감하게 용서하지 못하여서 오히려 몸이 새로워지는 데 틈이 있게 되는 것이니, 조아만(曹阿瞞)·고환(高歡)[31] 같은 자가 하지중(下之中)이 된다. 걸(桀)·주(紂)는 자포자기를 즐겨 도올(檮杌)[32]에 끝까지 기대어 나쁜 일을 쌓아서 이치에 어긋나는 자이니, 이를 하지하(下之下)라 이른다. 그 중에 또 하나의 용렬한 보통 사람이 있는데 권하고 깨우쳐줘도 미치지 못하는 자이니, 모두 중지하(中之下)나 하지상(下之上)에 귀착된다. 마치 저울로 물건의 무게를 달 듯이 아주 작은 것이라도 양을 헤아려 저절로 마땅한 바가 있게 하지만, 꼭 맞춰 끼워 넣을 수는[膠柱之瑟] 없다. 그러나 대체로 이것에서 말미암아 넓히고 좁히고 하였을 뿐이다. 대개 사람 성품[人性]은 서로 비슷한 것이니[33] 중국과 우리나라[華東]가 무엇이 다르겠는가? 이상과 같이 십수 인을 든 것은 다음에 예로 삼기 위해서이다.

---

31) 고환(高歡)의 선세(先世)는 발해의 수(脩) 사람이다. 자는 하육혼(賀六渾), 시는 헌무(獻武)이다. 이선조(爾先兆)가 위의 효장제(孝莊帝)를 시해하자 고환이 군사를 일으켜 이선조를 토멸시키고 발해왕(渤海王)으로 봉해졌다. 효무제(孝武帝)를 옹립하여 승상이 되어서 권세를 전횡하였다. 무제가 서쪽으로 달아나 우문태(宇文泰)에게 의지하자 환은 효정제(孝靜帝)를 따로 세워 이때부터 위가 동서(東西)로 나뉘어졌다.
32) 악목(惡木)의 이름이나, 초나라 역사에서 악한 것을 기록하여 후세에 경계한다는 뜻에서 사관(史官)을 일컬었다.
33) 『논어』「양화(陽貨)」편에는 "性相近也 習相遠也"라는 표현이 있다.

제 5 장

지(志) 1

1. 예악지(禮樂志)

　예악의 도는, 그 처음은 보고 듣고 말하고 움직이는 사이에 알맞게 조절을 해서 기쁘고 노여웁고 슬프고 즐거운 사이에 조화되게 하는 것이요, 훌륭한 범절[儀文]과 정한 제도[度數], 명분에 맞는 물건[名物], 그릇과 의복[器服]이 대저 소리의 가락·곡조[聲腔], 곡절과 변화[節奏], 노래와 시[歌詩], 읊는 소리[詠言]와 음률(音律) 등과 서로 주고 받는 것이 마지막이 되니, 일찍이 공경하는 마음에서 예를 표하고[禮之於敬] 화목하는 마음에서 음악을 하는[樂之於和] 것으로 그 중요한 도를 삼지 않은 적이 없었다.

　그래서 공자께서 이르시기를 "예(禮)라, 예라 하시니 옥과 비단[玉帛]을 말씀하시는 겁니까? 악(樂)이라, 악이라 하시니 종고(鐘鼓)를 말씀하시는 겁니까?"[1]라고 하셨다. 이것으로 보건대 종고·옥백 외에 소위 화(和)·경(敬)이라는 것이 있고, 종고나 옥백은 헛된 이름에 불과할 뿐이다. 이 때문에 삼왕(三王)은 예를 같이 하지 않고도 잘 다스렸고, 오제(五帝)는 악을 같이 하지 않고도 성스러웠으니 화(和)와 경(敬)을 두고 이른 것이다. 따라서 무릇 예가 진실로 공경에서 말미암으면 행할 수 없는 것이 없고, 악이 진실로 화(和)에서 근본했다면 쓸 수 없는 것이 없으니 반드시 의례를 번잡하게 하거나[縟儀曲禮] 많은 사람을 복잡하게 모은 연후에야 이를 수 있는 것은 아니다.

띠로 인 지붕이나 거친 서까래의 집에서도[茅茨采椽] 살 수 있고, 흙으로 만든 술잔이나 진흙으로 만든 제기로도[瓦樽塗簋] 제사를 지낼 수 있으며, 오동나무 관이나 가마니때기로 만든 흙 운반용 도구 같은 조악한 것[桐棺虆梩]으로도 모두 장례를 치를 수 있고, 한 쌍의 사슴가죽이나[2] 칡으로 만든 신발로도 모두 장가를 들 수 있다. 저 소꼬리를 잡고서 갈대 피리를 불고 흙으로 만든 북을 치는 것도 모두 소리가락[聲律]이 될 수 있다고 한 것은 이러한 종류를 유추한 것이다. 어디간들 예악이 아니겠는가?

아, 삼대(三代) 이래로 진나라가 예악을 없애 한나라가 구구하게 고치고 보충했으나, 하나를 건지고 만 개를 빠뜨린 격이었다. 위(魏)·진(晉)·수(隋)·당(唐)에서 대대로 변화가 있어 그래도 일시의 본보기를 이루었다. 하간(河間)·마정(馬鄭)[3]·왕숙(王肅)[4]·소작(蘇綽)[5]이 논한 차례 및 정

---

1) 『논어』「양화(陽貨)」편에 나오는 구절로 공경하고서 그 마음을 옥백으로 바치면 예가 되고, 화목하고서 종과 북을 치면 악이 되지만, 그 근본을 빠뜨리고서 말단만을 일삼으면 예악이 되지 않는다는 뜻이다.

2) 여피(麗皮)는 자웅 한 쌍의 사슴가죽으로 관례(冠禮)의 선물 또는 혼례(婚禮)의 폐백으로 쓰인다.

3) 마정(馬鄭)은 후한의 마융(馬融)과 정현(鄭玄)의 병칭으로, 모두 경전 주석의 대가이다. 마융(78~166)은 후한 부풍인(扶風人)으로 속(續)의 아우이며, 자는 계장(季長)이다. 경조(京兆)의 지순(摯恂)에게서 학문을 배웠으며, 관이 낭중(郎中)에까지 올랐다. 등태후(鄧太后)가 조정에 임하자 그를 풍자하여 금고에 처해졌으나, 안제(安帝) 때 다시 낭

관(貞觀)6) · 개원례(開元禮)7) 따위가 모두 찬란하여 가히 볼 만한 바가 있어서, 비록 삼대의 관저(關雎)8) · 인지(麟趾)9) 같은 아름다운 뜻은 없으나, 가히 강호의 군자[大方家]라고 이를 만하다.

고구려는 지경 밖의 다른 나라[徼外別國]로 4군·2부의 때를 당하여 기자 성인의 교화가 다 없어지게 되었다. 임금과 신하, 백성과 만물이 산과 바다 사이에 험하게 자리잡아 그 습속과 노래가 진실로 이미 오랑캐의 부류가 되고 오랑캐의 음악[傑休]10)이 되었다. 하물며 예악에 있어서랴? 하물며 선왕의 아름다운 뜻과 성인의 남기신 가르침에 있어서랴? 비록 그러하나 나라로서 예가 없으면 하루도 천지 사이에 서 있을 수 없는 것인데, 하물며 수십 세 칠팔백 년이나 오랫동안 그러함에랴? 동명

중으로 배수되고, 후에 의랑(議郞)이 되었다. 동관(東觀)에 있으면서 저술을 했는데, 노식(盧植) · 정현(鄭玄)은 그의 문인이다. 저서에 『충경(忠經)』 · 『춘추삼전이동설(春秋三傳異同說)』이 있고, 『효경』 · 『논어』 · 『시』 · 『역』 · 『상서』 · 『노자』 등의 주(注)가 있다. 정현(127~200)은 후한말의 학자로 자는 강성(康成)이다. 산동성 고밀(高密) 사람으로 『주서(周書)』 · 『상서(尚書)』 · 『모시(毛詩)』 · 『의례(儀禮)』 · 『예기(禮記)』 · 『논어(論語)』 · 『효경(孝經)』 · 『상서대전(尚書大傳)』 등의 주해(注解)를 썼다.

4) 왕숙(王肅, 195~257)은 삼국시대 위나라의 학자로 자는 자옹(子雍), 시는 경(景)이다. 관은 중령군(中領軍) · 산기상시(散騎常侍)에 이르렀다. 가규(賈逵) · 마융(馬融)의 학문을 잘 하였다. 저서에 『공자가어(孔子家語)』 · 『공총자(孔叢子)』 · 『위고문상서(僞古文尚書)』 등이 있다.

5) 소작(蘇綽)은 북주 무공인(武功人)으로 양(讓)의 종제이며 자는 회작(會綽)이다. 여러 책을 박람하고, 산술(算術)에 더욱 뛰어났다. 우문태(宇文泰)가 불러서 행대낭중(行臺郞中)으로 삼았으며, 탁지상서(度支尚書) · 사농경(司農卿)에까지 이르렀다. 개국의 대업을 이루는 데 공을 세웠다. 위진(魏晉) 이래의 병려문(骿儷文)의 폐단을 지적하고 고문(古文) 부흥의 선구가 되었다. 저서에 『불성론(佛性論)』 · 『칠경론(七經論)』이 있다.

6) 당 태종은 명군이어서 방현령(房玄齡) · 두여회(杜如晦) 등의 어진 재상과 위징(魏徵) · 이정(李靖) · 이적(李勣) 등의 명장을 써서 그 치세가 태평하였는데, 태종 정관년간(627~649)에 행해진 예를 정관례라고 칭한다.

7) 당나라 현종 개원년간(713~741)에 행해진 예다.

8) 『시경』「주남(周南)」의 편명으로 문왕(文王)과 그 후비(后妃)의 성덕을 읊은 시이다. 정숙한 딸을 얻어 훌륭한 내조자가 되어 주기를 바라는 내용으로 되어 있다.

9) 『시경』「주남(周南)」의 편명으로 문왕의 후비의 덕이 자손 종족까지 선화(善化)한 것을 칭송한 시이다. 공자(公子)에게 신의와 후덕이 있어서 예(禮)와 상응함이 기린을 닮았음을 읊은 것이다.

10) 금미(傑休)의 금(傑)은 북만(北蠻)의 음악 이름이다.

(東明) 부자로부터 국양(國壤)·장수(長壽)·평원(平原)에 이르기까지 어질고 성스러운 임금이 10여 명이 되는데, 반드시 예악의 남기신 뜻을 자세히 구하여 국가를 유지하려고 하였다. 수나라·당나라가 크게 혼란하여 문자가 없어져서 지금 그것의 제작을 고찰할 수는 없으나, 중국의 사서에 섞여 나오는 것을 가끔 볼 수 있다.

왕이 즉위해서 신성(新城)에 있는 시조묘(始祖廟)에 제사지내고 국가의 사직[國社]을 세워 산천에 제사지냈으니, 근본에 보답하고 신을 섬기는 예를 행하지 않았다고 말할 수 없다. 다른 성(姓)으로 후비(后妃)를 삼고, 공주는 끝내 바보 온달(溫達)에게 시집갔으니 부부의 예도 분별이 없다고 할 수 없다. 유리(類利)는 남기신 칼을 가지고 [아버지에게] 돌아갔고, 계수(罽須)는 발기(發岐)의 널을 보호했으며, 명림답부(明臨荅夫)[11]와 을파소(乙巴素)[12]의 상례에 왕이 직접 가서 곡을 하고 조회를 파하였으니 군신·부자·형제 사이에도 서로 함께 하는 예절이 없었다고 할 수 없다.

절풍(折風)[13]은 우뚝 솟았고, 큰 소매는 장대하며, 푸르고 흰 금은(金銀)·복식·문장은 모두 등급이 있어서 서로 어지럽지 않으니, 의관(衣冠) 문물(文物)이 옛스럽지 않다고 말할 수 없다. 심지어 거문고[琴][14]에 오

---

11) 명림답부(明臨荅夫, 67~179)는 고구려의 귀족이다. 차대왕(146~165)의 학정을 백성들이 견디지 못한다는 이유로 반란을 일으켜 왕을 시해하고 신대왕(165~179)을 옹립하였다. 이 공로로 이듬해 패자(沛者)로 승진, 고구려 최초의 국상이 되어 군사와 정치의 전권을 장악하였다. 국상 재임 중 후한의 현토 태수가 거느린 침략군을 물리쳐 큰 공을 세웠다. 신대왕 15년 113세로 죽자 왕은 애통하며 정사를 7일간이나 중단하였고, 예로써 장사를 지내고 수묘인(守墓人) 20인을 두어 돌보게 하였다.

12) 을파소(乙巴素, ?~203)는 고구려 고국천왕대의 국상이다. 유리왕대의 대신이었던 을소(乙素)의 후손으로 고국천왕 13년(191) 국상으로 발탁되어 고국천왕 16년 진대법(賑貸法)을 실시하였다. 나라를 잘 다스린 공이 인정되어 대사자(大使者)의 관등에 올랐다.

13) 고구려의 관모(冠帽)의 일종으로 윗부분이 뾰죽하게 삼각형 모양으로 생기고 그 밑에 끈[紐]이 붙은 관모인 변(弁, 고깔)과 비슷한 형태이다.

14) 고대 현악기의 하나로서 보통 7현금을 가리킨다. 우리나라에서는 휘금(徽琴) 또는 당금(唐琴)이라 부른다. 앞판은 오동나무, 뒷판은 밤나무를 쓰되 모두 검은 칠을 하며, 앞판에는 흰 자개를 박고 그 위에 일곱 줄을 맨 현악기이다. 손으로 튀겨서 소리를 낸다. 본래 순(舜) 때는 5현이었으나, 후에 주나라 문왕(文王)과 무왕(武王)이 각각 한 줄을 첨

현(五絃)이 있고, 피리[笛]에 의취(義觜)가 있으니, 세상일에 소홀하고 담박한 소리가 곱지 않다고 말할 수 없다. 관대(冠帶)와 성곽(城郭)은, 선비(鮮卑)·말갈(靺鞨)·거란(契丹)이 머리카락을 풀어헤치고 옷깃을 왼쪽으로 여미며 장막을 치고 활을 잡아당기는 사이에도 그와 더불어 대적을 해야 하니 그 형세가 문을 숭상하면서도 무사(武事)를 오로지 하지 않을 수 없었다.

이 때문에 그 예악이 여기에 그쳤으나 신라·백제에 비교하면 너무 우아하다. 바야흐로 그 성할 때는 다스림이 이루어져서 상하가 어지럽지 않고, 정치가 조화되어서 백성들이 근심과 원망이 없었다. 그러니 오히려 저 존귀함을 더럽히고 손바닥으로 물을 떠먹어도 공경이 되고, 쇠꼬리를 잡고 흙북을 쳐도[土鼓] 성(聲, 곡조)이 되었으니 이른바 예악 아닌 것이 없었다. 그 덕이 쇠해지고 정치가 어지러워짐에 이르러 백성과 귀신이 의지할 데가 없어졌으니, 저 왕숙(王肅)·소작(蘇綽)이 논한 바와 정관·개원의 예로도 그 나라의 혼란과 패망을 구할 수 없거늘 또 어찌 유독 고구려만 그러했겠는가? 이것으로 보건대 예악이 헛된 이름이 되면 선왕의 다스림이 과연 있겠는가? 그 의미만을 얻을 뿐이다. 고구려가 썼던 예(禮)는 이미 고찰할 만한 것이 없으나, 그 악(樂)은 대략 말할 수 있으니 이런 것들이다.

옛날 진(晉)나라 사람이 7현의 거문고를 주었는데 나라 사람들[國人]이 튕기는 법을 몰랐다. 상신(相臣)[15] 왕산악(王山岳)[16]이 본래 모양을 보존하면서 자못 그 제도를 고치고, 아울러 100여 곡을 지었다. 곡이 완성

가하여 7현으로 제작되었다고 한다.

15) 『삼국사기』 권32 「잡지」 제1 「악지(樂志)」에는 '제2상(第二相)'으로 되어 있는데 국상(國相)을 제외한 서열 제2인자를 지칭할 것이다.

16) 왕산악(王山岳)의 활동 연대는 확실치 않다. 『동국통감(東國通鑑)』이나 『동사강목(東史綱目)』에 양원왕 8년(552) 거문고를 만들었다는 기록이 나오지만, 실제로 거문고 제작 연대는 진(晉)나라의 존속 연대 및 국상제도의 존속 기간과 연관하여 기원전 3세기 후반으로 추정할 수 있다.

되자 검은 학이 와서 춤을 추므로 현금(玄琴)이라고 이름지었다. 연주하는 사람[樂人]은[17] 자주색 비단 모자에 새 깃털로 장식을 하고, 누런색 큰 소매옷[黃大袖]에 자주색 비단띠[紫羅帶]를 두르고, 통이 넓은 바지[大口袴] 붉은 가죽바지[赤皮袴]를 입었으며, 붉은 가죽신발[赤皮鞾]을 신고, 오색의 검은 노끈[綱繩]을 묶었다. 춤추는 사람 4명은 진홍색을 이마에 바르고 금귀고리[金璫]로 장식을 하였으며, 그 중 두 사람은 황색 치마·저고리[裙襦]에 적황색 바지[赤黃袴]를 입었으며, 두 사람은 적황색 치마·저고리와 바지를 입었는데, 그 소매를 매우 길게 하고, 검은 가죽신발[烏皮靴]을 신고 쌍쌍이 나란히 서서 춤을 추었다.

음악(樂)에는 탄쟁(彈箏)[18] 하나, 국쟁(搊箏) 하나, 와공후(臥箜篌) 하나, 수공후(竪箜篌) 하나, 비파(琵琶) 하나, 오현금(五絃琴) 하나, 의취적(義觜笛) 하나, 생(笙) 하나, 횡적(橫笛) 하나, 소(簫) 하나, 소필율(小篳篥) 하나, 도피필율(桃皮篳篥) 하나, 요고(腰鼓) 하나, 재고(齋鼓) 하나, 첨고(檐鼓) 하나, 패(唄) 하나를 쓴다. 오호라, 왕도(王道)가 사라지니 천하에 예악이 없어지는구나. 한나라의 가의(賈誼)[19]·동중서(董仲舒)[20] 때부터 이미 중대한 의식[大儀]이 오래도록 비어 있었음을 탄식하였는데 하물며 그 후세에랴? 또 하물며 바다 바깥에 있는 고구려에서랴? 그러나 가지고 있으면서도 그 이치를 알지 못하고, 알면서도 능히 행할 수가 없다면 중국 또한 고구려

---

17) 이하는 『삼국사기』 권32 「잡지」 제1 「악지」의 '고구려악(高句麗樂)조'에 통전(通典)을 인용해 놓은 기록과 동일하다.
18) 고구려 음악에서 쓰인 현악기의 하나로, 손으로 타는 쟁(箏)인 듯하다.
19) 가의(賈誼, B.C.201~168)는 전한 때의 문인이다. 문제(文帝) 때 박사(博士)에서 태중대부(太中大夫)가 되었으며, 후에 장사왕(長沙王)의 태부(太傅)로 좌천되었다가 다시 양회왕(梁懷王)의 태부가 되었다. 당시인들이 가태부(賈太傅) 또는 가생(賈生)이라 일컬었다. 시문(詩文)과 사부(辭賦)에 능하여 저서에 『가장사집(賈長沙集)』·『신서(新書)』 등이 있다.
20) 동중서(董仲舒, B.C.179~104)는 전한의 대학자이다. 호는 계암자(桂巖子)이며, 유교를 국교로 제정하는 데 공이 컸다. 그의 학설은 무제의 신임을 얻었으나, 공손홍(公孫弘)의 시기로 벼슬에서 물러나 저술에 전념하였다. 저서에 『춘추번로(春秋繁露)』 82권이 있다.

만 못하게 되는 것이다. 슬프도다.

2. 식화지(食貨志)

크도다, 음식물과 재화[食貨]의 이로움이여! 백성들이 낳아 기르고, 임금이 나가 다스리는 근본이 된다. 농사짓는 사람은 그것을 산출해내고, 장사치는 그것을 유통시킨다. 윗사람은 그들이 하는 일을 빼앗지 아니하고 아랫사람은 그 일에 스스로 부지런한 것을 옛날부터 우(虞)·하(夏)·상(商)·주(周) 때에 이르기까지 모두 변하지 않는 법[經法]으로 삼았는데, 진·한 이후에 대개 어지러워졌다. 그래서 『서경(書經)』에서는 있는 것과 없는 것을 교역하는 것을 힘써 행할 것을 말하였고,21) 『시경(詩經)』에서는 후직(后稷)22)과 공유(公劉)23)가 농사짓는 근원을 기술했으며, 『주역(周易)』에서는 형옥[噬嗑]24)과 교역의 의리를 칭함으로써 세상이 잘 다스려지고 예의가 진전되었다. 학교[庠序]25)를 먼저 갖춘 것은 근본을 귀히 여기고 말단을 물리쳐서 탐내는 것을 막으려는 것이었는데, 세상이 어지러워지고 일이 변고가 많아졌기 때문에 말단이 성하고 근본이 쇠해지게 된 것도 자연스런 추세이다.

---

21) 원문에 있는 무천(懋遷)은 물화(物貨)의 교역을 힘써 행함을 의미한다.
22) 주나라 선조 기(棄)의 별명으로 그가 농사를 맡았기 때문에 생긴 것이다. 옛적에 농사를 맡은 벼슬을 지칭하기도 한다.
23) 공(公)은 작(爵)이고, 유(劉)가 이름이다. 후직(后稷)의 증손으로 후직의 업을 닦아서 주나라 왕실을 일으켰다.
24) 서합(噬嗑)은 64괘의 하나로 진하이상(震下離上)괘를 가리킨다. 서로 물어뜯는다는 뜻으로 형옥죄수의 상(象)을 의미한다.
25) 상(庠)은 상·주나라 시대의 학교이고, 서(序)는 은대의 초등학교의 명칭으로서, 향리(鄕里)의 학교 또는 학교를 의미한다.

옛날 정전(井田)이 행해졌을 때 백성[齊民]의 생업이 공평해지고, 빈부의 형세가 심하게 차이가 나지 않았다. 사리를 분별하는 슬기가 있고 힘이 강한 자도 근본을 뛰어넘어서 이익을 도모할 수는 없고, 약하고 어리석고 우둔하고 순박한 사람도 족히 백묘(百畝)[26) 가운데서 자기 힘으로 먹고 살 수 있었다. 이때를 당하여 비록 가난한 집의 일반백성[下戶之編民]이라도 입는 옷과 먹는 음식을 그 향리(鄕里)에서 지장없이 구해 쓸 수 있었고, 향리의 세력 있는 가문과 족속이라도 그 옷과 음식으로 다른 사람의 선망과 부끄러움을 일으킬 수 없었다. 이 때문에 베와 비단[布帛], 콩과 벼 같은 곡식[菽粟]도 옷과 음식으로 쓸 수 있었으나, 금구슬과 보배로운 패물[金銀寶貝]로도 다른 사람의 좋아하고 사랑하는 마음을 움직일 수는 없었다. 따라서 진기한 산물과 놀고 즐길 수 있는 물건을 깊은 산봉우리와 궁벽진 바다 사이에 녹여 감추고 쌓아 가려두고서는 가끔씩 꺼내다가 쓰는 것 또한 사람들에게는 화폐가 되는 것에 불과할 뿐이므로 사람들이 그것이 귀할 만하다는 것을 알지 못하였다.

이때 사람들이 생활하는 도리[生理]에 적응하여 그 하고자 하는 바를 쉽게 만족시키고, 그 마음이 무사한 데 쉽게 편안해져 다툼이나 절도의 혼란이 혹시라도 생기지 않았다. 대저 금은주옥(金銀珠玉)으로 그릇장식과 보배를 만듦에 이르러서야 화폐[錢貨]의 흥기가 대개 그 번잡함을 이기지 못하고 농업은 더욱 병들어갔다. 이에 권세, 사기와 폭력이 날마다 천하에 횡행하여 가난을 싫어하고 부를 구하고자 하여 그 마음이 이르지 않는 데가 없었다. 중국 사방 국경의 많은 백성으로부터 경(卿)·사(士)·후(侯)·왕(王)에 이르기까지 모두 그렇지 않음이 없었는데 오랑캐[夷狄]가 더욱 심하였다.

옛날 기자가 중요한 법[大法] 아홉 가지를 주왕(周王)에게 아뢰었으니,

---

26) 백묘지전(百畝之田)은 옛날 정전(井田)의 제도에서 한 정(井)을 구백묘로 하고 이를 백묘씩 구등분한 전지를 말한다. 중앙의 한 구(區)는 공전(公田)으로 하고, 주위의 팔백묘는 여덟 집에서 나누어 사전(私田)으로 경작하였다.

그 첫 번째는 오행(五行)으로, 첫째는 물[水]이요, 둘째는 불[火], 셋째는 나무[木], 넷째는 쇠[金], 다섯째는 흙[土]이다. 물의 성질은 [만물을] 적시면서 아래로 내려가고[潤下], 불의 성질은 태우면서 위로 올라가며[炎上], 나무의 성질은 굽은 것도 있고 곧은 것도 있고[曲直], 쇠의 성질은 뜻에 따라 그대로일 수도 있고 바꿀 수도 있으며[從革], 흙의 성질은 씨뿌리며 거두는 것이다[稼穡].27) 적시면서 내려가는 것은 짠맛이 되고, 태우면서 올라가는 것은 쓴맛이 되며, 굽은 것도 있고 곧은 것도 있는 것은 신맛이 되고, 그대로일 수도 있고 바꿀 수도 있는 것은 매운 맛이 되며, 씨뿌리며 거둬들이는 것은 단맛이 된다. 이것이 「우서(虞書)」에서 이른바 6부(六府)28)의 무리이고 식화(食貨)의 근본이다.

다음 세 번째는 농사에 팔정(八政)으로써 한다는 것이니, 첫째는 식(食, 음식)이고, 둘째는 화(貨, 재물)이다. 식은 농사지어 먹는 좋은 곡식으로 먹을 수 있는 물건이요, 화는 베나 비단 같이 입을 수 있거나, 금도(金刀)29)·귀패(龜貝)30) 같이 재물이나 이익을 나누어서 있고 없는 것을 통하게 하는 것이다.

여덟 번째 서징(庶徵 : 여러 가지 징조)은 비[雨], 날이 갠 것[暘], 추위[寒], 바람[風], 때[時]이니 하나가 너무 갖추어져도 흉(凶)하게 되고 하나가 너무 없어도 흉하게 된다.31) 해와 달과 날과 때[歲月日時]가 바뀜이 없으면 온갖 곡식이 잘 되고, 일월세시(日月歲時)가 이미 바뀌면 온갖 곡식이 잘

---

27) 『서경』 권6 「주서(周書)」「홍범(洪範)」편에 나오는 것으로 본서에는 대법구류(大法九類) 중 첫 번째의 오행과 세 번째의 '농용팔정(農用八政)', 여덟 번째의 '염용서징(念用庶徵)'에 관한 내용만 실려 있다.

28) 수(水)·화(火)·금(金)·목(木)·토(土)·곡(穀)을 이른다.

29) 한나라 왕망(王莽)이 주조한 화폐의 이름으로 모양이 칼과 비슷하다. 금으로 만든 칼을 의미하기도 한다.

30) 거북껍데기와 조가비로 고대에 화폐로 썼다.

31) 『서경』 「홍범」편 본문에는 8서징으로 양(暘)과 한(寒) 사이에 욱(燠), 즉 온난함·따뜻함이 들어가 있고, '시(時)'라는 것은 앞에서 열거한 다섯 가지가 그때그때 맞춰진다는 뜻으로 쓰여진 듯한데, 본서에서는 욱(燠)을 빼고 시(時)를 다섯 가지에 넣어서 설명하였다.

되지 않으니, 홍수와 가뭄, 흉년과 풍년의 응험은 또 모두 군신 상하의 잘잘못과 좋고 나쁨 사이에 귀착된다.

무왕이 그 말을 터득하니 주공이 그로 인해 주관(周官)의 구부(九賦)·구식(九式)을 만들어 왕부(王府)32)·외부(外府)33)·내부(內府)34)·사회(司會)35)·사서(司書)36)·사시(司市)·서사(胥師)·천부(泉府)37)·염인(鹽人)·관인(卝人)·전인(廛人)38)·사관(司關)의 법으로써 백성을 부유하게 하고 교화시키는 정치[富敎之治]를 이루었다. 기자는 물러나 또 조선으로 가서 구주[九域]의 백성들을 가르쳤고, 정전(井田)의 제도로 재물을 균등하게 하였으며, 돈으로 재물을 통하게 하였다. 그 때문에 8조의 가르침에 도둑질을 하고서 스스로 속죄를 받고자 하는 자는 사람마다 50만전을 내야 된다고 하였는데, 50만은 지금의 돈 5천 꾸러미[緡]에 해당하고 전(錢)의 이름은 조선통보(朝鮮通寶)이다. 그 옛날 돈이 가끔 지금 세상에도 전하고 있다. 그 글자는 정자체[楷字]를 쓰고 있는데 해서(楷書)39)는 주나라·진나라 말엽에 나왔으니, 옛날 돈도 대개 기씨(箕氏) 중기 이후의 산물이다. 그러나 기자 성인의 세상에 이미 전폐(錢幣, 돈)가 있었다. 옛날 돈[古錢]의 제도에서 한나라의 오수전(五銖錢)40)은 가운데는 네모나게 하고 바깥은 둥글게 하였으며 주위에 테두리를 둘렀는데 그 모양이 화폐제도의

---

32) 주(周)의 관명으로 임금의 곳집을 맡은 벼슬이다.
33) 국탕(國帑)의 출납을 맡아 본 벼슬이다.
34) 공부(貢賦)의 화물(貨物)·병기(兵器) 등을 간직한 궁중의 곳집을 맡아보던 벼슬이다.
35) 주대의 천관(天官)에 속하여 국가의 회계를 맡던 관직이다.
36) 주대에 회계장부를 맡아보던 벼슬이다.
37) 주대에 시세(市稅)를 받는 일과 공비(公費)로 물품을 사들여 그것을 원가로 파는 일을 맡아 본 벼슬이다.
38) 주대에 세금을 거둬들이는 일을 맡아본 벼슬이다.
39) 서체의 하나이다. 후한의 왕차중(王次仲)이 예서(隸書)를 변화시켜 쓰기 시작한 것으로, 일점일획을 독립시켜 방정하게 썼기 때문에 정서(正書)·진서(眞書)라고도 한다.
40) 한 무제 때 주조된 무게 5수(銖)의 동전으로, 왕망(王莽) 때에 일시 폐지되었지만 후한대에 부활하여 삼국 이후 당까지 부활과 폐지를 했다. 따라서 무제 이후 당까지를 오수전시대라고도 한다. 당 고조 때 폐지하고, 개통원보전(開通元寶錢)을 주조했다.

요체이다. 기타의 화폐는 본 바가 없으나, 오랑캐와 중국에서 통용이 되고, 고금에 행해진 것 중에서 마땅함을 갖춘 것은 오직 무게가 오수(五銖)가 나가는 오수전뿐이다.

조선에서는 백성들이 자신이 하는 일을 즐겨 하고, 고을에는 개가 짖을 만한 경계할 일이 없었는데, 우두머리 위만이 세속을 어지럽혀 점점 쇠퇴해지다가 4군(四郡) 2부(二府) 때에 이르러서는 옛날 제도 중 다시 남아 있는 것이 없게 되었다. 고구려가 흥기하자 기씨의 백성들을 다시 그 자리에 나아가게 하였으나, 그 일정한 업무[經業]의 제도는 고찰할 것이 없다. 또한 산과 골짜기에 살면서 화전과 수전에서 경작을 하여 그 백성들이 자급자족하는 데 충분하고 바닷가에서는 물고기나 소금을 팔았다. 그러나 기씨의 정전(井田)은 회복되지 않아서 거칠고 소략한 것이 끝내 또한 오랑캐의 도[貊道]에서 벗어나지 않으니 대개 후대에 법이 될 만한 것이 없다.

비록 그러하나 나라가 일어날 때는 반드시 항상 일정하여 변하지 않는[經常] 법과 간단하고 쉬운[簡易] 법이 있어서 기강이 되는데, 망하려 할 때는 마구 거둬들이는 신하가 일어나서 그 제도를 허물어뜨린다. 중국에서도 대대로 일찍이 이것으로 성하거나 쇠하지 않은 나라가 없었는데 고구려라고 해서 다를 바가 없다. 그러나 상고할 만한 것은 오직 진대법(賑貸法)뿐이다. 고국천왕 때에 왕이 질양(質陽)에서 사냥을 하다가 곡을 하는 자를 보고서 물으니 대답하기를 "저는 몹시 가난하여 항상 남의 집 품팔이를 하여 어머니를 봉양했습니다. 올해는 흉년이 들어 품팔이를 할 데가 없어 한 됫박 한 말의 쌀도 얻지 못했습니다. 이 때문에 우는 것입니다"라고 하였다. 왕이 이르기를 "내가 백성의 부모가 되어 백성들을 이런 지경에까지 이르게 한 것은 나의 죄다. 입을 것과 먹을 것을 제공해주어라"고 하고서 담당 관청에 명하여 홀아비·과부·고아·홀로 된 노인과 늙어 병들고 가난하여 아무 것도 없어서 스스로 살아갈 수 없는 자를 찾아내어 구휼하게 하였다. 또 매해 3월부터 7월까지는 관청의 곡식을 내어 백성에게 빌려주기를 집안 식구의 많고 적음에 맞춰서 하고, 동(冬) 10월이 되면 되돌려 받는 것을 일정한 형식으로 삼게 했다.[41] 기타는 징험할 만한 것이 없으니, 슬프다.

옛날 유약(有若)[42]이 노나라 왕[魯侯]에게 "백성이 족하면 임금이 누구와 더불어 족하지 않겠습니까?"[43]라고 아뢰었다. 대저 3대의 제도는 그 이익이 아랫사람에게 있었지 윗사람에게 있지 않았으나 윗사람도 이롭지 않은 적이 없었는데, 후세에는 이와 반대되니 천하의 금전상의 이익[財利]을 다해서 윗사람을 받들어도 끝내 윗사람과 아랫사람이 모두 이롭지 못한 데 이르게 되었다. 그래서 한나라 소망(簫望)의 주언에 "전임 어사(御史)가 동래(東萊)에 있는 서씨 관가(官家)를 권면하면서 '지난해에 바다세금[海租]을 증가시키자 물고기가 나오지 않았는데, 나이 많은 사람들이[長老] 모두 무제(武帝) 때 현(縣)의 관리가 일찍이 스스로 바다에서 고기를 잡을 때는 고기가 나오지 않다가, 후에 다시 우리 백성에게 고기를 내려달라고 사뢰니 고기가 나왔다고 하더라'는 말을 했다"는 말이 있다.

대저 음양이 만물을 감응시키는 것은 종류별로 서로 상응하는 것이니 만사가 다 그렇다. 대저 천지에서 금전상의 이득을 내는 것은 진실로 모두 운수가 있는 것인데, 사람들이 그것을 얻는 것이 많고 적고 후하고 박한 것은 모두 그 복의 분수[福分]에 따르는 것이다. 대개 임금 한 사람의 몸으로 홀로 그 이익을 사사로이 하는 것은, 마침내 백성에게 그것을 나눠주어 천하에서 복을 다 함께 누리는 것만 못하다. 대저 이 때문에 삼대(三代)의 훌륭한 임금[聖王]은 박한 데 편히 거처하였고 스스로를 후하게 하지 않았으니, 이것이 그 이익을 누린 것이 끝이 없게 된 이유

---

41) 『삼국사기』 권16 「고구려본기」 제4 '고국천왕 16년조'에 실린 내용과 동일하다.
42) 공자의 문인으로 자는 자유(子有)이다.
43) 『논어』 「안연(顔淵)」편의 애공(哀公)과 유약(有若)의 문답에 나오는 말의 일부를 인용한 것이다. 본래의 문장은 "哀公問於有若日 年饑用不足 如之何 有若對日 盍徹乎 日二 吾猶不足 如之何其徹也 對日 百姓足 君孰與不足 百姓不足 君孰與足"이다.

이다.

아, 옛것을 본받았는데도 폐단이 생기는 것은 비록 삼대 때에도 모두 그러했다. 그 세력으로 말미암아 제도를 만들어 각각 일시의 이익을 도모하게 한다면 한나라·당나라에서 통치하던 법[經法] 또한 반드시 취할 것이 없는 것은 아니다. 진실로 삼대가 아니면 행할 수 없다고 생각한다면, 어느 때고 통할 수 있는 논의는 아니다. 대저 우(虞)나라·하(夏)나라의 공법(貢法)[44]과 은나라의 조법(助法)[45]·주나라의 철법(徹法)[46]도 오히려 그러하다. 관씨(管氏)[47]가 경중(輕重)을 잘 헤아려 시가(市價)가 치우치지 않았고, 이리(李悝)가 삼숙(三熟)을 살펴서 지출과 수입이 법도가 있었으며, 한 무제는 중정(中正)하여 이에 오수전을 만들었고, 선제(宣帝)는 조운(漕運)을 줄여 상평창(常平倉)[48]을 만들었다. 당 태종이 전답을 고르게 분여하고, 사람 수에 따라 할당하여 대대로 계승하게 하니 개원년간에 족히 화적(和糴)[49]을 행할 수 있었다. 한나라 가생(賈生)[50]은 놀고 먹는 자[遊食者]를 억제하고, 제나라 공의(孔顗)는 동법(銅法)을 논하고, 송나라 효종(孝宗)은 산주(算朱)[51]를 파는 것을 단절시키고 소금의 이득을 드러내놓고 말하였으며, 효원(孝元)은 철관(鐵官)[52]을 없앴다. 태공(太公) 9부(九府)[53]

---

44) 하나라 때의 세법으로『맹자』「등문공(滕文公)」편에 "夏后氏五十而貢"이라는 구절이 있다.

45) 상나라 때 정전 중앙의 일구(一區)의 공전을 주위의 팔구(八區)를 경영하는 여덟 가호가 같이 경작하여 그 수확을 관에 바치던 전조(田租)이다.『맹자』「등문공」편에 "殷人七十而助"라는 구절이 있다.

46) 주대의 전조의 제도로서 수익의 십분의 일을 구실로 거두었다.『논어』「안연」제12에 "盍徹乎",『맹자』「등문공」편에 "周人百畝而徹"이라는 구절이 있다.

47) 춘추시대 제나라의 어진 재상이었던 관중(管仲)이 아닐까 한다.

48) 미가(米價)의 조절을 위하여 정부에서 설치한 창고로 한나라 선제 때 시작되었다.

49) 팔고 사는 양쪽이 값을 협의 결정하여 손해가 없도록 곡식을 사들인다는 뜻이다.

50) 전한(前漢) 때의 문인인 가의(賈誼)를 가리킨다.

51) 셈에 쓰이는 산가지와 구슬[算珠]을 지칭할 것이다.

52) 진나라 때부터 있었던 관명인데, 한나라 때에는 삼보(三輔) 및 군현에서 철을 생산하는 곳에 두어 관리를 맡게 했으며, 철이 생산되지 않는 곳에도 소철관(小鐵官)을 두어 고철을 주조케 했다.

53) 주대에 재화(財貨)를 맡은 아홉 관부, 곧 대부(大府)·옥부(玉府)·내부(內府)·외부

의 환법(圜法)54)은 『주례(周禮)』 지부(地部)의 변하지 않는 제도[經制]이다. 『논어』에서는 '쓰기를 절도 있게 하고 백성을 사랑한다'55)고 하였으며, 『대학』에서는 '사람을 쓰고 재화를 유리하게 운용한다'56)고 하였는데 재화를 다스리는[理財] 근본은 사람을 얻는 데 있으며, 사람을 얻는 근본은 또 임금이 그 마음을 바르게 하는 데 있다. 대개 식화의 논의는 여기에서 극에 달한 것이요 더 남은 것이 없다.

고구려의 식화는 차례를 자세히 알 수 없으나, 사서를 만드는 자가 그 지(志)를 빠뜨릴 수 없기 때문에 중국 역대의 항상 일정한 법[經常法]을 일일이 들어 그 뒤에 붙여서 선왕의 남기신 뜻을 드러내었다. 국가의 근본이 되는 제도를 비록 고구려라고 해도 쓰지 않을 수가 없었을 것이니, 더욱 고구려를 위한 것이 아니겠는가? 비록 그러하나 흥하고 망하고 번성하고 쇠퇴하는 것은 나라를 다스리는 자가 통치제도의 득실을 살펴야 한다. 고구려의 부강한 정치 700년에 그 좋은 법과 아름다운 규칙이 선왕의 제도에서 벗어나지 않았음을 또 어찌 알겠는가? 이 때문에 기록을 하는 것이다.

(外府)·천부(泉府)·천부(天府)·직내(職內)·직금(職金)·직폐(職幣) 등을 가리킨다.
54) 구부환법이란 주의 태공망(太公望)이 만든 제도로, 환법(圜法)은 원활하게 화폐를 운용하는 법이다.
55) 『논어』 「학이(學而)」편에 나오는 구절이다. 본래의 문장은 "子曰 道千乘之國 敬事而信 節用而愛人 使民以時"이다.
56) 『대학』 「석치국평천하(釋治國平天下)」에 나오는 "君子先愼乎德 有德此有人 有人此有土 有土此有財 有財此有用"이라는 구절에서 취한 표현인 듯하다.

3. 신사지(神事志)

옛 사람들은 꾸밈이 없고 후하며 경외심이 많았다. 그래서 귀신을 독실하게 믿은 것을 황제(黃帝)·우순(虞舜)·은나라·하나라에서 볼 수가 있다. 주나라의 전성기에 이르러 주공(周公)이 인문(人文)을 밝혀서 귀신이 있기도 하고 없기도 하다고 하니, 지체 높으신 선생[振紳先生]들도 일찍이 분명히 말하지 못하였고 무함지풍(巫咸之風)[57]도 대개 사그러들었으나, 지경 밖 이역 사람들에 이르러서는 독실하게 믿는 자가 아직도 있다.

옛날 소호씨(少皥氏)[58]가 쇠퇴할 때 구려(九黎)[59]가 덕을 어지럽히고 집안이 무사씨(武史氏)[60]가 되어, 여러 사람이 함께 한 맹세[齊盟]를 더럽혀서 백성과 신이 뒤섞이고 재해가 거듭 이르게 되었다. 전욱씨(顓頊氏)[61]가 그것을 이어받아서 곧 중려(重黎)[62]에게 명하여 서로 침범하여 더럽히지 못하게 하였는데, 요(堯)에게 홍수가 있게 되어 사람과 짐승, 귀신의 거처가 서로 섞이게 되었다. 중려씨는 옛날 전장(典章)에 따라서 귀신과 인간의 다스림을 바르게 하였다. 우(禹)임금은 내[川]를 소통시켜 물을 터뜨리고, 구산(九山)[63]으로 무리를 끊어버렸으며 물건을 본따 솥을

---

57) 무함(巫咸)은 황제(黃帝) 때의 신무(神巫)·계함(季咸)을 지칭하기도 하고, 요임금 때 무함이 무도(巫道)를 닦았다는 소서성(小西省) 하현(夏縣) 동쪽의 산을 지칭하기도 한다. 무함지풍은 무격(巫覡)의 풍속을 일컫는다.
58) 소호씨(少昊氏)는 태고시대 제왕의 이름이다. 황제(黃帝)의 아들로 이름은 효(孝), 호는 금천씨(金天氏)라 한다.
59) 중국 상고 소호씨 때의 제후로 후의 삼묘씨(三苗氏)이다.
60) 무사는 무격(巫覡), 즉 무당과 박수를 지칭한다.
61) 중국 고대의 제왕으로 황제(黃帝)의 손자이며, 고양씨(高陽氏)라 이른다.
62) 중(重)은 소호(小昊)의 후예인 의씨(義氏)이고, 여(黎)는 고양씨(高陽氏)의 후예인 화씨(和氏)인데 중려를 한사람으로 보는 경우는 전욱(顓頊)의 자손으로 보고 있다.
63) 구주(九州)의 각 지방에 있는 아홉 개의 명산이다. 『사기』에는 견(汧)·호구(壺口)·지주(砥柱)·태행(太行)·서경(西傾)·웅이(熊耳)·파총(嶓冢)·내방(內方)·기(岐)로 되어 있으며, 『회남자(淮南子)』에는 회계(會稽)·태산(泰山)·왕옥(王屋)·수산(首山)·태화(太華)·기산(岐山)·태행(太行)·양장(羊腸)·맹문(孟門)으로 되어 있다.

주조하여서 도깨비나 요사스럽고 괴이하여 요괴 같은 형체들이 모두 드러나 숨김이 없어지게 함으로써 신과 인간의 거처를 보호하였다. 3명의 성인을 겪으면서 중국의 귀신은 바로잡아진 것이다.

우리나라 구주(九州)는 산과 바다가 뚝 떨어져 있고 성인이 나오지 않았다. 이 때문에 백성들이 이설(異說)에 미혹되고 음사(淫祀)[64]가 많았다. 조선 초에 환국(桓國) 제석(帝釋, 환인)의 서자 환웅(桓雄)이 있었는데 천부인(天符印) 세 개[65]를 받아 그 무리 3천과 더불어 태백산(太白山)에 내려와 산 위에 신단(神壇)[66]이 있었다. 어떤 사람은 박달나무가 그 아래에 있었기 때문에 환웅이 신시(神市)[67]의 천왕(天王)이 되고, 웅의 아들 이름은 단군(檀君)이 되었다고 한다. 신시 세상에서는 신으로써 가르침을 베풀었는데[以神設敎] 그 신에는 풍사(風師)·운사(雲師)·우사(雨師)와 무릇 목숨을 주관하고[主命], 질병을 주관하고[主病], 형벌을 주관하는[主刑] 등 360여 가지 일을 주관하는 것이 있었다.

단군이 즉위하여서는 항상 혈구(穴口)의 바닷가, 마니(摩尼) 언덕에서 하늘에 제사를 지냈는데, 해자를 파고 성을 쌓아서 단을 만들었다.[68] 단은 17척으로 돌을 쌓아올렸고 위는 네모나고 밑은 둥글게 하여 위는 사

---

64) 부정한 귀신을 제사지낸다는 뜻이다.
65) 천부(天符)는 하늘에서 내려준 상서로운 징조를 의미하는데, 천부인 세 개는 환인천제(桓因天帝)가 그 아들 환웅(桓雄)의 원(願)을 들어 인간세상을 다스리게 할 때 내려준 것으로, 풍백(風伯)·우사(雨師)·운사(雲師)의 삼신(三神)을 거느리는 표징이다.
66) 환웅이 내려온 장소가 『응제시주(應製詩注)』에 인용된 「고기(古記)」에는 신단수(神壇樹), 『세종실록지리지』의 「단군고기(檀君古記)」에는 신단수(神檀樹)로 기록되어 있다. 신단수라는 것은 신단 옆에 서 있는 나무를 의미하는 것으로서 의미의 중심은 신단 체제에 있다. 신단은 천신이나 조상신 등에 대한 제사와 축제를 함께 거행하던 제단으로서 하늘님[桓因]의 자손이라 표방하는 종족이 지배세력으로 등장하면서 마련된 것으로, 정치적 지배자로 등장하던 족장은 제사장으로의 권능을 함께 지닌다. 단군(檀君)의 단(壇)자는 바로 제사장의 의미인 반면, 신단수는 제단보다는 신이 깃들인 나무의 의미가 강하며 나무를 숭배하는 수목숭배신앙과 관련이 있다.
67) 하늘님의 자손임을 표방하는 종족이 자기네의 제단을 중심으로 건설한 부락이다.
68) 참성단(塹城壇) 기사는 『고려사』 권56 「지리지」·'강화현조' 및 홍만종(洪萬宗)의 『해동이적(海東異蹟)』에 나오고 있다.

방이 각각 6척 6촌, 아래는 각각 15척으로 둘렀다. 어떤 사람은 마니는 강과 바다의 오지이고 홀로 떨어져 깨끗하고 조용하며 깊으며 신명이 있는 곳이라고 한다. 그래서 제사터[時]69)를 세워 상제(上帝)에게 제사지냈으며 성신(星辰)의 사당도 거기에 있다. 그 남쪽에 성을 쌓았는데 군의 세 아들[三郞]이 주관을 했다고 한다. 또 하늘은 음(陰)을 좋아하고 땅은 양(陽)을 귀히 여기는 까닭에 단을 만들 때 반드시 수중의 산에 위는 네 모나고 아래는 둥글게 하여서 땅과 하늘의 의가 섰다고 한다. 또한 천지에 아울러 제사지낸 것이었다고도 한다.

단군은 대개 천여 세에 아사달(阿斯達)의 신이 되었다고 하는데, 태백(太白)과 아사달에는 모두 단군 사당이 있어서 역대에 걸쳐 제사지냈다. 아사달의 사당은 위로는 환인(桓因)·환웅(桓雄)에 미쳤기 때문에 삼성사(三聖祠)70)라고도 부른다. 우리나라 사람들은 지금도 제석신(帝釋神)을 받드는데 환인이라는 것은 대체로 제석의 이름이다.71) 어떤 사람은 단군이 비적 서갑신의 딸을[匪西岬神女] 아내로 맞았다고 하나, 단군의 어머니는 태백산의 곰이다. 일찍이 신시천왕(神市天王)에게 사람이 되기를 빌어 천왕이 영험스런 약초인 동해의 쑥과 경구(瓊丘)의 마늘 20매를 주니 곰이 그것을 먹고 스무 하루가 되는 날인 갑자(甲子)에 여자로 변하여 천

---

69) 천지의 신명(神明) 또는 오제(五帝, 동·서·남·북의 신)를 제사지내는 곳이다.
70) 단군이 산신으로 좌정했다는 문화현(文化縣) 구월산(九月山)에는 평양 단군사가 건립되기 훨씬 이전부터 단군 사당, 즉 삼성사가 있었다. 삼성사란 명칭은 단군만 제사하는 평양 단군사와 달리 단군의 조(祖)·부(父)인 환인과 환웅도 함께 모셔진 데서 비롯된 것이다. 구월산은 아사달산(阿斯達山)으로 추측되는 곳으로 이곳에 단군사당이 있다는 사실은 『제왕운기』에도 언급되어 있다.
71) 『삼국유사』에서도 일연이 불교적 세계관에 입각하여 환인을 제석(帝釋)이라 해석했다. 세계의 중심에 수미산(須彌山)이 있고, 그 수미산의 꼭대기에 도리천(忉利天)이 있는데 제석은 도리천의 임금으로서 선견성(善見城)에 머물면서 33천(天)과 4천왕(天王)을 통솔하고 불법에 귀의하여 그것을 보호하는 역할을 하는 신이다. 단군신화의 환인이란 단어는 본래 하늘님, 천신(天神)이란 의미의 한국 고유의 말이 있었을 것이나, 고려시대 문자로 정착되는 과정에서 당시 유행되던 천신이란 뜻을 가진 환인, 제석이라는 불교용어로 표현된 것이다.

왕(天王)과 야합해서 단군을 낳았다고 한다. 그 후 기자가 동쪽으로 와서 문물예악(文物禮樂)을 다스렸다. 예전에 기자가 주왕을 위하여 홍범(洪範) 구주(九疇)[72]를 말씀드렸는데, 그 세 번째는 팔정(八政)이었다. [팔정의] 셋째는 사(祀)이니 태어난 근본에 보답하고 조상을 생각하여 제사지내어 신명과 교제하는 것이다. 기씨시대에 귀신은 크게 순하고 백성들은 따를 바를 알아 나라 안[方內]이 크게 편안하였다. 그러나 그 일이 요원하여 빠지고 파묻혀 후세에 그 거동을 기록할 수 없다. 위만 말엽에 이르러 신인(神人)에게 주인이 없어진 지 대체로 수십, 수백 년에 고구려가 흥기하였다.

옛날 단군의 후세가 북부여(北扶餘)가 되었는데 임금 부루(扶婁)가 곤연(鯤淵)[73]의 신에게 아들을 내려주기를 빌어 금색 개구리 모양의[金蛙] 작은 아이를 얻었다. 부루가 죽자 금와가 즉위했기 때문에 부여에서는 곤연의 신을 제사지냈다. 부루 재위시에 재상[相臣] 아란불(阿蘭弗)이 꿈속에서 하늘로 올라갔는데 천제(天帝)가 자기에게 이르기를 "내 자손이 장차 너희의 옛 도읍지에 나라를 세우려고 하니 지금 너희 임금에게 동쪽 바닷가의 가섭원(迦葉原)을 밟게 하여라"고 했다. 옛 도읍지에는 해모수(解慕漱)라는 자가 있어 스스로 천제의 아들이라 일컫고 와서 살았다.

왕 금와가 즉위하고 나서 일찍이 태백산[白山][74] 남쪽으로 나가 노닐다가 우발수(優渤水)가에서 한 여자를 만났는데 하백(河伯)의 딸 유화(柳花)라고 자칭하였다. 여러 동생과 함께 나와 놀다가 웅심산(熊心山) 아래 압록수(鴨淥水)에 있는 집에서 해모수에게 강제로 당했는데 부모는 그녀가

---

72) 천하를 다스리는 아홉 가지 대법(大法)이다. 본시 우왕(禹王)이 천계(天啓)에 의하여 얻은 것으로 대대로 전해지다가 기자가 무왕의 물음에 대답한 후 비로소 세상에 알려졌다고 한다. 오행(五行)·오사(五事)·팔정(八政)·오기(五紀)·황극(皇極)·삼덕(三德)·계의(稽疑)·서징(庶徵)·오복(五福)을 이른다.
73) 『삼국사기』·『삼국유사』·『제왕운기』나 「동명왕편(東明王篇)」에도 모두 등장하는 지명이지만, 현재의 위치는 알 수 없다.
74) 지금의 백두산, 묘향산, 강원도의 태백산을 가리키기도 하나, 여기서는 백두산을 지칭한다.

중매없이 남을 좇았다고 하여 마침내 여기에서 귀양살이하게 되었다고 하였다. 왕이 이상하게 여기어 더불어 함께 돌아와서 어두운 방안에 가두었는데 햇빛이 그 앉아 있는 자리를 따라서 비추어 때가 되자 알 하나를 낳았다. 그것을 개에게 주자 먹지 않고, 길에 버리니 소와 말이 피해서 밟지 않고, 들판에 두니 새가 날개로 덮어주었다. 왕이 어쩔 수 없어서 그 어미에게 거두도록 허락하였다. [그 어미개] 그것을 따뜻한 방에 두었더니 한 사내아이가 껍질을 깨고 나왔다. 골격과 외모가 빼어나고 기이하였는데 이가 고구려 시조 주몽(朱蒙)이다. 주몽이 장성하게 되자 왕자 대소(帶素)가 시기하니 남쪽으로 내려와 엄표수(淹淲水)[75]에 이르렀는데 건널 수가 없었다. 주몽이 주문을 외기를 "저는 천제의 손자이자 하백의 외손입니다. 하늘이 구제해주십시오"라고 하니 갑자기 물고기와 자라가 나타나 다리를 만들어주어서 [주몽은 건널 수 있었지만] 추격해오는 자는 건널 수 없었다.

주몽이 나라를 세운 지 14년이 되어 유화태후(柳花太后)가 동부여(東扶餘)에서 죽으니 금와가 그를 위하여 신묘(神廟)를 세웠다. 고[구]려가 방물을 바쳐서 사례하고, 그 후 5세 태조왕에 이르러서는 왕이 친히 부여에 행차하여 태후의 사당에 제사지냈다. 그러나 고구려의 제사 의식[祀典]에 대해서는 사관이 그 종묘 사직의 제도를 전한 바가 없어서 제단과 그 주위의 담[壇壝]의 높고 낮음, 자리의 차례[位次]를 높이고 낮추는 것이나, 제사 음식을 차리고[陳設], 올리고 내리고[登降], 나아가고 물러남[進退]의 이치, 술잔[尊爵]·제기[籩豆]·옥과 비단 등의 폐백[珪幣]·희생[牲牢]·칙서와 축문[冊祝]의 형식 등의 자세한 것을 기록해 알릴 수 없다.

『예기』에 "태단(泰壇)[76]은 하늘에 제사지내는 것이요, 태기(泰坼)는 땅에 제사지내는 것이요, 태소(泰昭)는 때[時]를 제사지내는 것이요, 조영(祖

---

75) 『삼국사기』「고구려본기」제1 '동명성왕 즉위년조' 기사에는 엄시수(淹㴲水)로 되어 있다.
76) 하늘에 제사지내는 단이다.

迎은 추위와 더위에 대해 제사지내는 것이요, 왕궁(王宮)은 해에 제사지내는 것이요, 야명(夜明)은 달에 제사지내는 것이요, 유종(幽宗)은 별에 제사지내는 것이요, 우종(雩宗)은 홍수나 가뭄에 제사지내는 것이다. 산림(山林)·천택(川澤)·구릉(丘陵)이 능히 구름기운을 내 바람과 비가 되고 괴이한 물건을 나타내는 것은 모두 신(神)이다"77)라고 하였다. 무릇 신이 있으면 모두 제사[祭]가 있는 것이요, 팔사(八蜡)78)에서 사방의 모든 신의 영령[靈], 선색(先嗇)79)·수용(水庸)80)에게 보답하는 것도 모두 제사[享]81)가 있는 것이다.

고구려에서는 항상 10월에 하늘에 제사를 지내는데, 여러 신하들이 다 모이니 이름을 동맹(東盟)82)이라 한다. 영성(靈星)83) 및 해[日]에 대해서도 모두 제사가 있다. 또 3월 3일에는 하늘 및 산천에 제사를 지내는데84) 그 희생으로는 멧돼지[野猪]와 흰사슴[白鹿]을 쓴다.

『예기』에 "묘(廟)85)·조(祧)86)·단(壇)87)·선(墠)88)을 세우는데 천자는 7

---

77) 『예기』 권22 「제법(祭法)」 제23에 나오는 구절로 본래의 문장은 "燔柴於泰壇 祭天也 瘞埋於泰圻 祭地也 用騂犢 埋少牢於泰昭 祭時也 相近於坎壇 祭寒暑也 王宮祭日也 夜明祭月也 幽宗祭星也 雩宗祭水旱也 四坎壇祭四方也 山林川谷丘陵 能出雲 爲風雨 見怪物 皆曰神 天下祭百神 諸侯在其地則祭之 亡其地則不祭"이다.
78) 사(蜡)는 세말(歲末)에 지내는 군신(群神)에 대한 합사(合祀)이다.
79) 선농(先農), 즉 처음으로 농사를 가르친 제왕인 신농씨(神農氏)를 말한다.
80) 도랑 또는 도랑의 물을 조절하는 문을 말한다.
81) 제(祭)와 향(享)은 모두 제사라는 뜻이나, 향은 음식물을 바치며 지내는 제사의 의미가 더해진 것이 아닌가 생각된다.
82) 고구려에서 매년 국가적으로 지내던 농경사회의 수확제로서 고구려족 전체의 시조인 동명(東明)의 탄생을 기리는 제사이다. 동맹은 여러 날에 걸치는 대제전으로서, 하늘에 제사를 지내고 수신(隧神)을 맞이하여 나라의 동쪽 수상(水上)에 돌아와 제사지내는데 그러한 과정 중에 부여의 영고(迎鼓)와 마찬가지로 연일 음주·가무를 하고 형옥(刑獄)을 결단하는 등의 조치를 취한 듯하다.
83) 곡식 농사를 맡은 별의 이름이다.
84) 『삼국사기』 권32 「잡지」 제1 '제사조'의 고구려제사에 관한 기사에서는 『후한서』·『북사』·『양서』·『당서』 및 「고기(古記)」 등을 인용하여 동맹이나 수신(隧臣)에 관한 제사는 언급하고 있으나, 3월 3일에 지내는 제사에 관해서는 전혀 기록하고 있지 않다.
85) 조상의 신주를 모시는 곳이다.
86) 먼 조상을 합사(合祀)하는 사당이다.

묘·1단·1선이요, 제후는 5묘·1단·1선이요, 대부는 3묘·2단이요, 적사(適士)[89]는 2묘·1단이요, 관사(官師)는 1묘이다. 천자는 다섯 가지 요절(夭折)[五殤][90]에 대해 제사지내고, 제후는 세 가지 요절에 대해 제사지내며, 대부는 두 가지 요절에 대해 제사지내고, 사(士)와 서인(庶人)은 그 자식이 일찍 죽는 것에 대해서만 제사지낼 뿐이다"라고 하였다.

고구려에서는 졸본(卒本)의 옛 나라에 동명묘(東明廟)를 세워서 산상왕(山上王) 이하 건무년간(建武年間, 494~498)의 여러 왕에 이르기까지 새로 즉위한 자는 모두 친히 가서 제사지냈다. 『예기』에 "교체(郊禘)[91]는 천자의 예이니 천하를 가진 자는 모든 신에게 제사지내고, 제후로서 그 땅을 차지하고 있으면 제사지내고, 그 땅이 없으면 제사지내지 않는다. 천자는 태사(泰社)[92]를 세우고, 제후는 후사(侯社)를 세우며, 대부는 사(社)를 둔다. 무릇 생사(生死)·출입(出入)·기거(起居)·음식(飲食)에 모두 제사가 있다. 천자는 7사(七祀, 일곱 가지 제사)이니, 생명[司命]·가옥[中霤][93]·국문(國門, 나라의 문)·국항(國行, 나라의 길)·태려(泰厲)[94]·호(戶, 집이나 방의 출입구)·조(竈, 부뚜막)를 맡은 신에게 제사지내는 것이다. 제후는 5사(五

---

87) 선(墠)의 뒤쪽에 흙을 높이 쌓아 위를 평평하게 제단이다.
88) 풀을 없애고 평평하게 고른 제사터로 단 앞에 만든다.
89) 주나라 때 선비를 상·중·하의 세 계급으로 나눈 것 중 최상의 것으로 상사(上士)라고도 한다.
90) 상(殤)은 일찍 죽는 것[夭死]을 의미하는데, 16~19세에 죽는 것은 장상(長殤), 12~15세는 중상(中殤), 8~11세는 하상(下殤), 7세 이하에 죽는 것은 무복지상(無服之殤)이라 한다.
91) 천자가 천지를 제사지내는 교(郊)제사와, 조상을 하늘에 배(配)하여 제사지내는 체(禘)제사를 말한다.
92) 제왕(帝王)의 종사(宗社)를 이른다.
93) 방 가운데 또는 방의 중앙이란 뜻으로, 경대부의 집에서는 토신(土神)을 제사지내는 곳이다. 옛날 혈거(穴居)하였을 때 위에 구멍을 뚫고 채광(採光)을 하였는데, 비 올 때 그곳에서 낙숫물이 떨어졌으므로 이름이 붙여진 것이며, 가옥을 지키는 신이라고 할 수 있다.
94) 『예기』「제법(祭法)」 제23의 주(注)에 따르면 태려(泰厲)는 옛날 제왕으로서 후사가 없는 자이며, 공려(公厲)는 옛날 제후로서 후사가 없는 자, 족려(族厲)는 옛날 대부로서 후사가 없는 자를 지칭한다.

祀)이니, 사명·중류·국문·국항·공려(公厲)에 대해 제사지내는 것이다. 대부는 3사(三祀)이니, 족려(族厲)·문(門)·항(行)에 대해 제사지내는 것이다. 적사(適士)는 2사(二祀)이니, 문·항에 대해 제사지내는 것이다. 사(士)와 서인(庶人)은 부뚜막[竈]에 제사를 지내면 문지방[戶]에는 제사를 지내지 않는다"95)고 하였다.

고구려는 수신(隧神)96)에 대한 제사가 있었는데 수신은 어떤 신인지 알 수 없고, 그 제사 또한 시작된 때를 알지 못하나, 매해 10월에 왕이 국문(國門) 동쪽에서 친히 신을 맞이하여 큰 굴[大隧] 가운데에서 제사를 지냈다. 무릇 묘궁(廟宮, 사당과 궁)이 대부분 도성의 동쪽에 있었는데 기둥과 서까래의 제도가 자못 크고 훌륭하며 여러 귀신을 제사지냈다. 고국양왕(故國壤王) 9년에 국사(國社)97)를 세우고, 또 두 개의 신사(神祠)98)를 두었다. 하나는 부여신(夫餘神)99)인데 나무를 새겨 부인상을 만들었고, 다른 하나는 고등신(高登神)100)인데 대개 부여신의 아들이라고 한다. 두 사당에 관사(官司)를 두어서 지키게 하였다.

---

95) 『예기』「제법(祭法)」 제23에 나오는 내용을 표현을 약간 바꾸어 기록해 놓은 것이다.
96) 수(隧)는 산이나 땅 밑을 뚫고 만든 길 또는 평지에서 광혈(壙穴)까지 비스듬히 파서 통하게 한 길이다. 수신(隧神)은 고구려에서 국가적으로 제사지내던 신의 하나로 수신(禭神)으로도 표기된다. 수신은 도성의 동쪽에 있는 큰 굴인 수혈(隧穴)에 있던 신으로 매년 10월 나라 사람들이 크게 모여 이를 맞이해서 도성의 동쪽 물가에 돌아와 제사지내고 목수(木隧)를 신좌(神座)에 안치한다고 한다. 수신이 누군인지, 1명인지 2명인지도 분명치 않으나, 『삼국지』에 목수라고 나오는 것이 『북사』에 '목각의 여인상(女人像)'이라고 나오고, 도성의 동쪽 물가, 즉 압록강 위에서 제사지냈다고 하므로 동명의 어머니인 하백녀(河伯女)일 가능성이 있다.
97) 제후가 세운 태사(太社)이다.
98) 신을 제사지내는 사당이다.
99) 고구려에서 국가적으로 제사지내는 신으로 고구려의 시조신인 동명왕 주몽의 어머니인 하백녀 유화(柳花)이다. 『삼국사기』「제사지」에 인용된 고기에 따르면 동명왕모의 묘(廟)인 태후묘(太后廟)는 동부여에 있다고 하므로 그와 연관하여 부여신이라 칭한 듯하다.
100) 고구려에서 국가적으로 제사지내는 신으로 고구려 시조신인 동명왕 주몽(朱蒙)이다. 『주서』에는 등고신(登高神)으로 나와 있다.「동명왕편」에는 동명왕이 40세 되던 해에 승천(昇天)하여 내려오지 않았다 하고,「광개토왕릉비문」에는 동명왕이 용의 머리를 밟고 승천하였다 하였으니, 그런 연유로 동명왕을 고등신 또는 등고신으로 불렀던 듯하다.

『예기』에 "세상에 본보기를 베푼 바가[法施] 있으면 제사지내고, 백성에게 공덕(功德)이 있으면 제사지내고, 능히 큰 재앙을 막았으면 제사지내고, 죽도록 열심히 일했으면 제사지내고, 수고로움으로써 나라를 안정시켰으면 제사지낸다"[101]고 하였다. 죽어서 돌아갈 곳이 없는 것을 여(厲 : 악귀)라 하는데 능히 재앙[禍]·복록[福]으로 사람을 현혹시킬 수 있으니 요망한 것이다. 대무신왕 5년 왕이 부여와 싸워 위태로울 때 장군 괴유(怪由)가 분격해서 크게 쳐부수고 그 왕 대소(帶素)를 목베어 죽였다. 이 해에 괴유가 죽으니 왕이 전에 세운 공을 생각해서 북명산(北溟山) 남쪽에서 시사(時祀)[102]를 지냈다.

대저 고구려의 제사의식[祀典]은 예에 맞기도 하고 맞지 않기도 한다. 그러나 옛 역사에서 빠져 있어서 그 자세한 것을 알 수 없는데 신선(神仙)·방괴(方怪 : 술법·괴이)의 일 또한 가끔씩 보인다고 한다. 제나라의 위왕(威王)·선왕(宣王)부터 연나라의 소왕(昭王)·진나라의 시황제(始皇帝)·한나라의 무제(武帝)가 신선이 되어 죽지 않는 방법을 구하여 일찍이 사람들을 시켜서 바다로 들어가 봉래(蓬萊)·방장(方丈)·영주(瀛州) 세 곳의 신령스런 산을 찾게 했다. 그 위에는 대개 여러 선인(仙人)과 죽지 않는 약이 있고, 은대(銀臺)[103]·금궐(金闕)[104]에는 봉황(鳳凰)·기린(麒麟)·귀룡(龜龍, 거북·용)의 무리가 마치 개나 닭과 같이 많이 사는 것으로 여겼다. 이 세 곳의 신령스런 산은 고대의 기록[傳]에 발해(渤海) 가운데에 있고 그 동쪽은 고구려가 되었다고 한다. 대개 전조선(前朝鮮) 때부터 세상에서 전하기를 평양에는 선인(仙人) 왕검(王儉)의 집이 있다고 하는데 이것은 단군의 이름이다. 단군은 1,048세까지 죽지 않았다.

---

101) 『예기』 「제법(祭法)」 제23에 나오는 본래의 문장은 "夫聖王之制祭祀也 法施於民則祀之 以死勤事則祀之 以勞定國則祀之 能禦大菑則祀之 能捍大患則祀之"이다.
102) 시제(時祭)와 같은 의미로, 춘·하·추·동 사시에 일월(日月)·산천(山川) 등에 지내는 제사이다.
103) 신선이 사는 곳이다.
104) 도교에서 천제(天帝)가 있는 곳이다.

동명왕이 천제의 손자라고 자칭하고 백성에게 위엄을 보임에 이르러
서는 일찍이 비류군(沸流君)과 더불어 틈이 있었다. 서쪽으로 해원(蟹原)에
수렵을 갔다가 신록(神鹿, 신령스런 사슴)을 잡아 거꾸로 달아매어 놓고 주
문을 외기를 "하늘이 만약 비를 내려 송양(松壤)의 도읍을 침몰시키지 않
으면 너를 놓아주지 않겠다"고 하니 사슴이 슬피 우는 소리가 매우 컸
다. 하늘에서 장마비를 7일 동안이나 내려주어 비류성이 물에 잠겼다.
왕이 오리를 타고 말은 갈대끈으로 묶고서 물이 범람한 곳을 건넜다. 백
성들이 그 끈을 잡고서 왕이 휘두르는 채찍이 물을 가른다고 소리지르
니 물이 곧 내려갔다. 3년 7월에 검은 구름이 골령(鶻嶺)에서 일어났는데
산에서는 아무 것도 보이지 않고 오직 소리만 들렸다. 수천 인이 올라가
서 소리를 내니 왕이 말하기를 "하늘이 나를 위해서 토목공사를 한다"고
하였다. 7일만에 구름과 안개가 흩어지면서 성곽과 궁실이 완성되었다.
이에 구제(九梯)[105]의 궁궐이 있게 되어 한(漢)의 다리[梁], 청운(靑雲)·백
운(白雲)의 다리[橋], 하늘에 조회하는[朝天] 돌로 통하게 되었다.

왕이 일찍이 궁 동쪽의 굴속에서 기린마(麒麟馬)를 키웠는데 19년 가
을 7월에 돌 위에서 하늘로 올라갔다. 여러 신하와 모든 관료가 우러러
바라보았으나 미치지 못하였다. 기린마는 날아 올라가서 왕의 옥 채찍
을 떨어뜨렸는데 왕도 이미 하늘로 올라갔다. 태자와 여러 신하들이 옥
채찍을 받들어서 용산(龍山)에 장사지냈기 때문에 후세 사람들이 그 돌
을 이름하여 조천석(朝天石)이라 하고, 그 굴을 기린굴이라 하였다.

그 후 태조왕은 119세, 장수왕은 100세, 차대왕(次代王)·신대왕(新代王)
은 모두 100세 가까이 살았다. 그 신하 명림답부(明臨荅夫) 또한 114세를
누렸다. 그 나라 백관(百官)의 품계 중에 마침내 선인(仙人)이라는 칭호가
있으니 신선을 높이 받들었음을 가히 미루어 알 수 있다. 가락국(駕洛國)
임금 수로(水露) 또한 159세를 누렸다. 이 때문에 중국 사람들이 마침내

---

105) 사다리 9개를 쌓아야 닿을 정도의 크고 높은 궁궐이다.

동방에 신선이 있는 걸로 의심했다.

고기(古記)에도 다음과 같은 말이 있다. 신라의 시조왕이 하늘로 올라간 지 7일만에 전신[五體]이 흩어져 떨어지니 국인(國人)들이 그것을 모아서 묻으려고 했으나, 큰 뱀[大蛇]의 이변이 있었다. 국인들이 그것을 두려워하여 그것이 떨어진 곳을 따라 장사지내고서 이름을 오릉(五陵)이라고 하였다. 계림(雞林)의 서쪽 산[西岳]은 선도(仙桃)[106]라고 하는데 그 위에 성모(聖母)의 사당이 있어 국인들이 제사지내는 곳이다. 옛날 중국 황실[帝室]의 파쇼(婆蘇)라고 하는 여자가 신선의 방술(方術)을 얻어 지아비가 없는데도 임신을 하여 곧 삼한(三韓)에 들어와서 혁거세를 낳았다. 왕은 천선(天仙)이 되고 성모는 지선(地仙)이 되었다. 그 후 문무왕이 유조(遺詔)에서 동해상에 뼈를 장사지내라 했는데 후세 사람들은 모두 문무왕이 용이 되었다고 말한다. 또 [원]술랑(術郎)[107] 등 4선(四仙)의 무리가 동해에 자취를 남겼다고 한다. 어떤 사람은 삼신산은 모두 우리나라에 있었다고 하니 봉래는 기달(怾怛)이고, 방장(方丈)은 지리(智異)이고, 영주는 한라(漢拏)이다. 또 땅과 바다[壤海] 가운데서 쉬었는데 빽빽이 들어선 돌이 뒤섞여 서있는 것이 마치 다리[橋梁] 같았다. 어떤 사람은 진나라 때 큰 바다 나루터[滄津]에서 수레나 가마를 타던 터라고 한다. 그 말이 모두 괴이하고 바르지 못한데 국인들이 그것을 믿는 것은 대개 연나라·제나라 바닷가에 남아 있는 풍습 때문이다. 앞에서 귀신을 독실히 믿어 이설(異說, 이상한 말)에 미혹되었다고 말한 것이 이런 것이 아니겠는가? 그러나 신선이 되는 의약 기술[仙方技]을 구하고자 빌고 제사드

---

106) 현재 경북 경주시 서악동(西岳洞)에 있는 산으로 서악(西嶽), 서술(西述), 서형산(西兄山)이라고도 한다. 산의 정상 부근에 선도성모를 모셔둔 사당이 있으며, 그 옆의 바위에 '성모구기(聖母舊基)'라는 글자가 새겨져 있다.

107) 술랑(術郎)은 김유신의 둘째 아들인 원술을 지칭하는데, 『삼국사기』에는 원술(元述)로 되어 있다. 문무왕 12년(672) 당나라 군대와의 석문(石門) 전투에서 비장(裨將)으로 참여하였다가 다른 7명의 장군이 전사할 때 죽지 않고 돌아왔다 하여 부모가 아들로 인정하지 않았다. 그 후 태백산으로 들어가 있다가 문무왕 15년 매소천성(買蘇川城)에서 당나라 군대를 격파한 공을 세웠으나, 벼슬을 받지 않았다.

린 일은 후세에 전하지 않는다.

다음과 같이 찬(贊)한다.

"옛날 사람들의 말에 성인의 다스림은 제사지내는 의식을 분명히 하고[明祀典], 인심을 바로잡는 것[正人心]보다 중요한 것이 없다고 하였으니 선악이 밝게 되어야 백성의 뜻이 미혹되지 않아 방물(方物)·인신(人神)이 각각 바르게 될 수 있다. 추위와 더위가 때에 맞고, 바람과 비가 고르게 되어 쑥이나 명아주·강아지풀 같은 곡식을 해치는 풀은 생겨나지 않고 올빼미 같은 해조(害鳥)는 멀리 날아가 버리며, 봉황과 기린 같은 길조가 날아오고 좋은 곡식이 신기할 정도로 무성하니, 백성들은 장수하고 넉넉함과 즐거움이 풀풀 넘쳐 나서 요망하고 거짓된 것이 사람들의 믿음을 어지럽힐 수 없게 된다. 내가 사마천(司馬遷)[108]의 「봉선서(封禪書)」[109]와 반고(班固)[110]의 「교사지(郊祀志)」[111]를 보니 모두 신선을 말하고 있는데 요망한 것을 바로잡으려는 이유에서였다. 그래서 단군·기자 이래 귀신의 일을 차례대로 논하여 삼대(三代)의 법도에 절충시켰으며, 아울러 신선이나 황당하고 괴이한 이야기를 언급하여 그 안팎을 모두 드러냄으로써 후대의 군자가 참고할 수 있게 한다."

---

108) 사마천(司馬遷, B.C.145~90?)은 한대의 사가(史家)이다. 자는 자장(子長)이며, 사마담(司馬談)의 아들이다. 무제 때 태사령(太史令)이 되었으며, 저서로는 『史記』 130권이 있다.

109) 봉선(封禪)은 봉토(封土)를 쌓아 하느님에게 제사지내며, 땅을 깨끗이 쓸고 산천에 제사지낸다는 의미이므로 봉선서는 제사에 관련되는 글이다.

110) 반고(班固, 32~92)는 후한의 역사가이다. 자는 맹현(孟賢)이며, 반표(班彪)의 아들이다. 아버지의 뜻을 이어 20여 년에 걸쳐 『한서(漢書)』를 저술하였으나 완성하지 못하고 옥사하자, 그의 누이 반소(班昭)가 이를 보완하였다. 저서에 『백호통(白虎通)』·『양도부(兩都賦)』 등이 있다.

111) 교사(郊祀)는 교제(郊祭)와 같은 의미로 천지에 지내는 제사를 지칭한다. 동지에는 하늘을 남교(南郊)에서 제사지내고, 하지에는 땅을 북교(北郊)에서 제사지낸다. 교사지는 [교]제사에 관한 내용을 기록한 지(志)이다.

4. 고구려(高句麗) 예문지(藝文志)

옛날에 성현이 자리를 얻어 윗자리에 있으면, 공적은 당대(當代)에 베풀어지고 언어와 문장은 책에 실려 백대 동안 전해지지만, 불행히도 [공적이] 당대에 베풀어질 수 없는 것은 또 반드시 문자로 기록을 하여 사후를 기약한다고 하였으니, 그러면 말은 더욱 많아지고, 그 마음 또한 괴롭게 된다. 육경(六經)·사서(四書)로부터 제자백가(諸子百家)에 이르기까지 그 책이 마룻대를 채우고 집에 넘칠 정도로 무척 많지만, 후세에 전하여 하늘과 땅을 가리우면서도 없어지지 않는 것은 육경·사서 외에 선진(先秦)과 서한(西漢)의 순자(荀子)[112]와 양주(楊朱),[113] 사마천(司馬遷)과 반고(班固) 이후로는 대략 얼마 되지 않는다. 그 나머지 진신[薦紳] 군자는 혹은 도술(道術)의 반열에 있거나, 혹은 그 문장을 떨치지만, 모두 육예(六藝)[114]의 말류에 관련되어 있어 몇 세 후에는 시들어 떨어지고 닳아 없어져서 볼 만한 것이 없는 자가 또 이루 헤아릴 수 없다. 문자라는 것이 믿을 수 없는 것이 대체로 이와 같다. 비록 그러하나 6국[115]이 붕괴될 때나 진한 시기에, 선비 중에서 괴이하고 바르지 못하며 기벽이 있어서 그 말이 도에서 벗어난 자가 종종 그 이름을 전하기도 하는 것은 어쩌면 다행이기도 하고, 불행이기도 하다.

예로부터 예문(藝文)은 반고(班固) 이래 역사를 기록하는 자가 대체로 '지(志)'를 두지 않음이 없어서 한나라에서 간직한 것은 13,269권이 되는

---

112) 순자(荀子)는 전국시대의 학자 순황(荀況)의 존칭으로 순경(荀卿) 또는 손경(孫卿)이라고도 하며, 성악설(性惡說)을 주장하였다.
113) 양주(楊朱)는 춘추전국시대의 사상가로 자는 자거(子居)이다. 극단적인 이기주의·개인주의를 제창하여 묵적(墨翟)의 겸애설과 대립하였다.
114) 선비로서 배워야 할 여섯 가지의 일, 즉 예(禮)·악(樂)·사(射)·어(御)·서(書)·수(數)이다.
115) 춘추전국시대의 제(齊)·초(楚)·연(燕)·한(韓)·위(魏)·조(趙)의 여섯 나라를 말한다.

데, 당나라에서는 12,384권이었으니 대체로 시대가 내려갈수록 그 도가
더욱 어두워진 것이다. 그러나 중국 문장의 융성함은 볼 수 있다.

아, 동방은 단군·기자 이후부터 문헌이 전하지 않는다. 그러나 기자
성인이 오시자 백공기예(百工技藝)와 의약복서(醫藥卜筮)의 책이 또 따라
서 동방으로 왔으니, 하물며 선왕(先王)의 제도와 문물이나 우(虞)·하(夏)
의 서적에 있어서랴? 고구려가 일어났을 때 민간이 사는 마을[閭巷里落]
에 학교[學]가 없는 곳이 없었다. 그 학사(學士)·대부들이 나날이 중국
에 유학을 가 중국의 서적을 이미 동쪽 일본[日東]에 전해 주었다. 위진
년간에는 대대로 내려준 책이 또 다시 서로 이어져서 비부(秘府)에 쌓아
놓은 것 또한 많다. 그러나 그 남긴 사서로 말미암아 오늘날 살펴볼 수
있는 것은 유기(留記)116) 100권을 이문진(李文眞)117)이 5권으로 교정한 것
및 을지문덕(乙支文德)이 우중문(宇仲文)118)에게 보낸 시 4구와119) 저 당나
라에서 하사한 『노자도덕경(老子道德經)』 상·하경뿐이다.

바야흐로 성시에는 학사들은 상국(上國)에 손님으로 가고[賓], 자제들
은 지방 학교[鄕塾]에서 학업을 닦아 문물예악이 활을 당기어 힘써 싸우
는[引弓强戰] 것보다 훨씬 볼 만한 것이 있었다. 당시의 학자는 반드시
옛 성현의 불후의 문장을 사모하여 일생을 부지런히 해서 문자 사이에
마음을 다했다는 것을 비록 문덕이 보낸 시를 보더라도 미루어 알 수
있다. 그 6국의 천한 선비[賤士]나 진·한의 말단 유생[末儒]과 더불어

---

116) '국초(國初)'에 만들어졌다고 하는 고구려의 역사서이다. 국초에 대해서는 기원 전후
    의 시기, 4세기 후반 소수림왕 내지 광개토왕대로 보는 견해들이 있으나, 책의 내용은
    알 수 없다.
117) 이문진(李文眞)은 고구려 영양왕 때 태학박사(太學博士)로서 고구려의 역사를 『신집
    (新集)』 5권으로 재정리했다.
118) 우중문(宇仲文)은 수나라 장군으로 문제 때에 여러 차례 전공을 세웠고, 양제가 즉위
    하자 우익위대장군(右翼衛大將軍)에 임명되어 문무관의 인선에도 참여하였으나, 고구
    려 침공에 참여하여 대패하자 이(吏)로 전락되었으며, 패전에 대한 책임으로 감옥에 갇
    혔다.
119) "神策究天文 妙算窮地理 戰勝功旣高 知足願云止"라는 5언절구의 시를 가리킨다.

명성을 드리우고 영구히 전할 수 없다는 것이지, 아마도 후미진 하국(下
國)이기 때문에 오래도록 전할 수 없다는 것은 아닐 것이나, 그 또한 심
히 불행한 것이다. 그러나 담자(郯子)[120]는 동이인으로 대대로 조관(鳥官)
을 기록했고, 양웅(揚雄)[121]은 촉나라 사람으로 대대로 법언(法言)을 전하
였으며, 굴원(屈原)[122]은 초나라 태생으로 이소(離騷)가 있으니 진실로 그
실체[實]가 있으면 저절로 멀리까지 갈 수 있는 것이다.

옛날 유향(劉向)[123]이 7략(七略)[124]을 아뢰자 반고(班固)가 그것을 따랐
고, 또 육예(六藝)[125] 구종(九種)[126]이 있었는데 당나라 때 네 가지 종류[四
類]로 나누었으니 경(經)·사(史)·자(子)·집(集)이다. 그런데 다른 나라[海
外]에서 유행되어 전하는 것은 또한 7략·4류에서 벗어나지 않는다. 무
릇 학사가 스스로 지은 것과 전대부터 간직해온 선진(先秦)의 고서들이
또 몇 권인지 알 수 없고, 지금 모두 살펴볼 수 없으니, 애석함을 이루
다할 수 있겠는가? 아, 역대에 성하고 쇠퇴한 문장을 통해 때의 고하(高
下)와 더불어 그 다스려지고 다스려지지 못함[治亂], 쇠퇴함과 융성함[汚
隆]을 살펴 알 수 있으니 예문지(藝文志)라는 것은 빠뜨릴 수 없다. 지금

---

120) 담자(郯子)는 춘추시대 담국(郯國)의 임금이다. 소공(昭公) 때 노(魯)를 섬겼으며, 중
    니(仲尼)가 이 사람에게 사사했다고 한다.
121) 양웅(揚雄, B.C.53~A.D.18)은 전한의 학자이다. 자는 자운(子雲)이며, 촉의 성도(成都)
    사람이다. 저서로『태현경(太玄經)』·『양자법언(揚子法言)』·『양자방언(揚子方言)』등
    이 있다.
122) 굴원(屈原)은 전국시대 초나라의 대부이며 문학가이다. 이름은 평(平), 자는 원(原)으
    로 회왕(懷王)의 신임이 두터웠는데 참소를 당하여 소원시되자 '이소'를 지어 충간하였
    으나, 용납되지 아니하여 멱라수(汨羅水)에 빠져 죽었다.
123) 유향(劉向, B.C.77~B.C.6)은 전한 선제(宣帝)·성제(成帝) 때의 유학자이다. 전한의 종
    실(宗室)로서 자는 자정(子政)이다. 목록학의 시조로서 저서에『열녀전(列女傳)』·『신서
    (新序)』·『홍범오행전(洪範五行傳)』·『설원(說苑)』·『초사(楚辭)』·『전국책(戰國策)』
    등이 있다.
124) 전한 사람 유향이 아들 유흠(劉歆)과 같이 작성한 서적의 목록 7종(七種)이다. 집략
    (輯略)·육예략(六藝略)·제자략(諸子略)·시부략(詩賦略)·병서략(兵書略)·술수략(術
    數略)·방기략(方伎略)을 지칭한다.
125) 6경(六經), 즉 역(易)·시(詩)·서(書)·춘추(春秋)·예(禮)·악(樂)을 지칭한다.
126) 역·서·시·춘추·예·악·논어(論語)·효경(孝經)·이아(爾雅)를 일컫는다.

사가(史家)와 시가(詩家) 두 종류로 나누어 뒤에 붙여서 그 본체를 보존하
고자 한다.

5. 고구려(高句麗) 율력지(律曆志)[신라부(新羅附)]

정삭[正朔]127)은 천자의 제도이다. 그러나 춘추시대에는 노나라의 역
[魯曆]이 있었으니, 역(曆)이라고 하는 것은 제후의 나라에서도 그 법을
폐할 수가 없다. 하물며 해외의 다른 구역[海外別區]으로 그 분야(分
野)128)와 전도(躔度)129)가 중국과 다른 나라에 있어서랴?

무릇 토규(土圭)130)의 그림자가 천 리이면 1촌(寸)이 차이가 나는데, 고
구려는 양성(陽城) 땅과 5천~6천 리가 떨어져 있으므로 일영(日影 : 해 그림
자)이 이미 5, 6촌의 차이가 있는 것이다. 이 때문에 사시(四時 : 사철)의 추
위·더위의 징후와, 음양이 오르고 내리는 기미가 더디고 빠름, 이르고
늦음이 같지 않음이 없을 수 없으니, 일관(日官)131)이 된 자는 역법을 중
국의 책에 서로 맞게 해야 하는데, 이것은 어쩔 수 없는 것이다. 무릇
역법은 당뇨(唐堯)·우순(虞舜), 삼대(三代)의 제도인데 중국도 전하는 바가
없다가 한나라·당나라의 역(曆)에 이르러 그 사(史)와 지(志)를 살펴서 자
세히 알 수 있다. 그러나 한나라의 역법은 한결같이 율(律 : 법령)에 근본

---

127) 정(正)은 해의 처음인 정월, 삭(朔)은 달의 처음인 초하루이므로 전하여 달력, 역수(曆
數)를 의미한다. 왕자가 건국하면 반드시 달력을 고쳐 천하에 반포하여 그 달력이 통치
권이 행하여지는 영역에서 쓰인다.
128) 전국시대의 천문가가 중국 전토를 하늘의 28수(宿)에 배당하여 구별한 것을 일컫는다.
129) 천체 운행의 도수(度數)이다.
130) 햇빛을 재는 데 쓰던 중국 고대의 옥기(玉器)이다.
131) 천관(天官)으로 천문을 맡은 벼슬아치이다.

했는데, 당나라의 일행(一行)[132]은 주역(周易)의 대연(大衍)으로 역의 근본을 삼았으니[133] 이것이 다른 점이다. 그러나 통모(統母)[134]는 81로 나뉘는데 그 수가 황종(黃鍾)[135]의 약(龠)에서 비롯되었고, 하도(河圖) 50은 또 대연(大衍)의 수가 되었다. 무릇 역의 쓰임은 수(數)에서 비롯되었으니, 수라는 것은 진실로 역의 근본이다. 그렇기 때문에 역을 만드는 것은 요컨대 수를 나누는 것[分數]이 밝혀진 뒤에 가능할 뿐이다.

고구려는 상고할 만한 것이 없는데, 신라 문무왕 14년대나마 덕복(德福)이 당에서 숙위(宿衛)를 하다가 역법을 전수하여 돌아오자 신라에서는 비로소 새 역법을 썼으니 대체로 일행(一行)이 정한 설이다.[136] 대체로 삼국이 쓴 것은 모두 중국의 역이니 태초(太初)·사분(四分)·삼통(三統)·원가력(元嘉曆) 같은 것을 때에 따라 만들어 시행한 것이다. 그러나 그 없어지고 생기며[消息], 덜어내고 보태는[損益] 법 또한 반드시 내외의 구분과 원근의 차이가 있을 것인데 서적이 흩어져 없어져서 마침내 그것이 어떠한 지를 알 수 없으니, 안타깝도다. 대저 때를 밝혀 착오가 없게 해서[明時] 역법(曆法)을 다스리는 것이 성왕의 급선무로서 해와 달, 별, 사시, 추위와 더위가 모두 운행(運行)을 갖추었다. 항상 움직여 쉬지 않으면 그 해가 오래될수록 차이나고 어긋나는 것이 이치상 반드시 그렇다. 이 때문에 역법은 수백 년에 한번씩 고치는 것이니 학자들은 먼저

---

132) 당나라의 거록인(鉅鹿人)으로 속성은 장씨(張氏), 사호(賜號)는 대혜선사(大慧禪師)이다. 고종 때 태어나서 현종 때 죽었다. 밀교(密敎)의 개조(開祖)로 천문역수(天文曆數)에 통하였다. 저서에 『개원대연력(開元大衍曆)』·『대일경소(大日經疏)』·『화엄해인참의(華嚴海印懺儀)』가 있다.

133) 대연력(大衍曆)은 당나라 현종 때 승 일행(一行)이 칙명을 받아서 만든 것이다. 종래 이순풍(李淳風)이 만든 인덕력(仁德曆)이 점차 오류가 많아짐에 따라 제가의 역법에 정통한 일행에게 명해서 새로운 역을 만든 것이다. 『주역』의 대연(大衍)의 수에 의거했기 때문에 대연력이라 한다. 『주역』「계사전(繫辭傳)」에 "大衍之數五十 其用四十九"라 되어 있는데 50이란 수는 천(天)의 수와 지(地)의 수의 합계이다.

134) 고대 역술의 수법(數法)이다.

135) 음력 11월의 다른 이름이다.

136) 일행이 만든 대연력(大衍曆)을 사용하였다는 의미이다.

이치를 살핀 후에 법에 상고해보고, 때에 따라 살피고 조사해서 하늘에 합당하게 할 뿐이다. 진실로 분수를 밝히지 않으면 또 어떻게 이것에 미칠 수 있겠는가?

6. 고구려(高句麗) 천문지(天文志)

하늘과 사람의 경계는 미묘하다. 그러나 모두 한가지 이치에 근본하고 있어서 그 움직임이 너무 드러나 가릴 수가 없다. 이 때문에 하늘의 뜻과[天意] 사람의 일[人事]은 항상 서로 섞여서 떼어낼 수 없는 것이다. 그러나 천관(天官)이 된 자는 그 말이 쌀과 소금을 마구 섞고 화복[禍祥]에 구애되며, 유가(儒家)에서는 종종 천도를 폐하고 한결같이 인사에 귀결시키니 모두 통할 수 없는 논리이다. 대개 삼진(三辰)·오성(五星)의 기운은 그 근본은 땅에 있으나 그 정수는 위로 천성(天聖)에서 피어나는데, 사람이 그 사이에서 거처하면서 도맡아 다스린다. 그 차고 이지러지고 가지런하지 못한 사이에 합하고 흩어지는 것[合散], 지켜야 할 것을 범하는 것[犯守], 거쳐가야 할 것을 업신여기는 것[凌歷], 투식(鬪食)[137]의 변고가 없을 수 없으며, 길흉이 돌고 도는 기미가 일찍이 임금의 덕[君德]이 닦이고 닦이지 않는 사이에 있지 않은 적이 없다. 그 때문에 그 점괘의 징험의 설명은 요컨대 폐할 수 없는 것이다.

예로부터 보이는 하늘의 변고[天變]는 모두 나라마다 분야(分野)가 달라 바야흐로 내외가 구분된다. 우리나라[靑丘鰈域][138]의 땅은 「우공(禹

---

137) 성(星)이 서로 부딪쳐서 보이지 않게 되는 것을 말한다.
138) 원문의 청구(靑丘)나 접역(鰈域)은 모두 한국의 별칭이다. 청구는 진수(軫宿) 동남쪽에 있는 일곱 별이 우리나라를 맡고 있다는 신앙에서, 우리나라의 별칭으로 쓰인다. 접

貢)」139)에서 언급하지 못한 바이니, 그 점을 쳐서 알아보는[占候] 법은 진실로 중국과 다르다. 단군과 기자는 아주 오래 되어 그 일을 가히 상고할 수 있는 것이 없으나, 대체로 조선의 강역의 조짐은 진성(辰星)이 기미(箕尾)140)를 점하고 있는 데 있고, 삼한의 강역 또한 진성이 허위(虛危)141)를 차지하고 있다. 선기(璇璣)142)는 북두의 우두머리로서 평일 아침[平朝]에 해대(海岱)143) 이동의 땅에 그 바름을 세우는 까닭에 다시 두성(斗星)144)을 점하고 있다. 신라가 고구려와 백제를 병탄함에 이르러서는 패수(浿水)와 절령(岊嶺)145) 이남은 모두 바닷가로서 월(越)의 상이다. 그 땅이 양(陽)이 되니, 양은 필수(畢宿)146)가 그것을 주관하고 거리 남쪽[街南]을 점하고 있다. 그 서북에는 숙신(肅愼)·말갈(靺鞨) 같은 상투를 틀고[椎髻] 활을 당기는 백성들이 있으니 호(胡)의 땅이다. 그 땅이 음(陰)이 되니, 음은 묘수(昴宿)147)가 그것을 주관하고 거리 북쪽[街北]을 점하고 있다. 그 때문에 그 점후(占候)가 남하(南河)와 북하(北河)의 경계나 남수(南戍)와 북수(北戍)의 문을 벗어나지 않아 영역 내의 산천이 서남쪽으로 흐

역은 동해에서 가자미를 산출하기 때문에, 또 일설에는 지형이 가자미 같아서 이르는 말이라 한다.

139) 『서경(書經)』「하서(夏書)」의 편명으로 중국 구주(九州)의 지리와 산물 등에 대하여 쓴 고대 지리서이다.

140) 28수의 하나인 기수(箕宿)와 미수(尾宿)를 가리킨다. 기수는 청룡칠수(靑龍七宿)의 맨 끝 성수(星宿)로서 별 넷으로 구성되었는데, 동북방에 있으며 바람을 좋아한다고 한다. 미수는 창룡칠수(蒼龍七宿)의 여섯째 성수로서 열아홉 별로 구성되었다.

141) 28수의 하나인 허수(虛宿)와 위수(危宿)를 가리킨다. 허수는 현무칠수(玄武七宿)의 넷째 성수로서 가을에 볼 수 있다. 위수는 북쪽에 있는 성수이다.

142) 천체의 회전, 북두칠성의 둘째 별과 셋째 별, 북두칠성의 첫째 별에서 넷째 별까지의 네 별, 즉 괴성(魁星) 등 여러 가지 의미가 있으나, 여기서는 북두칠성의 첫째 별에서 넷째 별까지를 지칭하는 것으로 생각된다.

143) 옛날의 청(靑)·서(徐) 두 주(州)의 지역으로 동해(東海)와 태산(泰山), 곧 岱山) 사이에 있기 때문에 붙여진 이름이다. 지금의 산동성(山東省) 지방이다.

144) 남북에 있는 성수(星宿)의 이름이다. 북쪽에 있는 일곱 별을 북두(北斗), 남쪽에 있는 여섯 별을 남두(南斗)라 한다.

145) 황해도 자비령(慈悲嶺)의 이칭이다.

146) 28수의 하나로 서방(西方)에 있다.

147) 28수의 하나이다. 백호칠수(白虎七宿)의 넷째 성수로서, 일곱 별로 구성되었다.

른다. 그 벼리[維]는 첫머리가 삼갑(三甲)에 있고 마지막[尾]은 황지(黃池)에서 없어진다.

총괄해보면 이 때문에 함관(咸關)·살수(薩水)의 북쪽은 자주 오랑캐의 땅이 되었는데 다시 소요(招搖)[148]를 차지하였다. 소요는 오랑캐의 군사를 주관하는데 무릇 패수(浿水)와 대수(帶水)의 북쪽에서 구름 기운을 바라보니 기운이 위는 푸르고 아래는 검다. 한수(漢水)와 차령(車嶺) 사이는 기운이 대부분 흰데, 연해의 구름은 주선(舟船: 배)과 비슷하고 현도(玄菟)·예맥(濊貊)의 구름은 나무와 비슷하다. 무릇 바람과 비[風雨]는 단단대령(單單大嶺)의 서쪽에서는, 동쪽은 바람이 불고 비가 내리고 서쪽은 바람이 개며, 단단대령의 동쪽[嶺東]에서는, 서쪽은 바람이 불고 비가 내리고 동쪽은 바람이 갠다. 산의 기운은 수증기 같이 올라가서 적셔 내리고, 바다의 기운은 짜서 흩어진다. 따라서 날이 맑은데 비가 내리는 것[晴雨]은 이변이다. 무릇 패수 북쪽에서 일월(日月)을 점칠 때 혹은 을(乙)이 되고, 혹은 임(壬)이 되는데, 삼한은 십간으로는 갑을(甲乙)에 해당하고, 십이지[149]로는 술(戌)과 해(亥) 사이에 있다. 그러나 무릇 천변은 가끔 분야 내에 관계되지 않고 뜬 기운과 돌아다니는 구름에 가리우게 되어[蔽虧] 그 재앙이 보이기도 하고 보이지 않기도 한다. 이 때문에 보이는 나라에는 재앙이 많다.

부여·삼한의 때에는 재앙과 상서가 기록할 만한 것이 없었는데 후조선 때에는 별이 하계(河戒: 바다 경계)에서 많이 나왔다. 그 후 한나라 군대가 왕검성(王儉城)을 포위한 지 여러 달에 국인(國人)이 왕 우거(右渠)를 죽이고서 항복하니 조선은 폐해지고 4군(四郡)이 되었다. 신라 시조왕 9년에 이르러 별이 왕량(王良)[150]에서 번쩍였다. 이 해는 한나라 원봉(元鳳) 원년인데 선제(宣帝)는 돌아가셨으나 신라에는 아무 일이 없었으니, 이것

---

148) 북두칠성의 일곱째 별로 요광(搖光)이라고도 한다.
149) 본문에는 십이자(十二子)로 되어 있으나, '자(子)'는 '지(支)'의 의미일 듯하다.
150) 천사(天駟) 옆의 별이름으로 지금의 카시오페아 자리에 속한다.

은 중국의 재앙이다. 무릇 재앙과 상서가 보였더라도 중국에 응험이 된 것은 기록하지 않고, 그것이 우리나라[東土]에 응험이 된 것을 기록한다. 그러나 때때로 그것을 미루어보아 맞지 않을 수가 있으니 우선 그 큰 것만을 보존해둔다.

7. 고구려(高句麗) 지리지(地理志)[부(附) 신라(新羅) 백제(百濟)]

직방(職方)[151]에 관계되는 것에 지(志)를 설정한 것은 오래 되었다. 황제 헌원(軒轅)[152]이 괘(卦)를 살피고 분야를 획정한 이래 왕(王)·공(公)·후(侯)·백(伯)이 토지를 나누어 그 백성을 다스렸으니, 이에 『구구(九丘)』[153]라는 서(書)가 있게 되었다. 도당씨(陶唐氏)가 세상의 홍수를 만나 우임금[伯禹][154]을 기용하여서 천지가 잘 다스려져 12주를 세우니, 이에 「우공(禹貢)」이라는 서편(書篇)이 있게 되었다. 주나라에 이르러서는 더욱 상세해졌으니 직방씨(職方氏)[155]는 천하의 토지를 다스리고 구주의 나라를 분변하여 그 이해관계를 맡고, 보장씨(保章氏)는 별과 땅의 구분을 주관하고 구주의 지리를 분변하여 그 길흉을 살폈다. 한나라가 관중(關中)에 들어감에 이르러서는 소하(蕭何)[156]가 먼저 진부(秦府)[157]의 지도와 서

---

151) 각각 다스려야 할 지방을 주관하는 일을 말한다.
152) 중국 고대 전설상의 임금인 황제의 이름이다. 그가 헌원의 언덕, 지금의 하남성(河南省) 신정현(新鄭縣)에서 태어났다고 해서 붙여진 것이다.
153) 구주(九州), 즉 중국 본토에 관한 지리책이다.
154) 하나라를 창업한 성왕으로 왕이 되기 전에 요·순 두 임금을 섬겨 홍수를 다스리는 데 큰 공을 세웠다.
155) 주대의 관명으로 지방 강계(地方疆界) 및 토지 통계의 일을 관장하였다.
156) 한대 삼걸(三傑)의 하나로, 고조를 도와 천하를 다스리고 찬후(鄼侯)가 되었다. 한나라의 율령은 주로 그가 제정한 것이라 한다.
157) 진나라의 곳집, 즉 문서를 넣어두는 창고이다.

적을 거두었으니 직방의 일이 요긴하고도 중함을 가히 알 만하다.

구주[九區]·우공의 [범위] 밖에 나라가 있었으니 조선(朝鮮)·삼한(三韓)이다. 해당되는 별은 기미성(箕尾星)이고, 그 위치는 석목(析木)[158]이며, 영역은 발해(渤海)의 동쪽 영주(營州)의 변방으로 서남쪽 끝 경계는 중국 회안부(淮安府)의 포산(胞山)·울주(鬱州)와 만나고 서북쪽은 요수(遼水)·흑수(黑水) 위로 나오게 된다. 바다 가운데의 탐라(耽羅)는 소주(蘇州) 숭명(崇明)과 서로 바라다 보이는데, 그 풍토와 기후는 중국과 거의 같고 남만(南蠻)·북적(北狄)에 치우쳐 있는 나라와는 다르다. 이 때문에 남쪽의 귤이나 유자나무, 북방의 담비나 원숭이 같은 짐승[貂豹之獸], 나무·쇠·불·흙·물의 물건이 갖추어지지 않음이 없으니 대개 소중화(小中華)이다.

또 그 산하의 형세는 중국을 참고하면 역시 비슷한 형상이 있는데 다만 동서의 방향만이 같지 않을 뿐이다. 예컨대 중국의 산은 서북쪽에서 오는데 조선의 산은 동북쪽에서 오고, 중국은 서북쪽이 높고 동남쪽은 낮은 데 반해 조선은 동북쪽이 높고 서남쪽은 낮으며, 중국은 협촉(陝蜀) 바깥에 산은 있으나 바다가 없는 데 반해, 조선은 관협(關峽) 바깥에 바다는 있으나 산이 없는 점 같은 것이다. 저쪽에는 서역의 여러 나라가 있는데 바다를 두고 수만 리의 먼 곳에 떨어져 있으며, 이쪽에는 바닷길 수천 리를 사이에 두고 흑치(黑齒)[159]라는 오랑캐가 있으니, 이것은 천지의 대세에 서로 같게 될 수 없는 것이 있어서일까? 그러나 산수(山水)의 형세를 구주의 봉역(封域)에 새기면 저쪽은 삼하협촉(三河陝蜀)이 되고, 이쪽은 강남전금(江南滇黔)이 되니, 일일이 가리켜 말할 수는 있지만 같지

---

158) 성차(星次)의 명칭으로, 기수(箕宿)·두수(斗宿)의 양수와 서로 어울린다. 태양이 운행하는 궤도인 황도(黃道) 12궁의 인마궁(人馬宮), 12지의 인(寅)에 해당한다.

159) 이를 검게 하는 풍속에서 유래한 지역명으로 중국 정사의 기록에 보이는데, 특히 『삼국지』 「왜인전(倭人傳)」에 근거하여 동남아시아 지역으로 비정하는 견해도 있다. 백제 영역 내의 지명으로 보는 견해도 있고, 미수(眉叟) 허목(許穆)은 일본열도로 지목하기도 하였다. 이종휘는 조선과 바닷가로 수천 리가 떨어져 있다고 하였으므로 현재의 동남아시아 지역으로 보는 견해와 유사하다고도 할 수 있다.

않은 것은 오직 면적160)의 넓고 좁음의 차이에 있을 뿐이다.

관서(關西) 일방을 놓고 말하면 조선 전체는 땅 가운데 산수가 밝고 빼어나며 기후가 감싸주고 자라게 한다. 북쪽에는 강가에 접한 7읍이 높이 위치하여 상당(上黨) 천하의 등뼈가 되고, 남쪽에는 장산(長山) 한 줄기가 가로로 끊어져 남쪽의 가지가 되었으니, 형산(荊山)의 경계요 동쪽의 철옹성이다. 험한 수비처는 민지(澠池)161)와 효함(崤函)162) 같은 험한 곳이다. 서쪽에 크게 자리잡은 백악(白岳)은 곧 임복(臨濮)·망탕(芒碭)의 경계이다. 조선에 관서가 있는 것은 중국에 하남(河南)이 있는 것과 같으며, 중국에 하남이 있는 것은 몸에 복심(腹心, 배와 가슴)이 있는 것과 같다. 따라서 삼대의 도읍과 한나라·송나라의 도읍은 모두 하남에 있었으니, 전부 이른바 신주(神州) 적현(赤縣) 중원(中原) 지역이다.

평양은 구역(九域 : 중국 전 영토)의 목구멍[咽喉]이고, 우리나라[東夏]의 문지방[闔闑]이다. 용이 서려 있고 호랑이가 엎드려 있으며 물과 뭍이 모두 모이니, 변경(汴京)163)의 지세가 뛰어난 곳이다. 성천(成川) 좌양암(左陽巖) 우절령(右岊嶺)은 앞에는 문성(文城), 뒤에는 패수(浿水)가 있어 관방[關嶺]의 요충지가 되니, 이락(伊洛)164)이 좌정했던 곳이다. 하물며 남쪽 패수[南浿]가 황하(黃河)가 되고, 한수(漢水)가 대강(大江 : 양자강)이 된다는 옛 사람들의 이미 정해진 논의가 있음에랴? 이것으로 미루어보면 여러 곳을 알 수 있다.

기씨 뒤에 위만이 그 지역을 차지해서 모두 평양으로 도읍을 삼았고, 한의 낙랑군 또한 이곳을 치소로 삼았다. 고구려가 처음 한의 현토군(玄菟郡)165) 경계 안에서 일어났다가 후에 더욱 동남쪽으로 옮겨와서 또한

---

160) 광(廣)은 동서의 길이, 무(袤)는 남북의 길이를 의미한다.
161) 하남성(河南省)에 있는 현으로 진·조 두 나라가 회맹한 곳이다.
162) 효산(崤山)과 함곡관(函谷關)으로 모두 하남성에 있는 험준한 요해지이다.
163) 하남성 개봉현(開封縣)의 고칭으로, 후량(後梁) 및 북송(北宋)의 도읍이었다.
164) 이수(伊水)와 낙수(洛水), 즉 정자(程子)와 주자(朱子)를 일컫는다.
165) 중국 한 무제가 위만조선을 멸망시킨 다음 해인 기원전 107년에 압록강유역에 세운

평양에 도읍하였다. 대저 고구려가 조선을 차지하여 기씨와 접해 있었으며, 그 지역이 삼한과는 저촉되지 않고 중국에 있어서는 기주(冀州)·예주(豫州)·곤주(袞州)·옹주(雍州)·청주(靑州)·양주(梁州)를 얻었으니 요컨대 동방의 대국이다. 고구려는 후에 발해가 되었고, 신라와 백제는 삼한 땅에서 일어났다. 신라가 비록 삼국을 통합했다고 해도 그 영토는 끝내 패수(浿水)를 넘을 수 없었으니 진나라·송나라·제나라·양나라·진나라가 강남(江南)에서 나라를 세워 그 강성한 때에도 회수(淮水)[166]·비수(淝水)[167] 사이에 머문 것과 마찬가지이다. 장수왕 이전에는 그 도읍이 대체로 패수 북쪽에 있었는데 떠돌아다니고 옮겨다녀 경계와 구역이 일정치 않았다. 그 영토의 확대와 축소가 옛 역사[舊史]에는 소략하여 지도와 토지[職方]를 상고할 것이 없다. 그러나 그 사방으로 이르고 팔방으로 이르는 것은 유추해 볼 수 있다.

고구려의 전성기에는 동북쪽은 홀한(忽汗)·속말(粟末)부터 요수 동서쪽에 이르기까지가 모두 그 소유가 되고, 중간에 약간 쇠퇴해져서는 서쪽으로는 모용(慕容)·육여(六茹)까지 줄어들고, 북쪽으로는 말갈(靺鞨)·숙신(肅愼)까지 단축되었다. 평양으로 천도할 때는 동남쪽으로 더욱 땅을 넓혀 계립령(雞立嶺)·죽령(竹嶺) 밖을 벗어나 지금의 청송(靑松)·영덕(盈德)까지 미치고, 서남쪽으로 괴산(槐山)·직산(稷山)까지 이르렀으며, 서북의 땅은 오히려 지금의 개원(開原)·애양(靉陽)·심양(瀋陽)·개주(盖州) 및 건주(建州)·오라(烏喇)[168]가 바다 서쪽으로 경계가 되니, 땅이 사방 4

군(郡)이다. 처음에는 군치(郡治)를 고구려현(현재의 집안)에 두었다가, 기원전 75년 요녕성 신빈(新賓) 방면으로 옮기고, 후한대에는 무순(撫順) 방면으로 옮겼다. 요동군과 마찬가지로 후한 말 공손씨(公孫氏)의 영유로 되었다가 4세기 중엽 모용씨(慕容氏)에 의해 군이 폐지되었으며, 얼마 안 있어 고구려의 영유로 들어갔다.

166) 하남성(河南省)에서 발원하여 안휘성(安徽省)을 지나 강소성(江蘇省)을 거쳐 바다에 흘러드는 중국에서 세 번째로 큰 강이다.

167) 중국 안휘성(安徽省)에 있는 강이름으로 전진왕(前秦王) 부견(苻堅)이 동진(東晋)에게 크게 패한 옛 싸움터이다.

168) 만주어로 강(江)의 의미라고 하나, 이하에 나오는 오라의 사례에서 볼 때 이종휘는

천~5천 리가 되었다. 그 망함에 이르러서는 아직도 5부 9주 34군 160성 69만여호가 있었으니 가히 성하다고 할 만하다. 그러나 소중화(小中華) 지역에 거주하여 중심되는 나라[中國]로서 스스로 다스리지 않고, 활을 당기고 힘써 싸워 큰 나라를 업신여기다가 스스로 멸망을 가져왔으니 고구려가 성대한 것이 곧 화를 불러온 이유가 된다. 그 산하에 근심을 끼친 것이 어찌 작겠는가? 대체로 예로부터 나라를 다스림에 덕을 넓히는 것을 힘쓰지, 땅을 넓히는 것을 힘쓰지 말라고 한 것이 바로 이 때문인 듯하구나, 바로 이 때문인 듯하구나!

패수 남쪽 3주·34군·127현은 후에 신라에 편입되었는데 김부식이 이미 「신라지(新羅志)」 가운데서 그것을 밝혔고, 그 나머지 압수(鴨水) 이북 5주 27성은 이름은 있으나 위치는 자세히 알 수 없다. 또 부여천(扶餘川) 가운데 40성 같은 것은 모두 그 이름을 알 수 없으며, 오로지 패수 이북, 압수(鴨水) 이남은 그 주현의 수까지 또 다 알 수 없다. 볼 수 있는 것은 보첩과 같이 갖추어 놓는다.

풍속에 관한 것도 직방이 맡은 바이다. 무릇 백성이 천지 가운데서 명을 받아 오상(五常)[169]의 성품을 받아들이는데 그 강함과 부드러움, 느리고 빠름, 음성의 청탁, 살찌고 마른 것, 수고롭고 편안한 것 등이 수토의 풍기(風氣, 기풍)에 달려 있기 때문에 풍(風)이라고 한다. 좋아하고 싫어함, 취하고 버림, 움직임과 조용함, 물러나고 나아감, 생업과 취미[業作]라고 하는 것은 임금의 뜻과 욕구를 따르는 것이기 때문에 속(俗)이라고 부르니 군자는 그것을 보고서 다스려짐과 다스려지지 않음을 징험한다. 수·당이 크게 혼란했을 때는 문자가 완전하지 않아 산천과 물속(物俗)·토의(土宜: 풍토에 적합한 산물) 따위를 자세히 말할 수는 없으나 알 만한 것은 또 기록하지 않을 수가 없기 때문에 중국의 여러 사서 및 고기

지명으로 쓴 것이 아닌가 한다.
169) 사람으로서 지켜야 할 다섯 가지의 도리, 곧 인(仁)·의(義)·예(禮)·지(智)·신(信)을 가리킨다.

(古記)에서 전하는 것을 차례로 살펴보거나 근세의 견문을 참고하여 늘 어놓아서 직방의 고찰에 대비한다.

환도(丸都)[170] 졸본(卒本)은 그 경계가 지금의 오라(烏喇) 이남 회산(回山)·석주(石州)·심하(深河)부터이니 서쪽에는 올자(兀剌)·관전(寬田)이 있고, 남쪽에는 동건(童巾)·이주(理州)·벽단(碧團)이 있으며, 또 동남쪽에는 여연(閭延)·무창(茂昌)·우예(虞芮)·자성(慈城)이 있으니 모두 마땅히 속할 만하다. 처음 부여 별국(別國) 졸본(卒本)의 왕이 여기에 거주하고 있었는데 주몽이 그 딸에게 장가들어 왕위를 계승하였다. 아들 유리(類利)에게 [왕위를] 전하고 떠나서 국내(國內)의 들판에 도읍하였으나 동명묘(東明廟)는 그대로 두고 옮기지 않았다. 그 왕이 처음 즉위하면 반드시 와서 제사지냈다. 후대의 영류왕(榮留王)에 이르러서도 역시 폐하지 않았다. 동명이 세 신하인 협보(陜父)·오이(烏伊)·마리(摩離)를 따라 땅을 살피고 집자리를 정하고서는 "졸본의 산하가 험하고 견고하며 토양이 기름지고 좋아서 마침내 자리를 잡게 되었다"고 하였다. 동쪽은 비류와 더불게 되니, 비류는 옛 나라이다. 그 임금 송양(松壤)이 선인(仙人)의 후예라 자칭하였다. 평양에는 선인 왕검(王儉)의 집이 있다. 중국의 고사에서는 단군(檀君)의 이름을 왕검이라 칭했으며, 단군은 죽지 않고 백악(白岳)에 들어가 신이 되었기 때문에 유민이 그대로 선인(仙人)이라고 이름한다고 하였다.

골령(鶻嶺)에서 검은 구름이 일어나니 궁궐은 하늘이 지은 것이다. 주몽·송양의 신령스러운 다스림에 그 백성은 함이 없어도 저절로 교화가 되었다. 한의 현도는 고구려현이다. 요산(遼山)은 요수(遼水)에서 나와서 서남쪽으로 대요수(大遼水)로 들어간다. 응소(應劭)가 말하기를 "고구려(古句麗)라는 나라는 대저 구려국(句麗國)의 칭호이니 월(粵)에 대해서 구오(句吳)라고 칭하는 것과 같다. 고(高)라는 것은 그 성(姓)이다"라고 하였다.

---

170) 현재 중국 길림성 집안현의 산성자산성(山城子山城)으로, 고구려가 위와 전연의 침공을 맞이하여 전략적으로 매우 중요시하던 지역이다.

고사(古史)의 어떤 기록에는 고구려 사람들의 환도는 비류의 경계에 있다고 하는데, 「당지(唐志)」에는 압록강[鴨江] 어귀부터 작은 배를 타고 거슬러서 700리를 올라가면 그곳에 닿는다고 하였으니, 지금의 만포(滿浦) 오국성(五國城)의 경역이다. 왕 연우(延優) 13년에 국내성[國內]으로부터 도읍을 옮겼다. 38년에 위나라 관구검(毌丘儉)에게 패하여 마침내 평양으로 옮겼다. 왕 쇠(釗)[171] 12년에 다시 환도로 옮겼는데 이 해에 모용황(慕容皝)이 [환도를] 함락시켜 성과 궁궐을 불태워 없애버리고 생민(生民) 5만 구를 포로로 잡아 돌아갔다. 이로부터 다시는 [환도를] 도읍으로 삼지 않았다. 그러나 환도는 항상 중요한 요해처가 되고 인민의 풍속도 대국의 기풍이 있었다. 그러나 북쪽 변방에 아주 가까워 산하가 텅 비고 단절이 되어 살벌한 기운이 있었다. 이 때문에 백 년 사이에 다시 큰 난리를 겪어 궁실이 없어지고 종묘와 사직은 옮겨져서, 풍속이 더욱 사나워져 도적질당하기가 쉬웠다. 그 후 수신(守臣 : 지키는 신하) 주리(朱理)가 성을 차지하고서 난(亂)이라 칭하고 많은 군사를 부린 후에 이기니 그 지세(地勢)가 그렇게 만든 것이다.

회산(回山)·오라(烏喇)는 습속이 말갈이다. 여연(閭延) 이동은 본래 남옥저(南沃沮)[172]의 땅으로 구파해(仇頗解)가 남쪽으로 백제에 투항하여[173] 그 사람들이 스스로 나라를 다스릴 수 없었다. 관구검의 난에 고구려왕이 죽령(竹嶺, 아마도 지금의 죽전령(竹田嶺)인 듯하다—저자 주)을 넘어 일찍이 여기에 머물렀다. 숲과 나무의 이로움, 인삼·감초 같은 여러 약초, 초낭(貂狼 : 담비)의 가죽이 있다. 그러나 땅이 매우 궁벽지고 험하고 시랑이

---

171) 고구려 고국원왕의 이름이다. 『삼국사기』 권17 「고구려본기」 제5 '고국원왕 12년조'를 보면 2월에 환도성을 수리하고 국내성을 쌓았으며, 8월에 왕이 환도성으로 옮겨서 거처하였다고 한다.

172) 동옥저라고도 한다. 동옥저라는 명칭은 고구려 동쪽에 있는 옥저라는 데서 생긴 것이고, 남옥저는 두만강유역의 북옥저와 대칭으로서 사용된 명칭이다. 현재의 함경남도 해안지대에서 두만강유역 일대에 걸쳐 존재하였는데 그 중심지는 현재의 함경남도 함흥시 일대이다.

173) 『삼국사기』 권23 「백제본기」 제1 '온조왕 43년 동10월조'에 나오는 내용이다.

나 호랑이·표범의 굴이 있을 곳이지 사람이 살 곳은 아니다.

동부 책성(柵城)174)은 그 경계가 지금의 웅길(雄吉) 이북부터이다. 두만(豆滿)·장백(長白)을 건너 왼쪽으로 돌아 슬(瑟) 땅에 이르게 되니 해박(海薄)·흑수(黑水)가 모두 여기에 속한다. 옛날 북옥저 및 행인국(荇人國)을 동명왕이 멸망시켰다. 그 백성들이 소박하고 제도·문물[禮文]이 적어서 드세고 사나우며, 용맹스러운 것을 좋아해서 활 쏘고 말 타는 것을 익히고, 또 배를 타고 노략질하는 것을 즐긴다. 어(漁)·염(鹽)·사(絲)·마(麻)의 이로움이 있다. 해관(奚關)의 큰 못은 북주(北珠)가 나오는 곳이다. 왕 연우(延優) 때에 평주(平州)의 한나라 가호 1천을 책성으로 옮겼다. 책성의 동쪽에서는 바다소금[海鹽]을 먹으며, 북쪽 변방의 오랑캐가 남쪽으로 옥저와 통하는 이점이 있으니 또한 개마산 동쪽의 도회의 하나이다. 때문에 그 습속이 섞여 있다. 왕이 때로 순수를 해서 진정시켰다. 부여의 읍이 가섭원(迦葉原)으로 옮겨지고 그 후에 갈사(曷思)에 도읍하니 모두 동해가에 있다. 그 백성은 농사를 짓고 가축을 기르며, 용맹스럽고 강함을 좋아하니 부여의 기풍이다. 동부여 임금 금와(金蛙)가 처음 일어났을 때는 한나라 선제(宣帝)·원제(元帝) 사이이고, 끝날 때는 명제(明帝) 때이니 무릇 5세 수십, 수백 년 만에 망한 것이다. 선춘(先春) 이북부터는 홀한속말(忽汗粟末)이 되니 지금의 영고탑(寧固塔)175)의 후금(後金)이 일어난 곳이고 고구려의 북쪽 경계이다. 그 백성은 선비(鮮卑) 말갈과 습속이 섞여 있고 좋은 말이 산출된다.

북부여주는 남쪽에 요동 신성(新城)·옥성(屋城)·심양(瀋陽)이 있고, 동쪽에는 지금의 노성(老城)·흥경(興京)·애양(靉陽)이 있으며, 서쪽으로는 한나라의 양평(襄平)·광령(廣寧)을 얻었고, 북쪽으로 대개 지금의 타안(朶

---

174) 현재의 중국 길림성 훈춘시(琿春市)이다. 고구려의 동쪽 변방의 요충지로서 도독이 설치되었다. 발해 때에는 이곳에 동경용원부(東京龍原府)를 두었다.

175) 청대에 동북변강지구를 통치하던 중진(重鎭)이다. 만주어로 '육(六)'을 '우고(宇古)'라 하고 '개(个)'를 '탑(塔)'이라 하는데, 청대 황족(皇族)의 선조 형제 6인이 일찍이 이곳에 거주했기 때문에 붙여진 지명이다. 신·구 2성이 있는데 서로 50리가 떨어져 있다.

顔·동위(東衛)가 모두 그 경역이다. 옛날 단군씨 해부루의 나라이다. 금
와가 동쪽으로 옮겨가자 해모수가 와서 도읍하였다. 그 북쪽에는 약수
(弱水)가 있다. 땅이 사방 2천 리이고 그 습속은 중국의 예를 써서 회동
(會同)할 때에는 읍하여 겸손함을 표시하는[揖讓] 예절이 있다. 사신으로
가는 자는 비단그물옷을 입고 금은으로 그 허리를 장식한다. 그 법에 사
람을 죽인 자는 사형에 처하고 그 집안을 몰수하며, 도둑질한 사람은 [도
둑질한 물건의] 12배를 갚도록 하고, 남녀가 음란한 짓을 하거나 부인이
질투를 하면 모두 죽였다. 그 법이 엄했기 때문에 그 백성이 죄를 지을
까 두려워하여 사악한 것을 멀리 하였다. 상(喪)을 치르는 남녀는 모두
흰 옷을 입는다. 농사짓기를 좋아하여 재산을 축적하기에 이르니 아직
도 단군과 기자의 유풍이 남아 있었기 때문이다. 고구려가 항상 중요한
곳[重鎭]으로 삼았고, 부여천(扶餘川) 가운데 있는 40여 성도 모두 [고구
려에] 속하게 되었다. 요동의 신성(新城)176) 또한 서북 방면의 도회지의
하나이다. 황금(黃金)·어(魚)·염(鹽)·대추[棗]·밤[栗] 등이 많이 났다.
그러나 중국 땅과 너무 가까워 한나라·진나라·삼연(三燕) 때에는 항상
싸움터가 되었던 까닭에 그 백성들이 강하고 사나우며 사려가 깊지 못
하고 기개를 숭상하고 용감하고 강한 것을 좋아한다. 지금의 흥경(興
京)·노성(老城)·양맥(梁貊)의 나라 또한 옛 졸본의 경계이니 대체로 부
여와 풍속이 같다.

국내주(國內州)177)는 그 경계가 북쪽 패수[北浿] 이서와 요해(遼海) 이동
이니, 개평(蓋平)·해성(海城)·안시(安市) 및 지금의 용만(龍灣)·창삭(昌朔)
이 모두 그 지경에 있다. 남소(南蘇)178)·목저(木底)179)와 지금의 금주(金

---

176) 현재의 중국 요녕성 무순시 고이산(高爾山) 산성(山城)이다.
177) 국내성은 장수왕 15년(427) 평양으로 천도하기까지 그 수도였고, 그 후에도 계속 고
구려의 문화 중심지였다가 멸망 직전 천남생(泉南生)이 이곳에 머무르면서 당에 항복
한 이후 당의 영토가 되었다. 고구려 멸망 이후 얼마동안 이곳은 안동도호부에 소속한
국내주(國內州)가 되었다.
178) 남소성에 관한 최초의 문헌기록은 모용황(慕容皝)이 고구려를 공격하여 남소성을 함

州·복주(復州) 또한 마땅히 거기에 속한다. 옛날 기자가 은나라 사람 5
천을 거느리고 북쪽 패수를 건넜고, 위만 또한 운장(雲障) 지역을 도둑질
하여 차지했다. 그 길이 모두 국내의 경계로부터 나오니 대개 화동(華東)
의 요해처이다. 고구려가 왕 유리(類利) 때부터 위나(尉那)의 벌판에 와서
도읍하여 400년을 전하면서 부강하게 다스렸으니 환도(丸都)·평양(平壤)
에 비해 가장 오랜 기간이었다. 옛날에 설지(薛支)[180]가 집자리를 볼 때
"산과 물이 깊고 험하며, 토지가 오곡에 마땅하여 백성들의 이익이 끝
이 없고 또 전쟁[兵革]의 근심도 면할 것이다"라고 했으니 어찌 믿지 않
겠는가? 때문에 그 풍속이 무사한 데에 편안하고, 술 마시고 노래하고
춤추는 것을 즐겨했다. 혹은 관(冠)이나 변(弁)을 쓰고 비단옷을 입었다.
그릇과 제사용기는 음식에 맞았으며 궁실을 수리하기를 좋아했으나, 검
소하고 소박하니 아직도 선성(先聖)의 유민(遺民)이 있는 것이다. 용만(龍
灣) 좌물(左勿)[181]은 을파소(乙巴素)가 살던 곳이다. 안류(晏留)[182]가 그 동쪽
마을의 바위 있는 곳에 거처하면서 기이한 선비[奇士]의 행동이 있었다.
백성들이 그를 흠모하였기 때문에 압록 사이에도 중국 여영(汝穎)의 풍
속[183]이 있었다. 용만 사람들이 지금도 서로 전하기를 을승상(乙丞相)의

　락시켰다는 『자치통감』 권97 '영화(永和) 원년(345)조'의 기록이다. 여러 문헌 기록으로
　미루어볼 때 목저성(木底城)과 함께 요동 신성(新城) 방면과 국내성(國內城)을 연결하
　는 통로상에 있었다고 할 수 있다. 현재 중국 소자하(蘇子河) 상류지역으로서 요동성
　신빈현(新賓縣) 부근 남산성자(南山城子)를 가리키는 듯하다.
179) 요동방면과 국내성을 연결하는 남북이도(南北二道) 중에서 남도방면에 있던 지역이
　다. 현재 중국 요녕성 소자하 상류역 신빈현 서쪽 목기진(木奇鎭) 오룡산성(五龍山城)
　을 가리킨다.
180) 『삼국사기』 「고구려본기」 '유리왕 21년조'에 나오는 인물로 희생(犧牲)을 맡았던 장
　생(掌牲)이다.
181) 좌물촌은 압록강 서쪽에 위치했으리라 추정할 뿐 자세한 것은 알 수 없다.
182) 고구려 고국천왕대에 외척인 패자(沛者) 어비류(於畀留) 등이 권력을 함부로 하고 모
　반을 꾀하자 왕이 이들을 죽이고, 4부에게 현량한 사람을 천거하라고 했을 때 4부가 모
　두 안류(晏留)를 천거했으나, 안류는 서압록곡(西鴨淥谷) 좌물촌(左勿村)의 을파소를
　대신 추천하여 국상으로서 정사를 맡게 하였다.
183) 여영은 여수(汝水)와 영수(潁水)를 이른다. 여수는 하남성(河南省)을 흘러 회수(淮水)

옛 집이라고 한다.

대저 안시(安市)[184]는 도회지의 하나이다. 성지(城池: 해자)가 험하고 요충지이며, 사민(士民)의 재간과 무용[材武]이 용맹스럽기가 한 나라 안에서 으뜸이다. 때문에 당 태종의 위엄으로도 뜻을 이룰 수가 없었으니,[185] 성주가 현명했기 때문만이 아니라 지세와 병력 또한 도움이 된 것이다. 대개 해성·개평·금주·복주에는 어염·사마(絲麻: 명주실과 삼실)·조율의 이로움이 있다. 여순(旅順) 항구는 바다를 사이에 두고 멀리 중국의 등래(登萊)를 바라다보고 있다.

옥저는 그 경계가 동쪽은 지금의 마천대령(磨天大嶺)으로부터 오른쪽으로 돌아 장정(長定)에 이른다. 남쪽에는 화령(和寧)·요덕(耀德)·정변(靖邊)·비열홀(比列忽)이 있다. 북쪽의 허천(虛川)·별해(別害)·삼수(三水)가 모두 마땅히 여기에 속한다. 옛날 동옥저라는 나라는 한사군이 있을 때 현도(玄菟) 지역이었다. 산과 바다가 사방으로 막혀 있어, 아주 견고한 성이요 천연의 요새였다. 땅이 비옥해서 오곡이 맞지 않은 것이 없었다. 그 백성은 질박하고 정직하며 군세고 용맹스러웠다. 어염·사마·피혁(皮革)·은석(銀石)·유황(硫黃)의 이로움이 있었다. 화령(和寧) 또한 철령(鐵嶺) 이북의 도회지의 하나이다. 서쪽으로 평양(平壤)과 통하고, 남쪽으로 예맥·백제와 이어지며, 동북쪽으로 읍루(挹婁)·개마(蓋馬)·부여(扶餘)와 한꺼번에 통하는 이점이 있어서 그 세간에 부자가 많았다. 여자는 요염하도록 아름답고, 장부는 고지식할 정도로 용맹스러워 자신에게 긍지를

로 들어가는 강이고, 영수는 하남성에서 발원하여 안휘성(安徽省)에서 회수로 흘러들어가는 강이다. 요임금 시대의 인물인 허유(許由)가 천하를 내주겠다는 요임금의 말을 듣고도 나가지 않고 영수가에서 은거(隱居)한 데서 유래한 것으로, 은거의 풍속을 의미한다고 생각된다.

184) 안동도호부에 예속된 압록수 이북의 아직 항복하지 않은 11성의 하나로서 현재의 중국 요녕성 해성시(海城市) 동남 영성자(英城子)이다. 642년 연개소문이 정변을 일으킬 당시에도 항복받지 못한 성이었으며, 645년 당 태종의 1차 침공시에도 항복시키지 못한 성이었다. 671년에는 당나라 장수 고간(高侃)이 이 성에서 고구려 유민을 물리쳤다.

185) 양만춘이 이끈 안시성에서 당 태종의 침입에 끝까지 항거한 사실을 가리킨다.

갖고 모든 사람을 인정하였다. 주의 지리가 앞이 탁 트여서, 백성들이 장곡차(長轂車 : 바퀴통이 긴 차)를 즐겨 탔으니, 옛 나라의 풍속이다. 대령이 오른쪽으로 돌아 장진(長津)을 건너고 청하(淸河)에 가까워지니 개마(蓋馬)·구차(勾荼)국이다. 땅이 대단히 멀고 인민이 드물며 척박한 땅에는 쌓이거나 모이는 것이 없어 크게는 중국 상군(上郡) 북쪽의 땅과 습속이 서로 비슷하다. 그러나 그 백성은 순박하고 밝으며 옛 풍습이 남아 있다. 좋은 물품에는 백화나무 껍질[樺皮]·거품돌[泡石]·초낼(貂豽 : 담비)의 가죽이 있다.

한산주(漢山州)[186]는 동쪽은 국원(國原)[187]·양근(楊根)·만로(萬弩)·괴양(槐壤)[188]으로부터 견주(見州)[189]·철원(鐵圓)·매성(買省)[190]에까지 이른다. 남쪽에는 수주(水州)·사산(蛇山)·백성(白城)·율진(栗津)·장구(獐口)·장제(長堤)·개산(介山)이 있고, 서쪽에는 교하(交河)·혈구(穴口)·우봉(牛峰)·송악(松岳)이 있으며, 북쪽에는 견성(堅城)·부평(富平)·토산(兎山)·곡주(谷州)가 있고, 서북쪽의 평주(平州)·해고(海皐)·폭지(瀑池)·취성(取城)·동주(洞州)·봉주(鳳州)·식성(息城)이 모두 그 경역이다. 옛날 마한·백제의 영역은 천문상으로는 마땅히 허수(虛宿)·위수(危宿)의 분야에 속하고, 또 바다 가운데 있어서 월(越)의 형상이 있다. 그래서 두수(斗宿)[191]·허수·위

---

186) 신라 9주의 하나인 한주(漢州)를 가리킨다. 현재의 경기도 하남시와 광주군 및 서울특별시 강동구·송파구 일대에 해당한다. 원래 백제의 하남위례성 권역에 포함되어 있다가 475년 백제의 백제 수도 함락에 따라 고구려가 한산군(漢山郡)을 설치하였다. 551년 백제가 이를 회복했으나, 진흥왕이 이를 다시 빼앗아 신주(新州)를 설치하였다가 한산주로 개칭하였다. 경덕왕대 한산주에서 한주(漢州)로 명칭을 변경하였다.
187) 현재의 충북 충주시이다. 원래 고구려의 국원성(國原城)인데 진흥왕 12년(551) 한강 상류지역 점령 당시에 신라에 편입되어 국원소경(國原小京)이 되었다.
188) 현재의 충북 괴산군 괴산읍이다. 본래 고구려의 잉근내군(仍斤內郡)이었는데 경덕왕대에 괴양으로 개칭되었다.
189) 신라 한주(漢州) 내소군(來蘇郡)의 고려시대 지명이다. 현재의 경기도 양주군 주내면 고읍리 일대로 비정된다.
190) 신라 한주(漢州) 내소군(來蘇郡)의 고구려 때 지명이다.
191) 28수의 하나이다. 두(斗)라고 할 때는 대개 북두(北斗)를 지칭하나, 원뜻은 북두·남두(南斗)·소두(小斗)의 세 별자리를 총칭한다.

수의 여러 성수에 속하는데 삼한의 땅은 바다를 사이에 두고 중국의 치주(淄州)·청주(靑州)를 바라다본다. 바다를 거슬러 올라가 연나라의 분야(分野)인 미수(尾宿)·기수(箕宿)와는 서로 관계하지 않는다. 오직 조선만이 연나라의 분야에 해당되는데, 우리나라 사람들[東人]은 팔역(八域)을 한결같이 기수·미수에 소속시키고서 살피지 않는 허물이 있다.

한양(漢陽)은 왼쪽에 산을 두고 오른쪽에 바다를 두었으며, 한수(漢水)를 앞에 두고 화악(華岳)을 뒤에 두었으니 또한 삼한에서 가장 큰 도회지이다. 옛날 온조가 한산으로 옮겨 도읍하고, 근초고가 강북(江北)에 도읍을 정하니 22세로 전후 무릇 470여 년이 된다. 웅진으로 천도하니 고구려가 남평양(南平壤)192)으로 삼았다. 나라의 도읍을 삼는 곳은 여러 방면에서 모여드는 곳이어야 한다. 그 풍속이 인색하고 기교(技巧)에 익숙하다. 임진(臨津)은 옛날 대수(帶水)이다. 옛날 고구려의 초기[上世]에 남쪽 경역은 살수(薩水)193)에 그치고, 낙랑은 여전히 고지(故地)에 있었으며 대방 또한 그 남쪽 경계에 있었다. 고구려가 중국에 통할 때는 대개 등주(登州)와 내주(萊州)의 해로를 취하기 때문에 항상 백제와 이웃이 되고 낙랑지역 또한 동남쪽으로 나와 등주와 동주(東州) 사이에서 만난다. 말갈 일종이 또 예·맥 사이에 끼었으니 대수 서북쪽의 평주(平州)·유주(儒州)·풍주(豐州) 및 해고(海皐)·폭지(瀑池)의 여러 군(郡) 또한 대방의 경역이다. 그래서 낙랑·대방·말갈도 항상 신라와 교통하였으니 그 지분(地分)이 있는 곳을 가히 미루어 알 수 있다.

옛날 단군씨가 백악으로 옮겼을 때 낙랑·대방의 한나라·진나라의 유민이 아직도 남아 있는 자가 있었기 때문에 그 풍속이 섞여 있으나, 큰 줄기는 요동·부여와 같은 풍속이다. 그 특산물에는 사마(絲麻)·염·철이 있으며, 폭지(瀑池)에서는 기장서[秬黍]가 나온다. 율려(律呂, 6률과 6

192) 현재 서울특별시의 강북 중심지역, 즉 종로구 일대로 비정된다.
193) 현재의 청천강이다. 고구려 태조왕 4년(56) 땅을 개척하여 동으로 바다에 이르고, 남으로 살수에 이르렀다고 한다.

려)에 맞았다. 바다산과 숲속의 나무는 배와 수레의 재목이다. 철원은 넓은 들이 3,000리이다. 산과 바다가 사방으로 막히고, 낙랑 동남쪽의 네 번 버려진 땅에 있으나, 중국에 비해서는 완연히 남쪽의 따뜻한 땅이다. 그러나 동북변은 말갈에게 자주 노략질을 당해 인민이 드물다. 대체로 옥저와 풍속이 서로 비슷하다.

옛날 비류가 인주(仁州 : 인천)에 자리잡고, 온조는 위례(慰禮)를 다스렸다. 인주 땅은 염분이 많아 곡식이 잘 안 되어서[斥鹵] 백성들이 굶주림으로 고통받았다. 비류의 백성들이 마침내 위례로 돌아갔으니 비옥하고 척박한 것이 차이가 있었기 때문이다. 그러나 위례 또한 산천의 풍요로움은 없었다. 온조가 부지런히 농사에 힘써서 편안함과 부귀를 가져온 것이니 어찌 임금의 덕에 달려 있다고 하지 않겠는가?

대체로 한수 이남의 북쪽은 땅이 척박하여 쌓이는 것이 적어서 사람들이 가난한 것을 근심하였다. 온조가 도읍을 옮기고 다루(多婁)가 그것을 계승하고서부터 도전(稻田 : 수전·논)을 만들고 농사와 잠업을 권했으며 가난하고 궁핍한 자를 진휼했으니, 천승(千乘)을 부릴 수 있는 높은 지위로 몸소 농업을 맡은 관리[田畯]194)의 수고로움을 하여 그 업적을 이룬 것이다. 옛날 요임금[唐堯]·우순(虞舜)·하우(夏禹)의 도읍은 황하 동쪽에 있었다. 황하 동쪽의 땅은 척박한데 세 성인이 근검으로 풍속을 이루었기 때문이다. 계찰(季札)195)이 당위(唐魏)의 시를 보고서 거기에 도당씨의 유민이 있는 줄을 알았다. 온조가 집 자리를 볼 때도 반드시 이곳으로 하려고 했으니 혹시라도 하동(河東)을 차지하려는 뜻이 있었는가?

개로가 사치한 때부터 나라가 마침내 쇠락해져서 문주가 남쪽으로 천도하고, 자손이 부유하고 즐기는 데 빠지게 되어 망해루(望海樓)와 고

---

194) 주대에 농업을 장려하는 일을 맡은 벼슬아치이다.
195) 오나라 사람이다. 상국으로 사신 가는 도중 서국(徐國)의 임금이 그의 칼을 보고 갖고 싶어하므로 마음 속으로 주겠다고 생각하였는데, 돌아가는 길에 서국에 들르니 그 나라 임금이 이미 죽었으므로 그가 칼을 무덤 옆의 나무에 걸어 놓고 갔다는 고사에서, 신의(信義)를 중히 여김을 의미한다.

란(阜蘭)의 관망대가 끝내 진작되지 못하였으니, 어찌 그 징험이 아니겠는가? 당성(唐城 : 당항성)196)은 혈구(穴口)197) 강과 바다에서 시작되는데 그 백성이 벼와 물고기를 먹고 산다. 개성(開城)은 산천(山川)이 만나는 곳으로 신령스런 기운이 모이는 곳이다. 국원(國原) 또한 강원·영남[江嶺]의 도회의 하나이다. 옛날 가야의 우륵이 가야금을 뜯어서 풍속을 이루니 그 백성들이 아직도 소리를 숭상하고 노닐면서 둘러보는 것을 좋아한다. 그러나 자못 뽕나무치고 마 짜는 일[桑麻] 및 숲과 못의 풍요로움이 있다. 동쪽은 예·맥과 거래를 하고, 남쪽은 영남을 통관하는 이점이 있다. 괴주(槐州)·흑양(黑壤)은 대추·밤과 임산물[林木]이 많이 나는 이점이 있다. 이것이 모두 백제의 옛 땅인데, 중세에 남쪽으로 건너가게 되어 고구려에 들어갔다고 한다.

우수주(牛首州)198)는 그 경계 남쪽에 평원(平原)·제주(堤州)·나령(奈靈)·급산(岌山)이 있고, 서쪽에는 가평(嘉平)·금화(金化)가 있으며, 북쪽에는 양록(楊麓)·교주(交州) 및 낭천(狼川)·장양(長楊)이 있다. 또 동북쪽의 삭정(朔庭)·천정(泉井) 및 동남쪽의 영월(寧越)이 모두 그 경역이다. 옛 예맥 지역은 조선의 남쪽 변방에 있어 항상 조선에 신속되었다. 그러나 예맥 또한 한 종류가 아니어서 상나라·주나라 때부터 이미 이름이 있어 만이융적(蠻夷戎狄)과 아울러 칭해졌다. 그 종족들이 모여사는 취락 중 큰 것은 본래 이미 유연(幽燕) 동북쪽에 있었다. 이 때문에 부여의 도장에 '예왕(濊王)'이라고 하는 것이 있다. 요동에는 양맥(梁貊)이라는 나라가 있으니 무릇 한나라·진나라 때에 상국(上國)을 범한 것은 모두 이러한 부류이다. 지금 명원(溟原)·우수(牛首)의 예맥이 어찌 요수를 넘어서 쳐

---

196) 신라 한주 당은군(唐恩郡, 화성군 남양면)의 고구려 및 고려시대 지명이다.
197) 신라 한주 해국군(海口郡, 강화군 강화읍)의 고구려 때 지명으로 갑비고차(甲比古次)라고도 한다.
198) 신라 삭주(朔州, 춘천시)의 옛 지명이다. 선덕왕 6년(637) 우수주를 설치했다고 하며, 무열왕대에도 우수주라는 명칭이 나온다. 경덕왕이 삭주로 명칭을 고친 이후인 애장왕·헌덕왕대에도 우두주(牛頭州)라는 이름이 쓰였다.

들어올 수 있었겠는가?

발해 대씨(大氏)가 예맥의 옛 땅에 경주(慶州)·염주(鹽州)·목주(穆州)·하주(賀州)의 네 주를 두었는데 고구려가 망하고서 등주(登州) 이남은 이미 신라에 속했으니, 요수(遼水)·속수(涑水)[199] 사이에 소위 예맥이 별도로 있었음을 또 알 수 있다. 대체로 그 백성은 산과 바다 사이에 사는데 우직하고 성실하며, 욕심이 적고 염치가 있다. 같은 성(姓) 끼리는 서로 결혼하지 않으며 구슬이나 옥을 보배로 여기지 않는다. 읍리(邑里 : 마을)에서 서로 침범하면 생구(生口)와 우마(牛馬)를 내게 했으며, 군역[軍征]과 조부(調賦)는 중국과 같으니 기자씨의 유풍이 있는 것이다. 대저 장양(長楊) 서쪽 남단산(南丹山)·사열주(沙熱州)·평원(平原) 등은 예맥의 땅이다.

교주(交州)[200] 이북은 습속이 옥저요, 급산(岌山) 남쪽은 신라이다. 대저 맥(貊)은 산이 깊고 험하고 막혀 다툼이 되지 않는 땅에 거주하여서 그 사람들이 흥하고 망하는 것이나 세상이 바뀌는 것을 알지 못한다. 또 맥이 어느 때에 나라를 세웠고, 어느 때에 종족이 단절되었는지를 알지 못한다. 『사기(史記)』에서 말하지 않은 것은 소위 상세(上世)에 살았던 백성들을 마음에 두지 않아서였으니, 또 어찌 그 일을 말할 수가 있겠는가?

평원(平原)[201]은 남쪽으로 국원(國原)과 접하고, 서쪽으로 한산(漢山)과 통하니 또한 도회의 하나이다. 식주(湜州)의 큰 연못은 속세에서 호수라고 칭한다. 대백(大白 : 태백)과 소백(小白) 사이에 있으니 중국의 귀주(貴州)[202]에 해당하는 곳이다. 하서(河西)의 아슬(阿瑟) 서쪽에는 정선(旌善)·속제(楝隄)가 있으며, 남쪽의 우진(于珍)·실직(悉直)과 북쪽의 수성(守城)·고성(高城)·휴양(休壤)·곡포(鵠浦)가 모두 그 영역에 포함된다. 또 남쪽으로는 신

---

199) 중국 산동성에서 발원하여 운하(運河)에 흘러드는 강 이름 또는 산서성(山西省)에서 발원하여 황하에 흘러드는 강 이름이다.
200) 신라 삭주 연성군(連城郡, 회양군 회양면)의 고려시대 지명이다.
201) 신라 삭주 북원경(北原京, 원주시)의 고려시대 지명이다.
202) 중국 서남부에 있는 성(省)으로, 임산(林産)이 이 지방의 큰 자원이며 여러 종류의 약재(藥材)를 산출한다.

라의 영해(寧海)·영덕(盈德)·청하(淸河)를 얻었고, 서남쪽으로는 예주(禮州)·청부(靑鳧) 또한 마땅히 속하게 된다. 그 옛나라는 예(濊)라고 칭하기도, 선(銑)이라 칭하기도, 창해(滄海)라 칭하기도 한다.

주나라 말엽 한인(韓人) 장량(張良)이 진나라를 원수로 여겼는데 동쪽으로 창해군(倉海君)을 뵈니, 군이 그를 위해 힘쓰는 사람[力士]를 구하고 무게 120근이 나가는 철 몽둥이를 만들었다. 장량이 그와 함께 돌아가서 진나라 황제를 박랑사(博浪沙)에서 쳐서 중부거(中副車)를 맞췄다. 진나라 황제가 크게 노하여 천하에서 크게 찾기를 10일 동안이나 하였으나 찾지를 못하여서, 역사는 장량과 함께 죄를 면하였다. 후에 예군(濊君) 남려(南閭)가 조선을 배반하고 그 무리를 거느리고 요동에 나아가 한에 항복하니 한은 그 땅에 창해군(滄海郡)을 두었다. 몇 년이 지나 그것을 파하고 낙랑(樂浪) 동부도위(東部都尉)를 두었다. 광무제 때에 단단대령(單單大嶺) 이동을 버리고 그 우두머리를 봉하여 후(侯)로 삼았다. 대군장(大君長)이 없어[203] 서로 통솔하지 못했다. 그 벼슬에 후(侯)·읍군(邑君)·삼로(三老)가 있었다. 늙은 남녀는 모두 곡령(曲領)[204]을 입었다. 그 땅에 좋은 산수(山水)가 많아 풍속에 그것을 중시하였다. 각각 경계가 있어 서로 간섭하지 않았다. 따라서 천하에서 산수를 말할 때는 삼한(三韓)을 앞세우고, 삼한에서 산수를 말할 때는 또한 예맥을 앞세우니 예와 맥은 풍속을 같이 한다.

명주(溟州)[205]에는 바닷가의 소금, 대양(臺陽)의 백금(白金), 편남예장(楩楠豫章)[206]의 재목이 있으니 또한 관령(關嶺)의 도회지의 하나이다. 실직

---

203) 동예 지역의 제집단들을 통합하는 보다 큰 정치세력이 형성되어 있지 못하고, 각 읍락별로 나누어져 자치적으로 생활하였음을 보여준다. 한과 고구려는 이들 읍락의 내부의 일은 자치에 맡기고, 그 거수를 통해 간접적으로 지배하였다.

204) 원령(圓領)이라고도 하며, 목둘레를 둥글게 한 옷깃을 가리킨다.

205) 신라 9주의 하나로서 현재의 강원도 강릉시이다. 혜공왕 때 하슬라주(何瑟羅州)로 고쳤다가 고려 태조 23년(940) 다시 명주로 고쳤다.

206) 편(楩)은 남방에서 나는 녹나무 비슷한 교목(喬木)이고, 남(楠, 枏)은 녹나무과에 속하는 상록 교목이다. 예장(豫章)은 여장(木+豫樟)으로 녹나무이다.

(悉直) 또한 옛 나라이니 그 풍속이 대체로 예맥과 비슷하다. 우진(于珍)의 동쪽 울릉(鬱陵) 우산(于山)은 바다 가운데에 있는데 과(果)·죽(竹)·빈주(蠙珠 : 진주)·복합(鰒蛤 : 전복과 대합)이 많이 나는 이점이 있다. 그 나라는 어리석어 험난한 것을 믿었는데 이사부(異斯夫)가 목사자(木獅子)가 되어 그 무리들을 두렵게 하여 항복시켰다. 영해(寧海)는 옛날 간시(干施)의 땅인데 그 백성이 거문고[絲桐]207)를 잘 타고, 놀기를 즐기니 옛 나라의 풍속이다. 대체로 대관령[大關] 동서는 천하의 궁벽진 곳이고 병란이 미치지 않는 곳이며, 첩첩산중의 오랑캐 땅이자[邛郞] 검문(劍門)208)의 험한 언덕산이다. 전하기를 추로(鄒魯)에서는 정선(旌善)을 '효제향(孝悌鄕)'이라 칭한다고 했으니 대개 동방의 낙토(樂土)이기 때문이다.

패서(浿西)209)는 조선의 땅 중에서 그 성수는 기수·미수에 해당하고, 성좌는 석목(析木)에 해당한다. 옛날 단군·기자는 평양에 도읍하고, 위만은 왕검(王儉)에 도읍하였는데 왕검 또한 평양이다. 왕노릇하는 자가 거처를 변경하여 나라를 세운 곳에서 각각 수백, 천세를 누렸으며, 그 후 한나라 군(郡)인 낙랑 또한 평양에 도읍하였고, 고구려도 마침내 거기에 도읍을 하였다. 도회가 된 것이 요순시대로부터 당에 이르니 가히 오랜 기간이라고 할 만하다. 기씨의 전성기에 유관(楡關 : 변방과 관방) 이외의 지역은 모두 그 땅이 되었고, 전국시대에 이르러서는 연나라가 만번한(滿番汗) 서쪽 2천 리를 취하여서 조선이 비록 약해졌으나, 만번한은 후에 한나라 요동의 번한현(番汗縣)이 되었다. 그 봉역(封域 : 강역)을 살펴보니 오히려 지금의 요하(遼河)·심수(瀋水)210) 사이에서 드나들었을 뿐이니 또한 성하다고 할 만하다.

기자가 처음으로 8조의 가르침을 만드니 백성이 모두 교화되었고, 위

---

207) 거문고의 바탕은 오동나무를 쓰므로 거문고의 별칭으로 쓰인다.
208) 검문(劍門)은 중국 사천성 험각현 북쪽에 있는 산명으로 매우 험한 지역이라 한다. 친험의 지역이라는 의미를 취해 쓴 것이다.
209) 패수(浿水), 즉 예성강 서쪽 지역으로 현재의 황해도 서부지방에 해당한다.
210) 요령성 심양현(瀋陽縣)에서 발원하여 남으로 흐르는 혼하(渾河)의 지류이다.

만의 어지러운 세상에서도 풍속은 오히려 변하지 않았다. 한나라가 군(郡)을 두자 요동의 관리와 장사치로 왕래하는 자가 때때로 침범하여 도둑질을 해서 풍속이 점점 야박해졌다. 한나라가 동천함에 이르러 백성들의 금법[犯禁]이 60여 조가 되었는데 그래도 아직 크게 혼란한 데까지는 이르지 않았다. 그래서 고구려의 풍속이 경학[經術]을 숭상하고 문학과 역사[文史]를 좋아하였다. 왕궁과 국도(國都)부터 궁벽지고 치우쳐 있는 고을에 이르기까지 모두 경당(扃堂)²¹¹)을 갖추었다. 경당이라는 것은 옛날의 학교[庠塾]이다. 비록 민간의 비천한 사람의 자제, 어린 아이라도 책을 끼고서 스승을 좇지 않는 사람이 없었다. 한가하면 술자리를 벌여 두고 과녁을 열어 대(隊)를 갈라서 활쏘기를 익혔다. 중국[上國]에 유학하는 자가 발꿈치가 서로 밟힐 정도로 계속 이어져 혹은 죽어서 돌아오지 못하더라도 구휼하지 않았다.

그 백성이 검약하고 인색했으나 농사짓기를 좋아했다. 후중하면서 바르지 못한 것을 멀리 하니 아직도 기자 성인이 남긴 기풍이 있는 것이다. 그러나 위만이 연나라·조나라의 유망민을 불러모은 이래, 4군 2부의 때, 한나라·위나라 말기에도 중국으로부터 유망해와서 사는 사람이 많았다. 또 패수(浿水)·살수(薩水) 사이는 토지가 좁고 인민이 많아 3대 수천 년 동안 나라의 도읍이 여러 차례 모여 있는 곳이었다. 그래서 오민(五民)²¹²)이 갖추어지지 않은 바가 없었다. 사(士)는 혹 호협한 기개[任俠]를 숭상하여 쉴 때는 투호(投壺)²¹³)를 하거나 축구(蹴毬)²¹⁴)를 한다. 슬

---

211) 고구려시대의 민간 교육훈련 기관이다. 『구당서』나 『신당서』의 내용으로 보아 지방의 촌락에 설치한 미혼의 평민층 자제를 위한 교육기관으로 짐작되며, 경전과 사격술을 가르쳤다고 한다. 경당이 언제 설치되었는지는 확실히 알 수 없으나, 국초부터 촌락 공동체 속에 남아 있던 원시적인 미성년집회를 군사조직으로 개편하는 과정에서 제정된 것이 아닐까 한다.
212) 사(士)·농(農)·공(工)·상(商)·고(賈)를 가리킨다.
213) 화살같이 만든 청홍의 긴 막대기를 두 사람이 갈라 가지고 일정한 거리에 놓인 병 속에 던져 넣는 유희이다.
214) 축국(蹴鞠), 즉 공을 발로 차는 유희이다.

픈 노래를 부를 때는 의기가 복받치어 한탄하고 분하게 여긴다. 일이 있으면 활을 당겨 힘써 싸운다. 서한(西漢) 때부터 진실로 이미 씩씩하고 사납다고[驍悍] 이름났는데, 고구려가 더욱 사나웠다. 그 세간의 풍속은 요동과 거의 비슷하고 약간 차이가 나니 대체로 연나라·조나라의 남은 기풍이다. 당나라 군대의 난리에 백성은 양자강과 회수(淮水)로 옮기고, 땅은 말갈에게 찢겨져 조선의 유민들이 거의 살아남은 자가 없었다. 오직 신라에게 사로잡힌 자나 고안승(高安勝)215)이 거느린 4천 호뿐이다. 무제(武帝)·강제(康帝) 때에 이르러서는 안남(安南)에 치우쳐 있으면서 의관을 교부받은 것이 또한 몇 번이었던가? 이것으로 보건대 오천(五千)은 나라 사람의 후예가 주나라의 남은 백성이 되지 않은 사람이 거의 드물었으니 어찌 슬프지 아니한가?

평양 외성(外城)에 기자의 정전(井田)이 있다. 안주(安州)·청천(淸川)은 을지문덕이 수나라의 군대를 쳐부순 살수(薩水)이다. 청천강 남쪽[淸南]의 남녀는 흰옷을 좋아했으니 상나라 때 흰색을 숭상하던 유풍이다. 한나라와 통하는 다리[通漢橋]·구제궁(九梯宮)은 고구려의 옛 건물이니 대개 장수왕 이후의 일이다. 우리나라 풍속[東俗]에 전하는 평양의 강덕(剛德)과 동명의 고적은 대개 모두 어긋난다.

차현(車峴) 금강(錦江) 이남에서 탐라에 이르기까지는 한산(漢山)과 풍속이 크게 같은데 조선이 약간 섞여 있다. 대개 백제가 마한을 병합했는데 마한은 또 기씨가 남긴 바이다. 강남의 해양(海陽) 또한 도회지의 하나로, 진주·대나무·귤·유자나무·울금(鬱金)216)·염·철이 많이 모이는 곳이다.

계림(雞林)·가락(駕洛)은 진한·변한의 나라로 신라가 자리잡은 곳이

---

215) 고구려 멸망 후 신라에 망명하여 문무왕 14년(674) 보덕국왕(報德國王)으로 봉해졌으며, 신문왕 3년(683)에는 경주로 옮겨 살고 소판(蘇判)의 관등을 받고 김성(金姓)을 하사받았다.
216) 생강과에 속하는 다년초로서, 땅 속 뿌리의 분말은 황색의 물감으로 쓴다.

다. 지경 밖의 다른 구역은 조선과 아주 떨어져 있어서 그 백성들이 산과 바다같이 많고 순박하고 두터우니 박씨·석씨·김씨의 덕이 있는 다스림 때문이다. 그러나 예의가 갖춰지지 않아 임금과 신하가 혼인할 때 오복(五服)[217]의 친척을 피하지 않으니 오랑캐의 풍속이다. 계립령(雞立嶺)[218]·죽령(竹嶺)[219]은 신라 중세에 개통한 곳인데 동남쪽에는 해염(海鹽)의 풍요로움과 여러 산의 은·삼이 있다. 장산도(萇山島)·대마도(對馬島)는 왜국과 통하는 이점이 있다. 대저 산천의 만물이 드물고 많고 하는 이유는 인민의 풍속이 바닷가에서는 소금같이 짠 것을 먹고, 험준한 산[山峽]에서는 조와 콩이 많이 나기 때문이다.

임진 북쪽에서는 마(麻)·사(絲)·삼(蔘)·칠(漆)·옥석(玉石)이 많이 난다. 예맥·옥저에서는 삼베[繻]·모(旄)[220]·명아주[紬]·가죽[皮革]·녹나무[柟, 枏]·가래나무[梓]가 난다. 부여(扶餘)에는 호석(楛石)·응(鷹)·마(馬)·털옷[旄裘]·초날(貂豽)이 풍요롭다. 웅진(熊津) 죽령 남쪽에서는 대나무·과일·모시풀[苧]·닥나무[楮]·칠(漆)·초(蕉 : 파초)·생강(薑)·백금·납·철이 많이 난다. 패수와 대수 사이에서는 때때로 산에서 기치(棋置 : 바둑판)가 나고, 장산에서는 연석(連石 : 이어진 돌)이 난다. 맹주(孟州)에서는 단사(丹砂)가 나고, 부여에서는 황금이 나며, 섭라(涉羅)[221]에서는 명가(明珂 : 마노)가 나온다. 그러나 겨우 그 땅에서 나는 산물을 대표할 뿐이지

---

217) 다섯 등급의 상복(喪服)이다. 참최(斬衰, 3년), 자최(齊衰, 1년), 대공(大功, 9개월), 소공(小功, 5개월), 시마(緦麻, 3개월)를 지칭한다.
218) 현재의 경북 문경군 가은면과 충북 괴산군 연풍면 사이에 있는 고개로 마목현(麻木峴), 마골참(麻骨站), 계립현(雞立峴) 등이라고도 하였다. 신라가 백제의 북쪽 지방, 특히 한강하류지역으로 진출하는 주요한 통로가 되었다.
219) 현재의 경북 영주시 풍기읍과 충북 단양군 대강면 사이에 있는 고개로 높이가 해발 689m이다. 죽령재, 대재라고도 한다. 신라가 고구려의 동남쪽 지방과 주로 통행하던 길이었다.
220) 털이 아주 검고 꼬리가 긴 소인 이우(犛牛)로 깃대의 꼭대기를 장식한, 지휘하는 기(旗)이다.
221) 탐라(耽羅)·탐모라(耽牟羅)의 이표기로 현재는 제주도라는 설, 사시량(沙尸梁)인 현재의 충남 장곡면 산성리라는 설이 있다.

별도로 쓰는 것까지 갖춘 것은 아니며, 대략적으로 비교하여 제시한 것일 뿐이다. 총괄컨대 요수·패수의 땅은 화전과 수전에서 경작을 하며[火耕而水耨], 백성들은 호기가 있어 활쏘기와 말타기[弓馬]를 숭상한다. 큰 강 이남에서는 백성들이 쌀로 밥을 하고 생선으로 국을 만들며, 과일과 모시풀·방합은 사지 않아도 넉넉하였다. 그러나 그 백성들이 기교(機巧: 임기응변의 재치)를 쓰고 성의와 믿음은 적으니 백제의 기풍이다.

영남의 백성들은 비옥한 땅에서 먹고살아 절개를 지키는 것을 긍지로 여기니 땅이 중첩되어[重重] 있어서인가? 군자의 나라이다. 명주(溟州)·실직(悉直) 또한 그러하다. 옥저의 땅은 먹을 것이 풍요로우나 자주 홍수와 가뭄의 피해를 입는다. 그 풍속이 더욱 후중하고 호협한 기개가 있다. 허천(虛川) 동북은 그 백성이 가축 기르기를 좋아하고 쌓아두는 것은 없었으며, 사냥하는 것으로 생업을 삼았으니, 북쪽 지역의 풍속이다.

다음과 같이 찬(贊)한다.

"조선 삼한의 산천 경계를 우리나라 사람들이 대부분 자세히 알지 못한다. 김부식(金富軾)은 학식이 넓고 성품이 아담할 뿐인데 마한을 고구려로 보았다. 권근(權近)은 대유학자인데 평나(平那)를 변한으로 보았다. 사가(四佳) 서거정은 해박한 선비인데 졸본을 성천(成川)으로 보았다. 고운(孤雲)은 벼슬아치와 선비[衿紳]222)의 으뜸인데 조선이 삼한과 구별된다는 것을 알지 못하였다. 오직 근세의 임씨[林象德]의 회강[東史會綱]만이 지방에 대해 논한 것 중에서 가장 정실을 얻었다. 내가 이 때문에 의거해서 말한 것이 이와 같다. 신라·백제는 본래 조선의 변방에 해당되고, 고구려만이 조선을 차지한 까닭에 그 지(志) 또한 이방(二方)의 큰 줄거리에 대해서만 언급했다. 산진천택(山鎭川澤)의 이름과 인물의 상세한 것은 서씨[徐居正]의 승람[東國輿地勝覽]에 있다.

---

222) 신은 진신(搢紳), 금은 청금(靑衿)을 뜻하므로 관리와 사자(士子)를 일컫는다.

8. 고구려(高句麗) 형법지(刑法志)

임금 노릇하는 방법에는 두 가지가 있으니 인(仁)과 불인(不仁)일 따름이다. 마음에서 생겨 다스림에 드러나는 것이 형법(刑法)보다 앞선 것이 없으며, 백성들의 마음이 편안하고 슬퍼지고, 세상이 오염되고 융성해지는 것이 이에서 말미암아 구별되니 어찌 중요하지 않겠는가? 옛날의 제왕은 덕으로 인도하고 예로써 가지런히 한다고 하였는데,223) 죄인을 제재하는 규정[刑法]이 두어지기는 했으되 아래에까지 시행되지 않으면 이것은 그 반대가 된다. 다스려지고 다스려지지 않음[治亂]이 형벌을 쓰는 것이 선하냐 선하지 않느냐에 달려 있기 때문이다. 그래서 『서경』에 이르기를 "형벌은 어떤 때에는 가볍게 하기도 하고 어떤 때에는 무겁게 하기도 한다"고 하였으니224) 변통(變通)을 시키는 것이요, 그 제도를 항상 일정하게 하지는 않는 것이다. 그러나 제도가 제대로 서지 않으면 혹은 임금의 사사로운 마음에서 나오고 담당자[有司]가 마음대로 할 수 있게 되니, 이것이 형서(刑書)가 만들어진 이유이다. 자산(子産)이 형서를 만들고서부터 군자 중에 혹 그것을 비난하는 사람이 있었으나, 나라에는 일정한 법이 있어서 백성들로 하여금 부끄러움을 알게 했으니 그만둘 수 없는 것이다.

기자가 동쪽으로 와서 8조의 가르침이 있게 되었다. 백성이 서로 죽이면 목숨으로 배상하고, 도둑질하면 남자는 노(奴)로 삼고, 여자는 비(婢)로 삼는다. 스스로 속죄 받으려면 50만 전을 내야 한다. 비록 면하여 [일반]민이 되더라도 장가들거나 시집 갈 때 짝을 삼을 자가 없다. 4군(四

---

223) 『논어』 「위정(爲政)」편에 나오는 구절로, 백성들을 덕으로 인도하고 예[제도, 품절]로써 균일하게 하면, 백성들이 불선(不善)에 대해서 부끄러움도 갖고 또 선(善)에 이르게 된다고 한다.
224) 『서경』 권10의 「여형(呂刑)」편에 나오는 내용이다.

郡)·2부(二府) 때에 세간에 아직도 한나라 백성이 왕래하는 자가 남아 있어서 업신여기거나 속이는 사람이 많아 풍속이 더욱 각박해져 범금(犯禁, 금법)이 60조나 될 정도로 많아졌다. 그러나 옛날 오형(五刑)의 무리가 3천이나 되는 것에 비해서는 너무 적다. 이로 말미암아 보건대 우리나라 사람[東人]이 부드럽고 착해 함부로 그릇된 짓을 하지 않고, 기자 또한 그것이 잘못되었다고 여기지 않았기 때문에 간략하게 만든 것이다. 그 백성이 악이 없기 때문에 8조 외에 더 보태려고 했어도 할 수 없었던 것이다. 한나라 때에 이르러서는 법을 범하는 것이 더욱 많아졌으니, [백성을] 인도하는 것이 선하지 않았기 때문이다. 풍속이 비록 선하다 하더라도 교화가 행해지지 않으면 백성은 저절로 악해지는 것이다. 대저 진나라가 싸움을 좋아하고, 촉나라가 혼란해지기 쉬웠던 것이 어찌 백성들의 죄이겠는가? 이 때문에 성왕(聖王)은 교화를 귀히 여기고 형법은 천히 여겼던 것이다. 이것으로 말하면 기씨시대에 비록 8조의 법이 있었어도 반드시 다 쓰여지지는 않았을 것이니, 어찌 인하고 성한[仁聖] 나라가 아니었겠는가?

고구려가 그것을 계승하여 형벌에 참혹함이 없었다. 그러나 그 경중(輕重)은 임금이 인하냐 인하지 못하냐에 따라 시기마다 차이가 있었으니 진실로 일정할 수는 없었다. 유리왕 때에는 탁리(託利)와 사비(斯卑)에 관한 언급이 있었다.[225] 이로 말미암아 보건대 어찌 임금의 인(仁)과 불인(不仁)에 달려 있는 것이 아니겠는가? 그러나 고구려의 율령격례(律令格例)는 후세에 전해지는 것이 없어서 자세히 알 수 없다. 대저 한나라에서 육형(肉刑)[226]을 폐하자 천하의 후세에 그것을 따라 감히 다르게 하

---

225) 『삼국사기』 권13 「고구려본기」 제1 '유리명왕 19년조'에 따르면, 교제(郊祭)에 쓸 돼지가 달아나자 왕이 탁리(託利)와 사비(斯卑)를 시켜서 좇게 하여 이들이 교시를 찾아내서 힘줄을 끊게 되었다. 왕이 하늘에 제사지낼 희생을 상하게 했다고 하여 이들을 구덩이 속에 넣어 죽였는데, 왕이 병에 걸리게 되었다. 무당이 탁리와 사비가 빌미가 된 것이라고 하여 왕이 사과하자 병이 나았다고 한다.
226) 몸에 상처를 내는 형벌인 의형(劓刑)·비형(剕刑) 등을 일컫는다.

지 않았으니, 비록 경계 밖의 다른 나라라 하더라도 채용했던 것은 한나라・당나라의 법이었을 따름이다. 그 때문에 도형(徒刑)・유형(流刑)・장형(杖刑)・참형(斬刑) 외에 우리 역사[東史]에 보이는 것이 없으나, 주륙(誅戮)227)・도륙(屠戮)228)・살륙(殺戮)229)이 대대로 쓰여지는 것이 끊어지지 않았으니 대개 죄가 비록 대벽(大辟 : 사형・중형)에 속하지 않는다 하더라도 그 정상이 중한 자는 죽인 것이요, 죽이는 것 이외에는 마땅함을 찾을 수가 없었던 것이다.

아, 육형이 폐지되고서부터 죄가 있는 사람도 능히 그 지체를 보존할 수 있었으니 대단히 성스러운 덕이다. 그러나 태형(笞刑)・장형(杖刑)이 더해지면 종종 죽음에 이른다. 지금 등에 곤장을 치거나[杖背], 무릎에 곤장을 치거나[杖膝], 발에 곤장을 치는[杖足] 형벌은 그 사람을 죽이고 형모(形貌)를 상하게 하는 것이 더욱 많다. 당 정관(貞觀)년간부터 등에 곤장을 치는 것은 폐지했으며, 무릎이나 발에 곤장을 치는 것은 또 어느 때에 시작되었는지 알 수 없으나, 우리나라[東國]에서 쓰여진 것이 가장 오래 되었다. 대저 예로부터 발을 자르는 것[斷趾]은 대벽(大辟)에 다음가는 것이었는데, 지금 발에 곤장을 치는 것은 벽을 뚫거나 울을 넘어들어가서 훔치는 좀도둑[穿窬之盜]부터 시작해서 모두 면할 수가 없다. 그것을 받은 자는 열 발가락이 모두 떨어져 목숨[性命]을 보전할 수 없다. 옛날의 빈각(臏脚)230)은 단지(斷趾)에 다음가는 것이었는데, 오늘날의 장슬(杖膝)은 말을 삼가지 않고, 관곡(官穀)의 기한을 맞추는 데 조금이라도 차이가 나는 죄부터 관청의 장[官長]을 거슬러 노하게 만든 자까지 모두 그것을 얻어서 뼈가 부서지고 근육이 상하며, 골수가 땅에 흐르게 되어 죽는 자가 열에 여섯, 일곱이다. 그것을 단지・빈각의 법률에 비교

---

227) 죄인을 죽이는 것, 죄로 몰아 죽이는 것을 말한다.
228) 무찔러 죽인다는 뜻이다.
229) 사람을 무찔러 죽인다는 뜻이다.
230) 빈형(臏刑), 즉 경골(脛骨)을 끊는 형벌이다.

해본들 또 어찌하겠는가?

슬프다! 옛날의 오형은 진실로 너무 중하다. 그러나 궁형(宮刑)·비형(剕刑)·의형(劓刑)·월형(刖刑)[231]을 받은 사람은 비록 사람축에 낄 수는 없으나, 또한 그 부모를 봉양하고 처자를 양육하며, 초목조수(草木鳥獸)와 더불어 우로(雨露)[232] 아래에서 타고난 수명[天命]을 마칠 수 있으니, 그것을 당하는 자 또한 그 두려움을 알고서 살펴 피하여 형벌로 죽는 데까지는 떨어지지 않는다. 그 때문에 위에서 시행하는 자나 아래에서 당하는 자가 오직 그 죄만을 생각할 뿐이지 양자 모두 유감이 없으니 이것이 그런 형벌이 삼대(三代)에서도 변하지 않았던 이유이다. 한나라 문제(文帝)는 살리기를 좋아하는 마음 때문에 하루 아침에 그것을 바꾸었으나 또한 그 폐단이 여기에 이르게 되는 것을 생각하지 못하였으니, 이것이 일찍 죽는 것[短喪]과 무엇이 다르겠는가? 그러나 후세의 왕이 된 자가 비록 그것을 알았다 해도 육형(肉刑)의 이름을 복구하는 것을 꺼려 감히 의논하지 않았으니 또 삼대에 산다고 한들 능히 고칠 수 없는 것이 아니겠는가?

제영(緹縈)[233]이 말하기를 "죽은 자는 다시 살릴 수 없고, 형벌을 받은 자는 다시 죄를 면해 줄 수가 없다"[234]고 했으니 대저 죄를 면해 줄 수 없다는 것과 살릴 수 없다는 것은 그 차이가 진실로 매우 멀다. 지금 그 사지(四肢)를 훼손시키는 것의 슬픔을 싫어하여, 그 몸을 섬멸시키는 것의 심한 애통을 구휼하지 않으니, 비록 살리기를 좋아한다는 이름이 있다 하더라도 실속이 없게 되어 이보다 더한 허물이 없다. 그러나 이것은 세상에서 재량할 만한 것이 아니고 오직 임금이 5청(五聽)[235]과 3자(三

---

231) 발꿈치를 베는 형벌이다.
232) 비와 이슬이 만물을 화육(化育)하는 것 같은 은혜를 말한다.
233) 한 문제 때의 효녀이다. 아버지인 순우의(淳于意)가 죄형(罪刑)을 당하자 제영은 자신의 몸으로 아버지의 형벌을 면제받기를 청하였다. 황제는 그 뜻을 불쌍히 여겨 육형법(肉刑法)을 없앴다고 한다.
234) 『사기』에 나오는 말로 속(續)은 '속(贖), 즉 죄를 면해준다'는 의미이다.

刺)[236]의 뜻을 찾아서 제거해야만 할 것이다. 한나라의 소위 오질(五疾)[237]이라는 것은 형법(刑法) 이외에 저절로 선왕의 정치에 우연히 일치하는 것이 있는 것이니 일을 의논하여 제재함에 마땅하지 않은 바가 없게 된다. 그렇게 되면 형서(刑書)는 또 보존할 만한 것이 못될 것이다.

9. 고구려(高句麗) 오행지(五行志) [부(附) 신라(新羅) 백제(百濟)]

아! 성인(聖人)이 『춘추(春秋)』를 지어 하늘과 사람의 일을 대비하였는데, 그러한 일의 시초는 이미 「홍범(洪範)」에 보인다. 대체로 사람에게는 오사(五事)[238]가 있고 오사가 징험(徵驗)이 되어 서징(庶徵)[239]으로 나타난다. 비옴[雨]·맑음[暘]·더위[燠]·추위[寒]·바람[風]으로 해당하는 시기가 다스려지는가 그렇지 않은가의 여부를 추측해보면 종종 부합(符合)하여 차이가 없는 것이다.

성인(聖人)이 이와 같은 학설로써 당시의 임금을 경계하고 후세에 교훈을 주려고 하였으니 대체로 그 뜻이 은미하였다. 이 때문에 공자(孔子)가 당시의 변란을 기록하였는데 벌레나 돌, 풀과 나무, 새와 짐승의 징

---

235) 송사(訟事)를 처리하는 다섯 가지 법, 즉 사청(辭聽)·색청(色聽)·기청(氣聽)·이청(耳聽)·목청(目聽)을 말한다.
236) 죄상을 조사하는 세 가지 방법, 즉 군신(群臣)에게 묻고, 군리(群吏)에게 묻고, 만민(萬民)에게 묻는 것을 말한다. 자(刺)는 죽이는 것으로 세 가지 방법으로 신문해서 죄가 정해지면 그를 죽인다는 의미이다.
237) 5가지의 폐해, 즉 예교(禮敎)가 세워지지 않고 방범이 이루어지지 않는 것, 사형(死刑)이 제도에서 지나치게 되는 것, 생형(生刑)을 범하기 쉬운 것, 백성들이 곤궁해서 함부로 하는 것, 호걸이 사간(私姦)을 함부로 하여 악사(惡事)를 은폐하는 것을 말한다.
238) 오사(五事)는 모습(貌)·말(言)·봄(視)·들음(聽)·생각함(思)을 말한다.
239) 『서경(書經)』「홍범(洪範)」편에 나오는 것으로 하늘의 기상으로 보여주는 징조를 가리킨다. 곧 맑음과 비옴, 추위와 더위, 바람 등에 의한 여러 가지 징조이다.

조에 이르기까지 작은 것이라도 조금도 빠뜨리지 않았다. 그러나 있는 그대로 적고 의논(議論)을 붙이지 않았으니 신중하기 때문이었다.

동중서(董仲舒)240)와 유향(劉向)241) 부자(父子)에서부터 비로소 지나치게 인용하고 지나치게 상세하게 증거를 삼거나 견강부회(牽强附會)242)하여 억지로 맞추기를 힘쓰는 의논이 시작되니 그 말만으로는 일의 대강의 줄거리를 알아낼 수가 없게 되었다. 이 때문에 아버지와 아들이 서로 배반하여 눈물을 흘리고 전후로 모순에 이르게 되니 구양수(歐陽脩)243)는 당서(唐書)와 여러 지(誌)를 저술함에 일찍이 배척한 것이 이와 같았고, 또한 오사(五事)와 서징(庶徵)과 황극(皇極)244)만을 인용하고 팔정(八政),245) 오기(五紀),246) 삼덕(三德),247) 계의(稽疑),248) 복극(福極)249)은 빠뜨려 「홍범(洪

---

240) 동중서(董仲舒, B.C.179~B.C.104)는 전한(前漢)의 유학자이다. 호는 계암자(桂巖子)이고, 일찍부터『춘추(春秋)』를 공부하였고 유교를 중심으로 한대의 사상과 문화를 통일시킴으로써 중국 역사에서 유학이 중요한 위치를 차지하게 하는 정치적 토대를 마련하였다.

241) 유향(劉向, B.C.77~B.C.6)은 중국 전한(前漢)의 경학자(經學者)이다. 자는 자정(子政)이며, 유흠(劉歆)의 아버지로『춘추곡량전(春秋穀梁傳)』에 정통하였다. 당시 흩어져 있던 선진(先秦)의 고적(古籍)을 모아 교감하여 중국 목록학(目錄學)의 비조가 되었다. 후에 아들 유흠이 그의 유업을 계승하여 군서(群書)를 총괄해서『칠략(七略)』을 만들었다. 특히『서경(書經)』「홍범(洪範)」편에 보이는 오행(五行)과 오사(五事)가 상응한 예증을 춘추 242년 간의 사실에서 구하고 이로부터 유추하여 진(秦)·한(漢)대에 일어난 자연의 이변에 대한 원인을 부여하여『홍범오행전(洪範五行傳)』을 저술하였다.

242) 원문에는 천취부회(遷就傅會)라고 되어 있는데, 견강부회(牽强附會)와 같은 뜻이다.

243) 구양수(歐陽脩, 1007~1072)는 중국 송대의 유학자·문장가·사학자이다. 자는 영숙(永叔)이며, 한유(韓愈)의 글을 읽은 것을 계기로 문학을 전공하여 송대 고문(古文)의 위치를 확고부동하게 하였다. 사학(史學)으로는 관찬(官撰)의『신당서(新唐書)』등의 편집에 참가하였다

244) 황극(皇極)은 한쪽에 치우치지 않은 중정(中正)의 도(道), 제왕이 국가를 다스리는 대중지정(大中至正)의 도를 말한다. 여기서는『서경』「홍범」편에 나오는 황극을 가리킨다.

245) 팔정(八政)은 먹는 것[食]·재물[貨]·제사[祀]·사공(司空)·사도(司徒)·사구(司寇)·외교관[賓]·군사[師]를 말한다.

246) 오기(五紀)는 연도[歲]·달[月]·해[日]·별[星辰]·역수[曆數]를 말한다.

247) 삼덕(三德)은 정직(正直)·강으로 다스림[剛克]·유로 다스림[柔克]을 말한다.

248) 계의(稽疑)는 의심이 나는 것을 점쳐서 생각하는 것이다.

249) 복극(福極)은 오복(五福)을 거두어서 백성들에게 복을 주면 여러 백성들이 다시 극(極)을 보존하게 해준다는 뜻이다.

範」편의 윤리(倫理)를 모두 싣지 않았다.

이 또한 그렇지 않은 면이 있는데 대체로 황극(皇極)은 구주(九疇)의 주체가 되고 그 쓰임이 오사(五事)에 실려 있으며 그 효험(效驗)은 서징(庶徵)에 나타나므로 나머지 여섯 가지는 반드시 억지로 부합시켜 말할 필요는 없다. 그러나 오사(五事)의 본체는 생각하는 것[思思之官]으로 마음을 삼으며, 황극(皇極)은 이 마음을 드러내는 것이어서 모든 일에 조응(照應)하는 것이다. 곧 황극(皇極)이 오행(五行)과 병렬(並列)이 되나 다섯 가지 서징(庶徵) 외에 1개 조항을 더하게 된다. 이것은 유향과 반고(班固)[250]의 실수이다. 그러나 상서로움과 재앙, 재화(災禍)와 오래된 병에 대한 설명은 경전의 뜻을 확대하여 몇 가지 술수에 섞이어 합하니, 간혹 자세하게 오사(五事)와 서징(庶徵)을 보는 점이 있어서 서로 표리(表裏)가 되고 떨어질수 없다. 그러니 군주로 하여금 마음을 움직여 두려워하게 한다면 능잡(凌雜)[251]이나 미염(米鹽),[252] 천취(遷就)와 번세(繁細)[253] 등이 모두 없어질것이다. 만일 그 말이 황극을 주로 언급하고 겉으로는 시청(視聽)을 말하여 하나로 귀일하게 한다면, 반고(班固)의 이 뜻을 어찌 적다고 하겠는가. 그러므로 그 요령을 간략하게 보존하여 참고(參考)할 것을 대비한다.

대체로 오행(五行)의 요목(要目)은 낙서(洛書)[254]로부터 나오고 기자(箕子)가 무왕(武王)에게 말하였다. 그 전한 말에 첫 번째가 오행이다. 오행은 수(水)와 화(火)·목(木)·금(金)·토(土)이니, 수(水)는 윤하(潤下)[255]이고, 화

---

250) 반고(班固, 32~92)는 중국 후한(後漢)의 역사가이자 문학자이다. 자는 맹견(孟堅)이며, 일찍이 부친이 쓴 역사서를 계승하여 20년이 걸려 『한서(漢書)』를 완성하였다. 이를 통해 한왕조와 유학을 칭송하였다.
251) 능잡(凌雜)은 업신여기고 번잡함을 말한다.
252) 미염(米鹽)은 쌀과 소금으로 전(轉)하여 잗달고 번잡스러움을 말한다.
253) 번세(繁細)는 지나치게 자잘함을 말한다.
254) 하도(河圖)는 『주역(周易)』「계사(繫辭)」상(上)에 나오는 '하출도(河出圖) 낙출서(洛出書)'의 한 부분이다. 복희씨(伏義氏) 때에 등에 1에서부터 10까지의 그림이 그려진용마(龍馬)가 나오니 이것이 하도로 복희씨가 이것을 보고 괘(卦)를 그었다고 하며, 하(夏)나라 우왕(禹王) 때에 등에 1부터 9까지의 점이 박혀 있는 거북이가 나오니, 이것이곧 낙서(洛書)로 홍범(洪範)의 근원이 되었다고 한다.

(火)는 염상(炎上)256)이고, 목(木)은 곡직(曲直)257)이고, 금(金)은 종혁(從革)258)이고 토(土)는 이에 가색(稼穡)259)을 한다.

『춘추전(春秋傳)』에는 사냥하느라고 잠을 자지 않고, 음식을 제때에 먹지 않고, 출입할 때에 절도가 없고, 백성들이 바쁜 농사의 때를 빼앗기고, 간사함과 모략이 있다면, 목(木)은 곡직(曲直)이 되지 못한다고 하였다. 또 법률을 버리고, 공신(功臣)을 쫓아내며, 태자(太子)를 죽이고, 첩(妾)으로 처(妻)를 삼으면, 화(火)가 염상(炎上)이 되지 못한다고 하였다. 또 궁궐을 수리하고 활 쏘는 도장을 꾸미고 안으로는 음란하며 친척(親戚)을 해치고 부형(父兄)을 모욕한다면, 농사[稼穡]가 잘 되지 않을 것이라고 하였다. 또 종묘(宗廟)를 간략하게 하여 건물을 없애고 제사를 지내지 않으며 천시(天時)를 거스른다면, 수(水)가 윤하(潤下)하지 않을 것이라고 하였다. 또 전쟁을 좋아하고 백성을 경시하며 성곽을 꾸미고 변경(邊境)을 침범하면, 금(金)은 종혁(從革)이 되지 못할 것이다. 이것은 하늘의 일(天事)이 오행(五行)에 나타난 것을 말한다.

기자는 말하기를, 공경하되 오사(五事)로써 하라고 하였으니 오사는 모습[貌]과 말[言]·봄[視]·들음[聽]·생각함[思]이다. 오사의 쓰임은 공손하고 순종하고 밝고 귀밝고 지혜로움이고 그 효험은 엄숙함과 다스림과 지혜와 헤아림과 성스러움으로 드러나 비옴[雨]·맑음[暘]·더위[燠]·추위[寒]·바람[風]이 된다. 오시(五時)가 만일 반대로 된다면 다섯 가지 나쁜 징조가 있으니 미친 짓을 함에 항상 비가 내리며, 참람한 짓을 함에 항상 볕이 나며, 게으름에 항상 날씨가 더우며, 급박함에 항상 날씨가 추우며, 몽매함에 항상 바람이 부는 것이다.260)

---

255) 윤하(潤下)는 윤택하고 아래로 내려감을 말한다.
256) 염상(炎上)은 불타고 올라감을 말한다.
257) 곡직(曲直)은 굽고 또 곧음을 말한다.
258) 종혁(從革)은 사람들의 의견에 따라 개변(改變)함을 말한다.
259) 가색(稼穡)은 심고 거두는 것으로서 농사를 말한다.
260) 이 부분은 『서경』「홍범」편 34장의 내용을 그대로 인용하였다.

「홍범전(洪範傳)」에 이르기를, 모습이 공경스럽지 못하면 이것은 엄정(嚴正)하지 못한 것이니 나쁜 징조로 미쳐서 그 벌이 항상 비가 오고, 극도로 악하여 때로는 요상한 것이 있게 되고, 때로는 거북의 재앙이 있게 되고, 때로는 아래에서 위를 낳는 병폐가 있게 되고, 때로는 재앙과 상서로움이 있다고 하였으므로 오직 금(金)이 목(木)을 어그러뜨린 것이다.

또 말하기를, 말에 순종하지 않는 것은 조리(條理)가 없는 것이어서 나쁜 징조로 참람한 짓을 함에 그 벌이 항상 볕이 쬐고, 극도로 근심하면 때로 시요(詩妖)[261]가 있게 되고, 때로 개충(介蟲)[262]의 재앙이 있고, 때때로 큰 화(禍)가 있으며, 때로 구설(口舌)의 병폐가 있고, 때때로 백색의 변이[白眚·白祥]가 있으니, 오직 목(木)이 금(金)을 어그러뜨린 것이다.

또 말하기를, 봄이 밝지 못하니 이는 지혜롭지 못한 것이라 할 수 있어서 나쁜 징조로 게으름에 그 벌이 항상 따뜻하고 극질(極疾)이어서 때로 초목(草木)의 변이[草妖][263]가 있게 되고, 때때로 나충(贏蟲)의 재앙이 있고 때때로 양(羊)의 화(禍)가 있으며, 때때로 눈의 병폐가 있고, 때때로 적색의 변이[赤眚·赤祥]가 있으니, 오로지 수(水)가 화(火)를 어그러뜨린 것이다.

또 말하기를, 듣는 것이 총명하지 못한 것은 헤아리지 못하는 것이니 급박함에 그 벌이 항상 춥고 극빈(極貧)하여 때때로 북소리의 변이[鼓妖]가 있고, 때때로 물고기의 재앙이 있고, 때로 돼지의 화(禍)가 있으며, 때때로 귀의 병폐가 생기고, 때때로 검은색의 변이[黑眚·黑祥]가 있으니, 오로지 화(火)가 수(水)를 어그러뜨린 것이다.

또 말하기를, 생각함이 은미한 것에 통하지 못하면 이는 통하지 않는 것이 있음이니, 몽매함에 그 벌이 항상 바람이 불고 극도로 일찍 죽으니 때때로 지야(脂夜)의 변이[脂夜之妖][264]가 나타나고 때때로 꽃의 재앙이

---

261) 원문의 주에 동요(童謠)의 한 종류라고 되어 있다.
262) 개충(介蟲)은 갑각(甲殼)을 가진 벌레 딱정벌레 따위를 말한다.
263) 복숭아꽃이나 배꽃 등이 겨울에 열매를 맺는 등의 일로『한서』「오행지」에 나온다.

나타나고 때로 소의 화(禍)가 나타나니 금·목·수·화가 토(土)를 어그러뜨린 것이다.

이러한 예는 사람의 일[人事]이 모두 오행에서 발현하는 것을 말한 것이다. 기자가 동쪽으로 오면서 도(道)를 함께 가지고 왔는데 그것이 전하여졌는지의 여부는 『사기(史記)』가 없어져서 확인할 수 없다. 그래서 41세(世) 사이에 있는 재상(災祥)과 화아(禍痾)265)의 출현이 어떻게 되었는지는 알 수가 없다.

부여(夫餘)에는 곤연(鯤淵)266)에 큰 돌이 있어 서로 마주 보고 눈물을 흘렸는데, 그 아래에서 금빛의 어린 아이가 나와 금와(金蛙)267)라고 이름 짓고 드디어 옮겨 부여의 시조가 되었다.268) 신라 애장왕(哀莊王)269) 5년 에는 난산현(蘭山縣)270)에서 엎어진 돌이 일어섰고, 헌덕왕(憲德王)271) 8년, 당은현(唐恩縣)272)에서는 큰 돌이 저절로 100여 보를 옮겨갔고 망덕사(望德寺)의 두 탑이 흔들려 싸우는 듯하였다. 진성왕(眞聖王)273) 2년, 소량리 (少梁里)의 돌이 저절로 움직여 갔다. 백제(百濟) 기루왕(己婁王)274) 17년,

---

264) 『한서(漢書)』「오행지(五行志)」에 나오는 구절이다. 이에 의하면 사람의 뱃속에서 비만하면서도 속마음을 감추고 있는 것이 지(脂)인데, 마음이 어두워지면 지야의 요상함이 나타난다고 하였다.
265) 상생(詳眚)은 길상과 재앙을 말하고 화아(禍痾)는 재앙을 말한다.
266) 현재의 위치를 알 수 없다. 『제왕운기(帝王韻紀)』나 『삼국유사(三國遺事)』 등에도 본문과 같은 내용을 기록하였으나 다른 곳에는 보이지 않는다.
267) 금색은 태양을 상징하는 성스러운 색으로 인식되었다고 한다. 개구리는 두꺼비와 비슷한데 현재 전하는 무가(巫歌)에서 두꺼비가 복을 가져다 준다는 것과 연관되는 것으로 추측되며, 고구려나 부여에서는 국가의 운명까지 예감하게 하는 영물(靈物)로서 기능하였던 것으로 보인다.
268) 이 내용은 『삼국사기(三國史記)』 권13 「고구려본기」의 시조 「동명성왕(東明聖王)」에 나오는 내용이다.
269) 애장왕(哀莊王)은 신라의 제40대 임금이다. 소성왕의 태자로 재위 기간은 800~809년이다.
270) 현재 함경남도 안변군 신고산면이나 강원도 춘천시 사북면으로 추정하는 견해가 있다.
271) 신라의 제41대 임금으로서 재위 기간은 809~826년이다.
272) 현재의 경기도 화성군 남양면 일대이다.
273) 신라의 제51대 임금으로서 재위 기간은 887~897년이다. 경문왕의 딸로 통일신라시대의 유일한 여왕이다.

횡악(橫岳)에 큰 돌 다섯 개가 동시에 떨어졌다. 유흠(劉欽)[275]은 금석(金石)은 동류(同類)라고 한 것이니 이것은 금(金)이 혁(革)을 따르지 않는 것으로 그 성질을 잃은 것이다. 유향(劉向)은 백색(白色)을 주로 하였으니 백색에 속한다고 하였다. 경방역(京房易)[276]의 전(傳)에는 "돌이 굴러서 내려가니 성인(聖人)이 명(命)을 받고 인군(人君)이 포로가 되었다"고 하였고 또 "돌이 사람과 같이 서니 서사(庶士)가 천하의 영웅이 된다"고 하였다.

유리명왕(瑠璃明王)[277] 29년 여름 6월, 모천(矛川) 가에서 검은 개구리가 붉은 개구리와 싸웠는데, 검은 개구리가 이기지 못하고 죽었다. 논의하던 신하가 "검은 색은 북방 색이다.[278] 북부여(北夫餘)가 파멸할 징조이다"고 말하였다. 유향이 말한 붉은 색과 검은 색의 상서로움이다.

대무신왕(大武神王)[279] 3년, 부여왕(夫餘王)[280]이 붉은 까마귀를 보내 왔는데 머리 하나에 몸이 둘이었으니 붉은 변이[赤祥]에 가까웠다. 산상왕(山上王)[281] 24년,[282] 이상한 새가 왕궁 뜰에 모여들었다. 신라 흘해왕(訖解王)[283] 41년에 황새가 월성 귀퉁이에 집을 지었다. 나물왕(奈勿王)[284]

---

274) 원문(原文)에는 파루왕(巴婁王)으로 되어 있는데 기(己)를 파(巴)로 잘못 기록한 것으로 보인다.

275) 유흠(劉欽, ?~23)은 전한(前漢)의 경학자(經學者)이다. 자는 자준(子駿)이며, 후에 이름은 수(秀), 영숙(穎叔)으로 고쳤다. 유향(劉向)의 아들로서 양웅(楊雄)과 같은 시대의 인물로서 경학에 뛰어나 고문(古文) 경학(經學)의 조종(祖宗)으로 일컬어진다. 저서에 『삼통역보(三統曆譜)』가 있으나 원래 문집은 없어지고 명나라 때에 『유자준집(劉子駿集)』으로 수집되어 다시 간인되었다.

276) 경방역(京房易)은 한(漢)의 경방(京房)의 역학(易學)을 말한다.

277) 고구려의 제2대 임금으로서 재위 기간은 B.C.19~A.D.18년이다.

278) 오행(五行)에 따라 색을 각 방향에 위치지우는 것을 인용한 것이다. 이에 의하면 수(水)는 북방, 목(木)은 동방, 화(火)는 남방, 금(金)은 서방, 토(土)는 중앙을 가리킨다.

279) 고구려의 제3대 임금으로 이름은 무휼(無恤)이며 재위 기간은 18~44년이다.

280) 원문(原文)에는 생략되었으나 『삼국사기(三國史記)』의 원문에는 부여왕 대소(帶素)라고 되어 있다.

281) 고구려의 제10대 임금으로 재위 기간은 197~227년이다.

282) 원문(原文)에는 23년으로 기록되었으나 『삼국사기(三國史記)』 원문(原文)에는 24년으로 되어 있다.

283) 흘해이사금(尼師今)으로서 신라의 제16대 임금이다. 우로(于老)의 아들로 재위 기간은 310~356년이다.

24년, 양산(楊山)에서 작은 참새가 큰 새를 낳았다. 헌덕왕(憲德王)[285] 14
년, 청주(菁州) 태수가 집무하는 관청 남쪽 못에 이상한 새가 있었는데,
몸 길이가 다섯 자이고 검은 색이었으며 머리는 다섯 살쯤 되는 아이의
머리만하고 부리 길이가 한자 다섯 치나 되었다. 또 눈은 사람 눈 같았
고 모이 주머니는 다섯 되들이 그릇만 하였는데 사흘만에 죽었다. 백제
기루왕(己婁王) 40년에 황새가 도성(都城)의 문 위에 집을 지었다. 이것들
은 모두 우충(羽蟲)[286]의 재앙이다. 『역전(易傳)』에는 "숨는 것이 덕이 있
으면 요상한 수조(水鳥)가 국중(國中)에 모여든다고 하였다"라고 하였고,
또 "적신(賊臣)이 나라를 빼앗음에 나쁜 징조가 제비로 나타나니 참새와
제비 등 작은 새의 종류에 나타난다"고 하였다.

민중왕(閔中王)[287] 2년 여름, 나라 동쪽에 홍수가 났고 모본왕(慕本
王)[288] 원년(元年)에 홍수가 나서 산이 20여 군데 무너졌다. 태조왕(太祖
王)[289] 7년, 서울에 홍수가 나서 백성들의 집이 떠내려갔다. 신라 흘해왕
(訖解王) 41년, 여름 홍수가 나서 평지에 물이 서너 자나 되었고 관청과
민가가 물에 잠기고 산 13곳이 무너졌다.[290] 실성왕(實聖王)[291] 15년, 여
름 토함산(吐含山)이 무너지고 샘물이 솟아올랐는데, 높이가 세 길이나
되었다. 이것은 물이 윤하(潤下)되지 않은 것으로 그 벌로 항상 비가 오

---

284) 나물이사금(尼師今)으로서 신라의 제17대 임금이다. 재위 기간은 356~402년이며, 김
씨로서 왕위에 오른 두 번째 임금이다.
285) 신라 제14대 임금으로서 재위 기간은 809~826년이다.
286) 우충(羽蟲)은 조류(鳥類)를 말한다.
287) 고구려 제4대 임금으로서 이름은 해색주(解色朱)이다. 재위 기간은 44~48년이다.
288) 고구려의 제5대 임금으로서 재위 기간은 48~53년이다.『삼국유사(三國遺事)』「왕력
(王曆)」편에는 민중왕의 형이고 이름은 애류(愛留)라고 하였다.
289) 고구려의 제6대 임금으로서 재위 기간은 53~146년이다.
290)『삼국사기(三國史記)』감교본(勘校本)에 따라 13곳으로 한다. 원문에는 '三十'으로
되어 있는데, 주자본(鑄字本)을 본 것으로 추정된다.
291) 실성이사금(尼師今)은 신라의 제18대 임금이며 재위 기간은 402~417년이다.『삼국유
사』「왕력」편에는 실성 마립간(麻立干)이라 하고 실주왕(實主王) 또는 보금(寶金)이라
고도 하였다.

는 징험이 나타난 것이다. 동중서(董仲舒)는 "백성들이 걱정하고 음기(陰氣)가 강성해지면 수(水)이다"라고 하였다. 『역전(易傳)』에는 "소인(小人)이 오두막집을 무너뜨리면 요상함에 산이 무너진다"고 하였다.

태조왕(太祖王) 7년, 왕이 고안연(孤岸淵)에 가서 물고기를 구경하다가 붉은 날개가 달린 흰 물고기를 낚아 잡았다. 신라 아달라왕(阿達羅王)[292] 8년에 바다 고기가 많이 물 밖으로 나와 죽었다. 첨해왕(沾解王)[293] 10년 동해(東海)에 큰 물고기 세 마리가 밖으로 나왔는데, 길이가 세 길이고 높이가 한 길 두 자였다. 실성왕(實聖王) 15년, 동해에서 큰 물고기를 잡았는데, 뿔이 달렸고 그 크기는 수레에 가득 찰 정도였다. 백제(百濟) 의자왕(義慈王)[294] 19년, 사비하(泗沘河)에서 큰 물고기가 나와 죽었는데 길이가 세 길이었다. 이것은 물고기 재앙이다. 극음(極陰)의 상(象)으로 유향(劉向)은 "물고기는 음류(陰類)로 백성의 상(象)이다"라고 하였다. 『역전(易傳)』에는 "바다에 큰 물고기가 자주 나타나면 간사한 사람이 등용되고 현인(賢人)은 소외된다"라고 하였다.

대무신왕(大武神王) 24년 8월 매화(梅花)가 피었고, 고국양왕(故國壤王)[295] 3년, 겨울 10월 복숭아와 오얏꽃이 피었다. 이것은 항상 따뜻하게 하는 벌(罰)로 초목의 변이[草妖]에 가깝다. 태조왕(太祖王) 10년 여름, 나라의 남쪽에 누리(蝗)가 있었고, 20년 여름에 가뭄이 들었다. 고국양왕(故國壤王) 5년, 여름에도 가뭄이 들었고 가을에 누리가 있었다. 말하기를 조그마한 곤충으로 껍질이 있으면서 나는 생물은 양기(陽氣)가 나는 곳이다. 가뭄은 항상 양(陽)인 벌이다. 『역전(易傳)』에 이르기를, 덕(德)을 원하였는

---

292) 아달라이사금(尼師今)으로서 신라의 제8대 임금이다 재위 기간은 154~184년이며, 이 왕이 상대(上代)의 마지막 박씨 임금으로 이후 박씨 왕통은 끊어지고 석씨가 왕위를 이어받았다.
293) 첨해이사금(尼師今)으로서 신라의 제12대 임금이다. 재위 기간은 247~261년이다.
294) 백제의 제31대 임금으로서 무왕의 아들이다. 이름은 의자(義慈)이며, 이 왕대에 나라가 망했기 때문에 시호는 없고 이름으로 된 왕호만 남았다. 재위 기간은 641~660년이다.
295) 고구려의 제18대 임금으로서 이름은 이련(伊連)이며, 재위 기간은 384~391년이다.

데 쓰여지지 않으니 이것을 장(張)이라고 한다. 그 재황(災荒)은 가뭄이다. 가뭄에 음운(陰雲)이 비로 내리지 않고 변하여 적인(赤因)이 되니 이로 인해 제사(除師)하여 지날 때에 이에 그 가뭄이 넓혀진다. 상하를 낳지 않아 모두 가리우니 이에 그 가뭄에 사이를 둔다. 하늘이 붉어진지 3개월이 될 때 우박이 내려 날아다니는 새를 죽이고 위로는 비(妃)를 구하니 이에 가뭄을 없앤다. 삼월에 크게 따뜻하여 구름이 없어 높은 대부(臺府)에 거처하니 이에 음양(陰陽)을 침범한다. 가뭄에 만물의 근원이 죽어서 자주 화재(火災)가 있으니 서위(庶位)가 절도를 넘으므로 이에 가뭄이 바뀌어 택물(澤物)이 말라 손상(損傷)을 입게 된다.

중천왕(中川王)[296] 9년, 겨울임에도 눈이 내리지 않고 전염병이 크게 돌았다. 신라 성덕왕(聖德王)[297] 13년 여름, 가물었고 많은 사람들이 돌림병에 걸렸다. 이러한 사례는 극질(極疾)에 상응하는 것이다. 차대왕(次大王)[298] 8년 겨울, 지진이 있었고 서천왕(西川王)[299] 2년 겨울, 지진이 있었고 문자왕(文咨王)[300] 11년 겨울, 지진이 일어나 집이 무너지고 죽은 사람이 있었다. 유향(劉向)은 "금(金)·목(木)·수(水)·화(火)가 토(土)를 해친 것이다"라고 하였다. 『역전(易傳)』에는 "신하가 섬김에 모름지기 바르고 전일하게 하니 반드시 두려워한다"라고 하였다. 미천왕(美川王)[301] 원년(元年), 겨울에 누런 안개가 끼어 사방이 막혔다. 신라 선덕왕(善德王)[302] 7년, 누런 꽃이 하늘에서 비처럼 내렸으니 황상(黃祥)이었다. 『역전(易傳)』에는 "선(善)을 들으나 더불지 않는다"라고 하였으니 이것은 알지 못함

---

296) 고구려의 제12대 임금으로서 재위 기간은 248~270년이다.
297) 신라의 제33대 임금으로서 재위 기간은 712~737년이다. 신문왕의 둘째 아들로 친형 효소왕을 이어 즉위하였다.
298) 고구려의 제7대 임금으로서 이름은 수성(遂成)이며, 재위 기간은 146~165년이다.
299) 고구려의 제13대 임금이며 재위 기간은 270~292년이다.
300) 문자명왕(文咨明王)으로서 고구려의 제21대 임금이며 재위 기간은 492~519년이다.
301) 고구려의 제15대 임금이며 재위 기간은 300~332년이다.
302) 신라의 제27대 임금으로서 재위 기간은 632~646년이다. 진평왕에게 아들이 없었으므로 신라 최초로 여자로서 왕위에 올랐다.

을 말한다. 이황(異皇)은 나쁜 징조로 어리석은 것이니 재화(災禍)가 이어지지 않는다.

고국양왕(故國壤王) 3년에 소가 말을 낳았는데, 발이 여덟 개이고 꼬리가 두 개였으니 이는 소의 화[牛禍]이다. 문자왕(文咨王) 27년에 왕궁의 남문이 저절로 무너졌다. 신라 탈해왕(脫解王)303) 24년, 서울(京都)에 큰 바람이 불어 금성의 동쪽 문이 저절로 무너졌다. 파사왕(婆娑王)304) 32년, 성문이 저절로 무너졌다. 소성왕(昭聖王)305) 2년, 임해문(臨海門)과 인화문(仁化門)이 무너졌다. 유향(劉向)이 말한 금(金)이 목(木)을 해쳐서 목이 움직인 것이다. 『역전(易傳)』에서는 상하(上下)가 모두 어그러지니 그 요상함이 성문을 무너뜨렸다고 하였다.

보장왕(寶藏王)306) 5년, 동명왕(東明王) 어머니의 소상(塑像)이 사흘 동안 피눈물을 흘렸다.307) 같은 왕 7년, 서울에 사는 여자가 아들을 낳았는데 몸 하나에 머리가 둘이었다. 신라 나해왕(奈解王)308) 27년 남신현(南新縣)의 사람이 죽었다가 한 달이 지나서 다시 살아났다. 헌덕왕(憲德王) 17년, 무진주(武珍州)에서 여자가 아이를 낳았는데, 머리가 둘이고 몸도 둘이었으며 팔도 넷이었다. 아이를 낳을 때 하늘에서 큰 천둥이 쳤다. 백제(百濟) 시조(始祖) 13년, 서울[王都]에서 늙은 할멈[老嫗]이 여우[狐]로 변하였다.309) 의자왕 19년, 초진(草津)에 여자의 시체가 떠올랐는데, 길이가 18

---

303) 신라의 제4대 임금이다. 탈해는 서기전 19년이나 서기 44년 경에 바다를 통해 금관국을 거쳐 신라에 도착하여 남해왕의 사위가 되었다가 유리왕을 이어 즉위하였다.

304) 신라의 제5대 임금으로서 유리왕의 아들이며, 재위 기간은 80~112년이다.

305) 신라의 제39대 임금이며 재위 기간은 799~800년이다.

306) 고구려의 제28대 임금으로서 보장왕(寶藏王)이라고도 한다. 재위 기간은 642~668년이다.

307) 『동사(東史)』의 원문에는 모(母)자가 없으나 『삼국사기(三國史記)』의 원문에는 '東明王母塑像'이라고 하여 母가 들어 있으므로 이에 따른다.

308) 나해이사금(奈解尼師今)으로서 신라의 제10대 임금이다. 재위 기간은 196~230년이다.

309) 『삼국사기(三國史記)』에는 노온(老媼)이 노구(老嫗)로 되어 있다. 이 노파를 단순히 늙은이로 보기보다는 여자 무당으로 파악하는 견해도 있다. 즉 고대사회에서 초기에 여자 무당이 중심적인 역할을 하던 것으로 이해하는 견해이다. 또 여우도 남자[男]로

자였다. 유흠(劉欽)이 말한, 사람이 변하는 것은 황상(黃祥)에 속한 것으로 하나는 나충(臝蟲)의 재앙이고 다른 하나는 천지(天地)의 성(性)이다. 사람이 귀하고 무릇 사람이 변하니 모두 황극에 속한 것으로 아랫사람이 윗사람을 치는 병폐이다. 대체로 『오행전(五行傳)』[310]의 제6조에서는 황(皇)의 불극(不極)은 불건(不建)이어서 나쁜 징조로는 근심이 있고, 벌이 항상 음(陰)이고 극히 약(弱)하므로 때때로 사요(射妖 : 역(蜮)의 종류)가 있고, 때때로 용과 뱀의 재앙이 있고, 때로 말[馬]의 화(禍)가 있고, 때때로 아랫사람이 윗사람을 치는 근심이 있으며, 때때로 해와 달이 어지럽게 뜨고 별들이 역행(逆行)하는 일이 있게 되니, 이것은 한(漢)나라 유자(儒者)의 견강부회이지 「홍범(洪範)」에서 말하는 것은 아니다.

무릇 천하의 모든 일은 하나도 마음에 근본을 두지 않은 것이 없으니 마음이 황극의 주체로서 생각하여 통하지 않는 것이 없는 것[思之不睿]에 속한다. 이른바 사람의 병폐[人痾], 말의 재앙[馬禍], 흙의 상서로움[黃祥]과 소의 재앙[牛禍], 지야[脂夜]의 요상[311]함이 점(占)과 같이한다. 또 이른바 나쁜 징조로 근심하니 그 벌이 항상 음(陰)이라고 하였다. 또 서징(庶徵)에 드러나지 않는다면 후대 유자가 견강부회한 것을 의심할 여지가 없다. 『역전(易傳)』에는 여자(女子)가 장부(丈夫)가 되었다고 하였으니, 여기에서 음이 창성한 것을 말한다. 천인(賤人)이 왕이 되고 대부(大夫)가 여자(女子)가 되었으니 이른바 음(陰)이 승하였던 것이다. 나쁜 징조는 백제(百濟)의 초반에 마한(馬韓)의 신하인데도 장차 나라를 가질 것을 도모하였으니 할머니가 남자로 바뀌고[312] 천인(賤人)이 왕이 되려는 조짐이 있었다. 그 후 10여 년 마침내 마한(馬韓)을 망하게 하고 그 지역을 소유

기록되어 있다.
310) 유향(劉向)이 지은 『홍범오행전(洪範五行傳)』을 가리킨다.
311) 『한서(漢書)』 「오행지(五行志)」에 나오는 구절이다. 이에 의하면 사람의 뱃속에서 비만하면서도 속마음을 감추고 있는 것이 지(脂)인데, 마음이 어두워지면 지야의 요상함이 나타난다고 하였다.
312) 백제 온조왕 13년에 늙은 할멈이 남자로 변한 것을 말한다.

하였다. 『역전(易傳)』에는 "아버지의 일을 주관함이니 아들이 있으면 죽은 아버지가 허물이 없을 것이다"313)고 하였다. 3년 동안 부모의 도를 고치지 않는 것인데, 사모(思慕)하는 마음이 크지 않으니 역시 선인(先人)의 잘못을 거듭 볼 수 있다. 그렇지 않다면 사사로움이 되니 요인(妖人)이 죽었다가 다시 살아난 것이다. 또 『역전(易傳)』에는 "서로 어그러지고 어긋남에 외로워서, 돼지가 진흙을 짊어진 것이다"314)라고 하였다. 요인(妖人)이 두 머리를 가진 이를 낳게 되며 아래로 서로 선요(善妖)를 물리치니 역시 여러 요인(妖人)이 지은 것으로 바름을 잃은 각상(各象)을 견책한 것이다. 그 머리를 두 개로 하는 종류는 아래로는 하나가 아니다. 또 『역전(易傳)』에는 "그 집을 풍성하게 하라. (그렇지 않으면) 외로움과 고독함이 장적(長賊)이 된다."315) 생세(生世)에 주로(主虜)와 초진(草津)의 시체(屍體)는 장적(長狄)의 종류이다.

봉상왕(烽上王)316) 8년, 구신이 봉산(烽山)에서 울었다. 보장왕(寶藏王) 13년, 사람들이 마령(馬嶺) 위에서 신인(神人)을 보았는데 "너희 임금과 신하들의 사치함이 한도가 없으니 패망할 날이 얼마 남지 않았다"고 말하는 것을 들었다. 신라 효성왕(孝成王)317) 4년, 다홍색 옷을 입은 어떤 여자가 예교(隷橋) 아래에서 나라의 정치를 비방하다가 효신공(孝信公)의 대문을 지나서 갑자기 사라졌다. 헌강왕(憲康王)318) 5년, 나라 동쪽의 주와 군을 순행(巡幸)하고 있었는데, 어디서 왔는지 알 수 없는 네 사람이 왕의 수레 앞에 와서 노래부르고 춤을 추었다. 생김새가 괴이하고 옷차림과 두건이 괴상하였다. 당시 사람들은 그들을 산과 바다의 정령(精靈)이라 일컬었다.

---

313) 『주역(周易)』 「산풍고(山風蠱)」 참조.
314) 『주역(周易)』 「화택규(火澤睽)」 참조.
315) 『주역(周易)』 「뇌화풍(雷火豊)」 참조. 『주역』 「정전(程傳)」의 원문과는 약간의 차이가 있다.
316) 고구려의 제14대 임금으로서 재위 기간은 292~300년이다.
317) 신라 제34대왕이다. 성덕왕의 둘째 아들로 재위 기간은 737~742년이다.
318) 신라의 제49대 임금으로 재위 기간은 875~886년이다.

백제 의자왕(義慈王) 19년, 귀신이 궁궐 남쪽 길에서 울었다. 이것들은 모두 인요(人妖)에 가까운 것이다. 대무신왕(大武神王) 4년, 왕이 부여(夫餘)를 정벌하는데 이물림(利勿林)에 이르러 잠을 잤다. 밤에 쇳소리가 들리므로 [밝을 즈음에 사람을 시켜 살펴보게 하여],[319] 금도장과 병기들을 얻었다. 보장왕(寶藏王) 15년, 여름 서울(王都)에 쇠가 비처럼 떨어졌다. 신라 나해왕(奈解王) 23년, 무기 창고의 병기[兵物]가 저절로 밖으로 나왔다.

진흥왕(眞興王) 36년, 황룡사(黃龍寺)의 장육상(丈六像)이 눈물을 흘려 발꿈치까지 흘렀다. 효소왕(孝昭王) 8년, 병기고 속에서 북과 뿔피리가 저절로 소리를 내었다. 이것은 모두 금이 혁(革)을 따르지 못한 것이니 대개 병상(兵像)이다. 차대왕(次大王) 3년, 왕이 평유원(平儒原)[320]에서 사냥하는데 흰여우가 따라오며 울어서 왕이 활을 쏘았으나 맞지 않았다. 무당에게 물으니 대답하기를, "요상한 짐승이며 흰색이니 오직 덕을 닦음으로써 물리칠 수 있을 것입니다"라고 하였다. 왕이 말하기를, "흉하다면 흉한 것이고 길하다면 길한 것인데 물리치는 것이 무슨 이익이 있는 것인가"라고 하고 드디어 무당을 죽였다.[321] 중천왕(中川王) 15년, 사냥을 나가 흰 노루를 잡았다. 백제 의자왕(義慈王) 19년, 여러 마리의 여우가 궁궐 안으로 들어왔는데 흰여우 한 마리가 상좌평(上佐平)의 책상[書案] 위에 앉았다. 이러한 예들은 백상(白祥)이니 들짐승들이 성(城)에 들어왔으니 나라가 허려(虛厲)[322]할 징조이다.

---

319) 이 부분은 『삼국사기(三國史記)』의 원문을 참조하여 보충하였다. 『동사(東史)』 원문에는 진흥왕 23년으로 되어 있으나 36년이다.
320) 유원(儒原)으로 되어 있으나 『삼국사기(三國史記)』의 원문을 참조하여 평유원으로 하였다.
321) 이 부분은 『삼국사기(三國史記)』의 원문을 줄여서 인용하였는데, 원래는 여우의 색이 희다는 말 다음에 '하늘이 말을 간곡하게 할 수 없으므로 요괴로 보여준 것은, 임금께서 두려워하며 수양하고 살펴서 스스로 새로워지게 하려는 것입니다. 임금께서 만약 덕을 닦으면 화를 바꾸어 복을 만들 수 있습니다'라는 말이 생략되어 있다. 왕의 말에서도 '네가 이미 요사스럽다고 하였다가 또 복이 된다고 하니 무슨 거짓말이냐'라는 말이 원래의 내용이다.
322) 집에 사람이 없는 것을 허라고 하고 죽어서 후손이 없는 것을 '려(厲)'라고 하므로 사

태조왕(太祖王) 53년, 부여(夫餘)에서 호랑이를 바쳤는데,[323] 길이가 한 길 두 자나 되었고 털 색깔이 매우 밝았으나 꼬리가 없었다. 양원왕(陽原王)[324] 11년, 호랑이가 성안으로 들어와 사로잡았다. 보장왕(寶藏王) 18년 가을, 아홉 마리의 호랑이가 한꺼번에 성으로 들어와 사람을 잡아먹었는데, 붙잡으려고 하였으나 잡지 못하였다. 눌지왕[325] 37년, 이리떼가 시림(始林)에 들어왔다. 유흠의 설명에 "천문(天文)의 서방(西方)에 나란히 하여 호성(虎星)이 되었으므로 모충(毛蟲)의 재앙이 일어나니 어찌 들짐승이 성으로 들어오고 패망(敗亡)하는 괴이함이 아니겠는가"라고 하였다.

보장왕 19년, 평양의 강물이 무릇 3일 동안이나 핏빛이었다. 신라 선덕여왕(善德女王) 8년, 동쪽 바닷물이 붉게 되고 또 더워져 물고기와 자라가 죽었다.[326] 무열왕(武列王)[327] 8년, 대관사(大官寺)의 우물물이 피가 되었고, 금마군(金馬郡)[328] 땅에 피가 흘러 그 넓이가 다섯 보가 되었다. (이런 예들이) 비처럼 피가 내리는 종류이다. 『역전(易傳)』에는 "귀옥(歸獄) 이 불해(不解)니 이것은 추비(追非)이고 허물에 하늘에서 피가 비처럼 내리니 이것은 불친(不親)이다. 백성들이 원망하는 마음이 있어 3년을 나가지 않으니 종인(宗人)이 없다." 또 말하기를 "아첨하는 사람의 녹이 공신(功臣)을 죽인다"고 했다. 또 말하기를 "임금[君]이 술에 빠지고 여색(女色)에 몰두하면 현인(賢人)이 숨고 나라가 위기에 처한다고 하니 이상하게 붉은 물이 흐르는 것이다"라고 하였다.

람이 없고 후손이 없게 되는 것은 곧 나라가 망하는 것이다.

323) 원문에는 2마리를 바쳤다고 되어 있지만 『삼국사기(三國史記)』에는 호랑이만 바쳤다고 되어 있고 몇 마리인지는 나와 있지 않다.

324) 고구려의 제24대왕으로서 『삼국유사』 「왕력」편에는 양강왕(陽崗王)이라고 되어 있다. 재위 기간은 545~559년이다.

325) 신라의 제19대 임금으로서 재위 기간은 417~458년이다.

326) 적조(赤潮) 현상을 가리키는 것으로 바닷물 속의 미생물이 이상(異常)으로 증식하여 물빛이 붉게 보이는 상태이다.

327) 태종무열왕으로서 신라의 제29대 임금이다. 재위 기간은 654~661년이다. 태종(太宗)은 묘호(廟號)이고 무열(武烈)은 시호이며 이름은 춘추(春秋)이다.

328) 현재 전라북도 익산시 금마면 지역이다.

신라 지마왕(祗摩王),[329] 금성(金城) 동쪽의 민가(民家)가 함몰하여 못이 되었는데, 거기서 연[芙蕖]이 돋아났다. 나해왕 3년, 시조묘(始祖廟) 앞에 쓰러져 있던 버드나무가 저절로 일어났다. 첨해왕(沾解王)[330] 7년, 금성 남쪽에 쓰러져 있던 버드나무가 저절로 일어났다. 성덕왕 원년, 삽량주(歃良州)에서 도토리 열매가 변해서 밤이 되었다. 이러한 예들은 모두 초목(草木)의 요사스러움에 가깝다. 『역전』에는 "오래된 버드나무에서 돌피[稊]가 나고 오래된 나무가 다시 살아나면 인군(人君)에게 자식이 없다"고 하였다. 신라 지마왕 21년, 궁궐의 남쪽 문에 불이 났다. 미추왕(味鄒王)[331] 원년, 금성의 서쪽 문에 화재가 나서 불길이 번져 민가 100여 채를 태웠다.[332]

---

329) 지마이사금(尼師今)으로서 신라의 제6대 임금이다. 재위 기간은 112~134년이다. 지마(祗磨) 혹은 기미(祇味)라고도 하였는데, 파사왕(婆娑王)의 아들로 성은 박씨이다.

330) 첨해이사금(尼師今)으로서 신라의 제12대 임금이다. 재위 기간은 247~261년이다. 『삼국유사(三國遺事)』「왕력편(王曆篇)」에서는 '이해이사금(理解尼師今)'이라 하고 세주에 '점해(詁解)'라고 되어 있다.

331) 미추이사금(尼師今)으로서 신라의 제13대 임금이다. 재위 기간은 262~284년이다. 미추왕은 김알지의 7대손으로 아버지는 구도갈문왕이고 김씨로서는 처음으로 왕위에 오른 사람이다.

332) 일설에는 100여 채가 아니라 300여 채라고 되어 있는 기록도 있다.

제6장
지(志) 2 고려사(高麗史)

1. 천문지(天文志)

역대(歷代)로부터 역사책을 만들 때에는 각각 지(志)가 있었으니 혹 없었던 적이 없었다. 대체로 해와 달, 별들이 위로는 허공에 매달려 있어서 사람으로부터 매우 떨어져 있으므로 성인(聖人)이 『춘추(春秋)』를 지어 일식(日食)과 성변(星變)을 문득 기록하였다가 글로 남기어 쉽게 인용하게 하였다. 사람들로 하여금 아래위를 살피게 하여 경외(敬畏)하게 하니 대체로 그 뜻이 은미하였다. 황제(黃帝)가 별자리에 획을 그어 분주(分州)하니 후대의 천문가(天文家)에서 분야(分野)[1]·전차(躔次)[2]를 구별하여 구주

---

1) 분야(分野)는 중국 전국시대(戰國時代) 천문가(天文家)가 중국 전지역을 28수(宿)로 나누어 구별한 이름이다.
2) 전차(躔次)는 별이 운행되는 길을 말한다.

(九州)의 땅에 소속하게 되었다. 『춘추(春秋)』를 말하는 자는 오성(五星)에서 혜성(彗星)이 침범하여 일어나는 이적(異蹟)을 그 분야(分野)에 따라 살펴서 길흉을 점쳤다. 마치 화(火)가 방(房) 자리에 있으면 송(宋)·위(衛)·진(陳)·정(鄭)나라에 재앙이 있는 해이고, 초(楚)나라 방향에 있으면 오(吳)나라의 군사가 영(郢) 땅으로 들어갔으나 이루지 못하였던 것과 같아 종종 부합(符合)하여 틀리지 않았으니 분야(分野)의 설을 없앨 수 없음이 이와 같았다.

한(漢)나라 무제(武帝) 때에 하(河)에 혜성이 나타나니 경계를 전하는 자가 동이(東夷)가 패망(敗亡)할 조짐이라고 하였다. 이 해에 한나라가 우거(右渠)와 조선(朝鮮)을 없애서 사군(四郡)으로 만들었다.³⁾ 그러므로 조선(朝鮮)과 삼한(三韓)의 점성(占星)은 항상 석목(析木)⁴⁾의 성차(星次)에서 연(燕)나라와 같이 나뉘는데, 그것(성차)이 바다에 위치하고 있기 때문에 오(吳)나라와 월(越)나라와 점을 같이 하니 이것은 진실로 그럴 듯한 것이다.

그러나 고려(高麗)의 사관(史官)은 분야(分野)를 사용하지 않고, 다만 바라보는 즈음에서 하늘로부터 견책을 당한 것은 모두 기록하니 그 수준이 낮았다. 그러나 하늘 아래의 국가는 대소(大小)를 논할 것 없이 군민(君民)의 나눔과 사직의 중요함이 있으니 해는 임금이고 달은 왕비이며 소민(小民)은 별이 되어 그 상응하는 것이 하나이다. 그러므로 재상(災祥) 화복(禍福)의 즈음에 때때로 여기에서 나와 저기에서 상응하여 하나의 조짐이 둘로 나타나는 것이니 분야의 학설에 얽매이지 않은 것이다. 그러므로 전의 역사(歷史)에 보이는 것은 다 보존하고 삭제하지 않아 나중에 참고할 수 있게 하였다.

고려 475년 간에 일식(日食)이 132번 있었고 오성(五星)의 능범(凌犯)과

---

3) 기원전 108년 한나라가 조선의 마지막 왕이었던 우거(右渠)를 죽이고 조선을 멸망한 것을 말한다.
4) 석목(析木)은 별의 이름으로 미수(尾宿)의 별칭이다. 또는 성차(星次)의 이름으로 기(箕)와 두(斗)의 양수(兩宿) 사이를 말한다. 여기서는 후자의 뜻이다.

제성(諸星)을 함부로 범하는 변이가 역시 많았으나 고려의 역법(曆法)은 당나라의 선명력(宣明曆)을 사용하고 끝내 고치지 않았다. 그러므로 일식과 월식이 중국과는 맞지 않는 점이 있었다.

문종(文宗) 32년, 정월 경신일에 월식(月食)이 있었고, 6월 갑인일에 월식이 있었는데, 송나라 사신이 이를 구재(救災)하고자 하였으나 국인(國人)이 이를 깨닫지 못하였다. 일관(日官) 설호정(挈壺正)5) 최사겸(崔士謙)이 역서(曆書)를 지었는데 추보(推步)6)에서 실수하여 보고하지 않았기 때문에 유사(有司)에서 법대로 논할 것을 청하였으나 용서하였다.

공민왕(恭愍王) 원년, 4월 계묘 초하루에 일식이 있다고 하였으나 일식이 없었다.7) 2년 9월 을축 초하루에도 역시 그러하였다. 쉽게 추측할 수 있는 것이 역법(曆法)인데도 우리나라 사람들이 역법에 소홀히 한 것이 이와 같았다. 하물며 오위(五緯)8)의 전도(躔度)9)는 말할 것도 없다. 그러므로 성변(星變)의 점은 법(法)에 맞지 않는 것이 더욱 많았다. 그러나 비상한 이변과 특이한 재난은 난세(亂世)에 항상 많았기 때문에 역시 무고할 수 없는 것이 있었다.

의종(毅宗) 13년, 세 개의 해가 동시에 나타났다. 공민왕 5년, 세 개의 해가 함께 나타났다. 예종(睿宗) 원년, 왕시성(枉矢星)이 날아가니 보는 사람이 모두 놀라 떠들었다. 그 후에 여진(女眞)에서 영토를 다투어 전쟁이 5년 동안 끊이지 않아 구내(區內)가 소란하였다. 인종(仁宗) 12년, 태초문(太初門)에 별이 재차 낮에 떨어졌다. 충렬왕 때에는 태백(太白)이 다시 하늘을 지났고[經天], 충목왕(忠穆王) 원년 혜성이 자미원(紫薇垣)에 나타났

---

5) 고려 때 천문·기상·역서 등을 맡은 태사국(太史局)의 종 8품 관직을 말한다.
6) 추보(推步)는 일월(日月) 오성(五星)의 운행(運行)을 추측하여 역서(曆書)를 만드는 것을 말한다. 여기서는 추보를 맡은 곳, 서운관(書雲觀)을 말한다.
7) 『고려사(高麗史)』「천문지(天文志)」에는 원(元)나라에서 일식이 있다는 것을 알려주었다고 하였다.
8) 오위(五緯)는 금(金)·목(木)·수(水)·화(火)·토(土)의 오성(五星)을 가리킨다.
9) 전도(躔度)는 해와 달, 별들이 지나가는 도수(度數)를 말한다.

고, 공민왕 때에는 태백이 하늘을 지난 것이 세 번이고 혜성이 출현한 것이 네 번이었다. 공양왕(恭讓王) 4년, 혜성이 온 하늘에 다 보였고 고려가 망하였다. 이러한 예들이 이른바 재앙이 사람으로 말미암아 일어나 흥변(興變)이 그치지 않고 일어나는 것이구나. 나머지는 모두 본지(本志)에 보인다.

2. 역지(曆志)

사신(史臣) 정인지(鄭麟趾)가 말하였다. 대체로 역(曆)을 만들고 시(時)를 밝히는 것은 역대의 제왕(帝王)이 중요하게 여기지 않은 적이 없다. 주(周)나라가 쇠망하여 역관(曆官)이 기강(紀綱)을 잃고 여러 나라에 흩어지니 이에 이들 나라에서는 각자의 역(曆)을 가지게 되었다. 오계(五季)10)에 이르러서 촉(蜀 : 후한)나라나 당(唐 : 후당)나라와 같은 윤국(閏國)11)에서도 비록 그 나라를 세움이 기구(崎嶇)하였으나 또한 각기 쓰는 바의 역서(曆書)를 가지지 않음이 없었으니, 대체로 옛 선왕(先王)12)이 인시(人時)를 주는 것을 하루도 그만두지 않았기 때문이었다.

고려는 따로 역(曆)을 만들지 않고 당(唐)나라의 선명력(宣明曆)을 이어서 썼으나 [당나라에서 선명력을 쓰게 된] 장경(長慶) 임인년부터 [고려의] 태조가 개국한 시기까지는 거의 100년이 지났으며, 그 방법도 이미 차이가 생겼다. 이에 앞서 당나라에서는 이미 역법을 개정하였는데, 이로부

---

10) 오계(五季)는 후량, 후당, 후진, 후한, 후주의 오대(五代)를 가리킨다.
11) 정통 왕국이 아닌 여타의 여러 나라(衆國)를 가리킨다. 예를 들어서 삼국(三國) 가운데 위(魏)나라를 정통 국가로 보면 나머지 촉(蜀)나라와 오(吳)나라가 윤국이 된다.
12) 『고려사』에는 선민(先民)으로 되어 있다.

터 [중국에서는 즉 선명력에서부터] 22회나 바뀌어졌으나 고려에서는 아직 선명력을 그대로 써왔던 것이다.

충선왕(忠宣王)에 이르러 원(元)나라의 수시력(授時曆)으로 바꾸어 쓰게 되었다. 그러나 개방(開方)[13]의 방법이 전하여지지 않았기에 교식(交食)의 부분은 여전히 선명력의 방법을 따라서 [일월의] 휴식(虧食)과 가시(加時)가 천체(天體)에서 일어나는 실제의 현상과 맞지 않았다. 일관(日官)은 대체로 앞뒤의 것을 서로 끌어들여 맞추려고 하였으나 다시 맞지 않는 것이 있어서 고려 왕조가 끝날 때까지도 고치지 못하였던 것이다. 이제 그 전하는 구본(舊本)은 가끔 빠진 것과 억지로 맞춘 것이 있어서 거의 처음 쓰여질 때의 것이 아니나 지금 쓰여지는 것도 아니고 추가하여 교정할 것도 아니며 그 온전한 책이 남아 있지 않으므로 우선 여기에 적어 두고 그 뒤에 수시력(授時曆)을 붙여 역지(曆志)를 만든다.

아! 역법(曆法)은 은미(隱微)한 것이다. 선명력과 수시력은 한나라 시대의 제도였는데 우리나라 사람들은 이를 모방하여 사용하였으니 춘추시대의 여러 제후들과 오대(五代)의 당나라와 촉나라가 따로 역을 만든 것과는 같지 않다. 당우(唐虞)[14]의 때에 희화(羲和)[15]도 일관(日官)이었는데 오직 화숙(和叔)[16]이 서쪽에 집을 지음에 가는 곳에 제한을 두지 않았다. 그러므로 지금 대서인(大西人)이 역을 만들 때 추보(推步)[17]의 정교함과 숫자를 고찰하는 신묘함이 우수한 여러 방법에서 나온 것이다.

대체로 그 방법을 전하였기 때문에 그러하였다. 명나라 이후 서양(西洋)과 서로 왕래하여 역법이 더욱 밝아졌다. 고려에서는 스스로 역을 만

---

13) 개방(開方)은 제곱근이나 면적을 구하는 방법을 가리키는데, 여기서는 역법을 계산하는 방법을 말한다.
14) 당우(唐虞)는 요(堯)와 순(舜)을 말한다.
15) 희화(羲和)는 요(堯)임금 때 천문(天文)과 역상(曆象)을 맡은 희씨(羲氏)와 화씨(和氏)를 지칭한다. 전설에는 요임금이 羲仲, 羲叔, 和仲, 和叔의 형제에게 서방(西方)에 가서 살며 천상(天象)을 살펴서 역법을 만들게 하였다고 한다.
16) 요(堯)임금 때 천문과 역상을 담당하던 희씨와 화씨 중 화씨의 하나인 인물이다.
17) 추보(推步)는 천체(天體)의 운행(運行)을 관측하여 달력을 만드는 것을 말한다.

들지 않았고 당나라나 원나라의 역으로도 오히려 충분하다고 여겼는데, 산천(山川)이나 풍기(風氣)가 중국과 비슷하여 안남(安南)·일본(日本)·회회(回回)의 여러 나라들의 춘분(春分)·추분(秋分)·동지(冬至)·하지(夏至)가 완전하게 다른 것과는 같지 않았다. 이 때문에 선민(先民)이 인시(人時)를 주어서 진실로 일에 빠짐이 없게 하였다. 그러나 초하루에 동쪽에 뜨는 달이나 그믐에 서쪽에 뜨는 달이 더하고 덜해지는 근원과 뜨고 지거나 초생달로 되었다가 회복되는 이치가 끝없이 펼쳐져 있으므로, 살피지 않는다면 다른 사람의 남겨진 문서를 얻어서 전곡(錢穀)을 요리하는 자[18]가 고려 사람들의 고루함이 심한 것과 비교하여 무엇이 다른 것이겠는가. 선명력과 수시력은 이미 본조(本朝)의 역사에 기록되어 있으니 지금 반드시 다시 말할 필요는 없다.

3. 오행지(五行志)

성인(聖人)은 항상(恒常)됨을 말하고 이변을 말하지 않는다. 그러나 역시 때로는 [이변을] 말씀하시니, 그것은 사람의 일[人事]에서 벗어나지 않기 때문이다. 옛날 주(周)나라 때에 주공(周公)이 동쪽을 정벌하고 돌아가지 않을 때에 하늘에서는 큰 번개와 우레가 쳐서 왕이 교외로 맞이하러 나간 것을 풍자하였고, 또 반대로 기화(起禾)[19]한 것을 풍자하였다. 태사(太史)[20]에서 기록하고 공자(孔子)가 서(書)에다가 편집하여 그 아름다운 징조와 나쁜 징조를 말하니 영향이 있었다. 비록 「홍범(洪範)」 오행(五

---

18) 나라를 다스리는 자를 말한다.
19) 기화(起禾)는 벼의 이삭을 세워 다시 소생하게 하거나 잘 자라게 하는 것을 가리킨다.
20) 태사(太史)는 나라의 법규·기록 등을 맡은 벼슬을 말한다.

行)의 학설이 비록 좋다고는 하나 [이것에 비해] 지나침이 없었다.

동중서(董仲舒)와 유향(劉向)은 이 내용을 부연하여 상생(詳眚)과 화아(禍痾)의 학설을 만들어 내었다. 무릇 수·화·목·금·토 오행의 소속에 천지 사이의 크고 작은 사물들을 두게 하여 가정·마을의 점과 동요(童謠)·뜬소문의 대응하는 것까지 가리켜서 부합하지 않는 것이 없었다. 비록 때때로 추정하여 맞지 않는 것도 있었으나 종종 더러 맞기도 하였기에 없어지지 않았다. 비록 성인의 본래 뜻과는 달라졌으나 그 방법으로 삼은 것은 부지런한 면이 있었다.

대체로 하늘에는 오운(五運)[21]이 있고 땅에는 오재(五材)[22]가 있어 그 쓰임이 무궁(無窮)하니 사람이 태어날 때는 오성(五性)[23]을 모두 갖추고 오사(五事)[24]로 드러내니 그것을 잘 닦으면 길(吉)하고 닦지 않으면 흉(凶)하다. 길(吉)이라는 것은 좋은 징조[休徵][25]에 상응하는 것이고, 흉(凶)이라는 것은 나쁜 징조[咎徵][26]에 상응하는 것이다. 이런 까닭에 「홍범」에서는 그 이치를 말하고 『춘추』에서도 재이(災異)를 기록하여 천하 국가를 소유한 자들에게 물(物)이 이치에 어긋난 경우[反常]에는 크고 작음을 막론하고 두려워하게 하는 마음을 가지게 하려는 것이었다.

그러나 상생(詳眚)·화아(禍痾)의 학설은 비록 몇몇 술가(術家)에서 나온 것이지만 살펴본 사람들이 역시 깊이 경계하고 절실히 느끼기 때문에 점을 쳐서 나타나 쉽게 알 수 있는 것들을 보존하여 박아(博雅)한 사람[27]

---

21) 오운(五運)은 오행(五行)이 운행(運行), 또는 이에 의한 왕조 교체 등을 가리킨다. 제왕은 오운에 의해 그 자리를 얻는다고 말한다. 그 운행의 순서는 상승(相勝 : 土·木·金·火·水)과 상생(相生 : 木·火·土·金·水)의 두 가지가 있다.
22) 오재(五材)는 금(金)·목(木)·수(水)·화(火)·토(土)를 말한다.
23) 오성(五性)은 사람의 다섯 가지 성정(性情)으로 희(喜)·노(怒)·욕(慾)·구(懼)·우(憂)를 말한다.
24) 모습(貌)·말(言)·봄(視)·들음(聽)·생각함(思)을 말한다.
25) 휴징(休徵)은 상서(祥瑞)의 징후(徵候)를 말한다.
26) 구징(咎徵)은 재앙(災殃)의 징후(徵候)를 말한다.
27) 여기서는 역(易)을 잘 아는 사람을 가리킨다.

의 추고(推考)를 기다린다.

오행의 첫 번째는 수(水)이니 윤하(潤下)는 물의 본성(本性)인데, 물이 그 본성을 잃으면 해침[沴]이 되어서 때로는 빗물이 한꺼번에 나와 모든 하천에 넘쳐서 향읍(鄕邑)을 무너뜨리고 백성을 익사시키며, 때로는 고요(鼓妖)[28]가 있고 때로는 시화(豕禍)[29]와 모든 우레와 번개, 서리와 눈, 비와 우박의 변고가 있으니 이는 물이 아래로 흐르지 못해서 그런 것이다. 그 징조(徵兆)는 계속되는 추위이고 그 색은 검은 색이니 이것이 흑생(黑眚) 흑상(黑祥)이다.

숙종(肅宗) 원년, 6월 갑술일에 큰 비가 내리니 북산(北山)에 물이 솟아 나무와 돌이 떠내려갔다. 또 구룡산(九龍山) 동령(東嶺) 6곳에 일시에 물이 솟고 산이 무너졌다. 4년 6월 갑술일에 큰비가 내려 구룡산이 무너졌는데 길이가 300자이고 넓이가 50자였다. 공민왕(恭愍王) 11년, 10월 계미일에 큰 비가 내리고 천둥 번개가 치니 청주성(淸州城) 안에 물이 불어 죽은 뱀이 떠다니는 것이 있었고 개구리가 나뭇가지에 올라갔으며, 기후는 여름과 같았다. 공양왕 2년, 5월 무오일에 청주에 갑자기 우레와 비가 크게 내려서 앞의 내가 별안간에 불어 성의 남문(南門)을 허물고 바로 북문(北門)에 부딪치니 성 안의 물깊이가 한 길이나 되었고 관사(官舍)와 민가(民家)가 표몰(漂沒)되기를 거의 3년 동안이나 하였다. 가을 7월 신해일에 큰 물이 졌다. 명종(明宗) 6년, 3월 경술일에 동해물이 황색으로 흐리기를 3일 동안이나 하더니 변하여 핏빛으로 되었다. 의종(毅宗) 19년, 3월 경술일에 보현원(普賢院)[30]으로 이어(移御)하였는데 날씨는 춥고 비가

---

28) 고요(鼓妖)는 북소리의 요상(妖祥)으로 『한서(漢書)』 「오행지(五行志)」에 나온다.
29) 돼지는 물에 속하기 때문에 수해(水害)를 말한다. 일설에는 한기(寒氣)가 강한 해에 돼지가 잘 죽고 또 괴이한 일이 있다고 하였다.
30) 강원도 춘천시 북산면 청평리에 있는 고려시대의 절터인 청평사(淸平寺)를 가리킨다. 973년(광종 24) 승려 영현에 의해 창건되었으며 당초 이름을 백암선원이라 하였다. 이후 보현원, 문수원으로 불려오다 조선 명종 때 보우가 절을 크게 중건하고 이름을 청평사라 개칭하였다.

심하게 내려서 위졸(衛卒) 중에 얼어죽은 자가 9명이나 되었다. 공민왕(恭愍王) 16년, 6월 임신일에 북풍(北風)이 불고 심하게 추위 성안이 모두 두 겹의 가죽옷을 입었다. 신종(神宗) 원년, 정월 갑자일에 장흥고(長興庫)의 향로(香爐)의 발에 장식되어 달린 사자가 우는데 개 짖는 소리와 같았다. 충혜왕(忠惠王) 후3년에 종루(鍾樓)의 종을 쳐도 울리지 않았다. 공민왕(恭愍王) 16년, 누호(漏壺)31)에 소리가 났는데 소 울음소리와 같았다. 희종(熙宗) 2년, 6월 장군 박정모(朴挺謨)에게 벼락이 쳤는데, 박정모는 사람됨이 욕심이 많고 거짓이 많았다. 신우(辛禑) 2년, 7월 한천군(漢川君) 왕규(王珪) 와 그의 처 박씨에게 벼락이 쳤다. 의종(毅宗) 5년, 지경(地鏡)32)이 나타나 마치 보면 물과 같이 그림자가 있었다.33)

오행의 두 번째는 화(火)이니 염상(炎上)이 불의 본성이다. 그 본성을 잃으면 화를 부른다. 양(陽)이 절(節)을 잃으면 넘쳐나는 불길이 종묘(宗廟) 를 태우며 궁궐을 태운다. 때로는 초요(草妖)가 있고 때로는 양화(羊禍)34) 가 있고 조류[羽虫]35)의 재앙이 있으니 이는 불이 염상(炎上)하지 못하므 로 된 것이며, 그 징조는 항상 덥고 그 색은 적색으로 이는 적생(赤眚)·적상(赤祥)36)이다.

의종 6년, 3월 계해일 밤에 금원(禁苑)의 나무 사이에 빛이 있는데 빛 나는 모양이 마치 화염과 같아서 궁궐 밖의 사람들은 불이 난 것으로 의심하여 문밖에 모여 구하려고 하다가 불이 아님을 알고 물러났다. 당 시 사람들은 왕이 병촉(秉燭)37)을 좋아하기 때문에 이러한 이변이 있다

---

31) 누호(漏壺)는 물시계의 물을 넣은 호(壺)로서 전하여서 물시계를 말한다.
32) 지경(地鏡)은 신기루(蜃氣樓)를 가리킨다. 광선과 수증기와의 관계로 해변 또는 사막 의 상공에 산천이나 성곽 등이 나타나는 현상이다.
33) 『고려사』의 기록에는 서경(西京) 제연(梯淵)에서 보현경방(普賢經坊)에 이르기까지 지경(地鏡)이 나타났다고 하였다.
34) 양화(羊禍)는 더운 기운 때문에 양이 많이 죽는 것을 말하는데 유행병의 일종이다.
35) 우충(羽虫)은 조류(鳥類)를 말한다.
36) 적생(赤眚)·적상(赤祥)은 오행의 화기(火氣)로부터 일어나는 재상(災祥)으로『한서』 「오행지」에 "時則有赤眚赤祥 唯水沴火"라고 하였다.

고 하였다. 충렬왕 9년, 4월 무신일에 어떤 물체가 있어 붉기가 불과 같고 크기가 말[斗]만 하다가 점점 넓어져 방석만 하더니 순창궁(順昌宮)에 떨어지자 유성(遊星)이 잇달아 떨어졌다. 조금 있다가 바람이 갑자기 불어 불이 궁중에서 일어나니 다 타버리고 남은 것이 없었다. 명종 14년, 서부(西部)의 민가에 작은 참새가 큰 새를 낳았는데 크기가 산까치[山鵲]와 같았다. 점에서는 조류[羽蟲]의 재앙에서 그 종류가 아닌 것을 낳는 것은 국가에 근심이 있을 징조라고 하였다.

공민왕 15년, 암수의 꿩이 왕후전(王后殿)에 떨어져 죽었다. 태조 원년, 일길찬(一吉餐) 능윤(能允)의 집 뜰의 서지(瑞芝) 한 나무에 아홉 줄기 세 이삭이 생겼으므로 왕에게 바치니 내고(內庫)의 곡식을 내렸다. 문종(文宗) 16년, 주초(朱草)[38]가 중광전(重光殿)에 무더기로 돋아나 왕이 사신(詞臣)에게 명하여 시를 짓게 하였다. 숙종 6년, 정월 임술 초하루 밤에 붉은 기운[赤氣]이 북쪽으로부터 서쪽으로 향하는데 나누어 퍼져서 하늘에 가득 찼고 흰 기운[白氣]이 사이에서 일어나 한참만에 흩어졌다. 점치는 사람이 말하기를 "요(遼)와 송(宋)나라에 병화(兵禍)가 있을 것이다"라고 하였다. 인종 12년 6월 청풍현(青風縣)의 큰 못에 물이 피가 되어 흘러서 한강(漢江)에까지 이르렀다. 신종(神宗) 2년, 5월 남부(南部)의 북쪽 우물에서 물이 붉게 되어 끓으면서 소리를 내니 마치 소가 우는 것과 같았는데 10여 일이나 이어졌다. 점치는 사람이 말하기를, 천인(賤人)이 장차 귀하게 될 것이라고 하였다. 공양왕 2년, 6월 갑술일에 벽란도(碧瀾渡) 조수(潮水)가 붉어졌다. 기묘일에 예성강(禮成江) 물이 붉게 끓기를 삼일 동안 하였다. 충렬왕 13년, 10월 을축일 밤에 서부(西部)가 밝아지니 야계(野鷄)가 모두 울었다.

오행의 세 번째는 목(木)이니 곡직(曲直)은 나무의 본성이다. 나무가 그 본성을 잃으면 화를 부른다. 그러므로 생물(生物)이 번성하지 못하고 드

---

37) 병촉(秉燭)은 촛불을 들고 밤에 노는 것을 말한다.
38) 주초(朱草)는 서초(瑞草)의 이름이다.

디어 변괴가 되는 것이 있으니 때때로 계화(鷄禍)39)가 있고 때때로 서요(鼠妖)40)가 있으니 이는 나무가 곡직하지 못하기에 그렇게 된 것이다. 그러므로 그 징조는 항상 비가 오는 것이고 색은 청색으로 이는 청생(青眚)·청상(青祥)이 되는 것이다. 태조 21년, 8월 대내(大內) 유원(柳院)에 쓰러졌던 홰나무가 스스로 일어났다. 광종 24년, 2월 임인일에 연리목(連理木)이 충주(忠州)에서 났다. 현종 7년, 4월 사헌대(司憲臺) 뜰의 잣나무[柏樹]가 고사(枯死)하여 여러 해가 되었는데, 이 해에 이르러 다시 살아났다. 16년, 보성군(寶城郡)에서 산호수(珊瑚樹) 두 그루를 바쳤다. 18년, 영광군(靈光郡)에서 산호수를 바쳤는데 높이가 8자이고 가지가 81개였다. 공양왕 3년, 4월 벌레가 송악산(松岳山) 소나무 잎을 갉아먹으니 각리(各里) 각령(各領)으로 하여금 잡게 하였다. 의주(宜州)에 큰 나무가 있어 말라 썩은 지가 여러 해가 되었는데 올해 다시 나무 가지가 사방으로 뻗치고 무성하여 열매를 맺으니 이때에 사람들이 개국(開國)의 징조라고 하였다. 4년, 5월 병신일에 벌레가 송악산의 소나무 잎을 갉아먹었다. 병오일에 벌레가 태묘(太廟)의 소나무를 갉아먹었는데 이미 소나무를 갉아먹은 지가 이에 5~6년이나 되었으나 태묘의 소나무는 갉아먹지 않다가 이때에 비로소 먹기 시작했다. 현종 11년, 11월 임술일에 경운(卿雲)41)이 나타났다. 명종 17년, 경성(京城)에서 닭 떼가 울었는데 날개는 치지 않았다. 충렬왕 3년, 승평군(昇平郡) 임내(任內)42) 별양부곡(別良部曲) 장대충(長大冲)의 집에서 암탉이 변하여 수탉이 되었는데 날개·털·꼬리·며느리발톱은 다 갖추었으나 오직 벼슬만 높지 못하였다. 장대충이 말하기를 이 닭은 20년을 살면서 해마다 병아리를 깠는데 지난해에는 알을 낳지 않더니 지금 갑자기 변하여 수놈이 되었다고 하였다. 정종(靖宗)

---

39) 계화(鷄禍)는 수세(水歲)에 닭이 많이 죽는 것을 말한다.
40) 서요(鼠妖)는 쥐의 요상(妖祥)을 말한다.
41) 경운(卿雲)은 상서로운 구름을 말한다.
42) 본문에는 주내(住內)라고 되어 있으나 『고려사』에 의거하여 임내로 고친다.

2년, 여러 신묘(神廟)의 지붕이 저절로 무너졌다. 의종 6년, 4월 만수정(萬壽亭)에서 [연회를 하다가] 그만두려고 하는데 가산(假山)이 무너지고 암탉이 울었다.

오행의 네 번째는 금(金)이니 종혁(從革)은 금의 본성인데 금이 그 본성을 잃으면 화를 부른다. 때때로 야주(冶鑄 : 鑄造)가 이루어지지 않고 변괴가 되는 것이 있으며 때로는 와언(訛言)이 있고 때로는 모충(毛蟲)의 재앙이 있으며 때로는 견화(犬禍)[43]가 있다. 그 징조는 항상 덥고 그 색은 백색이니 이것이 백생(白眚)·백상(白祥)이 된다. 태조 11년, 원주(原州) 산간사(山澗寺) 철불(鐵佛)이 삼일 동안 땀을 흘렸다. 현종 20년, 문희현(聞喜縣)에서 수정(水精) 옥박(玉璞)이 4만여 매(枚)나 나왔다. 인종(仁宗) 2년, 동해 가운데 두 돌이 진퇴(進退)를 하면서 서로 부딪쳤다. 고종(高宗) 7년, 탐라군(耽羅郡)에서 돌 100여 개가 저절로 가는데, 그 중에 가장 큰 돌이 돌아오고자 하다가 그치고 나머지 돌은 모두 머물러 가지 않았다. 충목왕(忠穆王) 원년, 큰 돌이 있어 저절로 장단도(長湍渡)를 건넜다. 성종 17년, 7월 가물었으므로 하교하기를 "늦여름이 이미 다 지나가고 초가을도 반이나 지났는데 아직도 때에 맞는 비가 오지 않으니 깊이 마음 속에 걱정이 된다. 정사(政事)의 교화(敎化)가 쇠퇴한 것인가 혹은 형벌과 상을 주는 것이 알맞지 않은 것인가 알지 못하겠다. 옥문(獄門)을 열고 죄수를 풀어주고 정전(正殿)을 피해 있으며 항상 먹는 반찬을 줄이고 하늘에 빌고 부처님에게 기도하며 산천에 제사를 지내도 비가 올 징조[石燕之飛][44]는 보이지 않고 도리어 햇빛 쪼이는 것[金烏之赫][45]만 더함을 보게 되었다. 나의 양덕(涼德)[46]으로 말미암아 이같은 항양(亢陽)[47]을 이루게 됨이니 양로(養

---

43) 견화(犬禍)는 가뭄에 개가 많이 미쳐 죽으므로 괴이한 현상이 되는 것을 말한다.
44) 비가 올 징조를 말하는데, 돌제비는 돌모양이 제비와 같고 문채가 있으며 비와 우레를 만나면 능히 공중에 날아오른다고 한데서 유래한 말이다.
45) 태양의 다른 이름으로서 태양 안에 다리가 셋인 까마귀가 서식한다는 전설에서 나온 말이다.
46) 덕이 부족한 것을 이른다.

老)의 은혜를 널리 베풀어서 농사를 걱정하는 생각을 표시하고자 한다. 옹희(雍熙) 3년에 노인에게 내려준 규제(規制)48)에 따라 서울에 있는 서민 (庶民)으로서 나이가 80세 이상이 된 사람은 각사(各司)에서 성명을 모두 갖추어 기록하여 아뢰도록 하라"고 하였다. 인종 23년,49) 서부(西部)에 황 재(蝗災)가 드니 태사(太史)가 아뢰기를 "지금 황충(蝗蟲)이 사방에서 일어 나는데 이는 국가에 간사한 사람이 많고 조정에 충신(忠臣)이 없어 자리 에 있으면서 녹(祿)을 먹는 것이 벌레와 같기 때문입니다. 마땅히 도(道)가 있는 사람을 천거하여 세워 둔다면 그 재앙을 그치게 할 수 있을 것입니 다"라고 하였다.

명종 13년, 2월 경서주현(京西州縣)에서 경성(京城)에 이르기까지 와언 (訛言)이 돌기를, 국가에서 흰 개를 기르는 것을 금하며 명령에 따르지 않는 자는 벨 것이라고 하였다. 이에 흰 개를 기르는 사람들은 모두 이 를 죽이거나 혹은 강물에 던졌으며 죽이고 싶지 않은 사람은 그 털에 검은 물을 들이므로 특별히 조서(詔書)를 내려 이것을 금지하도록 하니 이내 그쳤다. 8월 계사 초하루에 성 안이 크게 놀라 떠드는 소리가 도하 (都下)를 진동했다.

15년에 요언(妖言)이 돌기를, 강남(江南)의 부녀(婦女)로서 미모가 요염 (妖艶)하고 남편이 없는 사람은 모두 죽인다고 하니, 양가(良家)의 여자들 이 이 소문을 듣고 '우리는 죽음을 당할 것인데 무엇이 아까울 것인가' 라고 하고 거리에서 음란하게 뛰어다녔다. 왕이 이러한 진상을 듣고 유 사(有司)에게 명하여 불사(佛事)를 베풀어서 이를 없애도록 하였다.

고종 10년, 3월 경성에 요언(妖言)이 돌기를, 이번 달 초 8일에 사람이 문밖을 나가면 문득 죽을 것이라고 하니, 이날에 시사(市肆)가 텅 비었다.

---

47) 항양(亢陽)은 항한(亢旱) 또는 교양(驕陽)이라고도 하는데 볕이 몹시 쪼임을 말한다.
48) 성종(成宗) 5년에 의창(義倉) 제도와 장학(獎學)과 주현관에게 궁민(窮民)을 진휼하라 는 명령이 시행된 것으로 보아서 80세 이상의 서민 노인에게 쌀과 포목을 내려준 규제 가 마련된 것으로 추정된다.
49) 본문에는 13년으로 표기되어 있으나 『고려사』의 기록대로 23년으로 정정한다.

18년, 10월에 동경(東京)에서 급히 아뢰기를 목랑(木郎)이라는 자가 있어 말하기를 "내가 이미 적(敵)의 진영에 이르니 원수(元帥)는 모모인(某某人)이라 우리들 다섯 사람이 더불어 적들과 교전(交戰)하고자 하니 10월 18일을 기한으로 하여 무기와 말을 보내 주면 우리들이 승전보를 보낼 것이다"라고 하였다. 그러면서 목랑이 최우(崔瑀)에게 시(詩)를 보내니 시에 이르기를, '오래 살거나 일찍 죽는 것, 재화(災禍)가 있거나 상서(祥瑞)가 있는 것은 본래 일정한 것이 아닌데 사람마다 이속에서 지내면서도 이것을 알지 못하는구나. 재화를 없애고 복을 받게 하는 것은 어려운 일이니 천상(天上)이나 인간에서 나를 제외하고 그 누구리오'라고 하였다. 최우가 자못 이것을 믿어 사사로이 화첨(畵韂)[50]과 안마(鞍馬)를 준비하여 내시(內侍) 김지석(金之席)에게 주어 보내었으나 그 뒤에 효험이 없었다. 목랑은 즉 목매(木魅)였다.

36년 11월에 동요(童謠)가 있기를, '박나무 가지를 꺾어도 물병 한 개, 누대나무를 꺾어도 물병 한 개, 가자가자 멀리 가자 저 산마루턱까지 멀리 가자, 서리가 오기 전에 낫을 갈아 삼을 베어 놓고 가자'라고 하였다. 37년 5월에 경성에 와언이 있기를, '사람 50명을 잡아서 천구(天狗)[51]에게 제사한다'라고 하니 남녀가 두려워하고 간활(姦猾)한 무리는 이로 인해 어둠을 타서 음행(淫行)을 하고 도적질을 하는 사람들이 몹시 많으므로 어사대(御史臺)가 방(榜)을 붙여 깨우쳐 보였으나 금하지 못하더니, 한 달 여만에 그쳤다.

충렬왕 20년, 정월에 동요가 불려지기를 만수산(萬壽山)[52]에 연무(烟霧)가 덮였다고 하더니 얼마 안 되어 세조황제(世祖皇帝)의 부음(訃音)이 도착하였다. 공민왕 10년 11월에 왕이 홍건적(紅巾賊)을 피하여 복주(福州)에

---

50) 화첨(畵韂)은 그림이 그려진 말다래를 말한다.
51) 천구(天狗)는 유성(流星)의 한 가지이다.
52) 만수산은 북경시(北京市) 서쪽교외의 이화원(頤和園) 안에 있는 산으로서 원래 이름은 옹산(甕山) 이다.

행차하였다. 을미일에 영호루(映湖樓)에 행차하여 배를 타고 놀며 감상할 때 구경하는 사람들이 매우 많았는데, 그 중 어떤 사람이 참서(讖書)를 외며 탄식하기를 "문득 남쪽 오랑캐 하나가 있어 깊이 와우봉(臥牛峯)까지 들어왔다"라고 하고 또 이르기를, "소는 크게 울고 용(龍)은 바다를 떠나 얕은 물에서 푸른 파도를 희롱하도다. 옛날에 그 말을 들었더니 이제 그 사실을 보겠구나"라고 하였다. 12년, 6월 갑자일에 대궐 안이 놀랐다.

16년, 민간에 와언이 돌기를, '5, 6월에 사람들이 모두 죽을 것이다'라고 하니 사람들이 각각 좋은 옷과 음식을 즐기며 이를 기다리므로 헌사(憲司)가 이것을 금지시키니 더욱 시끄러웠다. 18년, 2월 병진일 인시(寅時)에 와언이 돌기를 '당나라 배가 이미 서강(西江)에 들어왔다'라고 하니 성안이 흉흉하여 떠돌아다니며 행방불명된 자가 많았다. 21년, 6월 경진일에 와언이 돌기를, '당나라 사람이 서울 내외에서 사람을 잡아먹는다'라고 하였다. 22년, 4월 의성고동(義城庫洞)에서 무녀(巫女)가 밤에 꿈을 꾸었는데, 두꺼비가 무수하게 한 곳에 모였다가 푸른 옷을 입은 여자 하나가 오니 두꺼비가 푸른 옷을 입은 여자를 향하여 죽었으며, 별안간 노란 옷을 입은 여자가 오니 푸른 옷을 입은 여자가 노란 옷을 입은 여자에게 명(命)을 받아 무녀에게 전하여 말하기를, "너는 임금에게 말하라. 비록 큰집 아홉을 짓는다고 하여도 나는 거기에 살지 않을 것이니 속히 영전(影殿)의 공사를 그만두도록 하라"고 하였다. 다음날 낮에 신(神)이 무녀에게 내려 말하기를, "지금 나라에 요얼(妖孽)이 많은 것은 망할 징조가 보이는 것이다. 나는 나라의 은혜를 받았으니 내 음척(陰隲)[53]으로 인해 아직 나라가 망하지 않았으니, 어찌 왕에게 보고하지 않겠는가. 나는 정릉(正陵)[54]으로 돌아간다"라고 하였다. 신우(辛禑) 14년, 동요(童謠)에 '목자득국(木子得國)'이라는 말이 있어 군인과 백성, 늙은이와 젊은이 할

---

53) 음척(陰隲)은 음덕을 말한다.
54) 정릉(正陵)은 공민왕의 비였던 노국공주의 능이다.

것 없이 모두 이 노래를 불렀다.

공양왕 3년 11월에 민간에 와언이 돌기를, '원나라 황제의 사신이 동녀(童女 : 처녀)를 구하려 온다'라고 하니 온 나라가 의심하고 두려워하여 딸을 시집보내는 집의 등촉(燈燭)이 서로 잇달아 거리를 밝게 비추었으니 그 예를 갖추지 않고 혼취(婚娶)하는 사람들이 이루 헤아릴 수 없이 많았다.

원종(元宗) 2년, 정월 호랑이가 고성현(固城縣) 석천사(石泉寺) 동구에 모여 북을 치고 춤을 추었다. 충렬왕 13년, 4월에 여우가 낮에 대전(大殿)에 들어왔다. 공양왕 2년, 9월 호랑이가 신도(新都) 문하부(門下府)에 들어와 사람을 후려치고 도망갔다. 이때에 한양(漢陽)으로 옮긴지 겨우 며칠 밖에 되지 않았는데 호랑이가 많아 사람과 가축을 해치니 사람들이 두려워하므로 왕이 사신(使臣)을 보내 백악(白岳)·목멱(木覓)·성황(城隍)에 제사를 지내 이를 물리쳤다.

정종(定宗) 7년 임진현(臨津縣)에서 흰 꿩을 올렸다. 고종(高宗) 43년, 비가 내리는데 은(銀)과 같았다.

오행의 다섯 번째는 토(土)이다. 토는 중앙에 있으면서 만물(萬物)을 생장시키는 것이니 그 중에서도 농사(稼穡)가 더없이 중요하다. 토의 기운이 길러지지 않으면 농사가 잘 되지 않고 금(金)·목(木)·수(水)·화(火)의 질서가 어지럽혀져서 이변이 되니, 지진(地震)이 나기도 하고 토우(土雨)가 되기도 한다. 때때로 야요(夜妖)가 있기도 하고 때때로 나충(臝蟲)[55]의 재앙이 있으며 또 때로는 소의 재앙(牛禍)[56]이 있기도 한다. 그 징조는 항풍(恒風)[57]이고 그 색깔은 황색이니 이것이 곧 황생(黃眚)과 황상(黃祥)이다.[58]

---

55) 털이 짧은 짐승과 곤충을 이른다.
56) 『한서(漢書)』「오행지(五行志)」에는 "傳曰 思心之不睿 是謂不聖云云 時則有牛禍云云"이라고 하여 윗자리에 있는 사람의 마음이 밝지 않으면 일어나는 화를 가르키는 것으로 되어 있다.
57) 계속되는 바람을 가리킨다.

의종(毅宗) 12년, 10월 을묘일에 [의종이] 백주(白州)에 행차하여 병진일에 중흥궐(重興闕)에 입어(入御)하고 정사일에 대화전(大化殿)에서 하례(賀禮)를 받았는데 이날 천지(天地)가 칠흑같이 어두워지고 큰 바람이 불어 나무가 뽑혔으므로 왕이 자못 의심을 하여 여러 방면으로 기도를 하였다. 11월 병자일에 하늘이 밤과 같이 어두웠고 날씨가 3월과 같이 따뜻했다.

우왕(辛禑) 11년, 7월 무인일에 지진이 일어났는데 소리가 마치 전쟁터에서 말이 내닫는 소리 같았고 담장과 지붕이 무너져 사람들이 모두 나와서 피신하였다. 송악(松岳) 서령(西嶺)의 바위도 무너졌다. 우왕은, "이 지진에 어찌 하늘이 요동(遼東)을 무너뜨리려는 의도가 없겠는가"라고 하였다.

목종(穆宗) 10년,59) 탐라의 상서로운 산(瑞山)이 바다 가운데서 솟아나니 높이가 100여 장(丈)이고 주위 둘레가 40여 리가 되었다. 바라보면 마치 석류황(石硫黃)과 같았다. 공민왕(恭愍王) 8년, 붉은 개미떼와 검은 개미떼가 서로 싸우니 사천감(司天監)이 아뢰기를, 병지(兵志)에서는 땅강아지와 개미가 싸우니 전쟁이 일어날 것이라고 하였다. 9년, 4월 임진일에 붉은 개미떼와 검은 개미떼가 서로 싸우니 전년과 같이 모두 초 6일이었다.

명종(明宗) 9년, 3월 남원부 민가(民家)에서 소가 새끼를 낳았는데, 머리와 귀가 각 두 개씩이었다. 충렬왕(忠烈王) 5년, 경상도에서 전염병이 든 소를 죽인 도살꾼이 손에 전염이 되어 죽었다. 문종(文宗) 23년, 3월 정해일에 정주(貞州)의 바다 가운데 사토(沙土)가 갑자기 쌓여서 섬과 같았다. 지나는 배들이 막혀 장애가 되므로 해당 관서[有司]에 명하여 없애도록 하니 곧 없어졌다.

---

58) 토(土)로 인해 생기는 상서로움과 재이를 가리킨다. 『한서』 「오행지」에는 "土色黃故有黃眚黃祥"이라고 하였다.
59) 『고려사』에는 목종 5년으로 되어 있다.

인종(仁宗) 4년, 4월 경자일에 흥왕사(興王寺) 삼층전(三層殿) 주불(主佛)의 머리가 이유 없이 저절로 떨어졌다. 명종 17년, 4월 계유일에 지리산(智異山) 신상(神像)의 머리가 홀연히 없어져서 왕이 중사(中使)를 보내어 이를 찾게 하였는데 몇 달만에 찾았다.

성종(成宗) 11년, 9월에 등주(登州)에서는 벼이삭의 길이가 7치이고 기장이삭의 길이가 1자 4치였다. 숙종(肅宗) 3년, 10월 영광군(靈光郡)과 관내 군현의 벼가 한 그루에 두 번 열매를 맺었다. 예종(睿宗) 11년, 6월 병자일에 상주(尙州)에서 서맥(瑞麥)을 바쳤는데, 한 줄기에 이삭이 네 개였다. 12년 6월 상주에서 서맥을 바쳤는데 두 가지에 이삭이 셋이어서 표(表)를 올려 하례(賀禮)하였다. 공민왕(恭愍王) 15년, 10월 전라도 도순문사(全羅道都巡問使) 김유(金庾)가 10절(節)의 벼를 바쳤다. 우왕 9년, 5월 경상도 진주에 대맥(大麥)이 났는데 한줄기 한 이삭에 서 너 가지가 있었다.

아! 천지의 사이에 물(物)의 수효는 수만 개가 있으나 그 태어남이 오행(五行)의 기운에서 벗어나지 못한다. 오직 사람만이 그 온전함을 품부(稟賦)받았으므로 만물 중에서 가장 신령한 존재가 되었고, 나머지 동·식물의 부류는 일부만을 얻었을 뿐이다. 그러나 그 발휘되어 영화(英華)롭고 미실(美實)되며 냄새[氣臭]가 좋은 것이나, 새와 짐승, 어류(魚類)와 패류(貝類),60) 화려하거나 강하고 부드러운 것은 역시 모두 한 기운[一氣]의 번성함을 얻은 것이다. 그러므로 지치(至治)가 이루어진 세상에서는 성인(聖人)이 천지(天地)의 법칙대로 사람을 다스리고, 만물 중에서 재목을 얻어 정치에 써서 도(道)를 얻는다. 얻을 때에 도가 지나치지 않으면 천지가 바로 잡혀지고 만물이 길러질 것이며, 백성이 편안하고 즐거울 것이다.

후세에는 정치가 혼란하여 백성들이 고통을 당하니, 이렇게 되면 천지의 기운이 어그러져서 해와 달과 별이 섞이어 운행되며, 음양(陰陽)과

---

60) 우모(羽毛)는 새와 짐승을 말하고 인개(鱗介)는 어류(魚類)와 패류(貝類)를 말한다.

추위·더위가 제 때를 잃어서 가뭄이나 메뚜기 등의 곤충피해, 바람과 우박, 번개, 산이 무너지고 해일이 일어나는 것, 샘물이 마르고 서리나 눈이 내리고 때아닌 비가 내리는 것 등의 현상이 나타나니, 이것은 물(物)이 잘못되어 혹 분무(氛霧)·홍예(虹蜺)[61]·광괴(光怪)의 종류가 된 것이니 천지의 재이(災異) 중에서 큰 것이다.

동·식물의 종류도 역시 본성을 잃어 변괴(變怪)가 되니 이는 정상적이지 않은 것이 세미(細微)한 생민(生民)의 일용(日用)·복식(服食)·기물(器物)·가요(歌謠)·질병(疾病)의 사이에 이른 것으로, 사류(事類)를 미루어서 그 발현됨을 살필 수 있는 것이니 대개 인사(人事)의 득실(得失)에서 벗어날 수 없는 것이다.

이것이 한(漢)나라 이후 여러 술가(術家)들이 모두 전수(傳守)하여 학문으로 삼은 것으로서, 그 학설이 비록 왜곡되고 지나치게 자세하여 적중하기도 하고 그렇지 않기도 하나 요점은 없앨 수 없는 것이다. 전(傳)에서는 "중(中)이라는 것은 천하의 큰 근본이요 화(和)라는 것은 천하의 달도(達道)이다"[62]라고 하였으니 한 사람의 중화(中和)로써 천하의 근본이 되어 천지를 바로잡고 만물을 기르는 데에 이르는 것이다. 유향(劉向)과 유흠(劉歆) 부자(父子)의 논의가 비록 여기에는 미치지 못하였으나 후세의 재이를 논의하는 학자는 이러한 뜻을 알지 않으면 안 된다.

『고려사(高麗史)』 본지(本志)에는 재상(災祥)이 매우 자세히 갖추어져 있어서 특히 그 가운데 규모가 큰 것을 뽑아서 편찬하였다. 그 많고 적음을 살펴서 시대에 적용하여 확인하여 보면 역시 성함과 쇠함, 다스려짐과 혼란함이 말미암는 근원을 살필 수 있을 것이다.

---

61) 홍예(虹蜺)는 무지개를 가리킨다.
62) 『중용(中庸)』 제1장에 있는 구절이다. "喜怒哀樂之未發 謂之中 發而皆中節 謂之和 中也者 天下之大本也 和也者 天下之達道也."

4. 선거지(選擧志)

삼대(三代)[63]부터 도(道)가 쇠미해져 사(私)가 항상 공(公)을 덮었으니, 한(漢)나라의 효렴(孝廉) 제과(諸科)에서부터 위(魏)·진(晉) 이래 구품중정 (九品中正)[64]에 이르기까지 사람을 등용하는 방법이 적지 않았지만 폐단 이 일어나 공정하지 않을까 항상 근심하였다. 가난하지만 재주가 있으 면서 구학(邱壑)에 엎드리어 등용되지 못한 자나, 재주가 있으나 방탕하 여 규범을 따르지 않아 기락(羈絡)[65]을 받지 못한 자가, [과거에] 오르려 하나 길이 없고, 등용되려 하나 방법이 없어서 세상에서 버려진 진주와 같이 되지 않으면 마침내 버려진 재목이 되었다. 이것이 수(隋)·당(唐)에 서 과거제도가 시작되어 중요하게 된 이유이니 [이후] 세상에서 공도(公 道)를 보존하게 되었다.

그러나 천하의 선비들과 영웅·준걸, 용우(庸愚)·탑용(闒茸)[66]을 들어 구각(臼殼)[67]에 넣고 여러 번의 시험을 거쳐 득실(得失)을 결정하므로 한 사람의 안목에 따라 행(幸)·불행(不幸)이 그 사이에 있으니 역시 어떻게 천하의 인재를 다 뽑을 수 있을 것인가? 그러나 의논하는 사람들이 말 하기를 후세의 사사로움이 많아도 폐지해서는 안 되는 것이 과거라고 하니 어찌 슬프지 않은가.

---

63) 삼대(三代)는 하(夏)·상(商)·주(周)의 중국 고대를 가리키는데, 중국에서도 이상적으 로 정치가 실현되던 시기를 말한다.
64) 구품중정법(九品中正法)은 위(魏)·진(晉)·남북조(南北朝) 때의 관리 선발제도의 하 나로서 위 문제(文帝)가 각 주군(州郡)에 중정관(中正官)을 설치하고 그 지방의 인재를 9등급으로 나누어서 조정에 천거하여 뽑아 쓰게 한 데서 비롯되었다.
65) 기락(羈絡)은 말머리를 싸거나 묶어 고삐를 만든 것으로 여기서는 현자로 초빙됨을 의미 한다.
66) 용우(庸愚)는 용렬(庸劣)한 것으로 못생기어 재주가 남보다 못한 것을 말하며, 탑용 (闒茸)은 용렬한 사람을 말한다.
67) 구각(臼殼)은 절구통을 가리키나 여기서는 하나의 틀을 지칭한다.

삼국(三國) 이래 처음에는 과거가 없었다. 고려(高麗) 광종(光宗)이 쌍기 (雙冀)의 말을 받아들여 비로소 과거(科擧)로 선비를 뽑았다. 대체로 과거 제도는 중국에서 시행된 지 300여 년이 지나 서송(西宋) 때에 우리나라 에 처음으로 들어왔다. 이때는 당(唐)나라의 제도를 조술(祖述)하여 학교 에는 국자(國子)·태학(太學)·사문(四門)을 두었고 또 구재학당(九齋學堂)[68] 을 두었으며 율(律)·서(書)·산학(算學)은 모두 국자(國子)에 예속시켰다. 과거제도는 제술(製述)·명경(明經)의 두 과목과 의(醫)·복(卜)·지리(地理)· 율(律)·서(書)·산(算)·삼례(三禮)[69]·하론(何論)[70] 등의 잡업(雜業)을 두었 는데, 각각 그 과목으로 시험하여 출신(出身)[71]을 주었고 국자감(國子監) 의 진사(進士) 시험과 승보(陞補)[72]의 생원(生員) 시험도 그 사이에 개설되 어 사람들에게 학문을 진흥시켰다. 또 무학(武學)은 잠시 설치되었으나 혁파되었다. 이외에 또 유일(遺逸)[73]의 천거와 문음(門蔭)의 서용(敍用),[74] 성중애마(成衆愛馬)[75]의 선보(選補), 남반(南班)[76] 잡로(雜路)의 승전(升轉)이 있어서 나아가는 방도가 하나가 아니었으나 청요(淸要)하고 숭고(崇高)한

---

68) 구재학당(九齋學堂)은 고려 때 사학(私學)의 하나이다. 11대 문종(文宗) 때에 최충(崔 沖)이 사학을 일으켜 제자를 가르치던 곳이다. 악성(樂聖)·대중(大中)·성명(聖明)·경 업(敬業)·조도(造道)·솔성(率性)·진덕(進德)·대화(大和)·대빙(待聘)의 아홉으로 나 뉘어져 있다.

69) 과거의 시험 과목 중에서 주례(周禮)·의례(儀禮)·예기(禮記)를 시험하는 것이다.

70) 과거의 시험 과목 중에서 '무엇을 우선적으로 할 것인가?' 또는 '무엇이 더 좋은가?' 등의 제목으로 글을 짓는 시험 과목을 가리킨다.

71) 과거 합격자를 가리킨다. 원래 의미는 무과(武科)나 잡과(雜科)에 급제하고 아직 관직 에 오르지 않은 사람이나 처음으로 임관(任官)되는 자를 가리키는 말이다.

72) 승보(陞補)는 승보시(承補試)를 가리킨다. 고려 때 과거 시험의 한 가지로 1147년(의 종원년)부터 시행된 것으로 시부(詩賦)·경의(經義) 등을 시험하여 생원을 뽑아 국학(國 學)에 입학시키는 제도를 말한다.

73) 유일(遺逸)은 초야(草野)에 묻혀 사는 일사(逸士)를 가리킨다.

74) 부모의 음덕(蔭德)으로 관직에 서용되는 것을 말한다.

75) 성중애마(成衆愛馬)는 본래 몽고어로 성중관(成衆官)을 가리키는데, 궁궐의 호위와 근시(近侍) 등의 일을 맡아보는 관리를 지칭한다. 고려에서도 숙위(宿衛)와 내시(內侍) 를 성중(成衆)이라고 하였다.

76) 남반(南班)은 동서반(東西班)의 양반(兩班) 외에 제3반(班)을 가리킨다.

직위는 과거를 거치지 않고서는 안 되었으니 융성하였다고 할 수 있다.

대체로 고려가 건국된 지 41년이 되는 해인 광종(光宗) 9년에 쌍기(雙冀)의 헌의(獻議)에 따라 시(詩)·부(賦)·송(頌) 및 시무책(時務策)으로 시험을 보아서 진사(進士)를 뽑고 명경(明經)·의(醫)·복(卜) 등의 과목도 뽑았다. 경종(景宗) 2년에는 왕이 직접 진사(進士)를 친시(親試)하였다. 성종(成宗) 2년에 임헌복시(臨軒覆試)[77]를 시작하였다.

목종(穆宗) 때에 과거법(科擧法)을 개정(改定)하였다. 3월에 개장(開場)하면 대궐문을 잠그고 예경(禮經) 10조(條)를 접어서 시험하고, 다음날 시(詩)·부(賦)를 시험하고 이틀 후에 시무책(時務策)을 시험하였으며, 10일이 지나 과제(科第)를 정해 아뢰고 이에 자물쇠를 열었다. 명경(明經) 이하의 다른 과목은 상년(上年) 11월에 선거(選擧)를 마치고 진사와 함께 같은 날에 방방(放榜)[78]하게 하였다.

현종(顯宗) 2년, 호명(糊名)[79] 시식(試式)을 정하였다. 15년, 여러 주현(州縣)에 판하(判下)[80]하여 1,000정(丁) 이상의 고을에서는 한 해에 3명을, 500정(丁) 이상에서는 2명을, 그 이하의 고을에서는 1명을 각각 공거(貢擧)[81]로 삼았다. 계수관(界首官)으로 하여금 시험하여 선발하게 하였는데, 제술업(製述業)의 경우에는 오언육운시(五言六韻詩) 1수(首)를 시험하고 명경업(明經業)의 경우에는 오경(五經) 각 1궤(机)를 시험하여 예에 따라 서울로 보내면 국자감에서 다시 시험하여 입격자(入格者)는 과거를 치를 것을 허락하고, 나머지는 모두 뜻대로 고향으로 돌아가 학습하게 하였다. 만일 계수관의 공거(貢擧)가 적격자가 아니면 국자감에서 다시 자세하게

---

77) 임헌복시(臨軒覆試)는 천자(天子)가 평대(平臺)에 거둥하여 시행하던 복시(覆試)를 말한다.
78) 방방(放榜)은 시험을 보아 급제자의 성명을 발표하는 일을 가리킨다.
79) 호명(糊名)은 과거시험을 볼 때에 청탁을 막기 위하여 답안의 성명(姓名)을 풀로 붙여 검열관에게 성명을 알리지 못하게 하는 것을 말한다.
80) 신하가 상주(上奏)한 안건에 대하여 임금이 검토하여 그 가부를 재가(裁可)하는 것을 말한다.
81) 공거(貢擧)는 지공거(知貢擧)를 말하는데, 과거의 시험관을 지칭한다.

살피고 규명하여 죄를 주었다.

문종(文宗) 16년, 처음으로 봉미(封彌)[82]하는 법을 시행하였다. 예종(睿宗) 14년, 동당(東堂)에서 비로소 경의(經義)를 썼다. 인종(仁宗) 때에는 판하(判下)하여, 여러 주(州)의 공사(貢士)[83]는 이전에 정한 액수에 의하되 만약 재능이 공선(貢選)에 감당할 만한 자가 있으면 그 정해진 수에 제한을 두지 말 것이며, 공인(貢人)을 장차 신송(申送)하는 날에는 향음주례(鄕飮酒禮)를 행하되 희생(犧牲)은 소뢰(小牢)[84]를 쓰고 관물(官物)로써 충당하게 하였다.

충목왕(忠穆王) 때에는 개정(改定)하여 초장(初場)에서는 육경(六經)의 경의(經義)와 사서(四書)의 의문(疑問)을 시험하고, 중장(中場)에서는 고부(古賦)를 시험하며, 종장(終場)에서는 책문(策文)을 시험하게 하였다.

공민왕(恭愍王) 14년, 이인복(李仁復)[85]과 이색(李穡)[86]이 건의하여 시험 보는 사람들이 책을 끼고 들어가는 것과 시권(試券)을 바꾸어 쓰는 것을 금지하여 가짜가 범람하는 것을 막았다. 16년에는 임박(林樸)이 상서(上書)하여 과거는 모두 중국의 수검통고(搜撿通考)[87]의 제도에 따를 것을 청하였다.

우왕(禑王) 12년, 이색(李穡)이 지공거(知貢擧)로서 거자(擧子)의 나이가 20세 미만인 사람은 과거에 응시하지 못하게 하였다. 공양왕(恭讓王) 원년, 대사헌(大司憲) 조준(趙浚)[88] 등이 상서(上書)하여 말하길, "지금 학자

---

82) 봉미(封彌)는 호명(糊名) 시식(試式)하는 것을 가리킨다.
83) 지방에서 중앙 정부에 천거한 재학(才學)이 있는 선비를 말한다.
84) 나라에서 제사를 지낼 때 양(羊)을 통째로 재물로 바친 일을 말한다.
85) 이인복(李仁復, 1308~1374)은 고려 때의 문신으로 이조년(李兆年)의 손자이다. 백이정(白頤正)에게 수학하였고 주자학에 밝았다.
86) 이색(李穡, 1328~1396)은 고려의 문신 학자로 원나라에 가서 국자감(國子監)의 생원이 되어 성리학을 연구하였다. 공민왕 때에 전제(田制)의 개혁, 국방 계획, 교육의 진흥, 불교의 억제 등 당면 현안에 대해 많은 건의문을 올렸다. 문하에 권근(權近)·김종직(金宗直)·변계량(卞季良) 등을 배출하여 조선 성리학의 원류를 이루게 하였다.
87) 수검통고(搜撿通考)는 과거 시험에 수험자의 신체를 검사하여 소지품을 조사하고 신분을 확인한 뒤에 과거 시험장에 입장시키는 법이다.

들은 조전(彫篆)[89]의 학문으로써 다행히 과거에 급제하면 일신의 영화(榮華)를 취하고 스스로 만족하여 관직에 나간 뒤에 하던 업(業)을 다 버리고 조처(措處)하는 것에 어두우니 이는 국가에서 숭유중도(崇儒重道)하는 뜻을 저버린 것입니다. 원컨대 지금부터 각 해당 연도의 급제한 자 중에서 4품 이하의 관직자를 모아 전정(殿庭)에서 대책으로 시험하여 합격한 자는 제교(製敎)를 관장하게 하고 불합격한 자는 좌천(左遷)시켜 유풍(儒風)을 진작하게 하소서"라고 하니 학교(學校)의 제도에도 역시 조리(條理)가 있었다.

예종(睿宗) 4년, 국학(國學)에 칠재(七齋)를 두어 전경(專經)하는 선비를 갖추었는데, 주역(周易)을 공부하는 곳을 여택(麗澤)이라고 하고 상서(尙書)를 공부하는 곳을 대빙(待聘), 모시(毛詩)를 공부하는 곳을 경덕(經德), 주례(周禮)를 공부하는 곳을 구인(求仁), 대례(戴禮)를 공부하는 곳을 복응(服膺), 춘추(春秋)를 공부하는 곳을 기일(其一),[90] 무학(武學)을 공부하는 곳을 강예(講藝)라고 하였으며, 대학(大學)의 최민용(崔敏庸) 등 70명과 무학(武學)의 한자순(韓自純) 등 7명을 나누어 이에 거처하게 하였다. 14년, 국학(國學)에 비로소 양현고(養賢庫)[91]를 설치하여 선비를 길렀다.

인종(仁宗) 때에는 학식(學式)을 자세히 정하여 문무관 3품 이상의 자손과 훈관(勳官) 2품으로 현공(縣公)[92]을 띤 자와 아울러 경관(京官) 4품으로서 3품 이상의 훈봉(勳封)을 받은 자의 아들을 국자감의 학생으로 삼았

---

88) 조준(趙浚, 1346~1405)은 고려 말 조선 초의 문신이다. 이성계의 일파로서 전제(田制) 개혁과 조선의 건국에 참여하였다.
89) 조충전각(彫蟲篆刻)의 줄인 말로 본래 의미는 충서(蟲書)를 새기고 각부(刻符)를 전자(篆字)로 새기는 것을 말한다. 충서와 각부는 진(秦)나라의 팔서(八書)에 속하는 것으로 한대(漢代)에는 어린아이들의 학습 과목이므로 시가(詩歌)나 문장을 수식하는 보잘것 없는 재주를 비유한다.
90) 『고려사』 「선거지(選擧志)」의 원문(原文)에는 양정(養正)이라고 되어 있다.
91) 어진이를 양성하기 위하여 설치한 창고라는 뜻으로 국학(國學)의 학생들을 위한 재단이다.
92) 봉작의 일종이다.

다. 문무관 5품 이상의 자손 또는 정(正)·종(從) 3품의 증손과 훈관 3품 이상의 훈봉(勳封)을 받은 아들을 태학생(太學生)을 삼았다. 훈관(勳官) 3품 이상으로 봉작(封爵)이 없는 자와 4품으로 봉작이 있는 자 및 문무관 7품 이상의 아들을 사문학생(四門學生)으로 삼았다. 삼학(三學)의 생도는 각 300명으로 재학생(在學生)은 나이순으로 하였다. 무릇 [천문·의학·음악 등의] 잡로(雜路)에 관계되는 자 및 공(工)·상(商)·악(樂) 등에 이름이 올라간[名籍] 천업(賤業) 종사자와 대공친(大功親)93)이나 소공친(小功親)94)을 범하거나 가취(嫁娶)한 자와 가정의 도덕[家道]이 바르지 않은 자와 악역(惡逆)을 범하고 귀향(歸鄕)한 자와 천향(賤鄕) 부곡인(部曲人) 등의 자손 및 자신이 사사로운 죄[私罪]를 범한 자는 입학(入學)을 불허한다.

율(律)·서(書)·산학(算學)은 모두 국자학에서 학습하며, 율(律)·서(書)·산(算) 및 주현(州縣)의 학생(學生)들은 모두 8품 이상의 아들 및 서인(庶人)으로 삼되 7품 이상의 아들도 정원(情願)하는 자를 허락한다. 국자(國子)·태학(太學)·사문학(四門學)에는 모두 박사(博士)와 조교(助敎)를 두되 반드시 경학(經學)에 우수하고 경행(景行)을 수근(修謹)하여 능히 사범(師範)이 될 자를 택하여 경전을 나누어 여러 생도들을 교수하게 하며, 매번 일경(一經)을 교수하게 하여 반드시 종강(終講)하도록 하며, 종강하지 못한 사람들은 과업(課業)을 바꾸지 못하게 한다. 연말에 수강받은 것의 대소(大小)를 계산하여 박사(博士)·조교(助敎)로 삼는 것을 고과(考課)의 등급 차례로 한다. 율(律)·서(書)·산학(算學)에는 다만 박사를 두는데 율학(律學) 박사는 율령(律令)을 가르치는 것을 맡고, 서학(書學) 박사는 팔서(八書)를 가르치는 것을 맡고 산학(算學) 박사는 산술(算術)을 가르치는 것을 맡는다.

---

93) 종형제자매(從兄弟姉妹)·중손(衆孫)·중손녀(衆孫女) 및 질부(姪婦)와 남편의 조부모(祖父母) 또는 백숙부모(伯叔父母) 및 질부(姪婦) 등의 친척으로 9개월의 상복을 입는 대상을 말한다.
94) 종조부모(從祖父母)·재종형제(再從兄弟)·종질(從姪)·종손(從孫)의 친척으로 5개월의 상복을 입는 대상을 말한다.

대체로 경전(經典)은 『주역(周易)』·『상서(尙書)』·『주례(周禮)』·『예기(禮記)』·『모전(毛傳)』·『춘추좌씨전(春秋左氏傳)』·『공양전(公羊傳)』·『곡량전(穀梁傳)』을 각각 1경(經)으로 하고 『효경(孝經)』과 『논어(論語)』는 반드시 겸하여 통달하게 한다. 여러 학생들의 과업(課業)은 『효경』과 『논어』는 1년을 기한으로 삼으며 『상서』·『공양전』·『곡량전』은 각 2년 반을 기한으로 삼으며, 『주역』·『모시』·『주례』·『의례』는 각 2년을, 『예기』와 『좌전』은 각 3년을 기한으로 삼는데, 먼저 『효경』과 『논어』를 읽고 다음은 여러 경전과 산(算)을 읽고 시무책(時務策)을 익히며, 여가(餘暇)가 있으면 겸하여 반드시 서(書)를 익히는데 하루에 1장씩 하도록 하며 아울러 『국어(國語)』·『설문(說文)』·『자림(字林)』·『삼창(三倉)』[95]·『이아(爾雅)』를 읽게 하였다.

공양왕(恭讓王) 원년, 대사헌 조준(趙浚)이 상서(上書)하여 말하기를, "원하건대 지금부터는 부지런하고 민첩하며 박학(博學)한 자를 교수관(敎授官)으로 삼아 5도(道)에 각 1명씩을 나누어 보내 군현(郡縣)에 두루 다니게 하되 말의 공급은 향교(鄕校)에 맡겨 주관하도록 할 것이며, 또 외방(外方)에 한가로이 있으면서 유학(儒學)을 업(業)으로 하는 사람들을 본관(本官 : 本邑)의 교도(敎導)로 삼게 하여 자제들에게 항상 사서오경(四書五經)을 읽게 하고 사장(詞章)을 읽지 못하게 하며, 교수관은 돌아다니면서 과정(課程)을 엄격히 세우고 몸소 논난(論難)하며 그 통하고 통하지 못한 바를 고찰하여 서적(書籍)에 이름을 올리고 교도(敎導)하며 장려(獎勵)하여 재능을 이루도록 하여서 그 인재를 많이 얻은 자는 차서(次序)를 거치지 않고 탁용(擢用)할 것이며, 만약 잘 교회(敎誨)하지 못하여 효과가 없는 자는 또한 벌을 논하도록 하소서"라고 하였다. 이 의논은 비록 시행되지 못했으나 입법(立法)의 근원이 되어 제도를 만드는 시초라든가 양육(養育)의 방법, 선취(選取)의 제도, 전주(銓注)의 법 등에 관해 후세 자손들에게 참

---

95) 『삼창(三倉)』은 한자서(漢字書)로서 진대(秦代) 이사(李斯)의 『창편(倉篇)』, 조고(趙高)의 『원력편(爰歷篇)』, 호무경(胡毋敬)의 『박학편(博學篇)』을 가리킨다.

고되어 유지되었다.

우리나라 문물(文物)의 번성함은 중국(中國)과 비슷하였다. 권신(權臣)이 정방(政房)을 사사로이 설치하면서 인사행정은 뇌물로 이루어지고, 인사의 법도는 크게 무너졌으며 과거로 선비를 뽑는 것도 역시 따라서 문란해졌다. 이에 흑책(黑冊)의 비방(誹謗)96)과 분홍(粉紅)의 비난97)이 일시에 전파되었으며 고려의 왕업(王業)도 드디어 쇠하여졌다.

전성시기에는 주무(主務) 관청에서 공도(公道)를 행하였기에 과거에 응시하는 사람들이 힘써 연마하여 기다렸고 위에서는 잘못 천거하는 일이 없었고, 아래에서는 인재를 잃는 일이 없었으니 임금은 [인사의] 칼자루를 잘 행사하였고, 백성들도 풍속에 만족하였다. [이에] 은문(恩門)98) 좌주(座主)의 예를 존경하였고, 방방(放榜) 영친(榮親)99)하는 의례를 화려하게 하였다.

장시자(掌試者)는, 좌주(座主)가 있는 경우에는 방방(放榜)을 마치고 반드시 공복(公服)을 갖추어 가서 뵙는데, 문생(門生)은 줄을 지어 이를 수행한다. 학사(學士)는 앞에서 절하고 문생은 뒤에서 절하는데 여러 손님들은 비록 높은 지위에 있거나 나이가 든 사람[尊丈]이라도 모두 당(堂)에서 내려 뜰에 서서 예를 마치기를 기다려 읍양(揖讓)100)하고 올라가 차례로 하례(賀禮)한다. 이에 학사는 [좌주를] 맞이하여 자기 집에 이르러 잔을 받들어 드리고 오래 살기를 축원하였다.

---

96) 흑책(黑冊)이란 아이들이 두꺼운 종이를 까맣게 하고 기름을 먹여 글씨 연습하는데 쓴 것을 가리킨다. 충숙왕(忠肅王) 때에 정방(政房)에서 일하는 사람들이 관직 임명 비준서인 비목(批目)을 다투어 지우고 고쳐 붉게 고친 것과 원래의 검은 글씨를 분간할 수 없는 것을 말한다.

97) 분홍옷은 대개 어린 아이들이 일반적으로 입는 데서 나온 말이다. 신우(辛禑) 때에 과거 시험에서 뽑은 것이 모두 권세가(權勢家)의 어린 아이들을 선취(先取)한 것을 비난한 것을 가리킨다.

98) 시험관을 학사(學士)라고 하는데, 과거 급제자인 문생(門生)은 은문이라고 불렀다.

99) 과거에 급제하거나 서울에 와 관직(官職)에 임명된 사람이 고향으로 돌아가 부모나 친척을 뵙고 잔치 따위를 베풀어 그들에게 영광을 돌리는 행사를 말한다.

100) 손을 마주하여 예를 행하고 자기 몸을 낮추는 것을 말한다.

양친(兩親)이 없는 급제자가 어버이에게 영광을 드리는 것[榮親]은 시양부모(侍養父母)나 처부모(妻父母)로 대신하였다. 그도 모두 없는 경우에는 백부모(伯父母)나 숙부모(叔父母)로 대신하였다. 유가일(遊街日)[101] 방상(坊廂)[102]에 들어올 때 노인과 사서(士庶)로 하여금 생황을 불고 노래를 부르게 하며 잘 차려 입고 따르게 하여 총애하였다.

오래전부터 또한 남색(藍色) 관복(官服)과 무소뿔 띠[犀帶]를 주었고 꽃을 머리에 꽂고 일산(日傘)을 받게 하여 영광스럽게 하였다. 또 진사(進士)와 명경(明經)에 열 번 응시하여 합격하지 못한 사람과 의(醫)·복업생(卜業生)으로서 재학(在學)한 지 만 20년이 지난 사람과 나이가 50세가 넘은 사람에게는 특별히 관직을 줄 것을 허락하였다.

문종(文宗) 때에는 열 번 응시하여 급제하지 못한 사람인 [李]원장(元長)[103] 등 5명에게 은사(恩賜) 출신(出身)을 주었고,[104] 또 명경과(明經科) 2명에게 급제를 주어 [공부를 하느라고 늙어서] 목이 마르고 얼굴이 누렇게 되면서까지 문필(文筆)로 늙은이들에게 원망을 품지 않게 하였으니 후덕하다고 할 수 있다. 이로부터 선비들이 더욱 많이 갖추어졌다.

중국에 가서 제과(制科)[105]에 오른 경우도 송(宋)나라에 합격한 경우가 7명, 원(元)나라에 합격한 경우가 8명인데, 또 명(明)나라 제과에도 김도(金濤)가 합격하니 그 번성함이 이와 같았다.

---

101) 유가(遊街)는 보통 과거에 급제한 사람이 광대를 데리고 풍악(風樂)을 잡히면서 거리를 돌며, 좌주(座主)·선배·친척 등을 찾아보는 일을 가리키는데 보통 사흘 동안 하였다.
102) 성(城)이 다스려지는 안의 구획(區劃)으로 성안을 방(坊)이라 하고 성밖 부근을 상(廂)이라고 한다.
103) 『고려사』「선거지」에는 이원장(李元長)이라고 하여 이씨(李氏)의 성씨가 분명히 제시되어 있다.
104) 『고려사』「선거지(選擧志)」에는 문종 19년, 6월에 참지정사(參知政事) 김의진(金義珍)이 지공거(知貢擧)가 되어 진사를 뽑고 왕이 복시(覆試)하였는데, 노단(盧旦)이 일을 아뢰다 왕의 뜻을 거슬렸으므로 이후 왕이 과거를 시행하지 않았다고 한다.
105) 중국의 천자(天子)가 임시로 특별한 인재를 선발하기 위해 본 과거로 천자가 직접 제목(題目)을 내어 시험하는 것을 말한다.

무릇 고려 광종(光宗) 이후 430여 년 간 급제한 사람이 253명이고 방방(放榜)의 경우에는 6,522명이었다.

국자감시(國子監試)는 진사시(進士試)로서 덕종(德宗)이 처음으로 설치하였고, 승보시(陞補試)는 생원시(生員試)로서 의종(毅宗)이 처음으로 설치하였다. 혹 부(賦)와 십운시(十韻詩)를 시험하기도 했고, 혹은 시(詩)와 부(賦) 또는 경전의 뜻을 시험하기도 하였다.

고려 말까지 진사시(進士試)는 대체로 139방(榜), 생원시(生員試)는 33방(榜)으로 시험에 합격한 사람은 전후로 11,601명이었는데, 의(醫)·복(卜)·지리(地理) 등 잡과(雜科)는 그 가운데 포함시키지 않았다.

신우(辛禑) 11년, 윤취(尹就)가 시험관이 되었는데, 뽑은 사람이 모두 권세가의 젖내나는 어린아이였으므로 당시 사람들이 이를 분홍방(粉紅榜)이라고 비아냥거렸다. 그것은 아이들이 분홍옷을 입는 것을 좋아하였기 때문에 나온 말이었다.

과거 시험장에서 공도(公道)가 행해지지 않으니 따라서 나라가 멸망하였다. 과거 시험이 해당 시기의 운명과 관계되는 것을 식자(識者)들이 살필 수 있고 성쇠치란(盛衰治亂)의 징후가 종종 여기에서 벗어나지 않으므로 삼가지 않을 수 있겠는가.

대체로 전주(銓注)[106]의 법은 국초(國初)에는 이부(吏部)에서 주관하였다. 명종(明宗) 이후 권신(權臣)이 정권을 잡고 사제(私第)에다 정방(政房)을 설치하니 인재를 뽑는 법이 혼란스러워지고 다시 복구되지 못하였다. 간혹 한림(翰林)이나 밀직(密直)[107]이 주관하게도 하고, 간혹 승선(承宣)[108] 정색(政色)[109]이 주관하게도 하였다. 그 후에는 또 전리사(典理司)[110]와 군부사

---

106) 전주(銓注)는 전형(銓衡)하여 주의(注擬)하는 것을 말한다. 관리의 임명을 위하여 해당 직임에 합당한 인물을 가려서 국왕에게 천거하는 것을 말한다.
107) 밀직(密直)은 고려 때 정령(政令)의 출납, 궁중의 숙위(宿衛) 및 군기(軍機) 등에 관한 일을 맡아보던 관아, 혹은 그에 소속된 관원을 말한다.
108) 승선(承宣)은 승지(承旨)의 다른 이름이다.
109) 정색(政色)은 이조(吏曹)나 병조(兵曹)의 한 분장(分掌)을 가리킨다. 여기서는 고려 고

(軍簿司)[111]가 문무(文武)의 관리 인선을 나누어 관장하였으니, 이부(吏部)와 병부(兵部)는 허위(虛位)가 되고 뇌물이 공공연하게 성행하며 염치(廉恥)가 땅에 떨어져 백은도점(白銀圖點)[112]의 풍조와 은비매농(隱批賣弄)[113]하는 풍습이 극에 달하였다.

수령(守令)의 관직은 성종(成宗) 이전에는 설치하지 않고 지방의 유력자[鄕豪]로 하여금 백성을 다스리게 하였으니 삼중대광(三重大匡)·중대광(重大匡)의 직위나, 당대등(堂大等)·대등(大等)·사심관(事審官)의 호칭이나, 호장(戶長)·안일호장(安逸戶長) 등이 그에 해당된다. 매번 공무(公務)를 가탁하여 백성을 침학하니 백성들이 견딜 수 없었다.

성종(成宗)이 최승로(崔承老)[114]의 말을 좇아서 주(州)·부(府)·군(郡)·현(縣)의 관리직을 고치기 시작하였고, 현종(顯宗) 때에는 또 외관(外官)이 받들어 행해야 할 여섯 가지 조항을 정하였으니 조정에서 수령을 파견하는 법은 대체로 [고려] 중엽부터였다.

말엽에는 사인(士人)을 임명하지 않고 부리(府吏)나 서리(胥吏)를 감무(監務)나 현령(縣令)의 직임에 임명하였다. 또 권신(權臣)은 자기의 사인(私人)을 파견하여 사람들로부터 전민(田民)를 빼앗고, 위세(威勢)를 자랑하고 탐람하고 잔인한 재앙을 일으키니 도적과 차이가 없었다. 안렴사(按廉使)는 많기는 하나 직위가 낮고 명망은 가벼워서 주부(州府)를 누루지 못하

종(高宗) 때인 최씨 집권시대에 최충헌(崔忠獻)의 요속(僚屬)으로서 정안(政案)을 가지고 백관(百官)을 전주(銓注)하던 직임을 맡은 3품인 정색상서(政色尙書)를 가리키는 것으로 보인다.

110) 고려 충렬왕 원년(1275)에 상서이부(尙書吏部)와 상서예부(尙書禮部)를 합쳐 부른 이름이다.

111) 원문에는 병부(兵符)라고 나와 있으나 군부사(軍簿司)와 같은 것으로 보았다. 고려 충렬왕 원년에 상서병부(尙書兵部)를 고친 이름이다.

112) 백은도점(白銀圖點)은 은과 같은 금품으로 낙점을 꾀하는 일을 말한다.

113) 은비매농(隱批賣弄)은 권신(權臣)이 임금에게 받아 숨겨 놓고 농간을 부린 뒤에 내린 정비(政批) 때문에 일어나는 폐단을 말한다.

114) 최승로(崔承老, 927~989)는 고려의 문신이다. 성종에게 시무 28조를 올려 군제(軍制)의 개편 등 국가 전반에 걸친 개혁을 건의하여 고려 왕조의 기초를 확고히 하였다.

였다. 조정에서 비록 잘못을 고치려고 하였으나 끝내 하지 못하였다. 대체로 고려시대의 외관(外官) 제도는 매우 구차하였다.

천거제(薦擧制)는 열조(列朝)에서 오직 성종(成宗)만이 힘써서 암혈(嚴穴)을 찾고 구원(邱園)을 방문하였으니 그 뜻이 매우 깊었다. 이 때문에 그 시대에 인재를 구한 것이 최전성기여서 강감찬(姜邯贊)·채충순(蔡忠順)·황보유의(皇甫愈義)·강민첨(姜民瞻) 등이 모두 양성되었고, 최승로(崔承老)·최항(崔恒) 등도 역시 모두 한 때의 명신(名臣)으로, 일찍이 현재(賢才)를 구하는 일로 인해 등용된 사례였다.

하교(下敎)하기를, "은종(殷宗)115)이 부암(傅巖)에서 서미(胥靡)116)를 징용(徵用)하고 주왕(周王)117)은 위수(渭水)에서 어사(漁師)를 등용(登庸)하여 혹은 이목(耳目)의 관사(官司)118)를 맡기고 혹은 태형의 관직(官職)119)을 주었다. 그러므로 사직(社稷)을 널리 부지(扶持)하고 국가를 유지해 나갈 수 있었다. 짐(朕)은 스스로 만기(萬機)를 총람(摠攬)하고 칠정(七政)120)을 정제(整齊)할 것을 생각하니, 학문이 쌓이지 않으면 선(善)을 알 수 없으며, 현명한 인재를 등용하지 않으면 성공할 수 없음을 알았다. 이에 안으로는 상서(庠序)를 세우고, 밖으로는 학교(學校)를 설치하여 문예(文藝)를 견주는 장소를 열고 널리 선비를 뽑는 길을 열었으나 오히려 포부를 가진 출중한 인재를 얻지 못했으니 어찌 현인(賢人)을 막고 재능 있는 이를 방해하는 사람이 없다고 하겠는가. 무릇 문재(文才)와 무략(武略)이 있는 사람은 궁궐에 나와 스스로 추천하는 것을 허락한다."

---

115) 은종(殷宗)은 은나라의 고종(高宗)을 가리킨다.
116) 서미(胥靡)는 힘든 역(役)을 지는 죄, 또는 죄수, 여기서는 죄수를 가리킨다.
117) 주왕(周王)은 주(周)나라 문왕(文王)을 가리킨다.
118) 천자(天子)의 이목(耳目)이 되어 국가의 치안을 보호하는 관리로 어사대부(御史大夫)를 말한다.
119) 삼공(三公) 재상(宰相)의 관직으로 삼태아형(三台阿衡)의 약자이다.
120) 칠정(七政)은 천문(天文)·지리(地理)·인도(人道)와 춘(春)·하(夏)·추(秋)·동(冬)을 말한다. 『상서(尙書)』「당전(唐傳)」에 "正月上日 受終于文祖 在璇璣玉衡 以齊七政 齊中也 七政者 謂春秋冬夏天文地理人道 所以爲政也"라고 하였다.

기타 하교한 말이 많았지만 도타웁고 깊으며 굳세고 원대하여 양한(兩漢)의 제조(制詔)에 가까웠다. 그 후 후대 임금들이 비록 현명한 임금과 그렇지 않은 차이가 있었지만 오히려 잘 따라 행하여 어질고 효성스런 인재의 천거(薦擧)와 외방(外方)에 잘 파견[敦遣]하는 제도가 있었다.

그 외에는 여러 사람들을 등용하는 데에는 성중애마(成衆愛馬), 서친서공(叙親叙功),121) 첨설직(添設職),122) 역관(役官),123) 기인(其人)의 법이 있었는데, 모두 행해진 뜻이 상세하였고, 세워진 조항이 자세히 갖추어져 자못 후대에서 전범으로 삼을 만하였다.

이른바 성중관(成衆官)은 그 선보(選補)의 법에 내시원(內侍院)·다방(茶房)·사순(司楯)·사의(司衣)·사이(司彛) 등의 관리로서 궁중의 숙위(宿衛)와 근시(近侍)의 직임을 대비하는 것이 임무인데 반드시 그 집안 내력[世籍], 재예(才藝), 용모(容貌)를 자세히 살펴서 입속(入屬)하는 것을 허락하였다. 임기가 다한 사람은 혹 조관(朝官)으로도 임명하고 혹 수령으로도 임명하였다.

기인(其人)은 국초(國初)에 향리 자손을 뽑아 서울에다 인질로 삼고 그 지방의 일에 대해 고문(顧問)을 하였는데 이를 일러 기인이라고 한 것이다. 역(役)의 기한이 다하면 또한 직급을 더하였다. 애마(愛馬)는 살필 것이 없다.

---

121) 서친(叙親)은 왕의 조상들의 후손을 관직에 등용하는 것이고, 서공(叙功)은 공신(功臣)의 자손을 등용하는 것을 말한다.
122) 첨설직(添設職)은 정원 이외에 임명한 관직을 말한다.
123) 언제부터 시작되었는지는 알 수 없으나 고려 때 추밀원(樞密院) 당후관(堂後官), 문하녹사(門下錄事) 권무(權務)로 입록(入錄) 이상의 인원이 백은(白銀) 60~70근을 바치면 참직(參職)에 임명될 수 있었는데, 이를 역관이라고 하였다.

5. 여복지(輿服志)

사람은 벌거벗고 다닐 수는 없다. 아주 오랜 옛날에는 가죽이나 풀로 옷을 만들었다. 성인(聖人)이 복제(服制)가 없음을 미워하여, 상의(上衣)와 하상(下裳)을 건곤(乾坤)의 법칙에서 취하여 백성들로 하여금 상하(上下)의 구분을 가리게 하고 존비(尊卑)의 차서(次序)를 알게 하니, 의장(儀章)[124]이 빛나고 민지(民志)가 정하여졌다. 그러므로 황제(黃帝)나 요순(堯舜)이 의상(衣裳)을 입으니 천하가 다스려졌다.

유향(劉向)의 『홍범오행전(洪範五行傳)』에는 '백성에게 선왕(先王)의 법(法)이 아닌 것이 있다'고 하였는데, 옷을 만들 때에 법도대로 하지 않고 마음대로 만든 것을 일러서 복요(服妖)라고 하니, 우복(禹服) 외에는 선왕(先王)의 감화를 입지 못하여 그런 것이므로 그 의관제도에 어찌 복요(服妖)의 탄식이 없을 수 있겠는가.

조선(朝鮮) 사람들은 대개 흰옷[白衣]이 많았는데, 군자(君子)는 상(商)나라의 흰색을 숭상하는 풍조가 남은 것이라고 하였다. 신라 태종왕(太宗王)은 당(唐)나라의 제도를 도입하겠다고 요청하였고, 이후 관복(冠服)의 제도는 점차 중국과 비슷하여졌다.

고려에서는 신라의 복제를 그대로 사용하다 광종(光宗) 때에야 비로소 백관(百官)의 공복(公服)을 정하여 등위(等威)를 분명하게 하였다. 의종(毅宗) 때에는 평장사(平章事) 최윤의(崔允儀)가 조종(祖宗)의 헌장(憲章)[125]을 수집하고, 당(唐)나라의 제도에서 뽑아 고금례(古今禮)를 편찬하였는데, 위로는 국왕의 면복(冕服)[126]과 수레[輿輅]에서부터 의위(儀衛)[127] · 노부(鹵

---

124) 의장(儀章)은 의식(儀式)의 표장(表章)을 가리키나 여기서는 제도 문물을 말한다.
125) 헌장(憲章)은 선대 임금들의 법전을 가리킨다.
126) 면복(冕服)은 면류(冕旒)로 장식한 예관인 면류관과 그 예복을 가리킨다.
127) 의위(儀衛)는 의식을 장엄하게 하기 위해서 정렬시키는 의장 기구를 가진 호위 군인들을 가리킨다.

薄)128)와 아래로는 백관(百官)의 관복(冠服)에 이르기까지 당시의 예복제도에 대해 싣지 않은 것이 없었다.

그러나 송(宋)·요(遼)·금(金)·원(元)나라 때에 대국(大國 : 中國)에서 내린 관복(冠服)·수레(輿輅)·인장(印章) 등이 있었지만 전후 국인(國人)들의 건의에 따라 상하(上下)의 의관(衣冠)·복색(服色)의 때에 따른 연혁(沿革)은 제도가 항상 같지는 않았다.

국왕의 시조지복(視朝之服)129)의 경우 충렬왕(忠烈王) 이전에는 모두 자황포(柘黃袍)를 사용하였다.130) 문종(文宗)·인종(仁宗) 연간에는 요(遼)·금(金)나라에서 내려 준 상로(象輅)131)를 타고 원구(圜丘)에 가서 제사를 지냈는데 천자(天子)의 제도와 차이가 없었다. 출입(出入)하는 의위(儀衛)에서는 황산(黃傘)이 앞에 있고, 무도(舞蹈)132)·경필(警蹕)133)하며 하례(賀禮)를 받는데 만세를 불렀다.

충렬왕 때 원나라에 조회한 후에 비로소 이런 제도를 없앴으나 오히려 황산(黃傘)을 사용하는 것은 없애지 않았다. 조신(朝臣)의 경우에는 자삼(紫衫)134)·비삼(緋衫)135)·조의(皁衣)136)·녹삼(綠衫)을 입고, 서금(犀金)·은옥(銀玉)의 띠를 착용하였으니 모두 상국(上國)과 비교하여 존비(尊卑)의 등급에 따라 차서(次序)를 두었던 것이다.

---

128) 노부(鹵簿)는 천자(天子)가 거동할 때의 행렬을 가리킨다.
129) 시조지복(視朝之服)은 조회를 받을 때에 입던 옷을 가리킨다.
130) 원래 황제(皇帝)의 옷이 황색으로 당사(唐史)에서는 황제의 옷은 적황색으로 사용하고, 사서(土庶)들은 옹황색·자황색·황색의 3황색(三黃色)의 사용을 금지하였다. 고려는 대외적으로 제후국으로서 왕을 칭하였으나, 대내적으로는 천자로서 '제(帝)'를 칭하는 외왕내제(外王內帝)의 특징이 있었다.
131) 상로(象輅)는 상아(象牙)로 장식한 수레를 말한다.
132) 무도(舞蹈)는 조정(朝廷)의 배하(拜賀)에서 손을 휘두르고 발을 구르는 의절(儀節)을 가리킨다.
133) 경필(警蹕)은 벽제(辟除)를 가리키는 것으로 중요한 사람이 외출할 때 여러 사람의 통행을 금지하는 것을 말한다.
134) 자삼(紫衫)은 자색 웃옷의 일종이다.
135) 비삼(緋衫)은 진홍색 웃옷의 일종이다.
136) 조의(皁衣)는 한(漢)나라 때 관직자들의 조복(朝服)이던 검은옷을 가리킨다.

공민왕(恭愍王) 6년, 사천 소감(司天少監) 우필흥(于必興)이 다음과 같이 글을 올렸다. "『옥룡기(玉龍記)』에 이르기를, '우리나라는 백두산(白頭山)에서부터 지리산(智異山)까지 그 형세가 수근목간(水根木幹)[137]의 지대로 되어 있으니 검은 것[水]으로 부모를 삼고 푸른 것[木]으로 몸을 삼는다'고 하였습니다. 만약 풍속이 토지에 순응하면 융성하고 거스르면 재앙이 있는 법인데, 그 풍속이란 군주와 신하와 백성의 의복이나 관(冠)과 일산(日傘)을 말하는 것입니다. 이후로는 문무 백관이 검은 옷에 푸른 갓[黑衣靑笠]을 착용하고 승려는 검은 쓰개[黑巾大冠]를 쓰며 여자들은 검은 비단옷을 입어서 토풍(土風)에 순응하여야 합니다"라고 하였다.

공민왕 16년, 다음과 같이 하교(下敎)하였다. "우리나라 모든 신하들의 관복(冠服)은 이미 우리나라의 풍토[土風]에 알맞게 제정되어 이에 따라 상하를 구별하게 하였으니 바꿔서는 안 된다. 근래 경솔히 고치고 편리한 것만 좇아 높고 낮은 구분이 없게 되었다. 이후로는 제군(諸君)·재추(宰樞)·대언(代言)·판서(判書)·상호군(上護軍)·대호군(大護軍)·판통례문사(判通禮門事)·삼사좌윤(三司左尹)·삼사우윤(三司右尹)·지통례문사(知通禮門事)는 검은 갓에 백옥(白玉) 정자(頂子)[138]를 달고, 삼친종(三親從)[139]과 제총랑(諸摠郎)·삼사(三司)·부사(副使)·팔비신(八備身)·전배호군(前陪護軍)·후전호군(後殿護軍)은 흑립(黑笠)과 청옥(靑玉) 정자(頂子)[140]를 달며, 제정·좌랑(諸正左郎)은 흑립(黑笠)과 수정(水精) 정자(頂子)를 달며, 성대(省臺)[141]·성균관(成均館)·전교시(典校侍)의 지제교원(知製敎員)과 외방(外方) 각 관원은 흑립(黑笠)과 품계에 따른 정자(頂子)를 달며 현령(縣令)과 감무

---

137) 뿌리는 물이고 줄기는 나무라는 뜻으로 음양오행설에 의해 해석한 것이다.
138) 정자(頂子)는 모자 위에 꼭지처럼 만든 꾸밈새를 가리킨다. 품계에 따라 금·은·옥·돌 등의 차이가 있다.
139) 삼친종(三親從)은 응양군(鷹揚軍), 용호군(龍虎軍)의 상장군(上將軍, 정3품), 대장군(大將軍, 종3품), 장군(將軍, 정4품)을 가리킨다.
140) 벼슬아치의 등급을 구별하던 모자의 장식을 말한다.
141) 성대(省臺)는 상서성(尙書省)을 가리킨다.

는 흑립(黑笠)에 꾐이 없는 수정(水精) 정자(頂子)를 단다. 이 해에 백관(百官)이 비로소 갓을 쓰고 조알(朝謁)을 시작하였다.

공민왕 21년, 대언(代言)과 반주(班主) 이상에게 모두 검은 초립(草笠)과 방립(方笠)을 쓰라고 명하였다. 신우(辛禑) 원년(元年) 각사(各司)의 서리(胥吏)들에게 흰 방립(方笠)을 쓰라고 명하였다. 8년, 사헌부(司憲府)와 서운관(書雲觀)에서 고하기를, "우리나라는 목성(木性)[142]에 속하므로 황색, 백색, 적색의 옷은 마땅하지 않습니다"라고 하였다.

대체로 청(靑)·황(黃)·적(赤)·흑(黑)·백(白) 다섯 가지는 수(水)·화(火)·금(金)·목(木)·토(土)가 불가피하게 치우쳐서 발현한 것이다. 백(白)은 사람의 옷 가운데 부모가 없어서 마음이 애소(哀素)한 것이니 금지하여 입지 못하게 해서는 안 된다. 황(黃)·적(赤)은 장수와 병사의 갑옷과 부녀(婦女)가 항상 입는 것으로 두루 입는 색인데, 또 어찌 제도를 만들어서 막을 수 있겠는가.

천지의 대세(大勢)는 방외(方外)의 별국(別國)으로 고려를 중국에 가장 가까운 나라로 여기니 산천(山川)과 풍기(風氣)가 연(燕)·제(齊)와 차이가 없다면 청색이나 흑색의 옷에 대해 어찌 중국과 구별할 수 있겠는가. 그 수근목간(水根木幹)을 논하는 자들의 폐해가 매우 심하다.

충렬왕 이후 개체변발(開剃辮髮)[143]하고 몽고 옷을 입는 원나라 풍속을 좇은 것이 거의 100년 동안 지속되었다. 명나라 태조(太祖)가 공민왕(恭愍王)에게 면복(冕服)을 주었고 왕비(王妃)와 군신(群臣)에게도 해당하는 의복을 주었다. 이때부터 의관(衣冠) 문물이 밝아져 새로워졌으며, 예전보다 훌륭해졌다.

---

142) 오행(五行) 중에서 목(木)에 해당하는 성질을 갖고 있다는 뜻이다.
143) 개체변발(開剃辮髮)은 머리 주변부의 털을 깎고 정수리의 머리카락만 땋아 늘인 것을 말한다.

6. 백관지(百官志)

동방(東方) 문물의 다스림은 기성(箕聖)[144]에서부터 시작하니 관직을 설치하여 나눈 것은 하늘을 대신하여 백성을 다스리는 것이었다. 그 한 시대의 제도는 마땅히 볼 만한 것이 있음에도 불구하고 지금은 살필 수 있는 것이 없고 다만 한 두 가지만 남아 있는 사료로 알 수 있는데, 대부(大夫)·박사(博士) 등의 명목(名目)이 있고 위만조선(衛滿朝鮮) 때에는 대신(大臣)으로는 상국(相國)을 두고 외관(外官)으로는 니계장(尼谿長) 등의 칭호가 있었으니 중국의 관제(官制)를 모방하였던 것을 알 수 있다.

신라(新羅)·고구려(高句麗)·백제(百濟) 삼국의 관훈(官勳)·작계(爵階)는 방언(方言)을 참조하여 용잡(冗雜)하고 외쇄(猥瑣)[145]하여 기술할 수가 없다. 고려(高麗) 초에는 태봉(泰封)에서 새로 정해진 제도를 준용(遵用)하였는데 역시 비루하고 저속하였고 신라 때의 옛 제도가 많았다.

그러나 태조(太祖) 천수(天授) 2년(919)에 삼성(三省)·육상서(六尙書)·구시(九寺)·육위(六衛)의 제도는 당(唐)나라 제도를 모방하였다. 성종(成宗) 때에 내외(內外)의 관직을 크게 새로 제정하였는데, 중앙에는 성(省)·부(部)·대(臺)·원(院)·시(寺)·관(舘)·국(局)을 두었고, 지방에는 목(牧)·부(府)·주(州)·현(縣)을 두었으며, 관직에는 일정하게 맡는 일이 있었고 해당 부서에는 정원이 있었다.

대체로 기자(箕子) 이래 처음에는 한 시대의 문치(文治)라고 할 만한 것이 있었다. 그러나 오대(五代)·서송(西宋)의 초기에 중국(中國)과 [통행이] 제한되어 요(遼)·금(金)의 여러 오랑캐들이 번갈아 일어나 유연(幽燕)·요심(遼瀋)과의 길이 막히므로 스스로 황제라고 일컫고 관명(官名)과 작호(爵號)가 대신(大臣)에서부터 그 이하 모두 중국과 비슷하여지므로 그 사이

---

144) 기성(箕聖)은 기자(箕子)를 가리킨다.
145) 외쇄(猥瑣)는 용렬(庸劣)하고 잡스러우며 뒤섞이고 번쇄(煩瑣)한 것을 말한다.

에 비웃는 사람이 있었다.

평장사(平章事)는 본래 관명(官名)이 아니었는데 당(唐)나라 태종(太宗)이 상서령(尙書令)으로 저위(儲位)[146]에 올랐기 때문에 신하들이 피하여 그 자리에 있을 수 없으므로 재상이 된 자는 중서문하평장군국중사(中書門下平章軍國重事)를 맡아 드디어 평장사라는 이름이 있게 되어 고려는 곧 국상(國相)의 호칭으로 삼았다. 개부의동삼사(開府儀同三司)[147]는 본래 [북]주(周)와 수나라 사이에서 가차(假借)하여 지나치게 분수에 맞지 않게 쓴 호칭이니 역시 번국(蕃國)이 소유할 수 있는 것이 아니다. 산계(散階)[148]로 입함(入啣)하는 나머지 관직에 대한 호칭에서도 역시 이와 같은 일이 많았다.

원(元)나라 이후 비록 다 고쳤으나 고려 때의 재상(宰相) 이름은 가장 바르지 않았다. 삼사(三師)는 태사(太師)·태부(太傅)·태보(太保)를 말하고, 삼공(三公)은 태위(太尉)·사도(使徒)·사공(司空)을 이르니 적합한 사람이 없으면 관직은 비워 두었다. 국상(國相)의 호칭은 경종(景宗) 이전은 내의령(內議令)이라 칭하였고, 성종(成宗) 때에는 내사령(內史令)으로 고쳤으며, 문종(文宗) 이후 비로소 중서령(中書令)이라고 하였다. 품계는 종1품으로 또 문하 시랑(門下侍郞)과 중서 시랑(中書侍郞)을 두니 모두 평장사를 겸하는 직함이었다. 또 중서(中書)와 문하(門下)에 각각 평장사를 두었는데 모두 품계는 정2품이었다.

대체로 재상의 직위는 충렬왕 때 원나라를 섬긴 이후 중서 문하(中書門下)의 칭호가 변하여 첨의부(僉議府)가 되었는데 도첨의사(都僉議使)·첨의중찬(僉議中贊)·첨의찬성사(僉議贊成事)라고 하니 재상의 호칭이 드디어 옛 이름을 잃고 만연(漫然)하므로 기준이 되지 못하였다.

---

146) 저위(儲位)는 황태자의 자리를 말한다.
147) 개부의동삼사(開府儀同三司)는 관계(官階)의 하나이다. 고려시대 문관 가운데 최상의 관계이다.
148) 산계(散階)는 직사(職事)는 없고 품계(品階)만 있는 관직을 말한다.

대체로 고려의 전성시기에는 성(省)[149]은 불과 다섯이고 재(宰)는 불과 일곱으로 서사(庶司)와 백료(百僚)가 각각 직무를 맡았다. 그 쇠퇴기에는 성재(省宰)가 7~8명으로 늘어났고 원(元)나라를 섬긴 이후에는 일이 많아져 갑자기 첨의(僉議)와 밀직(密直)이 매번 도평의사(都評議司)에 모여 상의(商議)하니 상의(商議)라는 명칭이 생겨났다. 또 국정(國政)에 참여하는 사람이 60~70명에 이르게 되었다. 이에 6부는 한갓 쓸데없이 설치된 것이 되어 여러 관청들도 이리저리 흩어져 통제되지 못하였으므로 정사(政事)는 다시 잘 이루어지지 않았다.

당나라의 제도에서는 학사(學士)·홍문(弘文)·집현(集賢)을 중서(中書)와 문하(門下)에 나누어 소속시켰는데, 고려의 제도에서는 보문각(寶文閣) 및 숭문(崇文)·홍문(弘文)·집현전(集賢殿)은 모두 각각 하나의 관서로 삼았으니 한군데로 소속(統屬)된 곳이 없었다. 정당(政堂)·문하(門下)·상시(常侍)·간의대부(諫議大夫)·급사중(給事中)·기거주(起居注)·좌우보궐(左右補闕)은 따로 관사(官司)를 설치하지 않고 모두 문하부(門下府)에 소속시켰다. 이것 또한 당나라의 제도와 다른 것이었다.

밀직사(密直司)는 송(宋)나라의 추밀원(樞密院)과 비슷한 것인데, 성종(成宗) 때에 중추원(中樞院)이라고 불렀다. 현종(顯宗) 때에는 중대성(中臺省)으로 고쳤고, 헌종(獻宗) 때에는 추밀원으로 다시 불렀다. 최충헌(崔忠獻)이 명종(明宗)·신종(神宗) 때에 권세(權勢)가 온 나라를 덮었으나 관직은 추밀원지주사(樞密院知奏事)에 불과하였다. 지주사는 지금의 도승지(都承旨)의 직과 같다. 그 아우 최충수(崔忠粹)도 또한 그 자리에 있으면서 세도를 부렸으니 중요한 자리임을 알 수 있다. 충렬왕 때에 비로소 밀직사(密直司)로 칭하였다.

예문관(藝文館)은 제찬(制撰)[150]과 사명(詞命)[151]을 관장하는 관직이다.

---

149) 성(省)은 성재(省宰)와 같은 뜻이다. 문하성(첨의부)의 재상들, 중서령, 시중, 찬성사(평장사), 참지정사(평리), 정당문학을 5재(宰)라고 하는 경우도 있기는 하나 고정 불변한 것은 아니다.

홍문관(弘文館)·집현전(集賢殿)·보문각(寶文閣)은 같은 예로 극선(極選)[152]
하는데, 문학(文學)과 언어(言語)를 잘 하는 사람을 고문(顧問)으로 삼고 시
종(侍從)으로 출입하게 하여서 모의(謀議)에 참여하게 하고 간쟁(諫諍)을 받
아들이게 하니 그 예(禮)에 은총이 넘쳤다. 한원(翰院)도 역시 그러하였다.

중엽 이후 관직명이 많이 변경되어 서사(庶司)의 폐치(廢置)가 일정하
지 않았으므로 자세한 내용을 말할 수 없다.

대체로 삼성(三省)은 문하부(門下府)·상서성(尙書省)·밀직사(密直司)이
다. 육부(六部)는 이(吏)·병(兵)·호(戶)·형(刑)·예(禮)·공조(工曹)이다. 재
상(宰相)이 육부를 거느리고 육부는 부(府)·시(寺)·감(監)·서(署)·창고(倉
庫)를 거느리게 하니 간단한 것으로 번거로운 것을 제어하고 낮은 것이
높은 것을 잇게 하여 명령이 한 군데에서 나와 여러 관직이 모두 호응
하게 하였다. 이것이 변함 없는 제도인데, 역사서에서 파악되는 것은 시
(寺)가 18, 서(署)가 24, 창고(倉庫)가 15, 국(局)이 3개이다.

또 궁(宮)에는 궁원(宮院)·궁관원(宮觀院)·동궁(東宮)·제왕자(諸王子)·
제비주부(諸妃主府)의 요속(僚屬)을 두었고, 또 궁내(宮內)의 직위로는 궁주
(宮主)·택주(宅主)·공옹주(公翁主)의 칭호가 있었고 각종 도감(都監)이 일
에 따라 설치되었다가 일이 끝나면 혁파되었다. 간혹 설치하였다가 없애
지 않은 경우가 있었기 때문에 그 종류가 많아서 예를 다 들 수가 없다.

서반(西班) 무직(武職)은 태조(太祖) 2년, 6위(六衛)를 설치하였다. 목종(穆
宗) 때에 비로소 직원(職員)을 갖추었고 이후 또 응양(鷹揚)과 용호(龍虎)의
2군(軍)을 6위의 위에다 두었다. 또 중방(重房)을 설치하여 2군과 6위의
상장군(上將軍)과 대장군(大將軍)들이 모두 여기에 모였다. 의종과 명종 이
후 무신들이 정권을 잡게 되자 중방의 권한이 더욱 무거워졌다. 충선왕

---

150) 제찬(制撰)은 임금의 말씀이나 명령의 내용을 신하가 대신 적는 것을 말한다. 제(制)
　　는 황제의 명령을 말한다.
151) 사명(詞命)은 임금의 말, 또는 명령을 말한다.
152) 가장 훌륭한 선택, 또는 고른 것 가운데 가장 우수한 것을 말한다.

(忠宣王)이 중방을 혁파하였으나 곧 다시 설치되어 고려가 망할 때까지 없애지 못했다. 각군(各軍)과 각위(各衛)에는 상장군(上將軍)·대장군(大將軍)·중랑장(中郎將)·낭장(郎將) 등의 관직을 두었으나 그 상세한 내용은 적지 않는다.

외직(外職)에서는 융정(戎政)을 맡은 사람을 병마사(兵馬使)라고 하여 일정한 방면(方面)을 전제(專制)하게 하였는데, 처음에는 절도사(節度使)라고 하였다가 나중에는 안렴사(安廉使)라고 하였다. 동서(東西)의 양경(兩京)에는 유수관(留守官)을 두었으니 이것이 외직의 대체적인 내용이다.

훈(勳)·작(爵)·산(散)·계(階)의 경우는 처음에는 중국(中國)을 모방하였다가 원(元)나라 이후 이것을 고쳤다. 대체로 훈(勳)에는 상주국(上柱國)과 주국(柱國)이 있고, 작(爵)에는 공(公)·후(侯)·백(伯)·자(子)·남(男)이 있는데, 모두 식읍(食邑)을 주었으니 종친(宗親) 공경(公卿)인 사람들은 살아서는 관함(官啣)[153]이 빛났고, 죽어서도 묘도(墓道)[154]가 광채를 발하니 중국 사람과 다르지 않았다.

그러나 번왕(藩王)[155]이면서 황제(皇帝)의 제도가 가능하겠는가. 그래서 충렬왕 이래 관직의 이름이 고쳐졌고 대대로 섞이기도 하고 변경되기도 하여 크고 작은 신공(臣工)이 종종 그치지 않고 4~5차례 고쳐지기도 하였다. 공민왕 때에는 20년 사이에 네 번 관제(官制)를 고치니 신구(新舊)의 착란(錯亂)이 번쇄함을 이루 다 말할 수 없다. 당시 관직에 있던 사람도 오히려 관직이나 작위의 호칭을 자신할 수 없었으니 보벌(譜閥)[156]이나 비갈(碑碣)에 대해 또 어떻게 후세에서 고징(考徵)을 할 수 있겠는가. 그러므로 성종(成宗) 이후 관제(官制) 및 원액(員額)의 숫자를 기록에다 갖추어 나열했으나 충렬왕 이하로는 빠뜨린 채로 두었다.

---

153) 직함(職啣)으로 성(姓) 밑에 붙여 부르는 관직이름을 말한다.
154) 묘도(墓道)는 무덤으로 통하는 길을 가리키나 여기에서는 묘갈, 묘비, 묘지 및 묘표 따위에 새겨 넣은 글자인 묘도문자(墓道文字)를 가리킨다.
155) 중국과 비교하여 천자(天子)에 대한 제후(諸侯)임을 말한다.
156) 보벌(譜閥)은 족보나 공훈(功勳)의 기록을 말한다.

문하부(門下府)는 판문하(判門下)·중서령(中書令)·시중(侍中)·찬성사(贊成事)·내사시랑평장사(內史侍郎平章事)·문하시랑평장사(門下侍郎平章事)·평리(評理)·정당문학(政堂文學)·지문하부사(知門下府事)·상시(常侍)·직문하(直門下)·좌우사의대부(左右司議大夫)·급사중(給事中)·기거랑(起居郎)·기거사인(起居舍人)·헌납(獻納)·좌우사간(左右司諫)·좌우정언(左右正言)·문하록사(門下錄事)·주서(注書)가 있다.

상서성(尙書省)에는 상서령(尙書令)·좌우복야(左右僕射)·지성사(知省事)·좌우승(左右承)·좌우사랑중(左右司郎中)·좌우사원외랑(左右司員外郎)·도사(都事)가 있다. 삼사(三司)에는 판사(判事)·지사사(知司事)·부사(副使)·판관(判官)을 두었다. 밀직사(密直司)에는 판원사(判院事)·원사(院使)·지원사(知院事)·부사(副使)·첨서원사(簽書院事)·직학사(直學士)·지주사(知奏事)·좌우승선(左右承宣)·좌우부승선(左右副承宣)·당후관(堂後官)을 두었다. 제조(諸曹)에는 판사(判事)·상서(尙書)·지부사(知部事)·시랑(侍郎)·낭중(郎中)·원외랑(員外郎)을 두었다. 고공사(考功司)에는 낭중(郎中)·원외랑(員外郎)을 두었다. 도관(都官)에도 낭중(郎中)·원외랑(員外郎)을 두었다.

사헌부(司憲府)에는 어사대부(御史大夫)·중승(中丞)·시어사(侍御史)·전중시어사(殿中侍御史)·감찰어사(監察御史)를 두었다. 관각(舘閣)에는 학사승지(學士承旨)·학사(學士)·시독학사(侍讀學士)·시강학사(侍講學士)·직원(直院)·권무(權務)·지제고(知制誥)·수찬관(修撰官)·한림원직학사(翰林院直學士)·직각(直閣)·교감(校勘)·대제학(大提學)·제학(提學)·직제학(直提學)을 두었다. 성균관(成均館)에는 박사(博士)·조교(助敎)·학유(學諭)·제주(祭酒) 등의 관직을 두었다.

제시(諸寺)는 판사(判事)·감(監)·소감(少監)·승랑(承郎)·교서랑(校書郎)·정자(正字)·교감(校勘)·태상경(太常卿)·소경(少卿)·박사(博士)·사의(司議)·재랑(齋郎)·내급사(內給事)·주부(主簿)·직장(直長)·소윤(小尹)·부령(副令)·태의감(太醫監)·감(監)·소감(少監)·승(丞)·박사(博士)·의정(醫正)을 두었다.

통례문(通禮門)에는 합문사(閣門使)[157] · 부사(副使) · 지후(祗侯)를 두었다. 제서(諸署)에는 영(令) · 승(丞) · 직장(直長) · 부직장(副直長)을 두었다. 창고 (倉庫)에는 사(使) · 부사(副使) · 승(丞) · 주부(主簿) · 직장(直長)을 두었다. 오 부(五部)에는 사(使) · 부사(副使) · 녹사(錄事) · 권무(權務)를 두었다.

동궁관(東宮官)으로는 태사(太師) · 태부(太傅) · 태보(太保) · 소사(少師) · 소 부(少傅) · 소보(少保) · 빈객(賓客) · 좌우서자(左右庶子) · 좌우유덕(左右諭德) · 시강학사(侍講學士) · 시독학사(侍讀學士) · 좌우찬선(左右贊善) · 중사인(中 舍人) · 세마(洗馬) · 문학(文學) · 사의랑(司議郞) · 지부사(知府事) · 승(丞) · 사 직(司直)을 두었다.

제비주부(諸妃主府)에는 좌우첨사(左右詹事) · 소첨사(少詹事) · 주부(主 簿) · 녹사(錄事) · 영사(令史) · 서령사(書令史) · 서예(書藝) · 기관(記官) · 통사 사인(通事舍人) · 급사(給事)를 두었다. 제왕부자(諸王府子)에도 전첨(典籤)과 녹사(錄事)를 두었다.

제사(諸司)에는 각색(各色)의 도감(都監)이 있고 역시 관속(官屬)이 있는 데, 설치와 혁파가 어지럽고 또 이름도 여러 개였다. 명종(明宗) · 신종(神 宗) 이후로는 무신(武臣)들이 일체 마음대로 이름을 정하니 모두 비속(卑 俗)하여 채록(採錄)할 수가 없다. 제궁전관(諸宮殿官) · 제진전직(諸眞殿直) · 제관직(諸舘直) · 제단직(諸壇直) · 제신묘직(諸神廟直) · 제목감직(諸牧監直) · 제요직(諸窯直) · 제정원직(諸亭院直)에는 역시 모두 사(使) · 부사(副使) · 판 관(判官) · 잡권무(雜權務) · 권무(權務) · 병과(丙科) · 권무(權務) 등의 직명(職 名)을 두었다.

대략 문(文) · 무(武) · 음관원(蔭官員)이 750여 명이고, 서반(西班)은 735명, 외관(外官)은 오도(五道) · 양계(兩界) · 사경(四京) · 팔목(八牧) · 15부(府) · 129 군(郡) · 335현(縣) · 29진이었다.

외관은, 경(京)에는 유수(留守)를 두었고 도(道)에는 안렴사(安廉使) · 전운

---

157) 『동사(東史)』의 원문에는 각문사(閣門使)로 되어 있으나 『고려사(高麗史)』 원문에 따 라 합문사로 한다.

사(轉運使)·권농사(勸農使)·도통사(都統使) 등을 두었다. 양계(兩界)에는 병마사(兵馬使)를 두었는데, 재상이 개경에 머물면서 멀리서 영도하는 것을 행영병마사(行營兵馬使)라고 하였다. 목(牧)에는 제사(制使)를 두었고 부(府)에는 대도호(大都護)·대도독(大都督)·중도호(中都護)·사(使)·부사(副使)·방어진사(防禦鎭使)를 두었다. 주군(州郡)에는 지사(知事)를 두고 현에는 영위(令尉)·감무(監務)를 두었다. 제진(諸鎭)에는 장(將)·부장(副將)을 두었고, 관역(舘驛)에는 사(使)·승(丞)을 두었다. 제진도(諸津渡)에는 구당(句當)을 두었다.

모두 액정국(掖庭局)에 67명, 내시부(內侍府)에 121명, 제성(諸省)·부(府)·사(司)·시(寺)·연속(掾屬) 및 서경(西京) 토관(土官)·제대도호부판관(諸大都護府判官)·법조(法曹) 등의 관직에 무려 1,000여 명이나 있었다. 고려 중세(中世) 이후 북쪽으로는 호원(胡元)을 섬기고, 남쪽으로는 왜와 싸웠으며 삼별초(三別抄)와 홍건적(紅巾賊)의 난리 때문에 잠시 설치하였다가 혁파한 관직으로 도순문사(都巡問使)·안무사(安撫使)·순군(巡軍)·만호(萬戶) 등의 명색(名色)이 이루 다 헤아릴 수 없이 많았다.

내외의 관직을 모두 합하여 보면 국왕에게 녹을 받는 자가 거의 3,000명에 가까웠다. 당우(唐虞)의 관직 50명과 하(夏)·상(尚)나라의 관직 100명과 비교해보면 그 지나치게 심한 것이다. 수천 리의 산하(山河)와 100만의 편호(編戶)로는 3,000명이 함께 다스리기에는 부족한 규모이다.

고려가 쇠퇴함에 관직이 더욱 쓸 데 없어지고 정치는 더욱 혼란스러워져 마침내 망하게 되었는데도 구하지 못한 것은 무엇 때문인가. 대체로 대관(大官)과 고위(高位)에 군자(君子)가 있게 되면 관(官)이 더욱 중요해지고 위(位)가 더욱 귀해지며, 소인(小人)이 있게 되면 백성들이 관직을 높고 귀중하게 여기지 않게 되니 미관말직(微官末職)과 다름이 없게 된다. 나라가 드디어 더불어 가벼워지니 비록 천명의 관인(官人)이 관직에 포진하고 백료(百僚)가 다 갖추어졌더라도 마침내 국가를 좀먹고 재물이나 늘리는 것에 불과할 뿐이니 무슨 이익이 있겠는가. 아! 뒷날 국가를 경영할 자는 거울로 삼을 만하구나.

7. 예지(禮志)

사신(史臣) 정인지(鄭麟趾)가 말하였다.

대체로 사람은 천지 음양(天地陰陽)의 기운을 타고나서 희로애락(喜怒哀樂)의 감정이 있다. 이에 성인(聖人)이 예법을 제정하여 기강을 세워서 교만과 방탕을 억제하고 포악한 짓을 하는 것을 막음으로써 백성들로 하여금 착한 일을 하게 하고 죄를 짓지 않게 하여 아름다운 풍속을 만들려고 한 것이다.

고려 태조(太祖)가 나라를 세운 초기에는 규모가 크고 원대하였다. 그러나 처음이니 만큼 예법을 제정할 겨를이 없었다. 성종(成宗) 때에 이르러 선대의 위업을 발전시켜 원구(圓丘)[158]에 제사를 지내고, 적전(籍田)[159]을 갈고 종묘(宗廟)와 사직(社稷)을 세웠다. 예종(睿宗) 때에는 처음으로 국(局)를 설치하여 예의(禮儀)를 제정하였으나 문헌에는 전해진 것이 없다.

의종(毅宗) 때에 이르러 평장사(平章使) 최윤의(崔允儀)가『상정고금례(詳定古今禮)』50권을 편찬하였으나 빠진 것들이 많았으며 남은 책들도 전란을 거치면서 열에 한두 권 정도만이 보존되었다. 지금 역사의 기록과 상정례(詳定禮)를 바탕으로 하고『주관육익(周官六翼)』[160]·『식목편록(式目編錄)』[161]·『번국예의(蕃國禮儀)』[162] 등의 책을 널리 참조하여 길(吉)·흉(凶)·

---

158) 하늘에 제사지내는 제단(祭壇)을 말한다.
159) 농사를 장려하기 위하여 국왕이 몸소 갈던 밭을 말한다.
160) 고려 후기에 편찬된 정치 참고서로서 현존하지는 않으나『주례(周禮)』·『통전(通典)』을 전형(典型)으로 삼고 고려 성종 때에 확립된 육전체제(六典體制)에 따라 고려의 문물제도를 정리한 정치 참고서로 추정된다.

군(軍)·빈(賓)·가(嘉)의 오례(五禮)로 분류하여 예지(禮志)를 편찬한다.

아! 옛날에는 예로써 다스림을 삼았는데 주(周)나라가 쇠퇴한 이래 예(禮)가 상실되었고, 진(秦)·한(漢)나라 때에는 예가 조금 일어났으나 의장도수(儀章度數)에 불과하여 이른바 예의 말절(末節)일 뿐이었으니 어찌 예라고 할 수 있겠는가. 당(唐)·송(宋)나라부터 사대부(士大夫)들이 크게 일어나게 되었구나.

이에 하물며 우리나라는 말할 것도 없다. 기자(箕子)가 동쪽으로 온 이래 구이(九夷)의 풍속을 크게 변화시켜 8조(條)의 가르침을 삼았으니 예(禮)가 그 가운데 있었다. 기자의 때가 쇠퇴해져 사군이부(四郡二部)[163]의 즈음에는 오히려 어질고 현명한 이의 교화가 있었으므로 중국사람들이 군자(君子)의 나라라고 칭송하였으니 이것이 어찌 예가 없어서 그러하였겠는가.

삼한(三韓) 삼국(三國)의 예에 대해서는 고찰할 수가 없고 고려의 예에 대해서도 한 두 가지만 알 수 있다. 대체로 우리나라[東國]의 소위 예(禮)는 당나라 정관(貞觀)·개원례(開元禮)에서 나온 것이 많고 번국례(蕃國禮)를 참조하였는데 이른바 번국례는 신라·고구려·백제를 가리킨다. 그러나 이들 나라들이 서로 연원하여, 유사(有司)에 속한 사물(事物)·명수(名數)·등강(登降)·읍양(揖讓)·배면(拜俛)·복흥(伏興)의 일들이 비슷한 일에 불과하였으니 어찌 이른바 사대부가 서로 강구(講究)하여 한 시대의

---

161) 『식목편수록(式目編修錄)』을 지칭하는 것으로 편자·연대 미상인 고려시대의 서적으로서 현존하지 않는다. 단지 『고려사』를 편찬할 때 「지(志)」의 '범례' 및 「예지(禮志)」 '서문'을 통해서 이 책이 「지」의 편찬에 이용되었음을 알 수 있을 뿐이다. 『고려사』 「지(志)」의 범례에 의하면 고려의 제도·조격(條格)은 역사에 궐략(闕略)이 많아 『고금상정례』 및 『제가잡록(諸家雜錄)』과 이 책을 이용하여 「지」를 편찬하고 있음을 밝혔다. 따라서 이 책이 고려시대의 제도·조격에 관한 내용을 담고 있으리라고 추정할 수 있다.
162) 고려시대 외국사신의 영접과 사신 파견 등의 예절절차에 관하여 서술한 책이다. 편찬시기 및 편찬자는 미상이며 현전하지 않는다. 그러나 『고려사』 「예지(禮志)」 '서문'에서 밝혔듯이 『고려사』의 「예지」 편찬에 이용되었다.
163) 한(漢)의 사군이 설치된 것을 말한다.

예의를 정한 것과 같을 수 있겠는가.

고려가 건국되어 다섯 왕, 65년이 지난 뒤 성종(成宗) 때에야 비로소 예를 제작(制作)할 뜻을 두었고 현종(顯宗)이 그 뜻을 이어 의문도수(儀文 度數)의 사이에 자못 중국의 제도를 따랐으나 예악(禮樂)의 근본에 이르 러서는 대체로 문제가 있었다. 예를 들어 남녀의 혼인과 상장제사(喪葬祭 祀)가 사람의 큰 인륜과 대절(大節)에 관계된 것인데도 동성(同姓)의 혼인 을 피하지 않고 기공(朞功) 삼년(三年)의 상복을 끝내 시행하지 않았으니 이적(夷狄)과 무슨 차이가 있겠는가.

그러나 춘추(春秋)의 때부터 제(齊)나라 노(魯)나라의 풍속에 고자매(姑姊 妹 : 姑母)는 시집가지 않으며, 오맹자(吳孟子)[164] 등의 사례는 역사책에 이 루 다 기록할 수 없을 정도였는데, 노(魯)나라 사람 중에 삼년을 행하는 사람이 있으니 공자가 예의를 안다고 감탄하였다. 예교가 쇠한 때의 중 국도 오히려 그러하였는데 어찌 유독 우리나라만을 오랑캐로 여길 수 있겠는가. 이점이 문(文)·무(武)·기자(箕子)의 다스림에 약점이 될 수는 없는 것이다.

예종(睿宗) 때에 정한 예의(禮儀)는 이미 전한 것을 잃어버렸고, 최윤의 (崔允儀) 등이 정한 예가 있다. 고례(古禮) 대사(大祀)는 원구(圜丘)·태묘(太 廟)·체제(禘祭)와 협제(祫祭) 때에 공신(功臣)들을 배향하는 일, 경령전(景靈 殿), 제릉(諸陵)이다. 중사(中祀)는 적전(籍田)·선잠(先蠶)·문선왕묘(文宣王廟) 이다. 소사(小祀)는 풍사(風師)·우사(雨師)·뇌신(雷神)·영성(靈星)·마조(馬 祖)·선목(先牧)·마사(馬社)·마보(馬步)·제주현문선왕묘(諸州縣文宣王廟)· 대부·사·서인제례(大夫士庶人祭禮)·잡사(雜祀) 등의 40개 조항이다.

흉례(凶禮)는 국휼(國恤), 위문하는 의식[陳慰儀], 태묘에 합사하는 의식 [祔太廟儀], 중국 사신이 와서 제사하고 부의하며 조위하는 의식[上國使祭

---

164) 오맹자(吳孟子)는 춘추시대 때 노(魯)나라에서 소공(昭公)이 동성(同姓)을 피하여 오 (吳)나라에 장가를 들어 여자와 결혼하였으므로 오맹자라고 불렀다. 동성끼리 결혼하지 않은 사례로서 들었다.

尊贈賻弔慰儀], 선대 국왕의 기일에 진전에서 작헌하는 의식[先王諱辰眞殿
酌獻儀], 중국 황제의 상사[上國喪], 이웃나라 왕의 상사[隣國喪], 여러 신
하들의 상사[諸臣喪], 오복제도(五服制度),165) 기일에 백관들에게 주는 휴
가[百官忌暇] 등 11개 조항이다.

군례(軍禮)는 장수를 전장으로 파견하는 의식[遣將出征儀], 회군하는 의
식[師還儀], 일식과 월식을 그치게 하는 의식[救日月食儀], 12월 액막이를
하는 의식[季冬大儺儀] 4개 조항이다.

빈례(賓禮)는 빠졌다.

가례(嘉禮)는 왕자와 왕녀를 책봉하는 의식[冊王子王姬儀], 공주의 결혼
의식[公主下嫁儀], 명나라에 표전문을 보내는 의식[進大明表箋儀], 설·동
지·중국 황제의 생일 축하의식[元正冬至上國聖壽節望闕賀儀], 설·동지·
절일에 조하하는 의식[元正冬至節日朝賀儀], 설날 연회의식[元會儀], 왕태
자가 설·동지에 여러 신하로부터 받는 하례 의식[王太子元正冬至受賀儀],
왕태자가 절일에 동궁관리로부터 받는 하례와 연회의식[王太子節日受宮
官賀幷會儀], 입춘 하례의식[立春賀儀], 첫 눈 하례의식[新雪賀儀], 유지 하
례의식[宥旨賀儀], 한 달 세 번의 조회의식[一月三朝儀], 국왕이 몸소 원구
에서 제사지낸 후 재궁에서의 하례의식[親祀圓丘後齋宮受賀儀], 대관전에
서 군신들에게 베푼 연회의식[大觀殿宴群臣儀], 노인에게 내려주고 베푸
는 의식[老人賜設儀], 재상의 임명을 선포하는 의식[宣麻儀], 동당감시166)
의 합격자를 발표하는 의식[東堂監試放榜儀], 의봉문에서 대사령을 선포
하는 의식[儀鳳門宣赦書儀], 조야에서 통용한 의식[朝野通行禮儀], 재추가
제왕을 알현하는 의식[宰樞謁諸王儀], 양부 재추와 추밀관이 합좌하는 의
식[兩府宰樞合坐儀], 육관과 여러 관서의 관리들이 서로 만나는 의식[六官
諸曹官相謁儀], 여러 도감과 각색 관원의 서로 모이는 의식[諸都監各色官相

---

165) 오복제도(五服制度)는 다섯 등급의 상복(喪服)을 말한다. 참최(斬衰, 3년)·제최(齊衰,
   1년)·대공(大功, 9개월)·소공(小功, 5개월)·시마(緦麻, 3개월)의 복이 이에 해당한다.
166) 동당감시(東堂監試)는 국가에 큰 경사가 있을 때에 생원·진사 보는 과거를 말한다.

會儀], 참상·참외·아전·장고167)의 추밀관 알현과 아전·장고의 참상·참외 알현의식[參上參外人吏掌固謁宰樞及人吏掌固謁參上參外儀], 아전의 문무 관원과 장교에게 문안하는 의식[文武員將人吏起居儀], 감옥일168) 대성과 내시부 관리들의 좌기의식[監獄日臺省內侍坐起儀], 안찰사와 별함 및 외관들의 국왕 행행시 맞이하는 의식[按察使別啣及外官迎幸行儀], 외관이 국왕의 조서를 맞는 의식[外官迎本國詔書儀], 외관이 국왕의 건강을 묻는 의식[外官問聖儀], 새로 급제한 진사의 부모를 영광스럽게 하는 의식[新及第進士榮親儀], 외관이 처음 등청하는 의식[外官出官儀], 삼품 사신과 안찰사가 서로 만나는 의식[三品使臣按察使相會儀], 안렴사가 여러 별함과 서로 만나는 의식[安廉諸別啣相會儀], 병마사와 군관들의 배좌하는 의식[兵馬使及軍官拜坐儀], 북계 영주와 부사가 부하들과 만나는 의식[北界營主副使及幕下員相會儀], 양계 병마사청에서 예를 행하는 의식[兩界兵馬使廳行禮儀], 각도 계점사·중호·평리·윤사가 서로 만나는 의식[諸道計點使中護評理尹使相會儀], 평양부윤이 관찰사를 맞이하는 의식[平壤府尹迎觀察使儀], 목사·도호부의 관원과 주의 관원들이 같이 앉는 의식[牧都護知州員同坐儀], 외관이 병마사를 맞이하는 것과 병마사와 외관이 함명 재추를 맞이하는 의식[外官迎兵馬使及兵馬使外官迎啣命宰樞儀], 외관의 승진 시에 멀리서 사례하는 의식[外官遙謝改啣儀], 서경의 관리들이 직함을 받고 멀리서 사례하는 의식[西京官ऴ 員加職遙謝儀], 방어진의 문무관원들이 안렴사나 참상관을 알현하는 의식[防禦員將謁安廉及參上官儀], 상원169) 연등회의식(上元燃燈會儀), 중동 팔관회의식(仲冬八關會儀)은 모두 44개 조항으로 길(吉)·흉(凶)·군(軍)·빈(賓)·가(嘉)의 오례(五禮)를 삼았는데, 교(郊)·묘(廟)·조정(朝廷)·향당(鄕黨)·사서(士庶)의 사이에 비록 더불어 논하기에

---

167) 장고(掌固)는 고려 때 동궁(東宮)에 딸린 관리들을 말한다.
168) 감옥일(監獄日)은 중요한 죄수를 판결할 때 일정한 날짜에 국왕의 임석하에 토의하여 결정하는 날을 말한다.
169) 상원(上元)은 정월 보름날을 가리킨다.

는 부족하나 풍교(風敎)와 화리(化理)의 번성함이 역시 한 시대의 제도로서 완성되기에는 충분하였다.

이에 명목(名目)·도수(度數)·기물(器物)·복색(服色)·의주(儀注)·절차(節次)는 모두 말단의 절문(節文)으로 가득 차 있으니 모두 유사(有司)의 책임이다. 구지(舊志)에 갖추어져 있으니 다 기록할 필요가 없어서 절목(節目) 가운데 큰 것과 폐치(廢置)·득실(得失)·연건(沿建)·이동(異同)의 흔적을 기록하여 나중에 살필 것에 대비한다.

원구(圜丘)의 제사는 성종(成宗)부터 시작하였다. 성종 2년, 정월 신미(辛未)일에 왕이 몸소 원구(圜丘)에 제사지내 곡식이 잘 되기를 빌어 태조(太祖)를 배위(配位)에 모셨는데, 이름이 비록 기곡(祈穀)·우사(雩祀)였으나 실제는 천지에 교사(郊社)한 것이었다.

고려가 원나라를 섬기기 전에는 임금은 짐(朕)이라고 불렀고 신하들은 폐하라고 불러 의제(儀制)에서 천자를 모방하는 것이 많았으므로 안남(安南)·일본(日本)이 스스로 황제라고 한 것과 차이가 없었다. 나라의 원구와 방택(方澤)에서도 마찬가지였다.

사직(社稷)·종묘(宗廟)·경령전(景靈殿)·제릉(諸陵)의 제사와 중사(中祀)인 적전(籍田)·선잠(先蠶)·문선왕묘석전제(文宣王廟釋奠祭)와 소사(小祀)인 풍운(風雲)·뇌우(雷雨)·선목(先牧)·마사(馬社)·산천제잡사(山川諸雜祀)의 제사는 그 진설(陳設)·공가(工歌)·축호(祝號)·천관(薦祼)·흥부(興俯)[170]의 절차를 모아서 원구의 제도와 비교하여 그 대소(大小)·증감(增減)·손익(損益)에 따라 상세한 것을 본지(本志)에 갖추었다. 본조(本朝 : 朝鮮)에 들어서 그 의례(儀禮)가 매우 많아 준용(遵用)할 것은 장고(掌故)[171]에 실어서 알 수 있었다.

---

170) 모두 제사의 의식으로 진설은 제수(祭需)를 늘어놓는 것이며, 공가는 노래부르는 것, 축호는 제문을 읽는 것, 천관은 검은 기장을 만든 술인 울창(鬱鬯)이라는 술을 올리는 것, 흥부는 일어서고 조아리는 것 등을 가리킨다.
171) 장고(掌故)는 옛 제도와 선례(先例)를 가리킨다. 한 나라의 전장제도(典章制度)나 사실(史實) 및 전고(典故)를 말한다.

국휼(國恤)의 의례(儀禮)는 고려 사람들이 많이 기휘(忌諱)하였다. 나라에 대고(大故)가 있으면 임시로 모아 좇아 따라서 일을 하였고, 일이 끝나면 전하지 않았으므로 역사책에서 볼 수 있는 것은 다만 대략적인 것일 뿐이다.

아아! 한(漢) 문제(文帝) 때 역월(易月)[172]의 제도를 만들어서 요순(堯舜) 이래 상례에서의 슬픔과 알밀(遏密)[173]의 고통을 신자(臣子)들은 행하지 못했다. 예에서 민간 삼년상(三年喪)이 따라서 폐지되니 그 사이에 비록 진(晉)나라 무제(武帝), 위(魏)나라 효문제(孝文帝)가 삼년상을 힘썼으나 끝내 한 문제가 내린 하루의 유조(遺詔)를 돌이킬 수 없었다.

당송(唐宋) 이래 현군(賢君)이 없었던 것은 아니나 아름다운 임금이 바르게 개혁하는 것을 얻지 못한 이유는 무엇 때문인가. 천하의 사람들이 자기를 편하게 하는 것을 좋아하니 현명한 한 사람으로는 고칠 수가 없었다. 아! 저 진시황(秦始皇)이 육경(六經)을 불태우고 여러 유생을 구덩이에 넣어 죽여서 선왕(先王)의 예를 다 변하게 하려고 하였으나 오히려 고치지 못하였다. 아버지가 죽으면 자식이 보답하는 것이니 삼 년의 상복은 진시황도 오히려 꺼리는 바가 있었던 것이다.

한나라 문제가 황로(黃老)[174]를 배우고 결행하여 드디어 영원히 천경(天經)을 없애는 오랑캐의 우두머리가 되니 대대로 한 문제를 현명한 사람이라고 한 것은 지론(至論)이 아니다.

아! 예교가 이미 중국에서 쇠퇴하나 외국에서 따르게 되어 고려의 제왕(諸王)에서 극에 도달하였다. 명종(明宗)의 연등대회(燃燈大會), 충선왕의 홍정청악(紅鞓聽樂)[175]이 혹 상기(祥期)의 기한 내에 있거나 혹 산릉(山陵)

---

172) 역월(易月)은 상복을 입는 기한을 다 지키지 않고 한 달을 하루로 계산하여 상복을 줄여 입는 제도를 말한다.
173) 알밀(遏密)은 음곡(音曲)의 정지를 말한다.
174) 도교(道教)에서, 황제(皇帝)와 노자(老子)를 아울러 이르는 말로 여기에서는 도교를 말한다.
175) 홍정은 붉은 빛깔의 가죽띠를 말하고, 청악(聽樂)은 음악을 듣는 것을 말한다.

의 전에 있었으니 국왕의 무례함이 이와 같았으므로 일반 사람들의 광혼(狂昏)은 거리낄 바가 없었다. 이 역시 역월(易月)의 제도 때문에 그르친 것이었으니 한 문제가 어찌 죄를 사양할 수 있겠는가.

그 후 충렬왕의 인산(因山)[176]과 부묘(祔墓)[177]에 충선왕이 예를 행하니 자못 볼 만한 것이 있었다. 이는 상국(上國)에 가서 명사(名士)와 교유하여 문식(文識)이 넓어진 후였다.

사서(士庶) 오복(五服)의 제도는 대개 당송(唐宋)의 제도를 준용하였는데, 성종 11년에 6품 이하 관리로서 상참관(常參官)[178]에 들지 못한 자는 부모상을 당한 후 100일이 지났을 때 해당 기관에서 그에게 기복(起服)[179]이라는 명색을 생략하고 출사(出仕)할 것을 권한다. 이에 해당하는 사람은 참복(黲服)[180]과 연각(㪚角)의 차림으로 멀리서 사례하고 공무를 집행한다.

15년 7월, 조관(朝官)이 상사(喪事)를 당했을 때 휴가를 주는 규정을 만들었는데, 기일(忌日)에는 각 3일 간, 매달 초하루와 보름 제사에는 각각 1일 간, 대·소상제(大小祥祭)에는 각각 7일 간, 대상(大祥)을 지낸 후 60일 만에 지내는 담제(禫祭)에는 5일 간의 휴가를 주기로 하였다.

명종(明宗) 14년, 7월 문무 관리로 입류(入流)[181] 이상인 사람의 처부모 상복제는 친백숙모에 준하여 자최(齊衰) 1년상을 입게 하고 20일의 휴가를 주기로 하였다. 충렬왕 3년, 중찬(中贊) 김방경(金方慶)이 장모의 상복 중에 있었는데 편의상 후일로 연기하라는 명이 있었다. 재상의 복제(服

---

176) 인산(因山)은 태상왕, 태상왕비, 왕, 왕비, 왕세자, 왕세자빈, 왕세손, 왕세손빈의 장례, 국장(國葬)을 말한다.
177) 부묘(祔墓)는 시신을 한 곳에 함께 묻는 것을 말한다.
178) 의정 대신을 비롯한 중신(重臣)이다. 시종신(侍從臣)이 매일 아침 편전에서 임금에게 국무(國務)를 아뢰는 직무를 띤 관리를 말한다.
179) 기복출사(起復出仕)의 준말로, 상중(喪中)에는 벼슬을 하지 않는 것이 관례로 되어 있으나 국가의 필요에 의하여 상제의 몸으로 관직에 나오게 하는 일을 말한다.
180) 연한 검푸른 옷을 말한다.
181) 1품에서 9품까지의 정식 관위에 있는 사람을 말한다.

制)를 후일로 연기한 것은 전에 없는 일이었는데, 이때 국가의 군무(軍務)가 복잡하여졌으므로 처음으로 이런 명령이 있었던 것이다.

공양왕 3년, 5월 경자일에 복제를 개정(改定)하였는데 모두 대명률(大明律) 복제식(服制式)을 따랐다. 다만 외조부모, 처부모의 상복에 한하여 친백숙부와 같이 하며, 아들이 없는 사람이 세 살 미만의 버린 아이를 데려다 자기 성을 따라 호적에 올린 경우는 자기 자식과 같이 하고, 동종(同宗)의 아들로서 근친의 후계자가 된 자도 그의 친부모와 길러준 부모를 위해 상복을 입는 것을 허락하였다.

삼년상의 제도는 천하에 공통된 상례이니 지금부터 복제를 마칠 것을 허락하되 그 중에 국가의 중요한 일에 참여하고 있어서 반드시 기복(起服)해야 할 사람에 대해서는 보고하여 승인을 받아 탈정(奪情)[182] 기복하게 하였다. 이러한 것으로 보면 고려에는 비록 오복(五服)의 제도가 있었으나 소위 사대부(士大夫)가 관을 쓰고 띠를 맨 것을 풀지도 않았으니 관직에 종사하는 것이 평일과 다름이 없었다.

외조부모·처부모의 복제가 친백숙부와 동일하니 이것은 고려의 독자적인 제도였다. 군신(君臣) 상하가 삼년상을 경시하고 모(母)와 처(妻)를 중요하게 여겼으니 모계를 먼저하고 부계를 나중에 하는 오랑캐풍[蠻風]이었음을 알 수 있다.

공양왕 때에는 모두 중국의 제도를 따랐으니 고려의 정사가 아니었다. 우리 태조가 장차 발흥하려고 하니 예악(禮樂)의 다스림이 일어난 맹아였다고 할 수 있다. 만약 왕자(王子)·왕희(王姬)를 책봉하는 예나 공주(公主)를 하가(下嫁)하는 절차와 같은 가례(嘉禮) 제의(諸儀)에 한·당(漢唐)의 천자·제후의 제도를 마구 채용했던 예는 [실제로] 행하여졌어도 기록할 수 없다. 오직 노인사설의(老人賜設儀)에는 나이든 사람을 존양(尊養)하는 선왕(先王)의 뜻이 있는 것이다.

---

182) 상례를 당한 관원이 복제 기한이 다 되기 전에 출사하게 하는 것을 말한다.

목종 10년, 7월 국왕이 구정(毬庭)에 나와 백성 중 80세 이상의 남녀 및 위독한 병자 635명을 모아 직접 술과 비단, 차와 약 등을 차등 있게 주었다. 숙종 6년, 합문(閤門)에 국로(國老)[183]를 초대하여 몸소 대접하였다. 숙종 7년, 왕이 직접 서경(西京)에 행차하여 80세 이상의 남녀를 불러서 궁중에서 연회를 베풀고 태자에게 명하여 음식을 주고 예물을 차등 있게 주었다.

희종 4년 10월, 국로(國老), 서로(庶老), 효순(孝順),[184] 절의(節義)를 지킨 사람 등을 초대하여 왕이 직접 술, 음식 등을 권하였다. 병자일에는 또 홀아비, 과부, 고아, 자식 없는 늙은이를 위해 크게 잔치를 베풀고 차등 있게 선물을 내렸다. 주(州)·부(府)·군(郡)·현(縣)에서도 이와 같은 사례를 본받았다.

왕이 직접 잔치를 베풀 때는 동락정(同樂亭)에다 좌우에 자리를 마련하고 품계가 높고 낮음에 따라 술잔은 10잔에서 4잔까지, 과일은 15접시에서 5접시까지, 음식은 13그릇에서 4그릇까지 대접하였다. 또 예물로 복두사[幞紗]·생문라[紋羅]·후라[厚羅]·의릉(衣綾)·향대견(鄕大絹)·정제면[練綿]·요대은(腰帶銀)·금패도(金佩刀)·홍정피[紅鞓]·인삼(人蔘)·꽃가지[花枝]·납촉(蠟燭) 등을 모두 효자, 순손, 환과고독(鰥寡孤獨), 병든 사람 등에게 주었으니 인자스런 은혜와 두터운 덕이 자연이 그 사이에 있게 되었으므로 이것이 곧 왕도(王道)의 정치라고 할 수 있다.

중동(仲冬)[185] 팔관회(八關會)는 고려시대 내내 행해진 예로 그 의위(儀衛)의 번성함과 술과 음식의 사치, 향등(香燈)·채붕(綵棚)[186]의 장관, 용봉상마차선(龍鳳象馬車船)의 놀이는 각각 지극히 성대하였다. 선악(仙樂)이 네 번 연주되고 온갖 무용이 펼쳐지고, 꽃을 드려 헌수(獻壽)를 하고 약

---

183) 경대부(卿大夫)로 치사(致仕)한 후에도 경대부의 대우를 받는 자를 말한다.
184) 효순(孝順)은 효자와 순종하는 자식을 가리킨다.
185) 11월을 가리킨다.
186) 채붕(綵棚)은 채색한 누각(樓閣)을 가리킨다.

상자와 과일 그릇을 늘어놓고, 사신(詞臣)이 치사(致辭)하고 지방관이 표(表)를 올리며, 중국과 다른 나라의 상객(商客)과 동서(東西) 번사(蕃使), 탐라국왕이 분반하여 나눠 앉아 축하하였다. 그 축하하는 말 중에 한 사람의 경사(慶事)가 있으면 팔방의 표문이 전정(殿庭)에 이르고 '천하태평성수만년(天下太平聖壽萬年)'의 구절을 부르면 만세 소리가 구름까지 갈 정도로 컸고, 표문이 사지합문(沙墀閣門)에 올려져 천관(千官)을 진동하였으니 위봉루(威鳳樓)를 둘러싸고 보던 사람들에게 그 번화하고 화려한 위용과 호사스럽고 사치스런 장관은 삼한(三韓) 이래 없던 것이었다.

태조가 처음으로 시작하고 성종 때에 잠시 정지되었다가 현종 때에 다시 시작되어 공민왕에까지 지속되었다. 그 기본형태는 신라와 태봉(泰封)에서 불교를 섬기고 복을 비는 뜻에서 시작한 것인데, 고려 태조가 전례(典禮)를 만들었고 훈요십조(訓要十條)를 지어서 자손에게 전함으로써 존숭되니 심하게 불경(不經)하였다. 의문(儀文)의 위곡(委曲), 품물(品物)의 화미(華美)는 이전 역사에 이미 상세하게 기록되었으나 아순(雅馴)하지 않은 것은 빠뜨려 싣지 않았다.

2 부

동국여지잡기 · 만필 · 사론

동국여지잡기(東國興地雜記)

1. 삼한지방변(三韓地方辨)

임상덕(林象德)이 말하기를, "삼한(三韓) 땅의 경계에 대한 여러 사람들의 견해는 서로 어긋나는데, 『승람(勝覽 : 동국여지승람)』에서 고거(考據)한 것이 가장 분명하므로 지금은 이 견해를 따른다"라고 하였다. 그러나 그 견해도 역시 맞거나 틀린 부분이 있으니 길창(吉昌 : 吉昌府院君 權近을 가리킨다)의 의론도 아마 완전히 무시하지는 못할 것이다.

내 견해로는 동방(東方)에는 조선(朝鮮)의 영토가 있고 또 삼한(三韓)의 영토가 있었는데 이 둘이 서로 섞이면서 혼란된 것이다. 조선의 영토는 기자(箕子)의 옛 지역으로 위만(衛滿)이 근거지로 삼았던 곳이며, 한(漢)나라에서 사군이부(四郡二府)를 설치하였던 지역이다. 그 지역은 서남(西南)쪽에는 삼한(三韓)의 영토와 서로 섞이었고 동북(東北)쪽으로는 옥저(沃沮)

와 숙신(肅愼)에 닿았으며, 북쪽 끝에는 요하(遼河)와 경계를 삼았다.

한서(漢書)에서는 "현도군(玄兎郡)까지의 거리는 낙양(洛陽) 동북쪽으로 4,000리이며 3개의 현(縣)이 소속되어 있다"고 기록되어 있다. 고구려현(高句麗縣)이 그 중에 하나라면 동명왕(東明王)이 처음 나라를 세운 곳이 옛날 조선 현도군의 지역이다. 지금은 요·심(遼瀋)과 동북(東北)쪽의 경계를 삼으니 지명으로 국호(國號)를 삼은 것이다.

삼한의 강역은 조선이남(以南)의 지역으로서 진한(辰韓)이 동쪽에 있으니 지금의 경상도(慶尙道)이고, 변한(卞韓)이 남쪽에 있으니 지금의 전라도(全羅道)이며, 마한(馬韓)은 서쪽에 있으며 가장 넓은 지역이었으니 지금의 황해도(黃海道)·경기도(京畿道)[1]·충청도(忠淸道) 등의 도이다.

우리나라 역사[東史]에서는 기준(箕準)이 위만(衛滿)의 난을 피하여 바닷길로 남쪽으로 내려와 한(韓)의 지역인 금마군(金馬郡)에 거주하며 국호를 마한(馬韓)이라고 하였다. 금마군은 지금의 익산군(益山郡)으로 평양(平壤)에서부터 바닷길로 익산에 도착하였다고 하는데, 그 길은 아마도 서해(西海) 해상으로 배를 타고 왔으니 지금의 경기와 충청도 등의 지방을 거친 것이다. 익산은 바로 현재 충청도와 전라도의 경계이니 기준의 나라는 마한의 지역으로서 역시 지명으로 국호를 삼은 것이다. 지금의 황해도·경기도·충청도 등의 지역이 포함된다.

백제(百濟)의 경우 온조왕(溫祚王)이 난을 피해 남쪽으로 내려오니, 마한의 왕이 동북(東北)쪽 100리 정도의 땅을 떼어서 온조에게 주었다. 처음에는 위례성(慰禮城)에 도읍을 하였으니 지금의 직산현(稷山縣)이다. 나중에는 한산(漢山)으로 옮겼으니 지금의 남한산성(南漢山城)이다. 여기에서 경기·충청도 등의 도가 마한이 되는 것이 더욱 분명해진다. 『한서(漢書)』에서는 이미 "변한(卞韓)이 남쪽에 있다"라고 하였고, 또 "남쪽으로는 왜(倭)와 경계를 삼았다"라고 하였고, 또 "진한(辰韓)과 섞이어 살았는

---

1) 경기도의 '기(畿)'는 『동사』의 원문에는 '圻'로 되어 있다.

데, 의복(衣服)이나 거처(居處), 언어(言語), 풍속(風俗)이 같았다"라고 하였다. 지금의 전라도 지방이 되는 것은 의심의 여지가 없다.

박혁거세(朴赫居世) 19년, 변한(卞韓)이 신라에 항복했다. 마한의 왕이 말하기를, "진한과 변한은 모두 우리의 복속국인데, 근래 직공(職貢)을 제대로 하지 않았다"라고 하였다. 이 때문에 당시 마한(馬韓)을 서한(西韓)이라고 불렀고, 신라(新羅)를 남한(南韓)이라고 불렀으며, 낙랑(樂浪) 지방은 기씨(箕氏) 때 이미 잃어버린 지방이 되었다.

신라가 강부(降附)하지 않을 때 박혁거세 30년, 낙랑 사람들이 신라를 침공하여 접경까지 이르렀다가 돌아갔다. 그러므로 여기에서 변한이 평안도가 될 수 없는 것은 의심의 여지가 없다.

대체로 삼국시대에 박혁거세는 진한에서 흥기(興起)했고, 동명왕(東明王)은 조선의 옛 강토인 현도군에서 일어났으며, 온조는 마한 동북지방에서 일어났다. 그 후에 백제는 마한을 멸망시키고 점점 남쪽의 지역을 개척하니 지금의 전라도 지방으로 모두 근거지로 삼았다. 이에 변한(卞韓)이 백제에 복속되니 신라와는 서남(西南)쪽으로 지리산(智異山)을 경계로 삼았다. 고구려는 요동 경계[遼界]에서부터 점점 동쪽으로 패수(浿水)의 근처까지 이동하여 낙랑(樂浪)을 병탄하고 마한 지방까지 이르니 지금의 황해·경기·충청도 등의 지방은 고구려와 백제에 의해 나누어졌다.

중엽에는 백제가 고구려에 곤란을 당하여 개로왕(蓋鹵王) 때 고구려의 군대가 북한(北漢) 도성(都城)을 포위하여 개로왕이 도망가다가 해를 입었다. 그 아들인 문주왕(文周王)은 도읍을 웅천(熊川)으로 옮기니 지금의 공주(公州)이다. 그 손자인 성왕(聖王)은 다시 사비하(泗沘河)로 도읍을 옮기니 지금의 부여현(夫餘縣)이다. 이에 마한 북쪽의 지역은 거의 고구려에 편입되니 백제의 영지(領地)는 드디어 마한의 북쪽으로는 작아지고 변한의 남쪽으로는 커졌다.

고구려가 동쪽으로 이동한 이후 그 동북(東北) 지역은 점점 말갈에게 편입되었고, 그 후 수(隋)나라에 한 차례 잃었고 당나라에 다시 잃었으니 요동의 여러 성은 모두 중국에 복속되었다. 이에 고구려의 강역(疆域)은 북쪽으로 요동의 들[遼野]에서는 작아지고 남쪽으로 마한에서는 커졌다. 대체로 건국 초기를 기준으로 살핀다면 고구려는 조선(朝鮮) 지역을 얻었고, 백제는 마한 지역을 차지하였으며 신라는 진한·변한 지역을 차지하였다. 말기를 기준으로 본다면 고구려의 경계는 마한이며, 백제의 경계는 변한이며, 신라의 경계는 진한이었다.

권근(權近)은 애초 마한은 백제 지역으로 되었다고 하였는데, 이는 말기에 변한까지 백제의 지역으로 되었던 것을 고찰하지 않은 것은 것이고, '익산이 지금 전라도 지역에 있다'고 하여 드디어 전라도를 모두 마한에 연계하므로 변한은 둘 곳이 없어서 평안도에 소속시킬 수밖에 없었다. 오직『신당서(新唐書)』의 '변한의 후손들이 낙랑지역에 있다[卞韓苗裔在樂浪]'라는 설에서 묘예(苗裔) 두 글자를 없애서 자기의 설에 부합시켜 쉽게 정할 수 없는 논의를 억지로 정해버렸다. 그 실수는 드디어 변한을 마한으로 여기는 데서 그치지 않고 조선 지역과 한(韓) 지역을 혼동한 것이었다. 그러나 요점은 백제(百濟)가 마한에서 시작하여 마한에서 망한 것으로 하였으니 마한을 백제로 삼은 것이 잘못된 것은 아니다.

『주관육익(周官六翼)』2)의 주(註)에 서경(西京)을 변한으로 여긴 것을『동국여지승람』에서는 배척하여 [그러면] '조선은 다시 어느 지역을 가리키는 것입니까?'라는 의문을 제시한 것이었다.3)『승람』은 또『삼국유사(三國遺事)』에 고구려 지역에는 마읍산(馬邑山)이 있다는 설을 인용하여 [이를]

---

2) 고려 말에 편찬되어 조선 전기의 문물제도 확립과 편찬에 기여한 책이다. 두우(杜佑)가 지은『통전(通典)』의 편찬 형태를 따라 고려의 문물제도를 정리한 책이다.
3)『동국여지승람』의 기록을 인용한 것으로,『주관육익』에 고려 세조가 궁예를 달래면서 한 말을 기록하기를, "대왕이 조선 숙신(肅愼) 변한 지역의 왕이 되시고자 할 것 같으면 먼저 송악(松岳)을 점령함이 좋을 것입니다"라고 하고 주(註)에 이르기를, "오늘의 서경(西京)은 옛날의 변나경(卞那京)인 까닭으로 변한이라 한다"는 이 말은 더욱 거짓이요 망령된 것입니다. 변한을 서경이라 하게 되면 조선이란 다시 어느 지역을 가리키는 것입니까? 라고 한 내용을 인용한 것이다.『신증동국여지승람(新增東國輿地勝覽)』권6「경기(京畿)」참조.

평양부(平壤府)에 있는 마읍산으로 해석하여서 마한을 고구려로 고치니 조선은 다시 어디로 비정해야 하는 비판이 있었던 것이다. 아마도 『[주 관] 육익』에서는 제대로 파악하지 못한 것이다.

『승람』에서 삼한(三韓)을 고증한 것이 가장 분명하다. 고구려는 낙랑 에서 흥기하였으므로 평양 마읍산을 마한으로 정정한 것은 아마도 잘못 한 것이다. 지금 여러 사람들의 장단점을 감안하여 절충하여 판단해보 면, 고구려는 본래 조선의 강역인데 마한을 아울러서 경계로 삼았고, 백 제는 본래 마한 지역을 영토로 삼았다가 뒤에 변한을 아울러서 경계로 삼았으며, 신라는 본래 변한 지역이 중심이었다가 뒤에 고구려와 백제 를 병합하여 삼한의 주인이 되었다.

동명왕이 처음 흥기한 지역은 본래 조선의 현도(玄菟) 고지(故地)인데, 나중에는 중국에 편입되어 요동(遼東)이 되었다. 대체로 건주위(建州衛) 등의 지방은 거의 큰 오류나 어지러운 의논이 없을 것이니 혹 때때로 정하면 될 것이다 『여람(興覽)』에서 지금의 성천(成川)을 동명왕(東明王)이 도읍으 로 삼은 비류천(沸流川)으로 삼은 것 등은 모두 잘못이다―저자 주).[4]

또 살피기를, 변한(卞韓) 지방이 역사서에 기록된 것에서 유독 한군데 의심스러운 부분이 있으니 신라 성덕왕(聖德王) 12년, 발해국(渤海國)의 강 역을 서술하면서 '부여, 옥저, 변한, 조선의 여러 나라 강역을 다 차지하 였다'라고 한 것은 대체로 고구려의 옛 강역을 가리킨 것이다. 고구려가 망한 다음에 패수(浿水)의 남쪽 땅을 신라가 차지하고, 서북 지역은 중국 에 속하게 되었고, 동북 지역은 말갈에 편입되었는데 말갈은 발해국이 되었으니 이것으로 말한다면 고구려의 경계에는 변한이 있게 되는 것이 다. 이상하게도 권근은 이 예를 인용하여 교정하지 않고, 다만 변한의

---

4) 『신증동국여지승람』의 '성천도호부(成川都護府)조'에는 성천을 비류(沸流)와 송양(松 讓)의 옛 서울로 보았고 비류강(沸流江)을 졸본천(卒本川)이라고 하였다. 이것은 고 구려의 초기 수도인 졸본(卒本)을 곧 이 지역으로 상정한 것이었다. 『신증동국여지승람』 권54 「성천도호부」 참조.

후예가 낙랑에 있다는 설(弁韓苗裔在樂浪)로 억지로 부합시킨 이유는 무엇인가? 그러나 중국의 책들과 우리나라의 역사를 자세히 반복하여 살펴보면 변한지방의 경계는 결단코 동북의 경계를 넘을 이치가 없다. 어찌 동방에 따로 두 개의 변한이 있을 수 있겠는가?

동방의 지명(地名)은 동이(東暆)[5]가 두 개, 대방(帶方)이 세 개 등과 같은 것들이 매우 많다. 생각해보면 삼한시대에는 조그마한 일로 싸우는 일이 많고 어지러워서 그 있는 곳을 따라 명호(名號)를 지어서 중복되고 섞여서 마치 남북조(南北朝)시대의 강남(江南) 구주(九州)의 이름 같은 것이 많았다.

발해 강역 내의 이른바 변한은 아마도 이와 비슷한 것이고 또 변한의 후손들이 낙랑에 있다는 설도 그 문맥의 뜻을 잘 살펴보면 변한의 부종(部種 : 種族)들이 낙랑 지역으로 들어와서 옛 변한의 이름을 함부로 썼던 것이다. 이렇다면 이치가 역시 그러하니 요약하면 삼한의 본래 경계는 동쪽은 진한, 서쪽은 마한, 남쪽은 변한을 바꿀 수 없다.

2. 동방지명지변(東方地名之辨)

삼국시대에는 지명을 고증하지 못하는 것이 매우 많은데 고구려 지방에 더욱 많다. 대체로 동명왕이 처음 흥기한 지역은 지금 모두 상국(上國 : 中國)에 편입되니 동북쪽으로는 건주위(建州衛)이고 서북쪽으로는 개주위(蓋州衛)여서 우리나라의 지도로는 살필 수가 없다. 우리나라 사람들의 동명(東明)[6] 인마(麟馬)[7] 등과 같은 저속한 풍속과 황탄(荒誕)한 말은

---

5) 어디인지 정확하지 않으나 고구려의 지명으로 후에 낙랑군(樂浪郡)이나 대방군(帶方郡) 지역에 있었다.

와전(訛傳)되고 괴상한 것을 답습(踏襲)하여 옛 것을 창작하여 오늘날에 [억지로] 맞춘 것이다.

평안도 도내의 산천(山川) 성곽(城郭)의 이름은 모두『동명국사(東明國史)』에 보이는 명호(名號)로 그 과탄(夸誕)함을 채웠는데,『여지승람』에서도 고치지 않아서 바로 동명왕이 낙랑에서 흥기하였다고 하였고, 드디어는 성천(成川)을 송양국(松壤國),[8] 용강(龍岡)을 황룡국(黃龍國),[9] 우발수(優渤水)[10]를 영변(寧邊) 향산(香山)이라 하고,[11] 행인국(荇人國)을 영변의 고적(古跡) 끝에다가 기록하였으니[12] 이러한 사례는 매우 많은데 모두 거의 틀린 것이다.

김부식(金富軾)의『삼국사기(三國史記)』지리지(地理志)에는 졸본천(卒本川)·송양국(松讓國)·우발수(優渤水)·황룡국(黃龍國)·행인국(荇人國)에 대해서는 모두 알 수 없다고 하였다. 이것이 적확한 의견이다. 여기에 그 가운데 큰 것만 다음에 적는다.

---

6) 동명(東明)은 고구려에서 전 부족적인 행사로 10월에 거행한 제천의례(祭天儀禮)를 말하며, 동맹(東盟)이라고도 한다.

7) 인마(麟馬)는 동명왕(東明王)이 타고 하늘에 조회(朝會)하러 다녔다고 전해지는 말이다.

8)『신증동국여지승람』권54「성천도호부(成川都護府)」를 참조하시오.『삼국사기(三國史記)』에 의하면 송양국은 송양왕의 나라, 즉 비류국과 같은 곳을 가리키는 것으로 보인다. 비류국은 비류수 즉 혼강(渾江 : 舊 佟佳江)의 상류 지역에 있었다고 한다. 송양국을 혹 소노부(消奴部)의 전신으로 보기도 한다.『삼국사기』권13「고구려본기」'동명왕 원년'.

9)『신증동국여지승람』권52 '용강현(龍岡縣)'을 참조하시오. 현재의 정확한 위치는 알 수 없다.

10) 부여의 금와왕(金蛙王)이 태백산 남쪽 우발수에서 하백녀(河伯女) 유화(柳花)를 만난다는 기록으로 보아 태백산 남쪽인 것을 알 수 있다.『삼국사기(三國史記)』권13「고구려본기」, '동명왕 원년조'를 참조하시오.

11)『신증동국여지승람』권54「영변대도호부(寧邊大都護府)」에는 향산천(香山川)이 있다고 하였다.

12)『신증동국여지승람』권54「영변대도호부(寧邊大都護府)」를 참조하시오.『여지승람』에 따르면 현재의 강원도 영변 방면에 행인국을 두었으나 이는 태백산을 현재의 묘향산으로 본 것에 따른 것이고, 태백산을 백두산으로 보면 함경북도 무산이나 그 남쪽 해안 지방으로 볼 수 있다.

단군(檀君)의 태백산(太白山)은 지금 영변 묘향산(妙香山)이다. 금와(金蛙)[13]가 활동하던 태백산은 소재를 알 수 없다. 지리(地理)로 추정해 볼 때 지금 건주위(建州衛) 지역에 있어야 한다. 어떤 사람은 지금의 저 경계는 백두산(白頭山)이어야 하지 않는가라고 하였다. 동명성왕(東明聖王)이 부여에서 도망하여 남쪽으로 달아나 졸본(卒本)에서 개국(開國)하였는데, 졸본을 비록 알 수 없으나 『한서(漢書)』에 실린 고구려현이 지금의 개주위(蓋州衛)가 되므로 부여는 동북쪽에 있어야 하고, 바로 백두산이 소재(所在)하는 지방이었다.

옥저는 동·북·남쪽으로 세 나라에 둘러싸여 있다. 신라 시조(始祖) 53년, 동옥저에서 신라에 말을 바쳤다. 그 지역은 고구려 개마산(蓋馬山)의 동쪽에 있으니 동쪽으로는 대해(大海)에 연해 있고, 북쪽으로는 읍루(邑婁) 부여(夫餘)에 접해 있고, 남쪽으로는 예맥(濊貊)과 서로 접해 있다. 남북의 길이가 1,000리이며 산을 등지고 바다를 향해 있으며, 토양이 비옥하여 오곡(五穀)에 알맞으며 밭곡식도 잘 되었다. 역시 사군(四郡) 중 현도군(玄兎郡)의 지역이라고 하니 사방의 경계가 비록 일일이 알 수는 없으나 이것으로 그 장광(長廣)과 향배(向背)는 분명하다. 지금은 함경남도 지역이다.

백제 시조 43년, 남옥저인 구파해(仇頗解)[14] 등 20여 호가 부양(斧壤, 지금의 평양―저자 주)에 이르러 정성을 올리니 여러번 왔는지는 자세하지 않다. 고구려 동천왕(東川王) 20년, 위나라 관구검(毌丘儉)이 고구려를 침략하니 고구려왕이 비류강(沸流江)가(내가 이 예로 살핀 바로는 비류수(沸流水)는 분명히 압하(鴨河)에 있고 북쪽으로는 성천(成川)의 경계에 있지 않다―저자 주)에서 위나라에 패하였고 또 예맥곡(濊貊谷)에서 싸워서 크게 패하였다. 남

---

13) 고구려 시조 동명성왕(東明聖王)의 설화에 나오는 부여(夫餘)의 왕인 해부루(解夫婁)의 태자를 말한다. 태자가 처음 발견되었을 때 금색의 개구리 모양이라고 하여 금와(金蛙)라고 하였는데, 이는 금색이 태양신을 상징하는 성스러운 색이며 개구리는 두꺼비와 비슷한 모양으로 인간에게 복을 가져다 주는 무가(巫歌)의 전통과 관련이 있다고 본다.
14) 『삼국사기(三國史記)』 권23 「백제본기」 '온조왕(溫祚王) 43년조' 참조.

은 군사를 이끌고 압록원(鴨綠原)으로 달아나니 위나라 군사는 드디어 환도성(丸都城)을 함락하고 고구려 왕을 추격하였다. 왕이 남옥저로 달아나려고 한다고 운운한 역사의 기록으로 살펴보면 비류는 환도의 동북쪽에 있고, 양맥(梁貊)은 비류의 서쪽, 환도의 동북쪽에 있으며, 압록원은 환도의 남쪽에 있으니 남옥저는 또한 압록의 남쪽에 있어야 한다. 이것으로 미루어 보면 남옥저는 지금의 삼갑(三甲)15) 위강(渭江)의 사이에 있다(이 전투에서 고구려는 드디어 평양으로 도읍을 옮겼으니 그 지세(地勢)를 알 수 있다).

고구려 시조(始祖) 10년에 고구려는 북옥저를 멸망시키니 북옥저는 옛 숙신씨(肅愼氏)의 나라로 불함산(不咸山)의 북쪽에 있었다. 그 지역은 북으로는 읍루(邑婁)에 접해 있고 동쪽으로는 대해(大海)에 접해 있어 사군(四郡) 중에 현도군의 지역에 있었다. 험한 산이 많으며 사람들은 힘쓰는 것을 숭상하고, 쇠뇌와 화살, 호시(楛矢)16)를 사용하였다. 대지가 차가워서 겨울에는 항상 동굴에 거주한다고 하였다. 사방의 지계(地界)와 풍속(風俗)·기용(器用)이 분명하니 지금의 함경북도와 야인(野人)들의 지역이다.

개마산(盖馬山)은 지역17)이 상세하지 않다. 고구려 대무신왕(大武神王) 9년, 고구려가 개마국(盖馬國)18)을 멸망시켰다. 『자치통감(資治通鑑)』에 "수(隋)나라 양제(煬帝)가 고[구]려를 칠 때 좌(左) 12군(軍)이 개마 등의 길로 나와 압록수(鴨綠水) 서편에 모였다"고 하였는데, 그 주(註)에 "개마는 현

---

15) 삼수(三水)와 갑산(甲山)을 가리킨다.

16) 호목(楛木)으로 만든 화살. 호목은 화살. 호목은 모형(牡荊) 비슷한 나무로서 화살 만들기에 적합하다고 한다.

17) 『동사(東史)』의 원문에는 '지분(地分)'이라고 되어 있다. 이때 분(分)은 별다른 뜻이 없이 지역을 가리키는 것으로 이 책의 다른 곳에서도 자주 쓰인다.

18) 현재의 개마고원(盖馬高原)의 산간지역에 있었던 소국(小國)으로 추정한다. 『한서(漢書)』권28 하(下) 「지리지(地理志)」에 고구려현(高句麗縣), 상은태현(上殷台縣)과 함께 서개마현(西盖馬縣)이 현도군에 속한 것으로 보이고 있고, 『삼국지(三國志)』권30 「위서(魏書)」 「동옥저전(東沃沮傳)」에 "東沃沮 在高句麗盖馬大山之東"이라고 한 데에서도 그 이름이 보인다.

도군에 속하며 개마대산이 있다"고 하였다. 『한서(漢書)』에는 "현도군 서편 개마현에는 마자수(馬訾水)가 있다"고 하였고, 『당서(唐書)』에는 마자수를 압록강이라고 하였다.

고려 예종(睿宗) 10년, 임언(林彦)[19]의 「구성기(九城記)」에 "동쪽으로는 바다에 이르고 남쪽으로는 장주(長州)·정주(定州)에 이르며, 서북쪽으로는 개마산의 사이에 있다"고 하였다. 지도를 가지고 추정해보면 지금의 백두산(白頭山)에서 나한령(羅漢嶺)을 거쳐서 갑산(甲山)에까지 이르는 지역으로 대산(大山 : 백두산)이 동서를 나누고 있고 압록강의 원류도 여기에서 시작하는 것이다. 이른바 개마산은 그 사이에 있으니 개마국(蓋馬國)·개마도(蓋馬道)·개마현(蓋馬縣)은 곧 이 지역이었다. 『대명일통지(大明一統志)』에 개마산이 평양성 서쪽에 있다고 운운한 것은 잘못된 것이다. 『여람(輿覽)』에서 변별한 것이 사실에 가깝다.

고구려 유리왕(琉璃王) 22년, 도읍을 국내(國內) 위나암성(慰那巖城)으로 옮겼다.[20] 김부식의 『삼국사기』「고구려지(高句麗志)」에는 "영공(英公 : 英國公) 이적(李勣)의 고구려 제성목록(諸城目錄)에 '압록강 이북에 이미 항복한 성이 열 하나요 그 중 하나가 국내성인데, 평양으로부터 이 곳까지 17역(驛)이다'[21]라고 하였으니, 이 성도 북조(北朝)의 경내(境內)에 있었던

---

19) 임언(林彦) : 고려 때의 무신. 1104년(숙종 9) 여진 완안부의 우야소(烏雅束)가 정주성(定州城) 밖에 침입하자 내시(內侍)로서 여진 정벌을 주장하였다. 이후 주로 북방에서 여진 정벌에 간여하였다.

20) 『신증동국여지승람』 권53 '의주목 고적(古跡)'에는 국내성에 대해 다음과 같이 기록하였다. 고구려 유리왕 21년에 교제사에 쓸 돼지[郊豕]가 달아났는데, 임금이 장생(掌牲)과 설지(薛支)에게 명하여 쫓게 하니 국내의 위나암에 이르러서 잡아 인가에서 가두어 기르게 하였다. 돌아와 임금에게 아뢰길, "신이 돼지를 쫓아 국내에 이르러서 그 산수를 보니 깊고 험하여, 땅이 오곡에 알맞고 또한 사슴이나 물고기 등 자산(資産)이 많습니다. 서울을 옮긴다면 백성에게 이로움이 무궁할 뿐만 아니라 또한 병란의 걱정을 면할 수 있습니다"라고 하였다.

21) 『삼국사기(三國史記)』 권37 「지리지(地理志)」 말미에 인용된 이적(李勣)의 도독부주현목록(都督府州縣目錄)에는 압록(鴨綠) 이북의 이미 항복한 11개 성(城)의 이름이 전하고 있고, 그 중 하나에 국내주(國內州)라는 이름이 나오고 있으나, 평양부터 그곳까지 17역(驛)이 있었다는 기록은 빠졌다.

것이나, 다만 어느 곳인지는 알 수 없다"라고 하였다. 지금 『여람(輿覽)』에서는 정인지(鄭麟趾)의 『고려사』 「병지(兵志)」에 근거하여 국내성의 경계에 대한 설명을 의주(義州)의 고적(古跡)에 수록하였으나 아마 김부식의 고증이 맞을 듯하다.

우리나라에는 세 개의 패수(浿水)가 있으니 하나는 지금의 압록강이고, 다른 하나는 지금의 대동강(大洞江)이고, 나머지 하나는 지금 평산(平山)의 저탄(猪灘)인데, 모두 『여람』에 자세히 나와 있다. 또 세 개의 대방(帶方)이 있는데 하나는 지금 중국에 포함되어 소재를 알 수 없으니 고구려사(高句麗史)에 '한(漢)의 요동(遼東) 대방을 습격하였다'[22]거나 수나라와 당나라가 동정(東征)을 할 때 역사에 기록된 대방도(帶方道)를 따라 왔다고 하는 것이 바로 여기이다. 또 하나는 한북(漢北)으로 삼국(三國)이 교차하는 경계 사이인데 소재는 자세하지 않다. 백제 책계왕(責稽王) 2년, 고구려가 대방을 정벌하여 백제를 구원하였다고 하니 바로 이곳이다. 그 후 신라 기림왕(基臨王)이 우두주(牛頭州 : 지금의 春川)를 순수(巡守)하니 대방이 와서 항복하였다. 문무왕(文武王) 10년, 당나라 장군 고간(高侃)이 번병(蕃兵)을 이끌고 평양에 도착하여 도랑을 깊이 파고 보루를 높이 쌓아 대방을 침입하였으니 이 곳도 대방이다.[23] 나머지 하나는 지금 남원(南原)을 대방이라고 하여, 역사는 『여람』에서 보이는데 연혁은 고증이 되지 않는다. 그러나 지금 사람들은 남원이 대방이 된다고만 알고, 역사에 또 다른 두 개의 대방이 있다는 것은 알지 못한다.

불함산(不咸山)은 역사에 근거해볼 때 북옥저와 말갈이 모두 불함산의 북쪽에 있다고 하니 북쪽으로 추정할 수 있는데, 아마 지금 우리 국경 안에 있는 것 같으나 어느 산이 옛날의 불함산인지는 알 수 없다. 대체로 고구려가 처음 현도군에서 흥기하여 점차 남쪽인 낙랑 지역으로 내려왔기 때문에 동북과 서북 양쪽 지역은 중국에 편입되기도 하고, 말갈

---

22) 『삼국사기(三國史記)』 권15 「고구려본기」, '태조대왕 94년조' 참조.
23) 『삼국사기』 권7 「신라본기」, '문무왕 10년조' 참조.

에 편입되기도 하였다. 말갈은 후에 발해가 되었고 또 후에 야인(野人) 여진(女眞)이 되기도 하였다. 중국 요동 지역도 역시 선비(鮮卑)에게 빼앗 기기도 하였다가 나중에는 여진과 몽고(蒙古)가 섞이어 살았다. 그러므로 뒤로는 끊어지고 어지러워 지도와 책에 자세하지 않으니 지금은 살필 수가 없다. 공자가 말한 "내가 사관(史官)의 궐문(闕文)을 대하는 태도와 같다"24)고 한 것이 바로 이런 예이다.

패·대(浿帶) 이수(二水)는, 백제의 시조가 이 곳을 건너 한산(漢山) 부아 악(負兒岳)에 올랐고, 또 시조(始祖) 37년에 크게 가뭄이 들자 한수(漢水) 동북의 부락(部落)이 고구려로 들어갔으니 패수·대수 사이에는 텅 비어 서 사는 사람이 없었다고 하는 등의 기록25)이 있다. 그러므로 패수는 마땅히 지금의 한강 이북[漢北]의 지역에 있어야 하는데, 『여지지(輿地 志)』에서도 패수를 저탄대수(猪灘帶水)로 보았으니 소견이 없는 것이다. 한강 이북의 어느 강이 옛 패수인지는 모르겠다.

역사를 살펴보면, 신라 문무왕은 고구려의 옛 국경을 침략하여 아울렀 고, 당나라 장군 이근행(李謹行)26)이 매번 말갈과 함께 합병(合兵)하여 [신 라를] 공격하였다. 고구려의 남쪽 국경[곧 패수의 남쪽이다]에 이르는 지역 이 모두 신라에 편입되었다. 이근행 등은 2년여 동안 경략(經略)하였으나 [신라를] 이기지 못했다.

문무왕 17년, 당나라는 요동으로 안동부(安東府)를 옮겨 새로 성(城)을 쌓았고, 발해(渤海)지방은 이미 말하기를 '다 조선(朝鮮) 제국(諸國)이 되었 다'고 하고 또 말하기를, '지방(地方) 5천 리의 해동(海東) 성국(盛國)이다'

---

24) 『논어(論語)』 「위령공(衛靈公)」편 "子曰 吾猶及史之闕文也 有馬者 借人乘之 今亡矣夫." 본래 이 문장은 공자가 "내가 사관의 궐문을 대하는 태도는 말을 가진 이가 남에게 말 을 빌려주어 타게 하는 것과 같은데, 지금은 그런 풍속이 없어졌구나"라고 한 내용을 줄여 인용한 것이다.
25) 『삼국사기(三國史記)』 권23 「백제본기」 '온조왕(溫祚王) 37년조' 참조.
26) 원래 속말말갈(粟末靺鞨)의 추장인 돌지계(突地稽)의 아들이었는데, 당나라에 들어 가 장군이 되었다. 무력이 뛰어나 주위의 여러 나라들이 그를 두려워하였다고 한다.

라고 하니 대개는 안동부가 옮겨 새 성을 쌓은 이후이다. 당나라가 이미 평양을 버린 후에는 평양 이북은 모두 발해에 다 편입되었다. 발해가 쇠약해져 멀리까지 다 소유할 수 없고 신라 역시 정란(政亂)으로 인해 경략(經略)하지 못하니 강역(疆場)을 궁예(弓裔)가 차지하였다. 처음에 13진(鎭)을 설치하였으니 고려 때에 비로소 서경(西京)이 성부(盛府)가 되었다.

고려 태조 원년, 옛 도읍인 평양은 황폐하였고 번인(蕃人)이 그 사이에서 사냥하기도 하였는데 이 때문에 변읍(邊邑)을 침략할까 염려하여 드디어 대도호(大都護)로 만들어 왕식렴(王式廉)을 보내 다스리게 하였다. 이것으로 본다면 당시 패수 서쪽은 오히려 황폐하였고 말갈이 출몰하였으니 당초 패수 서쪽은 본래 발해에 소속되었던 것을 알 수 있다.

고려 태조 3년, 거란은 발해를 멸망시켰고, 성종(成宗) 13년 거란(契丹)의 소손녕(蕭遜寧)이 고려를 침입하여 고구려의 옛 지역을 차지하길 원한다고 소리 높여 말하였는데, "너희 나라는 신라 지역에서 흥기하였고 고구려 지역은 우리의 소유인데, 너희가 침범하여 잠식하였다"라고 하였다. 고려 조정의 여러 신하들도 서경(西京) 이북을 할양하여 주기를 원하니 황주(黃州)에서 절령(岊嶺)까지 경계로 삼았다. 그 경계로 의논하였던 지역은 바로 신라의 구주(九州) 지역에 해당하니 거란이 침범하여 잠식하였다고 말한 곳이 바로 패수의 서쪽 지역이다. 이러한 예로 살펴본다면 신라 때에는 평양 이북은 발해의 국경에 들어가고 신라가 통일한 것은 다만 삼한(三韓) 지방이니 더욱 의심이 없다.

『여람(輿覽)』의 평안도 권(卷)에는 신라 문무왕이 고구려를 멸망시키고 드디어 그 땅을 병합하였다고 하고, 건치연혁조(建置沿革條)에는 당(唐)나라가 안동부를 두어 군대를 머물게 하였다가 당나라 군대가 물러감에 신라에게 모두 편입되었다고 운운한 것은 고증이 정밀하지 않은 것이다.

세속에서는 환도성(丸都城)을 평양이라고 부르고, 안시성(安市城)은 용강(龍岡)에 있었다고 말하는데 모두 잘못이다. 환도는 지금 소재를 알 수 없는데, 이적(李勣)의, 압록강 이북 항복하지 않은 성 11개의 목록에 있는 것 가운데 하나가 안시성이며, 그 주에 혹 환도성이라고 한다고 기록되었다. 이것으로 본다면 환도와 안시성은 본래 한 곳이다. 『대명일통지(大明一統志)』에 안시(安市) 폐현(廢縣)은 개주위(蓋州衛) 동북 60리에 있다고 하였으니 그 소재(所在)한 지방을 알 수 있다(내가 살펴본 바로는 환도는 『당지(唐志)』에서 말한 것이 맞는데, 지금의 평안도 강계(江界)의 만포(滿浦) 주변 오국성(五國城)의 지역이다-저자 주).

「지리지(地理志)」[27]에서는 "『통전(通典)』[28]을 살펴보면 주몽(朱蒙)이 한(漢)나라 건소(建昭) 2년(기원전 37), 북부여(北夫餘)에서 동남쪽으로 내려와 보술수(普述水)[29]를 건너 흘승골성(紇升骨城)[30]에 이르러서 거주하고 구려(句麗)라고 하였으며 고(高)를 성씨로 삼았다"[31]라고 하였다.

고기(古記)에는 "주몽이 부여로부터 난을 피해 도망하여 졸본에 이르렀다"고 하였으니 흘승골성과 졸본은 본래 같은 곳일 것이다. 『한서(漢書)』에는 "요동군(遼東郡)과 낙양(洛陽)은 3,600리 떨어져 있고 속현(屬縣)에 무려(無慮)[32]가 있었다"[33]라고 하였으니 곧 『주례(周禮)』의 북진(北鎭)인 의무려산(醫巫閭山)[34]이다. 요나라[35]가 그 아래에 의주(醫州)[36]를 설치하

---

27) 『삼국사기』「잡지」제6의 「고구려지리지」를 말한다. 이하 '그렇기 때문에 그런 것을 알 수 있다'고 한 부분까지 그대로 인용하였다.

28) 당(唐)나라 두우(杜佑)가 만든 사전이다. 200권으로 801년에 완성되었는데, 『정전(政典)』을 근거로 하여 만들었고 식화(食貨)·선거(選擧)·직관(職官)·예(禮)·악(樂)·형(刑)·주군(州郡)·변방(邊防) 등 8개의 전(典) 아래 1,500여 세목으로 나누어져 있다.

29) 만주 남단을 흐르는 혼강(渾江 : 舊 佟佳江)의 지류(支流)이다.

30) 고구려 초기의 도성으로 현재 중국 요녕성 환인현 오녀산성(五女山城)이다. 다른 기록에서는 골성(鶻城) 또는 졸본(卒本), 홀본(忽本), 서성산(西城山 : 「광개토왕릉비문」)이라고도 하였다.

31) 인용된 문장은 『통전(通典)』권186 「변방(邊防)」,「동이(東夷)」하(下) '고구려조(高句麗條)'에서 발췌 인용한 것이다. 원래 문장과는 달리 '漢建昭二年'의 시기를 표시한 것과 부여(夫餘) 앞에 '北'을 붙인 것은 『삼국사기』찬자가 추가한 것이다.

32) 중국 한대(漢代)에 설치한 요동군 소속의 현으로서 현재의 중국 요녕성 중부 북진만족자치현(北眞滿族自治縣)이다. 요동군 18현의 하나로서 서부도위(西部都尉)의 치소(治所)가 있었다.

33) 이 문장은 『후한서(後漢書)』권23 「군국지(郡國志)」'유주조(幽州條)'에서 발췌한 것이다. 앞에는 『한서(漢書)』라고 되어 있으나 오기(誤記)인 듯하다.

었다. "현도군(玄菟郡)은 낙양에서 동북쪽으로 4,000리 떨어져 있고, 소속된 현(縣)이 셋이었는데, 고구려[37]가 그 중의 하나"[38]라고 하였다. 그러므로 이른바 '주몽이 도읍한 홀승골성·졸본'이라는 것은 대개 한나라 현도군의 경계이고 요나라 동경(東京)[39]의 서쪽이니 『한지(漢志)』[40]에서 이른바 '현도속현(玄菟屬縣) 고구려'는 이것이 아닌가 한다. 옛 요나라가 아직 망하지 않았을 때 요나라 황제가 연경(燕京)에 있었으므로 우리 조빙(朝聘) 일행은 동경을 지나고 요수(遼水)를 건너 하루 이틀 가서 의주(醫州)에 이르고, 거기서 연계(燕薊)[41]로 향하였었다. 그렇기 때문에 그런 것을 알 수 있다(임상덕(林象德)의 의견으로는 "고구려 유리왕(琉璃王) 33년, 군대를 서쪽으로 파견하여 양맥국(梁貊國)을 멸망시키고, 군대를 진격시켜서 한(漢)나라 고구려현(高句麗縣)을 취하였다"[42]라고 하였는데 이것으로 미루어보면 동명왕(東明王)이

---

34) 의무려산은 중국 요녕성 북진현의 서북 5km에 있는 산으로 의무려산(醫無閭山), 어미려산(於微閭山), 여산(閭山), 육산(六山)이라고도 한다.

35) 『삼국사기』「고구려지리지」에는 '大遼'라고 되어 있으나 『동사(東史)』의 원문에는 '遼'라고만 되어 있다. 이 예는 아래에서도 동일하게 적용된다. 요나라는 거란족의 야율아보기(耶律阿保機)가 916년 동부 몽고에 세운 나라로서, 후에 만주 및 중국 북부지역 일부를 영유하였으며, 아골타(阿骨打)가 세운 금(金)나라에 의하여 1125년에 멸망하였다.

36) 중국 요녕성 북진현(北鎭縣)에 대한 요나라 때의 지명이다.

37) 중국 한대(漢代)의 현도군(玄菟郡) 속현의 하나로서, 군치(郡治)가 놓여졌던 중심현이다. 고구려현의 위치는 처음에 요녕성 집안(集安)에 두어졌으나 뒤에 신빈(新賓) 및 무순(撫順)으로 옮겨졌다. 『삼국사기』「지리지」의 찬자가 이를 초기 고구려국 및 주몽의 도읍지인 홀승골성·졸본과 동일시하고 요나라 동경의 서쪽으로 비정한 것은 잘못이다.

38) 이 문장에서 현도군이 낙양에서 동북쪽으로 4,000리 떨어졌다는 내용은 『후한서(後漢書)』권23「군국지(郡國志)」'유주조(幽州條)'에 나오며, 속현(屬縣)이 셋이고 고구려가 그 중의 하나라고 하는 내용은 『한서(漢書)』권28「지리지」제8 하(下)에 나온다.

39) 중국 요나라 5경(京)의 하나로서, 현재 중국 요녕성 요양현 요양시(遼陽市)를 말한다. 원래 고구려의 요동성이었는데, 당나라가 이곳을 공격하여 요주(遼州)로 고쳤다.

40) 『한서(漢書)』권28「지리지」제8 하를 가리킨다.

41) 중국 오대(五代)의 진(晉)나라 석경당(石敬塘)이 거란에게 할양해 준 연운(燕雲) 16주(州) 가운데 유주(幽州)와 계주(薊州)의 지역이다. 현재 북경(北京) 동쪽 천진시(天津市) 북부 일대이다.

42) 임상덕의 『동사회강(東史會綱)』에 기록되어 있는데, 유리왕이 오이(烏伊)·마리(摩

흥기한 지역은 고구려현의 동쪽 경계가 아닐까 한다. ○ 내 생각으로는 유리왕 22년, 도읍을 국내성(國內城)으로 옮기고 그 후 몇 년 동안은 왕망(王莽)의 신(新)나라와 연이어 싸웠는데, 대체로 옛 도읍을 왕망이 얻어서 현(縣)으로 삼은 것이 아니겠는가? 고려(高麗 : 高句麗)가 나중에 다시 습격하여 회복하였다. 유리왕의 천도(遷都)는 한(漢)나라에 핍박을 받아 행한 듯한데 고사(古史)의 기록이 이리저리 흩어져 증명할 수 없으니 의심나는 것은 빠뜨려도 좋겠다−저자 주).

내가 살펴보기로는 지금의 요양성(遼陽城) 동쪽에 고구려의 시조 동명왕의 묘가 있다. 이러한 예로 본다면 그 처음에는 요동을 도읍으로 삼아서 그 땅에 장사(葬事)지낸 것은 분명하다. 지금 성천(成川)에 도읍하여 용산(龍山, 지금의 中和−저자 주)에서 장사를 지낸 것은 매우 잘못된 것이다.

내 의견으로는 기자(箕子)에서 준왕(準王)까지 41대(代) 9백여 년이 지나 조선이 망하였고, 기준(箕準)에서 제일 마지막 후손까지 역시 2백여 년 후에야 마한(馬韓)이 망하였으니 기씨(箕氏)가 나라를 소유한 것이 전후 통틀어서 대개 천여 년이었다. 이전에 기씨가 패수(浿水) 서쪽 변두리를 위만에게 빌려주었고, 조선(朝鮮)을 빼앗긴 후에는 다시 한(韓)의 동북 지역을 백제(百濟)에게 빌려주었다가 마침내 망하였다. 후대인들이 땅을 빌려주는 것을 탄식하여 천고(千古)의 한(恨)이라고 하였다. 병자년(기원후 16) 남해왕(南海王) 13년, 겨울 11월 마한(馬韓)의 옛 장군인 주근(周勤)이 우곡성(牛谷城)에서 기병(起兵)하였다가 패하자 자살하였는데, 이때가 마한이 이미 망한 지 8년이 되는 해였다.[43]

신유년(기원후 61)[44] 탈해왕(脫解王) 5년 가을 8월에 마한의 장군 맹소(孟召)가 복암성(覆巖城)을 들어 항복해왔다. 임상덕의 의견은 다음과 같다. 마한은 왕망의 신(新)나라가 세워진 이후 망하기까지 50여 년이고, 신라

離)에게 군사 2만을 주고 정벌을 명하였다고 하였다.
43) 『삼국사기』 권23 「백제본기」에는 주근이 반란을 일으켜 온조왕(溫祚王)이 친히 군사 5천명을 거느리고 가서 토벌하였다고 기록되어 있다.
44) 이하의 기록은 이종휘의 의견 이전까지 모두 『동사회강(東史會綱)』에서 그대로 전재 (轉載)한 것이다.

의 기록(羅記)에서는 마한의 장군 맹소가 복암성을 들어 항복해 온 것은 후원(後元) 초 갑오년45)이라고 하였다. 고구려의 기록[麗記]에서는 마한과 예맥(濊貊)이 한(漢)나라의 현도군(玄菟郡)을 포위하였는데 무오년부터 지금의 신유년(기원후 61)까지 또한 50여 년이다. 어찌 마한이 비록 망하였는데도 그 구신(舊臣)과 유민(遺民)이 오히려 백제에게 다 항복하지 않고 종종 저항하고 지켜서 오히려 망국(亡國)의 옛 이름을 호칭하는 것인지, 아니면 마한이 중간에 다시 부흥하였다가 다시 쇠미해져 나라의 형태를 갖추지 못하였든지, 그 부흥과 멸망이 『사기(史記)』에 나타나지 않고 일에 따라 보였던 것인지 지금은 모두 증명할 수 없다. 다만 옛 글과 비서(備書)에 따라 옛일을 잘 아는 군자가 그 빠진 곳을 보충해 주기를 기다린다.

내 의견으로는 고구려가 처음에는 졸본(卒本)을 도읍으로 정하였는데(압록강의 북쪽에 있는데 소재는 알 수 없다), 부여의 비류수(沸流水) 상류였다. 40년이 지나 국내성(國內城)으로 도읍을 옮겼다(『여람(興覽)』에서는 의주(義州)에 있다고 하였다─저자 주). 209년이 지나 또 환도성(丸都城)으로 옮겼다(『당사(唐史)』의 주(註)에는 안시성(安市城)이라 칭하는데, 지금 개주위(盖州衛)의 동북으로 60리이다. 『당지(唐志)』에서는 압록강의 입구에서 조그만 배를 타고 700리를 올라가면 환도성에 닿는다고 하였다─저자 주). 38년이 지나 다시 평양으로 도읍을 옮겼고, 그 후 다시 잠시 환도성으로 도읍을 옮겼다가 곧 평양으로 돌아왔다. 그 후 망하기까지 평양에 도읍을 두었다. 동황성(東黃城)46)과 장안성(長安城)47)은 모두 평양 근처로서 대개 그 국도(國都)가 압록강 서북(西北)에 있은 지가 대체로 286년이다. 동천왕(東川王) 우위거(優位居)48) 20년

---

45) 후원(後元)은 B.C.88~87년이다. 『동사』의 원문에는 무오년으로 되어 있는데 이중에 87년이 갑오(甲午)년이므로, 이의 오기(誤記)가 아닐까 한다.
46) 동황성에 대해서는 '평양 동쪽의 황성(黃城)'으로 보는 견해에서부터 위치에 대해서 여러 설이 분분하다.
47) 현재의 평양시를 가리킨다.
48) 동천왕의 이름이다.

병인년(246)에 위(魏)나라 관구검(毌丘儉)에게 침입을 당하여 드디어 동남쪽 평양으로 옮겼다. 96년 후인 임인년(342)49)에 다시 환도성(丸都城)으로 옮겼으나 또 모용씨(慕容氏)의 침입을 받아 환도의 궁궐(宮闕)이 파괴되어 드디어 평양의 동황성(東黃城)으로 옮기어 살았고, 이후로는 다시 서북쪽으로 옮기지 못하여 망할 때까지 지속되었다. 대체로 고씨(高氏)의 평양(平壤)은 곧 진(晉)·송(宋)나라의 임안(臨安)50)·말능(秣陵)51)과 같고, 환도성과 국내성은 중주(中州)의 변(汴)52)·낙(洛)53)으로 볼 수 있다. 이것으로 본다면 졸본이 성천(成川)이 되고 환도가 용강(龍岡)이 된다고 여긴 것은 우리 풍속이 매우 속된 것이다.

청석령(靑石嶺)54)은 의주에 있고 [걸어서] 4일 정도의 거리이며, 옛날 요양(遼陽)으로부터 70리인데 옛부터 고[구]려(高麗)의 구계(舊界)라고 불렸고, 산등성이[嶺脊]가 서남쪽으로 내어 달리고, 금복해(金復海)가 남쪽으로 사방을 둘러싸고 있는 땅이니 모두 산등성이가 연이어 있고 가파른 산이 겹겹이 있어서, 고구려의 전성기에는 수(隋)·당(唐)나라의 백만(百萬) 군사도 망설여 머뭇거리고 감히 침입하지 못하였다. 대개 험난하고 막힌 것을 믿고 삼한(三韓)과 중국(中國)이 여기에서 하늘이 제한을 둔 것으로 여겼고, 고려 말이나 지금은 압록강으로 천참(天塹)55)을 삼아 모두 대수(帶水)에 의지하니 어찌 그 사이에 있기도 하고 없기도 하였겠는가?

---

49) 원래 『동사(東史)』의 원문에는 '66년'으로 되어 있으나 '96년'의 착오로 추정된다.
50) 남송(南宋)의 수도로 절강성(浙江省)에 있다. 지금의 항주(杭州)이다.
51) 현(縣)의 이름이다. 진(秦)나라가 설치하였는데 강소성(江蘇省) 강녕현(江寧縣)의 동남쪽이다.
52) 하남성(河南省) 개봉현(開封縣)의 고칭(古稱)이다. 후량(後梁)과 북송(北宋)의 도읍이었다.
53) 낙양(洛陽)을 가리킨다. 낙수(洛水)의 북쪽에 위치하여 동주(東周)가 이곳에 도읍을 정하였고, 그 후 후한(後漢)·서진(西晉)·후위(後魏)·수(隋)·오대(五代) 등도 이곳을 수도로 하였다.
54) 『동국여지승람』에 의하면 황해도 우봉현(牛峰縣)에서 북쪽으로 30리 정도의 거리에 있다고 하였다.
55) 강하(江河) 따위로 인하여 저절로 이루어진 요충지(要衝地)를 말한다.

이곳부터는 넓어서 험한 곳이 없으니 병자호란 때 3일 만에 도성(都城)의 아래까지 온 것이었다. 의논하는 이들은 말하기를 금천(金川)56)이 험하다고 하기도 하고 극성(棘城)57)이 방어할 만하다고 하고, 연평령(延平嶺)58)이 지킬 만하다고 한다. 지역이 흩어져 있고 조그마한 길이 많으며 곳곳마다 음지(陰地)로 평평하며, 곳곳에 채석(采石)이 막고, 도둑질을 막는 형세이구나. 양서(兩西)를 보호하여 청석(靑石)을 먼저 지키고 관북(關北)을 보호하는 것이 고구려의 법이었다. 하물며 건주(建州)의 모든 지역은 옛 우리 태조(太祖)가 공격한 동녕부(東寧府), 올자성(兀刺城) 등의 지역이다. 『여지승람(輿地勝覽)』에 이미 기록된 압록강 외의 지역은 우리나라의 옛 땅으로 우모령(牛毛嶺) 파저강(婆豬江)은 모두 근거지로 삼을 수 있으나 험하고 요해(要害)한 곳이어서 강 안쪽의 지역에서는 청석(靑石) 등의 지역과는 비교할 수가 없다. 삼한(三韓)이 성립됨에 중요한 지역으로 하늘이 준 경계이었으며 또한 중국의 영역과는 관련이 없으니 만일 천운(天運)이 더럽혀진 세상을 피해 동쪽으로 옮겨간다면 이 지역은 누구에게 속하든지 훗날 뜻 있는 선비가 마땅히 경영할 만한 땅이다.

3. 조선지방설(朝鮮地方說)

중원(中原)의 넓이는 역대의 역사에서 모두 변각(邊角)으로 말하였으니 당(唐)나라의 동서(東西)는 요동(遼東)과 안서(安西)59)로 말하였고 남북(南北)

---

56) 황해도 남동부에 있던 금천군(金川郡)을 말한다.
57) 황해도 황주(黃州)에 있는 곳으로 『동국여지승람(東國輿地勝覽)』에 따르면 여기에서 홍건적을 방어하기도 하였다고 한다.
58) 평안도 의주(義州)에 있었다.
59) 안서는 부(府)의 명칭으로 감숙성(甘肅省) 안서현(安西縣)을 말한다. 돈황(敦煌) · 옥

은 운중(雲中)60)과 교지(交趾)61)로 말하였다. 만일 정동(正東)과 정서(正西)를 말한다면 기해(沂海)62)와 진봉(秦鳳)63)을 말해야만 한다. 정남(正南)과 정북(正北)은 유주(幽州)64)와 광주(廣州)65)를 말해야만 하니 모두 만 리(萬里)에는 미치지 못한다. 우리 동쪽 지방의 정동과 정서는 곧 영해(寧海)66)와 풍천(豊川)67)이고 정북과 정남은 강계(江界)와 남해(南海)이니 모두 3천 리가 못된다고 말한다.

명나라 만력(萬曆) 연간에 13성(省) 과도(科道)68)의 상소에는 조선(朝鮮)은 대국(大國)으로 지방(地方)이 6천 리라고 하였는데, 우리나라 사람들은, 중국사람들이 외국(外國)의 지계(地界)를 잘 알지 못해서 모두 그렇다고 여겼다. 그러나 우리나라 사람들이 잘 알지 못하고 중국인들이 제대로 안 것은 무엇 때문인가.

대개 의주(義州) 양하구(楊下口)에서 강계부(江界府)에 이르기까지가 1,080리이고 강계에서 옛 무창(茂昌)까지가 450리이며, 함경도 삼수부(三水府)까지가 225리이며 갑산부(甲山府)까지가 60리이다. 갑산부에서 허항령(虛項嶺)까지가 290리이며 허항에서 무산부(茂山府)까지가 220리이며,

---

문(玉門)의 두 현(縣)을 관할한다.
60) 군명(郡名)으로 진(秦)나라가 설치하였다. 산서성(山西省)의 회인(懷仁)·좌운(左雲)·우옥(右玉) 이북을 말한다.
61) 지명으로 안남(安南)의 북부를 가리킨다.
62) 산동성(山東省)의 이산(尼山)에서 발원하여 사수(泗水)로 흘러드는 강이나 산동성 기산(沂山)에서 발원하여 강소성 낙마호(駱馬湖)로 흘러드는 강을 말하는데, 어느 곳인지는 분명하지 않다.
63) 노명(路名)이다. 섬서로(陝西路)의 지역으로 감숙성(甘肅省) 천수현(天水縣)이다.
64) 주명(州名)으로 옛 12주의 하나로 순(舜)임금이 기주(冀州)의 동북의 지역을 나누어 유주라 하였다. 하북성(河北省)의 순천(順天)·영평(永平)과 만주 요녕성(遼寧省) 금주(錦州)의 서북 일대를 말한다.
65) 주명(州名)으로 광동(廣東)·광서(廣西)의 두 개 성(省)에서 구렴(舊廉)·주경주(州瓊州)를 제외한 지역을 말한다.
66) 경상북도 영덕군(盈德郡)의 영해를 말한다.
67) 황해도 송화군(松和郡) 풍해면에 있었다.
68) 이(吏)·호(戶)·예(禮)·병(兵)·형(刑)·공(工) 육과(六科)의 급사중(給事中) 및 각도의 감찰어사(監察御史)의 총칭이다.

무산에서 부령부(富寧府)까지가 75리이며, 부령에서 동해(東海)까지가 83
리이니 통틀어 말하면 동서의 넓이는 2,528리이다. 온성(穩城)이 극북(極
北)이 되며 두만강(豆滿江)에서부터 경성(京城)에 이르기까지가 2,106리이
다. 해남이 극남(極南)이 되며, 남해상(南海上)에서 경성(京城)까지가 1,073
리이니 통틀어 말하면 남북의 넓이는 3,179리이다. 우리나라의 넓이는
합하여 5,707리가 되니 대략 6천 리 지방이라고 말할 수 있으며, 또 하
물며 해남(海南)에서 바다 건너 900리에 제주(濟州)에 이르고 주남(州南)에
서 바다까지 또 120리이니 수로(水路)와 육로(陸路)를 합하면 4,199리 되
니 이른바 6천 리라고 한 것은 또한 부족하지 않다. 그렇다면 과도(科道)
에서 논한 것이 과연 근거가 없는 것이 아니니 앞에서 말한 우리나라
사람들이 잘 알지 못했다는 말은 [과연] 그렇지 않은가?

4. 의여어유소장군서(擬與魚有沼[69] 將軍書)

역사를 두루 살펴볼 때 매번 진시황제(秦始皇帝)와 한(漢) 무제(武帝)가
공을 세우기를 좋아하며 평생 변방을 개척하고, 천하의 생령(生靈)들이
참살당하여 간과 뇌장(腦漿)이 땅에 흩어진 것을 탄복하였으나 마침내
황하의 오른편 지역이나 북방 지역에서는 조그마한 땅을 얻는 효과도

---

69) 어유소(魚有沼) 1434~1489. 조선(朝鮮)의 무신(武臣)이다. 자(字)는 자유(子遊)이며 본
   관은 충주(忠州)이다. 1456년 무과에 장원으로 급제한 이후 야인(野人)의 정벌에 공을
   세웠다. 이후 이시애(李施愛)의 난을 토벌하는 데 공을 세워 공조판서가 되었다. 1467
   년 겨울 명나라가 건주위(建州衛)를 칠 때 조선에 청병(請兵)하자 출전하여 공을 세워
   명나라 황제로부터 상품을 하사받았다. 1479년 명나라의 요청으로 다시 건주위 정벌을
   하게 되자 서정대장(西征大將)이 되어 1만의 군사를 이끌고 만포진에 이르렀으나 압록
   강의 해빙으로 도하(渡河)작전이 곤란하다는 이유로 회군(回軍)하였는데, 이 때문에 유
   배되었다.

거둘 수가 없었다. 또 송(宋)나라의 예조(藝祖)[70]·태종(太宗)·진종(眞宗)·인종(仁宗)의 시절에는 천하에서 부강(富强)하여 평화의 시대를 구가하여 평안하고 일이 없었는데도, 중국의 옛 영토였던 유연(幽燕)[71]과 영하(靈夏) 지역을 야율척발(耶律拓跋)에게 헛되이 보내게 하니 일찍이 중국의 기(氣)를 펴지 못하고 마침내 떨치지 못하게 되어 정강(靖康) 연간(1126~1127)에 군신(君臣)이 완안(完顔)에 폐사(斃死)되었다.[72]

내 생각에 이 삼대(三代)의 일이 그 균형을 잃은 것은 무엇 때문인가? 여기에 물건이 있어 자기 소유가 아닌데도 가지는 사람은 진실로 도둑이라고 말한다. 자기가 이미 가지고 있는 물건을 잃어버렸는데 [다시] 가질 수 있는 힘이 있는데도 가지지 않는 것 역시 죄가 없다고는 할 수 없을 것이다.

지금 중국 명(明)나라 태학사(太學士) 경산(瓊山) 구준(丘濬)의『대학연의보(大學衍義補)』[73]에는 '하투(河套)[74]를 회복하지 못한 것은 중국의 깊은 수치이다'라고 되어 있는데, 영토 넓히기를 경영하는 뜻에 몰두하라는 유자(儒者)들의 의논은 공세우기를 좋아해서 나온 것은 아니다. 비유하면 청전(青氈)[75]을 옛날 것이라도 보유하지 못한다면 자손의 수치가 이것보다 심한 것이 또 어디 있겠는가라고 한 것과 같다.

옛날 우리 태조(太祖 : 이성계)가 동면(東面) 원주로서 동녕부에서 나하출(納哈出)을 토벌하고 올자(兀刺)를 격파하여 배주(拜住)를 사로잡으니 동쪽

---

70) 송(宋)나라의 태조(太祖)를 가리킨다.
71) 지금의 하북(河北) 북부일대의 지역이다.
72) 송나라가 여진족의 금(金)나라에 멸망되고 휘종(徽宗)·흠종(欽宗) 두 황제가 금나라에 생포된 것을 말한다.
73) 원문(原文)에는『대학연의(大學衍義)』라고 되어 있으나 구준의『대학연의보(大學衍義補)』가 맞다.『대학연의』는 송(宋)의 진덕수(眞德秀)가 편한 책으로 성리학에 근거한 제왕학(帝王學)의 교과서로 인정받아 역대 제왕들의 경연(經筵)에서 활발히 읽혀졌던 책이다.『대학연의보』는『대학연의』의 취지를 이어받아 제왕학을 위해 저술되었으나 치국(治國)의 항목이 상당히 많이 추가되었다.
74) 중국의 지명(地名)으로 남황하(南黃河) 유역 인근이다.
75) 청색의 모직물을 가리키는 것으로 집안의 보물을 말한다.

으로는 황성(皇城)으로부터 서쪽으로는 요하(遼河)까지, 북쪽으로는 개원(開元)[76]에서부터 남쪽으로는 바다에 이르기까지 오랑캐의 자취가 없게 하였다. 지금의 건주(建州)가 곧 그 지역이다. 대개 당시 태조의 뜻으로만 어찌 한갓 그러했겠는가? 건주 지역은 본래 우리 기자(箕子)와 고구려의 옛 강토였다. 황성(皇城) 또한 고구려가 도읍한 환도(丸都) 지역이다. 『해동지지(海東地誌)』에 강북(江北) 산천이 모두 지도에 들어갔으니 그 위무(威武)를 떨쳐 원나라의 잔당을 축출한 것은 옛 강토를 회복하려고 했기 때문이다.

근래 야인(野人)들이 그 영토 사이에 몰래 들어와 점거하니 식자(識者)들의 한탄이 오래 되었다. 지금 중국에서는 반란이 있다는 이유를 들어 우리에게 토벌을 명하여서 장군(將軍)은 험한 소굴로 수만의 군사를 이끌고 깊이 들어가서 여러 명의 우두머리를 소탕하니, 황제의 명을 받들어 멀리서 국가의 위신을 드날린 것이므로 진실로 위로 보고할 만하다.

중국에서 우리에게 옛 강토를 청하여 금구(金甌)[77]를 완전하게 하려고 하는데, 지금 이때에 해가 저물도록 두려워하여 그 사업을 듣지 못하니 애석하도다. 옛날 이찬황(李贊皇)[78]이 유주(維州) 전체를 잃는 것을 죽을 때까지 한스럽게 여겼는데, 하물며 이 지역은 곧 성조(聖祖)가 온갖 어려움을 무릅쓰고 새로운 사업을 일으켜 비바람 속에서 겨우 개척한 땅인데도 백 년이 안 되어서 우리 사대부들 중에 지금 한 사람도 아는 사람이 없다. 지금 얻을 수 있는 기회가 왔는데도 오히려 그대로 두어 생각 밖으로 모두 왕래가 끊어진 이방(異方)이 되어 우리와 무관하게 되었으니, 우리나라 사람들의 얕은 견식이 이에 이르렀으므로 슬픔을 이루 다 이길 수 있겠는가?

---

76) 노명(路名)으로 원나라가 설치하였다. 지금의 만주 길림(吉林) 전지역과 요녕성(遼寧省)의 동남부 지역이다.

77) 황금빛의 사발을 말하는데, 곧 영토 전체가 완전하고 견고한 것을 비유한다.

78) 이덕유(李德裕)를 지칭한다. 이덕유(787~850)는 중국 당나라 때의 학자로서 무종(武宗)을 지냈다.

어떤 사람들은 이 곳은 큰나라[大邦]에 소속된 위(衛)이니 작은나라[小邦]로서 인정하고 받아들여야 한다라고 하였다. 내가 항상 생각하고 상주(上奏)하기를, "기자(箕子)가 동쪽으로 조선에 들어오니 무왕(武王)이 건주(建州) 지역에 봉하였다. 그 경내(境內)가 한(漢)나라의 현도군(玄菟郡)이 되었다가 고구려와 발해가 번갈아 일어나서 주현(州縣)을 두었고, 왕씨가 지배하던 고려시대에는 거란과 몽고 및 원나라에게 잃었다. 조선 태조는 몸소 갑옷을 입고 그 지역을 개척(開拓)하였다가 나중에는 야인에게 빼앗겼으니 우리나라의 남녀 모두 아침저녁으로 애통하여서 한으로 여겼다.

지금 황제의 명을 받들어 다행히 승리하여 오랑캐들이 멀리 달아나고 경내의 지역이 비었다. 만일 황제의 은혜를 입어 속국(屬國)으로 복귀시키면 서쪽으로는 관전(寬奠)으로부터 동쪽으로는 백산(白山)[79]을 속하게 하고 북쪽으로는 흑도아나(黑圖啊喇)를 벗어나니 모두 중국 국경 밖의 쓸모없는 지역이며, 속국에게도 역시 기름지거나 중요한 지역이 아니다. 진실로 우리나라의 옛 강역이고 선조의 유적(遺跡)이 깃든 지역이다. 스스로 문서를 살펴서 송사(訟事)에 나아가 청전(靑氈)을 잃지 않도록 해야 하는데, 하물며 내복(內服)한 이래 군신(君臣) 부자(父子)의 사이에 정회(情懷)가 있으면 반드시 말하고 구함이 있으면 반드시 응할 것이니 작은 나라[小邦]가 역시 감히 외부로부터 온 것이겠는가?

또 여진(女眞)의 옛 풍속은 흉악하고 사나우며 교만한 것이 완안씨(完顔氏)에서부터 그러하였다. 전에 중국이 그들과 이웃하였던 일을 거울삼을 만하니, 속국(屬國)을 그 사이에 가두어 번폐(蕃蔽)를 삼아 요심(遼瀋)[80]을 보호하는 것만 못하다. 속국이 비록 작고 약하나 황령(皇靈)을 믿고 의지하니 은혜와 신의로 달래어 주면, 역시 불령(不逞)한 의도를 방어하고 다른 나라를 막아서 한쪽에 자리를 차지하게 될 것이다. [이렇게 되면] 중국의 동정(動靜)은 마치 하늘이 단계가 없는 것과 같아서 처음과 끝이

---

79) 만주 길림성(吉林省)의 장백산(長白山)을 말한다.
80) 도명(道名)이다. 만주 요녕성(遼寧省)에 속한다.

아득하게 된다. 비록 종족이 모여 사는 마을에 마치 아골타(阿骨打)의 무리와 같은 광기가 있는 호걸(豪傑)이 있어서 머뭇거리고 어긋나더라도, 역시 틈을 엿보아 함부로 들어오려는 계획을 감히 낼 수가 없게 된다. 이러한 예로 말한다면 중국조정[大朝]은 반란을 일으킨 오랑캐를 살피는 지역으로서 속국을 만들어서 동북의 이익을 지키는 것으로 삼는다.

이와 같다면 조정은 이러한 사실을 반드시 깨달아서 변방의 장수에게 역시 무너질까봐 근심하는 것을 반드시 없애야 할 것이니 어떻게 할 것인가. 충순(忠順)하고 믿을 수 있는 속국(屬國)으로 하여금 구물(舊物)을 회복하게 하고, 강하고 사나워서 제어하기 힘든 오랑캐들을 내지(內地)에 격리시킨다면 요심(遼瀋) 일대가 베개를 높이 베고 걱정이 없게 한다면 중국이 어찌 두려워하지 않겠는가.

어떤 사람은 지난번에 육진(六鎭)을 개척하고 삼갑(三甲)을 설치하고 또 강변(江邊)의 여러 군(郡)을 설치하였으므로, 백성과 군사들이 지나치게 약하게 되어 방어하는 것이 진실로 어려우니, 만일 다시 건주(建州)를 개척한다면 진(秦)·한(漢)의 전철(前轍)을 밟는 것이라고 하였다.

이것은 또한 다음의 두 가지를 알지 못하는 것이다. 강북(江北)의 땅은 평원(平原)이고 넓은 들이어서 기름지기에 경작할 수 있다. 우모령(牛毛嶺) 이외의 산천은 험난하기가 7읍(邑)보다 더하고 성새(城塞)가 좁으므로 고적(古蹟)을 따라 내지(內地)에서 수만 호를 옮겨서 농사를 짓게 하고, 또 한편으로 지키게 하여 10년이 지나면 생업(生業)이 이미 굳어지고 풍기(風氣)가 옮겨져 사람의 성품이 견고해지고 사나와지며 말달리고 활 쏘는 것이 그 지방 사람들과 차이가 없게 된다.

몰래 일어나는 오랑캐들을 스스로 방어할 수 있게 되고, 많은 적이 쳐들어와도 관북(關北)의 군대로 하여금 그 동만(東灣)의 군대들을 이끌어서 서쪽에 응하여 강(江)의 내외의 무리들이 험한 곳에 있다가 맞아 싸우면, 한달 보름 사이에 강을 건널 수 없으므로 남쪽 우리의 수비는 이미 멀리에서 이루어진 것이다. 만일 이와 같이 수십 년이 지나면 국경을 방어하는 것이 이미 확립되어 강 연안이 내지(內地)가 되어 안과 밖 모두 험하게 되어서 북관(北關)과 상응(相應)하므로 고구려의 세력권이 오늘에 다시 이루어지니 하물며 삼한(三韓)이 통일되어 고구려가 삼국시대와 같이 대치하던 때가 아님에랴!

옛날에 석진(石晉)81)이 거란과 서로 미워하여, 고려는 사신을 보내 군대를 일으켜 협공할 것을 청하였다. 진(晉)나라 사신이 와서 병력이 지극히 약한 것을 보고 돌아가서는 왕건(王建)이 크기만 하지 실속이 없음[夸大無實]을 기롱하였다. 지금 우리의 병력이 또한 고려 때에 미치지 못한다. 대개 우리 조선과 고려는 점차로 변화하여 지극히 약해졌기 때문이니 [이것이] 요(遼)·건(建)을 얻지 못한 이유이다. 건주(建州)가 이미 회복된 이후에 모린(毛隣)이 혼동하여 또 장차 구하지 않았는데도 왔다. 고구려와 발해의 옛 지역에 근거하여 동북쪽을 웅시(雄視)하니 여기에서 그세력으로 어찌 오직 여진(女眞)을 신복(臣服)시킬 수 있겠는가? 비록 북쪽으로 몽고를 취하는 것만 가능하였다.

고려의 전성기에 문숙공(文肅公) 윤관(尹瓘)82)이 문신(文臣)으로서 3천리의 땅을 넓히고 선춘령(先春嶺)83)에 비를 세웠다. 근래에는 김종서(金宗瑞)가 또한 6진(鎭)을 창설하였다. 훌륭한 공(公)의 문무(文武)는 윤관과 김종서에게 비할 수 없다. 개선하여 돌아오는 날에 군신(君臣)이 길가에 가득하였으니 진실로 더하려고 해도 더 이상 더할 것이 없을 정도였다. 하물며 조정(朝廷)의 성명(聖明)조차 한(漢)나라와 송(宋)나라의 주인과 같게 됨을 부끄러워 함에서랴! 대체로 공세우기를 좋아하는 것과 구차하게 안주하는 것, 이 두 가지가 진실로 금일 장상(將相)의 신하들이 선택할

---

81) 오대(五代) 때 후진(後晉)의 별칭이다. 석경당(石敬瑭)이 건국하여 이와 같이 불렸다.
82) 윤관(尹瓘)은 고려의 명장으로 동북쪽에 9성(城)을 쌓아 국경을 넓혔다. 시호는 문숙(文肅)인데 『동사(東史)』의 원문에는 '충숙(忠肅)'으로 되어 있다.
83) 두만강 북쪽 700리의 회령(會寧)에 있는 고개이다. 윤관이 영토를 확장하여 공험진(公嶮鎭)에 성을 쌓고 비석을 선춘령에 세워 '고려의 국경[高麗之境]'이라는 글을 새겼는데, 나중에 오랑캐들이 모두 지워버렸다.

수 있는 것이다. 명분과 실질이 결과되는 바에 현혹됨이 없이 크게 이룰 수 있는 공업(功業)을 세우는 것으로써 동방(東方) 만세(萬世)의 이익을 삼아야 한다.

만약 비루한 풍속에 물들어서 눈과 귀가 한정되어, 나의 머리가 이미 백발이 되도록 하남(河南)이 우리 땅인 것을 듣지 못하였다고 말한다면 이것은 강좌(江左)[84] 부인(婦人)의 견해일 뿐이다. 이것이 어찌 공(公)을 밝히는 데 의심할 수 있는 것이겠는가? 아! 대저 지금 취할 수 있는 기회가 있어도 취하지 않아서 우리 임금과 신하들로 하여금 후대 사람들의 기롱을 받게 하니, 마치 송나라[宋家]의 벼슬하는 사람 중에 진실로 충신(忠臣) 지사(志士)가 나오지 않은 것과 같다. 그 대략을 밝히고 그 말을 살피는 것을 분명하게 하여 마땅히 지사(志士)들의 소망을 풀려고 한다.

5. 의여김종서서(擬與金宗瑞書)

옛 사람의 말을 들으니 말에는 커도 과장되지 않은 것이 있으니 달통한 사람은 믿으나 중인(衆人)은 의심한다. 지금 대체로 부인(婦人) 여자(女子)는 안방 문밖을 벗어나지 못하여 사방(四方)의 일들을 말함에 일상적인 일부터 하는데도 모두 입을 벌리고 놀라서 휘둥그레 바라보니 무엇 때문인가. 그 지식이 얕고 생각이 짧아서 의사(意思)를 눈과 귀의 사이에서 내지 못하기 때문이다.

대체로 고려 9성(城)의 지역은 그 넓이가 수천 리이다. 이곳은 3개의 조선(朝鮮)과 고구려, 발해의 옛 강역이다. 옛날에 동부여가 단군(檀君)의

---

84) 장강(長江) 하류 남안(南岸)의 지역이다. 지금 강소성(江蘇省) 등의 지역이다.

후예로 동해(東海)의 물가에 살았고 나중에는 고구려에 합병되었다. 이러한 사실로 본다면 [그 땅은] 개척된 이후로 본래 우리나라의 소유였던 것이 분명하다. 우리나라의 후손들은 그 연고를 모르고 윤관(尹瓘)이 처음으로 이 지역을 개척하였다고 한 것은 이미 그 당시에 기롱을 받았었다. 다행히 성상(聖上)이 왕위에 오른 고향이어서 개척하여 회복하는데 김종서가 뜻을 두고 임무를 감당하니 훌륭한 군주가 안에서 결단하고 훌륭한 신하의 덕을 같이 함[同德]이 매우 잘 만난 것이다.

그러나 사민(士民)의 의론은 달라서 조야(朝野)가 모두 오랑캐의 지역이라고 의심하였다. 고려조에 얻었다가 다시 잃었고 3년 동안 전투에서 고전(苦戰)을 하여서 마침내 지킬 수가 없었으니 본래 우리 영토가 아니라고 하고 분할하여 버리고는 실익(實益)에서 손실이 되겠는가 여겼다. 백성을 옮기고 군대를 이동하여 전쟁의 참화가 연이어 있게 되니 이는 진(秦)·한(漢)의 전철(前轍)을 밟는 것일 뿐이라고 하였다.

군대에서 연회를 베풀 때 소란을 일으킨 자가 밤에 화살에 쏘아 술동이에 명중되었으나 김종서를 동요시키지는 못하였다. 이성계의 뜻이 가면 갈수록 더욱 견고해져 몇 해가 지나서 성읍(城邑)이 점차 세워지고 백성들의 뜻이 하나가 되어 분분(紛紛)하게 어지러웠던 것을 마침내 빼앗을 수 없고, 사세(事勢)도 역시 팔구할은 이루어졌다. 진실로 천하의 일을 아는 것은 부인과 여자가 언급할 것이 아니고 깨달은 자[達者]의 소견은 바야흐로 사후(事後)에야 증명이 된다.

그런데 김종서에게도 한 가지 일에 있어서 의심이 없을 수 없으니 어찌하여 훌륭한 공이 진실로 두만강 일대를 천하의 험한 곳이라고 의지할 만하고 여겼는가? 해관(奚關)과 알동(斡東)은 성조(聖祖: 李成桂)의 역사가 배태(胚胎)된 고향으로 선춘령(先春嶺) 서북쪽에 있다. 이 지역은 진실로 윤관이 옛날에 정한 경계이다. 윤관이 두만강을 경계로 하지 않고 선춘령을 경계로 삼았던 것은 대개 험난하여 근거지로 할 수 있었기 때문이었다. 지금 두만강의 험난함을 의지하여 700리의 땅을 축소하기를 원하니 매우 잘못된 계획이다. 하물며 북쪽 지역의 지척이 풍패지향(豊沛之鄕)[85]임에랴?

해관과 알동은 역시 상세(上世)의 풍패(豊沛)이고 산천이 넓고 토양이 비옥하여 또한 내지(內地)와는 비할 바가 아닌데, 훌륭한 공이 무슨 이유로 함께 개척하지 않았는가. 아니면 병력이 회복할 만한 정도가 못되고 백성을 옮기는 것도 또한 널리 모집하기 어려워서 그랬던가.

대개 야인(野人)의 강성함은 강(江)의 내외로 별 차이가 없다. 백성을 옮기는 수고는 옛날과 비교하면 조금 더 든다고는 하지만 역시 오십보 백보의 차이일 뿐이다. 혼동(混同)[86]의 물과 두만강의 물은 모두 백두산에서 근원하여 동북쪽으로 흘러가서 바다로 들어가고, 선춘령은 그 남쪽에 있으니 혼동과 속말(涑沫)은 이름은 두 개지만 같은 물이다. 발해(渤海) 시기에는 속(涑)·동(銅)·영(郢) 3주(州)의 땅에 되었다가 요(遼)·금(金) 때에는 황룡부(黃龍府)가 되었다. 우리가 선춘령을 근거지로 삼는다면 혼동 이남에서 바다에 이르는 지역은 모두 발해·부여의 지역으로 될 수 있어서 다시 영토를 회복할 수 있다. 이것은 한번 손을 드는 순간의 일인데 훌륭한 공의 생각이 어찌하여 여기에 미치지 못하였는가.

어떤 사람은 말하기를, "이곳은 수천 리 넓은 곳에 여우와 삵, 승냥이와 이리가 울부짖는 곳이며 잡종(雜種)의 소굴이다. 닭이 우는 소리와 개가 짖는 소리가 서로 들려 사방에 가득하니 어찌 이 지역을 차지할 수 있겠는가?"라고 하였다. 이러한 견해는 역시 부인의 소견일 뿐이다.

그 넓고 아득함을 논한다면 강변(江邊)과 육진(六鎭)이 차이가 없고 잡종(雜種)이 많은 것이라면 함길(咸吉)이나 삼수(三水)·갑산(甲山)이 모두 이런 염려가 있다. 십 수년 사이에 그대로 놓아둔다면 뽕나무와 삼밭이 천

---

85) 풍패지향은 한고조(漢高祖) 유방(劉邦)의 고향인 패현(沛縣)의 풍읍(豊邑)을 가리키며 보통 제왕의 고향을 말한다. 여기서는 태조 이성계의 고향인 함흥을 말한다.
86) 하천의 명칭인데 어디인지는 정확하지가 않다. 송화강(松花江)과 흑룡강(黑龍江)이 모이는 하류라고도 한다.

리(千里)에 이르게 된다. 인가(人家)가 서로 인접하여 야인(野人)들이 침범할까 염려된다면 장수들을 순찰시키고, 논밭을 갈고 김매는 날에 깃발을 올리고 빛나게 하여 쫓아내어 머무르지 못하게 한다. 100년이면 민생(民生)이 날로 번성해지는데, 사람들이 싸울 줄을 알게 되면 오랑캐는 분열되고 우리는 화합하며, 오랑캐는 적고 우리는 많아질 것이다.

고구려는 오히려 말갈을 잘 다루어 자기의 활용으로 삼았는데, 하물며 [말갈은] 이 산곡(山谷)의 작은 종족으로 보잘 것 없이 작고, 이리저리 흩어져 각자의 방식대로 사니 서로 하나가 될 수 있겠는가? 우리는 진실로 수천의 종이를 덜어 작첩(爵帖)을 만들어 만호(萬戶)를 조정하는 것으로 삼고, 그 순역(順逆)과 공과(功過)를 비교하여 상벌(賞罰) 출척(黜陟)의 권리를 주어서, 계급이 높은 자로 하여금 제부(諸部)의 신분이 낮은 자들에 대해 영광으로 삼게 하며, 역시 같은 무리들에게는 부끄럽게 여기게 한다.

면포와 비단, 약물을 질병이 있고 굶주리고 추운 때에 맞추어 주고, 서로 침탈(侵奪)하여 싸우고 때때로 성내어 다투면 또한 그 곡직(曲直)을 바로 하고 약한 것을 떠받치고 강한 것을 꺾는다. 이와 같이 하면 저 장수는 우리를 위해 일하는데 정신이 없을 것이다.

대체로 야인(野人)의 성품은 하나이다. 우리는 이미 강안[江內]의 오랑캐[藩胡]를 훈련시켜 편호(編戶)와 같게 하면 그 규모와 시설의 선함은 유독 강외(江外)에까지 이르지 못할 것인가? 또 두만강은 산골짜기에 흐르는 시내여서 그 험난함에 의지할 수 없고, 해관(奚關) 알동(斡東)은 일월(日月 : 여기서는 이성계)이 왕업의 기초를 닦은 곳인데도 더러운 곳이 되어 거두지 못하고, 또 선춘령에 거점을 두지 못하고 고려 때의 옛 경계로 축소되니 모두 불가한 것 가운데 큰 것이다.

비유하면 9층의 대(臺)에 명공(明公)[87]이 이미 5·6층을 이미 완성하고

---

87) 높은 자리에 있는 사람에게 쓴 존칭으로 여기서는 김종서를 가리킨다.

또 부재와 기와 흙과 돌, 도끼와 톱, 준승(準繩)을 모두 부족하지 않게 갖추고도 오히려 주인의 재료와 지찬(支饌 : 반찬)을 쓰는 것을 싫어하고 혹은 종이나 장객(庄客)[88]에게 몰래 욕을 먹는다는 것과 같으니 하지 않을 따름인 것이다.

내가 생각하건대 명공(明公)을 위해 애석하게 여기는 것이다. 속담에서 말하기를, "토끼를 보고 사냥개를 놓아서 잡게 하여도 늦지 않으며, 양을 잃고서 우리를 보완하는 것도 늦는 것은 아니다"라고 하였으니 지금 강 안쪽에 조금 모여 있는 세력들을 이용하여 선춘령에 정계비를 다시 세우고, 소하(蘇下)·훈춘(訓春) 두 강의 근원이 바다로 들어가는 곳으로서 이곳을 경계로 삼는다면 해관과 알동은 자연스럽게 그 가운데 있게 되고 세월이 지나 점점 혼동(混同) 이남에까지 이를 것이다. 이미 혼동을 회복하여 건주(建州) 역시 장차 앞뒤로 공격하면, 장백(長白) 이외의 동서(東西) 지역이 서로 통하고 성원(聲援)하여 형세(形勢)를 서로 접하는 지역이므로 동북(東北) 지역을 웅시(雄視)할 수 있는 것이다.

천하에는 뜻을 두지 않는 영웅이 없는데, 이미 뜻을 두었으나 또한 범상하고 속된 사람이 막는 것을 면하지 못하였다. 이것은 옛부터 큰 걱정이다. 명공(明公)이 성명(聖明)을 만나고 범상하고 속된 논의가 다시 그 사이를 틈타지 못했다면, 명공의 근심은 다른 곳에 있는 것이 아니라 오직 뜻이 견고하지 못한 것에 있다.

대체로 직무를 게을리 하고 놀기를 좋아하여 다만 눈앞의 편안한 것에 머무는 것이 범상하고 속된 사람들이 즐거워하는 것이다. 중론(衆論)이 겉으로 고집하는 것에 일마다 초연(超然)하여 의심하지 않고 근심하여 애쓰고 고심(苦心)하고 마음을 애태워서 입이 마르며 종신토록 열심히 일하여서 죽어서야 비로소 쉰다. 이것이 뜻을 가진 선비가 천하 후세에 큰 공을 세우고 큰 이름을 만드는 행동이다. 그러므로 군자가 사람을

---

88) 전토(田土)에 소속되어 농사짓는 사람을 가리킨다.

볼 때에는 반드시 근심하고 삼가는 가운데 천하의 영웅을 구하는데, 명공(明公)이 대체로 역시 금세의 뜻이 있는 선비이다. 내가 부지런히 힘써서 그치지 않는 것은 이 때문이구나. 불선(不宣)[89]

6. 의정묘후여집정서(擬丁卯後與執政書)

내가 아뢰길, 옛날 상(商)·주(周)의 제도에서는 천자(天子)가 제후의 강역(疆域)에 들어가서 보고 그 경내의 토지가 개척되고 전야(田野)가 잘 다스려지면 경사(慶事)가 있으니 땅으로 상을 주고, 경내의 토지가 황폐하면 벌이 있으니 벌은 그 직위를 폄하하고 그 땅을 줄이는 것이었다. 이러한 예로 본다면 한 나라에 몇개 주(州)의 땅이 있으나 경영하여 다스리지 않고 버려 두어 초목(草木)과 금수(禽獸)가 무성하게 만든다면, 천자가 순행하여 이 곳에 오게 되는 경우에 반드시 벌을 내릴 것이다.

왕씨(王氏) 이래로 동국(東國)의 옛 토지 7 가운데 4~5를 이미 잃었고 두 강(江)의 안쪽으로도 또한 자성(慈城)·우예(虞芮)·여연(閭延)·무창(茂昌)과 같이 오랑캐[藩胡]가 섞이어 살았다. 역시 일찍이 군(郡)을 설치한 이후에야 다시 강외(江外)의 야인들에게 어지럽혀지니 마침내 지킬 수가 없었다.

태종(太宗)·세종(世宗) 때에는 곧 설치하였다가 곧 폐해지기도 하여 힘이 다한 이후에야 그만두었다. 그러나 열성(列聖)의 뜻은 잠시라도 잊은 적이 없었다. 대체로 두 강(江)을 지킬 수가 없으면 양계(兩界)도 굳건하지가 못하고, 양계를 지키지 못하면 드디어 조선(朝鮮)이 없는 것이다.

---

89) 다 말하지 못하고 이만 줄인다는 뜻으로 편지 끝에 쓰는 말이다.

대체로 단군과 기자 때의 옛 강역을 과반이나 잃어서 보존하는 지역은 오직 양계(兩界)이니 우리 사대부들은 어찌하여 하지 않는 것인가? 만주(滿洲)로부터 일어나서 북계(北界)의 오랑캐[藩胡]와 강상(江上)의 오랑캐까지 거의 다 여연·무창의 북쪽으로 가서 천 리(千里)가 공허해지니 오래된 땅의 여러 부(部)에 다시 인적(人跡)이 없게 되었다.

지난번 건주(建州)의 오랑캐들이 사냥을 하러 깊이 들어와 영흥(永興)·양덕(陽德)[90]의 백성들이 종종 숲 속에 거처하기도 하였다. 함흥(咸興)·북청(北靑)·길주(吉州)의 경내에는 항상 노토(老土)의 도둑들의 폭력을 막아서 백성들이 밤에도 문을 닫지 않았다. 지금은 호인(胡人)들이 멀리 동서(東西) 수십 리로 이사하여 힘들이지 않고서도 스스로 복구하였다.

옛날 윤관(尹瓘)과 김종서(金宗瑞)가 마음을 졸이고 힘을 다하여 백 번 싸웠어도 얻을 수 없었던 땅을 하루아침에 우리 영토로 만들었으니 이것이 어찌 하늘이 내려준 것이 아니겠는가? 마땅히 이때에 그 요긴한 지점에 거점을 만들어서 성보(城堡)를 만들어서 백성을 모집하여 경작하게 하면 10년 후에는 모두 보장(保障)[91]이 될 것이다. 그 토지의 넓이나 형세의 단단함이 어찌 7읍(邑)·6진(鎭)과 다르겠는가.

또 허항(虛項)의 동쪽과 장백(長白)의 서쪽은 옛 한(漢)나라의 옥저(沃沮) 대현(大縣)으로 나중에는 곧 나라가 되었다. 현재에 이르러서 주변에 있는 사람들은 그 지역이 옥저의 옛 터였다고만 알고 있다. 대체로 천자(天子)가 군현(郡縣)을 설치한 지역이지만 추호(酋豪)들이 할거(割據)한 곳이니 그 토지가 경작할 만하고 지킬 만한 것을 알 수 있다. 지금은 다스려지지 않은 곳이니, 만일 건주(建州)의 오랑캐(建虜)가 한번 뒤집어서 오랑캐[藩胡]들이 옛 굴을 찾아 돌아온다면 아득한 오랑캐의 기지를 내가 무슨 계책으로 주지 않을 수 있겠는가? 거부하려고 하면 할 말이 없고, 싸우려고 한다면 백성들이 없다. 벌이나 개미처럼 많이 모여 마침내 쫓아

---

90) 영흥은 함경도에, 양덕은 평안도에 속한 곳이다.
91) 성채(城砦)나 보루(堡壘)를 가리킨다.

낼 수 없다면 함흥 이북은 옛날과 같이 니탕개(尼湯介)의 환란이 있을 것이다. 또 여연(閭延)·무창(茂昌)·자성(慈城)·우예(虞芮)를 폐한 것은 이미 오랑캐의 침입[胡寇]으로 인한 것이지 그 황폐하고 인적이 끊겨서 그런 것은 아니다. 지금 완전히 세우지 못하였고, 오랑캐의 기병이 출몰하는 때에 사군(四郡)의 금수(禽獸)와 초목이 어찌 적을 방어하는 도구가 될 수 있겠는가? 생각이 이에 미치니 진실로 한심하다. 총명한 자는 형체가 없는 것에서도 위기를 보고 뜻이 있는 선비는 어지럽지 않은 곳에서도 환란을 염려한다.

서진(西晉)이 융(戎)을 옮기는 의논이나 남송(南宋)의 4진(鎭)에 대한 논의는 당시의 집정(執政)이 말한 것과 같이 우활(迂闊)하고 급하지 않은 일이어서 잠시 놓아두고 돌아볼 일은 아니었다. 대체로 융(戎)을 옮기는 데는 주현(州縣)의 지비(支費)가 들고, 진(鎭)의 장수를 내쫓는 것은 눈앞의 조그만 폐단이 없지 않으며, 진(鎭)을 설치하는 데에는 식량과 기계[粮械]를 구분하여 처리하고 병사와 백성을 나누는 것이 있어야 하는데, 역시 격외(格外)의 조그만 노력이 없는 것이 아니다. 일상을 따르고 옛것에 익숙한 때에는 보아야 할 것을 볼 수가 없고 말해야 할 것을 말할 수가 없다. 저 강통(江統)92)이나 왕립(汪立)은 진실로 그러한 점을 논의하였으나 인정을 받지 못했으니 세상에서는 미친 사람이라고 하였다.

그러나 진(晉)·송(宋)의 조정으로 하여금 이 계획을 일찍 듣게 했다면 남쪽을 건너는 전철(前轍)과 오랫동안 오랑캐를 쫓았던 것을 누가 따라 했겠는가. 지금 여기에 읍을 설치하는 일은 역시 어찌 조그마한 이해(利害)가 없겠는가? 그러나 평소 기름진 토지에 서북(西北)의 백성들이 진실로 들어오길 원하는 자가 많아 들어와 농사짓는 것을 허락하고 취락을 조금씩 만드는 것을 기다리니, 수년이 지나 먼저 진보(鎭堡)를 설치하고 백성을 옮겨 토지를 개간하면 진(鎭)이 군(郡)이 되고 보(堡)가 현(縣)이 된

---

92) 강통(江統, ?~310)은 서진(西晉) 때의 관리이다. 투항한 선비족을 멀리 옮겨야 한다고 주장하였으나 받아들여지지 않았다.

다. 담비가죽과 산삼과 같은 경우에는 비록 군현을 설치하더라도 심산(深山) 대곡(大谷)에 역시 스스로 개척하지 않은 곳이 있어서 수풀에는 담비가 있고 산에는 산삼이 있는 것이니, 그 이익이 강변(江邊)의 다른 군(郡)과 어찌 다르겠는가?

지금의 수령에게는 칠사(七事)[93]의 의무가 있는데, 그 하나가 전야(田野)를 개간하는 것이다. 한(漢)·당(唐) 이래로 군사에게 변경을 개척하여 조정에서도 역시 토지를 얻는 것에 대한 축하가 있었는데, 지금은 이유 없이 천 리의 땅을 버려 두고 전토(田土)를 개간하지 않으니 이미 매우 애석하다. 또 오랑캐(虜)들이 망한 이후에도 옛 오랑캐(胡)들이 고토(故土)를 찾아오는 것이 역시 반드시 찾아드는 형세였는데, 명공(明公)이 주사(籌司 : 備邊司)의 신하로서 어찌 여기에까지 생각하지 못하였겠는가?

작은 해로움을 생각하여 큰 계획을 버리고, 눈앞에서 덮어두고 원대한 고려(考慮)를 잊는 것은 국가의 체모에 맞는 도리가 아니다. 원하건대 세 번 생각하고 반복하여 진(晉)·송(宋)의 전철을 밟는 일이 없어야 하니 나의 보잘것없는 의견이 마침내 강통·왕립의 헛된 말과 같이 되지 않으면 나에게도 다행일뿐더러 우리나라에도 행운이 있을 것인저.

7. 수경(水經)

동방(東方)에는 8개의 큰 물이 있으니 하나는 압록(鴨綠)이고 둘은 요수(遼水)이고 셋은 혼동(混同)이고 넷은 두만(豆滿)이고 다섯은 대동(大同 : 일

---

93) 수령칠사(守令七事)의 준말이다. 수령이 반드시 힘써야 할 일곱 가지 일을 말하는데, 곧 농상성(農商盛)·호구증(戶口增)·학교흥(學校興)·군정수(軍政修)·부역균(賦役均)·사송간(詞訟簡)·간활식(姦猾息)이다.

명 浿水)이고 여섯은 한강(漢江)이고 일곱은 백강[白江 : 일명 금강(錦江)이고 또 백마(白馬)라고도 한다]이며 여덟은 낙동(洛東)이다.

압록강의 물은 장백산(長白山)으로부터 나와 1,500리를 흐르는데, 국내성(國內城)에서 바다로 들어간다. 개마대산(盖馬大山)의 서쪽과 북으로는 우모령(牛毛嶺)의 동쪽까지 남서쪽의 물은 모두 모인다. 동서로는 천여 리, 남북으로는 칠팔백 리이니 옛 기자의 지역이다. 부여가 남쪽 경계이고, 고구려의 옛 도읍인 국내성(國內城)과 환도성(丸都城)이 모두 그 가운데 있다. 나중에 발해에 속하였고 요(遼)·금(金)나라 때에는 여진(女眞)과 고려(高麗)가 그 지역을 나누어 가졌다. 조선에서는 강남(江南)은 우리 지역에 속하였고 강북(江北)은 건주(建州)에 속하였다.

요수(遼水)는 장백산(長白山)에서 나와 서북으로 팔구백 리를 지나 안시성(安市城)에 이르러 바다로 들어간다. 요동의 경내 1,250리를 지나는데, 장백의 윗등성 서쪽과 타안(朶顔)94) 삼위(三衛)를 아우르고, 남산(南山)과 의무려산(醫巫閭山)95) 동쪽의 물은 모두 모인다. 동서로는 천여 리이고 남북으로도 역시 천여 리가 된다. 옛 기자(箕子)의 지역으로 나중에 연역왕(燕易王)96)에 의해 개척되었고 조선(朝鮮)에 나누어 점거되었는데, 그 반쪽 서남(西南)은 현도(玄兎)·요동(遼東)·임둔(臨屯)·진번(眞蕃)의 지역이 되었고 나중에는 고구려가 차지하였다. 한(漢)·위(魏)나라 때에는 공손탁(公孫度)이 차지하였는데 아직 3분의 2는 고구려에게 속하였다. 고구려가 망한 다음에는 발해의 대씨(大氏)가 그 지역에서 일어났고, 나중에는 요(遼)·금(金)·원(元)나라에 편입되었다.

---

94) 지명(地名)으로 만주(滿洲) 열하성(熱河省)의 특별구역과 그 북쪽 경계의 지역을 가리킨다.
95) 만주 요녕성(遼寧城) 북진현(北鎭縣)의 서쪽 음산산맥(陰山山脈)의 분지이다.
96) 전국시대 연(燕)나라의 임금이다. 문공(文公)의 아들로 칠웅(七雄) 중의 하나이다.

혼동강(混同江)은 혹 속말흑수(涑沫黑水)라고 불리는데, 역시 장백산(長白山)에서 나와 북쪽으로 흐르다가 동쪽으로 꺾여서 삼천 리를 간다. 동북으로 5국(國)을 지나 두성(頭城)에서 바다로 들어간다. 장백의 상등성이 동쪽의 물과 동서(東西) 금산(金山)의 물은 모두 모인다. 동서로 천 리이고 남북으로는 이천 리이며 옛 기자(箕子)의 북쪽 경계로서 숙신(肅愼)·말갈(靺鞨)의 지역인데 동북으로는 두 개의 부여국이다. 한(漢)·위(魏) 이래 부여(夫餘)와 고구려가 그 반씩 나누어 가졌으며, 발해(渤海) 때에는 그 지역에 속(涑)·동(銅)·영(郢) 등의 주(州)를 설치하였고, 나중에는 여진(女眞)에 포함되었다. 고려 왕씨는 북계(北界)를 개척하여 선춘령에 이르러 5분의 1을 얻었고, 금(金)나라는 동경(東京) 지역으로 삼았으며 황명(皇明)의 말기에는 누루하치(奴兒哈赤)[97]가 영고탑(寧固塔)을 그 지역에 설치하였다.

두만강(豆滿江)은 역시 장백산의 동쪽 기슭의 허항(虛項) 북동쪽의 물과 훈춘(訓春) 동남쪽의 물이 모두 모인다. 남북으로는 수(數)삼백 리이고 동서로는 육칠백 리인데 옛 북옥저(北沃沮)의 지역이다. 고구려는 단성부(檀城府)를 설치하였고, 발해 때에는 동경(東京)이 되었다. 그 남쪽 천 리(千里) 정도에 성천(城川)·용흥(龍興)의 두 물이 있는데 모두 바다로 흘러든다. 옛 동옥저의 나라에 속하는데, 그 북쪽으로는 춘강(春江)과 삼지(三池)이고 서북으로는 선춘령(先春嶺)과 칠백 리 거리에 윤관(尹瓘)의 비석이 있다. 조선에 와서는 강북(江北) 지역은 오랑캐 땅이 되었다.

패수(浿水)는 지금의 영원군(寧遠郡) 동북 낭림(狼林) 지역에서 나오고,

---

97) 청(淸)나라의 초대 황제. 재위 기간은 1616~1626년이다. 건주좌위(建州左衛) 여진(女眞)의 추장 각창안(覺昌安)의 아들로 추장이 되자 두각을 나타내어 동족을 병합하여 건주위를 통일하고 만주오부(滿洲五部)를 형성하였으며, 민족통일을 기도하여 마침내 후금(後金)을 칭하였고 명나라를 공격하여 청나라의 단초를 열었다.

또 양덕(陽德)과 맹산(孟山)에서 나와 대체로 세 가지의 갈래가 있다. 남북으로는 5백~6백 리이며 동서는 4백 리이다. 옛 기자의 나라로 한(漢)나라 초에는 위만(衛滿)이 점거하였고, 손자인 우거(右渠) 때에 이르러서 한나라에 의해 멸망되었고 낙랑군을 설치하였다. 뒤에 낙랑은 한(漢)·위(魏)나라의 즈음에 고구려에 병합되었고, 중엽에 장수왕(長壽王)이 와서 도읍으로 삼았으며, 당나라가 고구려를 병합하여 안동도독부(安東都督府)를 설치하였고, 나중에는 발해로 편입되었다. 강남(江南)은 신라에 소속되었으며, 신라가 망한 후에 고려에서는 서경을 두었다. 그 북쪽으로 3백 리 되는 곳에 청천강(淸川江)이 있는데 옛날의 살수(薩水)로 수(隋)나라 병사 백만 명이 그 가운데 빠졌다. 또 그 북쪽에는 대정강(大定江)98)과 옥강(玉江)99)이 모두 바다로 들어가는데 청천(淸川)이 가장 컸다. 그 남쪽에 삼예수(三乂水)가 있는데 수양(首陽)100)의 북쪽에서 나와 장산(長山) 큰 산등성이의 물과 합하여 패수와 함께 바다로 들어가는데, 바다로 들어가는 곳을 일러 급수문(急水門)이라 한다. 중국사람들이 소위 삼협(三峽)의 형세라고 하는 곳이다.

한강(漢江)은 오대산(五臺山)에서부터 나오니 우통수(于筒水)라고도 하는데, 물맛이 해동(海東)에서 최고다. 금강산(金剛山)의 큰 등성이가 남쪽으로 달려 대관령(大關嶺)에 이르러 태백산(太白山)과 소백산(小白山)을 낳고, 속리산(俗離山)에 이르러 북쪽으로 우회전하여 여러 산의 물이 모두 모인다. 남북으로는 7백~8백 리이고 동서로는 5백~6백 리로 옛 마한(馬韓)의 강역이고, 맥국(貊國)과 한(漢)나라의 창해군(倉海郡)도 역시 그 가운데 있었으며 백제(百濟)가 일어난 지역이다. 양길(梁吉),101) 궁예(弓裔)가 신라

---

98) 평안도 박천군(博川郡)에 있던 강으로 박천강이라고도 하고, 대정강은 『대명일통지(大明一統志)』에 나오는 지명이다.
99) 평안도 의주에 있던 강으로 주에서 동북으로 60리 떨어진 곳에 있었다.
100) 황해도 해주(海州)의 옛이름이다.
101) 신라 진성여왕 때 반란을 일으켜 북원(北原)을 근거지로 세력을 넓혔으나 궁예에게

말에 역시 이 곳에 근거하였다. 임진강(臨津江) 옛 대수(帶水)는 그 북쪽으로 저탄(猪灘 : 일명 淇水라고도 함)과 함께 서해(西海)에서 모이는데, 임진강이 조강(祖江)이 되고 또 한강과 만나 그 서쪽은 교동(喬桐)과 강화(江華)가된다. 한수(漢水)의 남쪽 위례(慰禮)·하도(河道)·고수(高水)는 모두 바다로흘러가니 역시 옛 마한 지역이다. 그 사이에 미추홀(彌鄒忽)이 있으니 옛백제 비류(沸流)의 수도이다. 임진(臨津) 이북은 옛 대방(帶方)으로 궁예가철원(鐵圓)[102]을 도읍으로 삼았고 고려는 개성(開城)을 도읍으로 삼았다.장산(長山)의 등성이 남쪽에 있는 물은 모두 바다로 흘러 들어가니 백 리(百里)가 되는 강이 없었다. 그 북쪽으로는 문화(文化)가 있으니 옛 아사달의 지역으로 단씨(檀氏)의 옛 도읍이다. 그 물이 바다로 흘러 들어가고또 삼예수(三乂水)로 들어간다.

백마강(白馬江)은 지금의 장수현(長水縣)에서 발원한다. 동남쪽의 속리산(俗離山)을 거쳐 서남쪽으로 흘러 대둔산(大芚山)·적상산(赤裳山)·북산(北山) 및 상당산(上黨山)에 이르렀고 오른쪽으로 방향을 바꾸니 천안(天安)칠갑(柒甲)의 물이 모두 모였다. 동서로는 4백 리, 남북으로는 5백~6백리이고 옛 마한(馬韓)의 나라이다. 백제 문주왕(文周王)이 와서 웅진(熊津)에 도읍하고 그 후에 다시 지금의 부여로 옮겨 강을 바라보는 곳에 도읍하니 대왕포(大王浦)는 옛 백제의 왕들이 놀던 곳이고 낙화암(落花巖)이있다. 소정방(蘇定方)이 들어오니 궁녀들이 바위에서 떨어져 죽어서 드디어 강안(江岸)의 바위를 [낙화암이라고] 이름지은 것이었다. 바위 위에는용의 발톱으로 붙잡은 흔적이 있으니 소정방이 용을 낚시한 곳이라고한다.

낙동강(洛東江)은 태백산(太白山)의 맑은 물줄기에서 근원하여 왼쪽으로

_____

패하였던 인물이다.
102) 『동사』의 원문에는 철원(鐵原)의 '原'이 '圓'자로 되어 있다.

돌아 팔공산(八公山) 등 여러 산들과 소백산(小白山) 서쪽, 주흘산(主屹山)·
적상산(赤裳山)·팔양산(八良山)·지리산(智異山) 동쪽의 물이 모두 모인다.
옛 진한(辰韓) 변한(卞韓)의 지역이니 나중에 신라의 소유가 된다. 오가야
(五伽倻)·금관(金官)·사량(沙梁)·소문(召文)[103]·고령(古寧)이 그 사이에 나
누어 차지하였다. 신라는 군자국(君子國)으로 일컬어졌고 박(朴)·석(昔)·
김(金) 세 성씨가 대대로 한 지역을 관장하였다. 태백(太白)의 동쪽 등성이
는 위로는 고성(高城)·실직(悉直)[104]에 이르고 아래로는 장산(萇山)에 이른
다. 그 물은 바다로 들어가 역시 백 리(百里) 이상 흘러가는 강이 없다. 고
성에는 삼일포(三日浦)가 있고 강릉(江陵)에는 경호(鏡湖)가 있고 삼척에는
오십천(五十川)이 있다. 강릉은 옛 예국(濊國)인데, 그 풍속에 군자(君子)와
장자(長者)의 기풍이 있었다.

---

103) 경상도 의성(義城)에 있던 나라이다.
104) 강원도 삼척(三陟)에 있던 나라이다.

만필(漫筆)

　하산군(夏山君) 성몽정(成夢井)[1]의 자(字)는 응경(應卿)인데 일찍이 벽에 "효도는 처자(妻子) 때문에 쇠하고, 관직은 어느 정도 벼슬길에 올랐을 때 게을러지며, 병은 조금 나았을 때 더 심해지고, 화는 교만함이 가득한 것에서 발생한다. 맑은 마음과 적은 욕심, 정신을 풍요롭게 하는 것, 성품(性品)을 함양하는 것, 쾌락을 참고 [실수를] 반복함을 부끄럽게 여기는 것"이라는 32자(字)[2]를 써서 스스로를 경계하였다. 고인(古人)이 징계하여 다스리는 것이 이와 같았다.

---

1) 성몽정은 생졸년이 1559(명종 14)~1626(중종 12)년으로 연산군 때 문과에 급제하였으나 관직을 단념하였다가 중종반정(中宗反正)에 참여하여 정국공신이 되었다. 이후 대사헌, 이조참판, 한성부 판윤 등을 역임하였고 탄핵을 받기도 하였으나 조광조(趙光祖)의 변호를 받아 무사하였다.
2) 『동사(東史)』권14 「만필(漫筆)」, "孝衰於妻子 官怠於宦成 病加於少愈 禍生於驕盈 淸心寡慾 怡神養性 忍快恥復."

불경[禪經]에 있는 '홀로 일없이 앉아 있으니 봄이 와서 풀이 스스로 푸르르구나'라고 하는 말의 뜻이 역시 좋구나.

『신기비결(神器秘訣)』[3]은 곧 근세(近世)에 병가(兵家)에서 화기(火器)를 논한 책이다. 그 아래에 여러 병서(兵書)를 인용하였기에 오늘날 자못 도움이 된다. 그 내용을 살펴보니 곧 광해군(光海君) 때의 재상이었던 한효순(韓孝純)[4]이 쓴 것인데, 그 어리석고 좀스러우며 어지러운 사람도 능히 이와 같이 하였으니 선배들이 게으르지 않았음이 이와 같다.

유공권(柳公權)[5]이 말하기를, "마음이 바르면 글씨가 바르다"고 하였다. 여족지(余足之)[6]가 말하기를, "글씨가 바르면 마음이 바르다"라고 하였다. 대개 마음이 번잡하고 어지러울 때 여러 행의 글자를 연습하면 마음이 반드시 바로잡힌다.

추강(秋江) 남효온(南孝溫)[7]은 영특(英特)함이 한 세상에 드높았는데, 다

---

3) 한효순(韓孝純)이 선조 36년(1603)에 지은 병서(兵書)이다. 1권 1책이다. 신기(神器)란 말은 성능이 신묘한 무기, 즉 화약병기를 뜻하고 비결(秘訣)이란 말은 다른 책에서 언급하지 않은 화기의 장방법(裝放法)을 자세히 수록하였다는 뜻이다. 우리나라의 전통적인 화기(火器)뿐만 아니라 임진왜란을 계기로 새로 도입된 화기까지 망라하여 사용법, 제원 등을 설명하였다.

4) 한효순은 1543(중종 38)~1621(광해군 13)년이 생졸년으로 선조 때 문과에 급제하여 관직에 있다가 임진왜란 때 영해에서 공을 세워 관찰사와 순찰사 등을 역임하였다. 광해군 때에는 이이첨(李爾瞻) 등과 함께 인사권을 장악하고 반대파를 모두 추방하였으며, 우의정·좌의정 등을 지내는데, 폐모론(廢母論)을 발의하였다가 인조반정 후에는 관직이 추탈되었다.

5) 당(唐)나라의 서예가이다. 자(字)는 성현(誠縣)이다. 경학(經學)에도 뛰어났으며 벼슬이 태자태사(太子太師)에 이르렀다.

6) 여족지(余足之)는 명나라 때 필력(筆力)이 뛰어났던 사람이다.

7) 남효온의 생졸년은 1454(단종 2)~1492(성종 23)년으로 생육신(生六臣)의 한 사람이다. 김종직(金宗直)의 문인으로 김굉필(金宏弼)·정여창(鄭汝昌) 등과 교유하였고, 단종의 모친 현덕왕후의 능인 소릉(昭陵)의 복위를 상소했다가 상달되지 못하자 유랑하다가 생애를 마쳤다.

만 그 기상(氣象)이 너무 덧없어 부질없음을 면하지 못했다. 비록 혼조(昏朝:世祖)에게 화를 입지는 않았지만 끝내 총명하게 몸을 잘 보존한 선비는 아니었다. 아니면 하늘이 때가 아니어서 도(道)를 듣는 지위에 이르지 못해서 그런 것인가?

청한자(淸寒子) 김시습(金時習)은 풍모와 절개가 시원하고 깨끗하여 사람으로 하여금 백세(百世)가 지나도록 춤추듯 기쁘게 한다. 스님의 외형 때문에 더러운 모욕을 받았으나 옥(玉)과 같은 지조(志操)를 영원히 품었구나.

포은(圃隱) 정몽주(鄭夢周) 선생의 절의(節義)는 문산(文山) 문천상(文天祥)[8]과 같고 이학(理學)은 회암(晦菴) 주희(朱熹)[9]와 같고, 충략(忠略)은 제갈량(諸葛亮)[10]과 같고 문장(文章)은 두초당(杜草堂)[11]과 같으니 우리 동방(東方) 문물의 성대함이 오늘 선생이 연 것이 아닌 것이 없다. 다만 선생의 전에도 선생과 같은 분이 없고 선생의 후에도 선생과 같은 분이 없을 것이라고 말해도 좋다.

한훤당(寒暄堂) 김굉필(金宏弼) 선생은 젊어서는 기개가 있고 얽매이지 않아 거리를 두루 다니며 사람들을 때리기도 하여 사람들이 선생을 보면 문득 피하여 숨었다. 장성하여서는 분발하여 학문을 하였고 일찍이

---

8) 문천상은 송대(宋代)의 인물로 생졸년은 1236~1282년이다. 남송(南宋) 말의 충신으로 강서성(江西省) 길주(吉州) 사람인데, 주자학을 배우고 원병(元兵)에게 잡혀서 순절(殉節)하였다. 정기가(正氣歌)가 유명하다.
9) 주희는 남송(南宋)의 대유학자이다. 생졸년은 1130~1200년으로 북송(北宋)대부터 내려오던 성리학을 집대성하여 주자학으로 정리하였다.
10) 제갈량은 중국 삼국시대(三國時代) 촉(蜀) 사람으로 유비(劉備)를 도와 오(吳)와 연합하여 조조(曹操)를 적벽(赤壁)에서 격파하고 촉한을 세우게 하였으며 유비가 죽은 후에는 뜻을 받들어 후주(後主)를 도왔다.
11) 두보(杜甫)를 가리킨다.

시(詩)를 지었는데, '『소학(小學)』 가운데 어제의 잘못을 깨달았네'라는 구절이 있었다. 이때부터 종일토록 똑바로 앉아 강습(講習)하니 비록 집안 사람들도 게으른 모습을 볼 수 없었으니 뜻을 가진 선비는 역시 마땅히 이와 같았다.

장자소(張子韶)에서 말하길, "붕우(朋友)간에 강습(講習)하는 것은 진실로 천하의 즐거운 일이다. 불행하게 혼자 공부한다면 의당 옛사람을 벗으로 삼는 것이 좋다. 그러므로 『논어』를 읽으면 마치 공자 문하의 성현(聖賢)을 마주한 것과 같이 하고 『맹자』를 읽으면 맹자를 대한 것과 같이 하고 두보(杜甫)의 시(詩)나 소동파(蘇東坡)의 문장을 읽으면 또한 정신을 집중하고 생각을 가라앉혀 마치 두 사람을 눈으로 본 듯이 하여야 하니 이와 같이 마음을 쓰면 비록 천 년 뒤에 태어나더라도 천 년 전의 사람을 볼 수 있다"고 하였으니 이 말이 좋다.

원헌(元獻) 안주(晏珠)[12]는 20세에 귀하게 되었으니 그 인물됨을 살펴보면 흡사 영특하고 뛰어난 자태를 가졌는데도 역사에서는 성품이 조악하다고 일컬었다. 그 부귀(富貴)와 복(福)·수명(壽命)이 한 시대에서부터 멀리 벗어난 것은 진실로 이 때문이다.

개보(介甫) 왕안석(王安石)[13]의 절의 있는 행동은 본받을 만하나 그 행적을 자세히 살펴보면 그 마음은 욕심이라는 글자에서 오로지 벗어나지 못하였으니 자신의 의견을 집요하게 우겨대는 것뿐만이 아니었다.

---

12) 안주는 중국 송대(宋代) 임천(臨川) 사람으로 신동으로 소문이 났었다. 범중엄(范仲淹)·구양수(歐陽修) 등이 그의 문하이다. 원헌은 시호(諡號)이다.
13) 북송(北宋)의 정치가이다. 임천(臨川) 사람으로 신법(新法)을 주창하였으며 당송팔대가(唐宋八大家)의 하나로 문장도 잘 썼다.

『중용(中庸)』의 근독(謹獨)은 1편의 강령(綱領)이 되니 독(獨)이라는 한 글자는 만사(萬事)의 근본이며 여기에 삼가면 발(發)하지 않아도 중(中)이 되고 이미 발하면 화(和)가 되므로 가서 도(道)가 아님이 없다. 여기에 삼가지 않으면 일을 하여도 모두 결과가 없으니, 악(惡)을 행하기는 쉽고 선을 행하기는 어렵다. 비록 의관(衣冠)을 바로 하고 용모와 안색을 엄숙하게 하여 볼 만하더라도, 식자(識者)로 하여금 볼 만하다고만 여기게 되며 마음속에 가득 성(誠)자를 품어야만 홀로 있음[獨]에 삼가는 것이 될 것이다.

범육장(范六丈)은 가슴속에 일삼는 것이 없어서 천하를 근심하고 즐거움으로 삼아 마음속이 이와 같았다. 대개 흉중에 하나의 사물(事物)이라도 막힘이 없은 후에야 허명(虛明)하고 고요하게 정하여져 비록 천하의 어떤 일이라도 모두 얻을 수 있을 것이다.

거백옥(蘧伯玉)[14]은 어지러운 행동으로 변절(變節)하지 않았고, 안회(顏回)[15]는 저녁에 목욕하고 얼굴을 고치지 않았으니 군자의 근독(謹獨)은 마땅히 이와 같아야 한다.

순자(荀子)는 전국(戰國)시대의 현인(賢人)이다. 주공(周公)이나 공자(孔子)와 수백 년 떨어졌지만, 성(性)과 천도(天道)를 논한 것을 다 이해하였다. 그러나 그가 말한 성악설(性惡說)은 귀머거리나 장님과 차이가 없으니 어찌 저 금수(禽獸)가 앎이 없어도 승냥이와 이리가 근본의 은혜를 갚은 예(효도를 말함)가 있을 것이며, 벌과 개미가 군신(君臣)의 의리가 있을 것이며, 호랑이와 이리가 부자(父子)사이의 은혜가 있을 것이며, 물수리새와 비둘기에게 부부(夫婦)의 도리가 있겠는가. 이러한 것들이 군사(君師)

---

14) 『논어(論語)』에 나오는 인물로 위(衛)나라의 대부이다.
15) 공자가 가장 아끼던 제자이다.

의 가르침을 기다리지 않고서도 잘 할 수 있다면 성(性)이며 거짓이 아니다. 물(物)의 미약함이 이와 같기 때문에 사람이 만물의 영장(靈長)이 되었는데 유독 인(仁)·의(義)·예(禮)·지(智)의 성품이 없다면 도리어 금수만도 못할 것이다. 그러나 순경(荀卿)16)은 초(楚)나라 사람이어서 노장(老莊)의 영향에서 자유롭지 못하여 그런 것이다.

사람의 마음은 가시나무가 쉽게 땅에 눕는 것과 같고, 하늘의 이치는 영지와 난초가 늙기 어려운 것과 같다. 평일 아침에 잠에서 깨어나 인사(人事)를 아직 접하지 않았을 때는 아주 짧은 시간의 소식(消息)17)이 없지 않다. 파도와 같은 생각과 물결과 같은 욕망이 잠깐 사이에 일어났다가 없어지는 즈음에는 힘써서 공경(恭敬)을 할 수가 없으니 어찌하여 욕심이 없는 경지에 도달할 수 있겠는가.

옛날과 지금의 성현(聖賢)들의 천언만어(千言萬語)는 단지 풀어진 마음을 수습하는 것일 따름이다.

경재잠(敬齋箴)에서 말하길, 호리(毫釐)의 작은 차이가 있는 것이 하늘과 땅이 바뀌는 지점인데, 삼강(三綱)이 이미 무너지고 구법(九法)18)도 역시 썩어졌다. 호리의 작은 차이로도 오히려 삼강오륜(三綱五倫)이 무너지는데 하물며 천 리(千里)나 어긋남에서랴. 이러한 예로 본다면 사람은 한 순간의 게으름과 한 순간의 망녕도 있어서는 안 되니, 진실로 잠시라도 끊어짐이 있으면 금수같이 되기가 쉽다. 대현(大賢)이 사람에게 보인 뜻

---

16) 순자(荀子)의 이름을 말한다.
17) 천지 시운(時運)이 자꾸 변화하는 일을 가리킨다.
18) 구주(九疇)와 같다. 천하를 다스리는 아홉 가지 큰 법을 말한다. 원래 우왕(禹王)이 천계(天啓)에 의하여 얻은 것으로서 대대로 전하여 기자(箕子)에 이르러 무왕(武王)의 물음에 대답한 뒤에 비로소 세상에 알려졌다. 오행(五行)·오사(五事)·팔정(八政)·오기(五紀)·황극(皇極)·삼덕(三德)·계의(稽疑)·서징(庶徵)·오복(五福)이 그 내용이다.

이 지극히 깊고 절실하다.

동명(東銘)19)을 보니 망령된 행동이 없다.

서명(西銘)에는 세상을 덮을 기상이 있어 사람으로 하여금 기쁨・노여움・슬픔・즐거움・사나움・거만함・성냄・미움 등이 잠시의 사이에 자연히 뜬구름과 안개처럼 명멸(明滅)하는 것을 보게 하니, 해와 달의 빛과 하늘과 땅의 거대함을 막을 수는 없는 것이다. 대개 그 품은 것이 넓고 뜻한 바가 고상하여, 자기도 없고 사물도 없으며, 호호탕탕(浩浩蕩蕩)20)하여 마음이 탁 터져 환하니 [이것은] 간격(間隔)이 없기 때문이다.

군자(君子)가 진중하지 않으면 위엄이 없고, 배워도 견고하지 않다.21) 비록 위엄이 있고 진중하나 성실(誠實)한 의사(意思)가 없으면 한갓 밖을 장식하는 것일 뿐이므로 충신(忠信)을 위주로 하여 이어야 한다. 대개 군자는 충신을 위주로 하여 자연히 위의(威儀)가 정돈된다. 말하는 것이 진중하면 그를 우러러보고, 그의 위엄과 진중함을 보고는 그의 성실과 신의를 즉시 알게 된다.

하루에 세 가지로 반성하는 것은 성실한 것이다. 자기에게 성실한 이후에야 다른 사람에게 도모(圖謀)하는 것이 충성스럽고, 붕우(朋友)를 사귐에 신의가 있으며, 여러 스승에게 배울 수 있는 것이다. 『대학(大學)』에서 '자기를 속이지 말라(無自欺)'라 한 구절이 곧 증자(曾子)가 평생 힘

---

19) 북송(北宋)의 성리학자(性理學者)였던 장재(張載)가 학문을 강의할 때 양쪽 창 위에 각기 써 붙였던 격언 중의 하나로 동쪽 면에는 폄우(砭愚), 서쪽 면에는 정완(訂頑)이었던 것을 정이천이 고쳐서 '동명'과 '서명(西銘)'이라고 하였다.
20) 아주 넓어서 끝이 없는 모양을 가리킨다.
21) 『논어(論語)』 「학이(學而)」편에 있는 구절이다. 원문은 "子曰 君子不重則不威 學則不固"이다.

을 기울인 곳이다.

사람이 스스로 자기의 병을 근심하는 것은 절실하고 지극하지 않음이 없으나 기호(嗜好)와 욕심이 많을 때에는 도리어 스스로 잊는다. 오직 부모(父母)가 병을 걱정하는 것은 천리(天理)의 바름에서 생기는 것이어서 스스로 그만두지 않는다. 자식이 부모의 마음으로 (자기의) 마음을 삼고, 그 부모가 자기를 염려하는 것을 생각하여 걱정한다면, 두려워하여 삼가지 않고서도 근신(謹愼)할 것을 생각하게 될 것이다.

안자(顔子)의 집은 가난하지만 친애(親愛)가 있었다. 대체로 안로(顔路)는 공자(孔子)보다 6세가 어리고 안자는 공자보다 39세가 어리니 안로의 연배는 매우 높았다. 범인(凡人)으로 하여금 땅을 바꾸게 하니 당일(當日) 그 가난해짐을 염려하여 장차 그 지키던 바를 바꾸려는 사람이 있었는데, 안자는 같은 경우에 침착하게 서둘지 않고 한 터럭의 근심하는 의사(意思)를 보이지 않았으며 또 서둘지 않고 근심하지 않는 모양이 마치 바보와 같았다. 대체로 그 뜻이 단지 그 자리에서 천명(天命)을 기다릴 뿐이었다. 차라리 누항(陋巷)의 춘풍(春風)의 즐거움이 없었겠는가. 안자(顔子)와 같은 경우에서 이러한 예로 마음을 삼는다면 마음 속에 스스로 일삼을 것이 없을 것이다.

사람은 이치를 궁구(窮究)하고 마음을 바로잡는 것에서 훌륭한 의사(意思)를 보존할 수 있을 것이다.

게으른 생각이 한번 일어나면 곧 스스로 포기할 것[自棄]이고, 망령된 말과 행동을 하면 뜻이 곧 나태해질 것이다.

마음이 바르면 모든 일을 꾸밀 수 있을 것이고, 마음이 바르지 않으면 한가지 일이라도 할 수 없다.

정성을 보존하는 것은 스스로 망령된 말을 하지 않는 것이다. 처음에 망령된 말을 하지 않고 공부한다고 해도, 유원성(劉元城)[22]같이 정확한 사람의 경우일지라도 7년이 지나 성취하였으니 하물며 원성과 같지 않은 사람에서랴!

'지나친 것을 참으면 일을 감당하는 것이 즐거울 것'이라는 두보(杜甫)의 시(詩)를 옛 군자들은 감탄하여 완상하였다. 무릇 일에서 지나침을 참은 후에 생각하면, 알지 못하는 사이에 손과 발이 춤을 출 것이며, 지나침을 참지 못하면 후회가 따라와서 근심하지 않을 수 있겠는가.

조청헌(趙淸獻)[23]의 열도시(閱道詩)에서는, "대청 밖에 긴 계곡이 있고 계곡 밖에 산이 있네. 발을 걷어올리니 시냇물과 구름 사이가 넓고, 높은 집에는 문답(問答)이 오가고, 푸른 밤 깊이 잠들었다가 낮에는 한가로이 쉬네"라고 읊었다. 초횡(焦竤)[24]은 이 시가 마음이 편하게 한가로움의 오묘함을 잘 읊었다고 하였다.

제갈무후(諸葛武侯)[25]가 자식을 훈계하는 편지에서, 군자의 행실은 고

---

22) 송(宋)나라의 유안세(劉安世)를 말한다. 사마광(司馬光)의 제자였는데, 직언을 간언하여 '殿上虎'라고도 불리다가 귀양을 가서 7년을 살았다. 여기서는 7년 귀양살이를 한 것을 말한다.
23) 송나라 사람인 조변(趙抃)을 말한다. 청헌(淸獻)은 시호이다. 경우(景祐) 연간(1034~1038) 초에 고위직을 탄핵한 것으로 유명하고, 나중에 왕안석(王安石)과 협력하여 정책을 추진하였다.
24) 명나라 강녕(江寧) 사람이다. 자(字)는 약후(弱侯)이고 호는 담원(澹園)이다. 만력(萬曆) 17년 전시(殿試)에서 1등을 하였고 성품이 소탈하고 강직하여 시사(時事)에 직언을 하였다.
25) 제갈량(諸葛亮)을 말한다. 삼국(三國)시대 촉(蜀)나라의 재상이었고 자(字)는 공명(孔明)이다.

요하게 몸을 닦고 검박하게 덕을 수양하는 것이니 담박(澹泊)하지 않으면 뜻을 밝힐 수 없고, 편안하고 고요하지 않으면 원대한 것을 이룰 수 없다고 하였다. 무후가 일생동안 한 공부가 다만 담박(澹泊)한 것과 편안하고 고요한 것에 있었기 때문에, 그의 총명함과 지략(智略)을 끊임없이 쓸 수 있었다. 또 그의 본질(本質)과 타고난 바탕은 맑기는 하나 약하여서 원대한 목표를 달성할 만한 것은 아니었으나, 정신을 잘 보존하고 지혜롭게 깊은 사려를 하여 외물(外物)에 움직여지지 않았었기 때문에 신령스런 재주와 성덕(盛德)은 고금에 비교할 사람이 없었다.

안자(顏子)는 실수를 거듭하지 않는 것 때문에 호학(好學)으로 일컬어졌다.26) 이 마음의 병통(病痛)은 '거듭한다[貳]'는 글자에서 나오지 않는 것이 없다. 대체로 행동함에 신중하지 못하고, 말함에 삼가지 않고, 생각함에 바로 보지 않고, 봄에 단정하지 않고, 태도가 공손하지 않은 등의 일은 모두 과실(過失)이다. 마땅히 이것으로부터 모두 깨끗이 닦아야 날마다 새로워진다.

간(簡)·중(重)·신(愼)·묵(默)에서 가장 중요한 것은 한 마디도 망발(妄發)을 하지 않는 것과 한 가지의 일도 망작(妄作)을 하지 않고 한 가지 행동도 망과(妄過)하지 않는 것이 학문을 하는 기초이다.

위로 [하늘을] 보아도 부끄럽지 않고, 아래로 [땅을] 보아도 부끄럽지 않은 것은 다만 근독(謹獨) 공부이다. 혼자 있을 때 삼갈 수 있어야 태극(太極)의 오묘함을 볼 수 있다.

---

26) 이 구절은 『논어(論語)』「옹야(雍也)」편에 있는 구절로 원문은 다음과 같다. "哀公 問弟子 孰爲好學 孔子對曰 有顔回者好學 不遷怒 不貳過 不幸短命死矣 今也則亡 未聞好學者也."

하늘에는 지극한 이치가 있어 만물(萬物)과 함께 공유하고, 사람에게는 이욕(利慾)이 있는데 몸 밖에서 나오는 것은 아니다.

마음의 조그만 기운이 왕성하면 모든 일이 통하여져서 쉽게 이루어지고, 마음의 큰 기운이 부족하면 모든 일이 제대로 되지 않아 이루기가 어렵다. 마음이 작으면 기운이 조화롭기 때문에 병이 물러나니 신체(身體)의 기쁨과 편안함이 어찌 병을 물리치는 좋은 처방이나 성품을 기르는 대체[大節]가 아니겠는가.

퇴지(退之) 한유(韓愈)[27]의 「흉차극대여송문창서(胸次極大如送文暢序)」는 사람으로 하여금 맑고 시원하게 해주어 탁 트인 것이 『맹자(孟子)』「허행장(許行章)」 등과 서로 표리(表裏)를 이룬다.

『우계일록(牛溪日錄)』에서 이번 달의 그믐날에 율곡(栗谷)에 있는 숙헌(叔獻) 이이(李珥)를 찾아보고 말하길, "금년에 몇 권이나 읽었습니까"라고 하니 대답하기를, "금년에 사서(四書)의 2~3편을 세 번 읽어서 모두 9편입니다. 지금 또 『시경(詩經)』을 읽기 시작하여 왕풍(王風)까지 읽었습니다"라고 하였다. 지금 사람들이 비록 바쁜 와중이라도 하루에 1편이나 3편을 반드시 읽을 겨를이 없는 것이 아니며, 비록 3편을 정력을 다해 읽는다면 역시 5~60편을 넓리 볼 수 있을 것이다. 만일 깊이 독서할 겨를이 없다면 이 예를 모범으로 삼아도 좋다.

황석자(黃石子)[28]가 말하기를, 병은 무상(無常)보다 더 병으로 여길 만

---

27) 당(唐)나라 중기의 대문장가. 당송팔가문(唐宋八家文)의 한 사람으로 그의 문장은 고문(古文)을 모범으로 삼았다고 한다.
28) 청(淸)나라 사람인 황송(黃松)을 말한다. 안휘성(安徽省) 태평(太平) 출신으로 자(字)는 천기(天其)이며 호는 황석(黃石)이다. 그림을 잘 그렸는데, 화조화(花鳥畵)는 주지면(周之冕)에게 배웠다.

한 것이 없고, 사람에게 가장 해로운 것은 '무상'이라는 두 글자에서 조금도 벗어나지 않는다.

하늘이 사람에게 명(命)을 준 근거가 되는 것은 인신(人身)의 무극(無極)이다. 사람이 이를 얻어서 성(性)으로 삼은 것은 곧 인신의 태극(太極)이다. 성이 마음에 구비되어 지각(知覺) 운동(運動)의 본체가 되는 것은 곧 인신의 천(天)이다. 칠정(七情)이 미발(未發)하여 각각 그 한 가지만을 쓰는 것이니, 곧 인신의 일(日)·월(月)·성(星)·신(辰)과 오기(五氣)의 정(精)이다. 이런 이치가 순환하여 쉬지 않고 동정(動靜)의 기틀이 되는 것이 곧 인신의 음양(陰陽)이다. 사람의 일신(一身)에는 천하 만물의 이치가 구비되었기 때문에 말하기를, 성인(聖人)은 천지와 그 덕을 합한다고 하였다.

진충숙공(陳忠肅公)29)이 말하기를, 말이 진실되고 믿을 수 없다면 하등인(下等人)이고 행동이 돈독하고 공경스럽지 못하면 하등인이고, 잘못을 하고도 후회할 줄을 알지 못하면 하등인이며, 후회하고도 고치는 것을 알지 못하면 하등인이다. 하등이라는 말을 듣고도 하등의 일을 하는 것은 비유하면, 집의 가운데에 앉았는데 사면은 모두 장벽(墻壁)이어서 밝게 하려고 하여도 할 수 없는 것과 같다.

병은 망령됨[妄]과 망령되지 않음[無妄] 사이에서 일어난다. 공부를 하는 것은 병이 없게 되는 것뿐만이 아니다. 눈은 밝음을 얻어 볼 수 있게 되고, 마음은 배움을 얻어 지혜롭게 된다.

---

29) 충숙(忠肅)은 시호(諡號)인데, 이 시호를 쓰면서 진(陳)씨 성을 가진 사람은 송(宋)나라의 진위(陳韡)·진과정(陳過庭)·진관(陳瓘) 세 사람이다. 이 중에서 만필(漫筆)에 쓰여진 말의 중요성을 강조하는 내용으로 볼 때는 간관(諫官)으로 극언(極言)을 하였던 진관으로 추정된다.

오리(梧里) 이원익(李元翼)[30]이 말하기를, 나는 평생 이익을 보면 수치를 생각하였고 일은 어려움을 사양하지 않았으며 행동은 구차하게 용납되게 하지 않았으니 잘못을 줄이려고 하였으나 잘 되지 못하였다. 사람의 마음은 마치 거울이 사물을 비추는 것과 같아서 기미(幾微)에서 볼 수 있으니, 추구하는 것과 버리는 것이 반드시 갈라지게 되는 점이 분명하다. 용기는 분명한 것에서 생기고, 분명하면 미혹되지 않으며, 미혹되지 않으면 움직이지 않으니 이것이 공이 일생동안 얻은 것이다.

내사(內史)[31]의 귀신(鬼神)의 허물을 지적하는 논의에서 말하기를, 마음이 바르면 귀신도 역시 바르게 된다라고 하였다. 또 말하기를, 총명하고 정직하여 [이것으로] 일관(一貫)하는 사람은 귀신의 정상(情狀)을 알 수 있다고 말할 수 있다고 하였다.

동계(桐溪) 정온(鄭蘊)[32]이 인성군(仁城君)[33]의 처노(妻帑)를 돌려줄 것을 청하는 한 장의 상소를 올리니, 임금[上]을 극력 공격하는데 거리낌이 없었다. 이때 대각(臺閣)에서 시끄럽게 하는 풍조를 볼 수 있다.

『중용(中庸)』 33장(章)을 두 마디 말로 정리한다면 하나는 성(誠)이고 다른 하나는 효(孝)일 따름이다. 성에 대해서는 선유(先儒)들이 이미 1편의

---

30) 조선 중기의 문신으로 생졸년은 1547~1634년이다. 임진왜란과 정묘호란 때 공을 세웠으며 인조 때에 정승을 역임하였다. 대동법(大同法)의 실시를 건의하기도 하였다.
31) 관직명으로 국가의 법전(法典)을 관장하였다.
32) 인조 때의 문신으로 생졸년은 1569~1641년이다. 영창대군의 처형이 인륜에 어긋나는 것임을 주장하여 제주도로 귀양을 갔으며, 인조반정 이후 여러 관직을 역임하였고 병자호란 때 김상헌(金尙憲)과 함께 척화(斥和)를 주장하였다.
33) 선조의 일곱째 서자로 생졸년은 1588~1628년이다. 광해군 때 인목대비의 폐위를 주장하였고, 이로 인해 인종반정 이후 이귀(李貴) 등에 의해 처벌이 논의되기도 하였다. 이괄(李适)의 난 때나 유효립(柳孝立)이 대북을 규합하여 모반을 기도할 때 왕으로 추대되기도 하였다가 서인의 주장대로 자살을 강요받고 죽었다.

가장 중요한 문장으로 삼았는데, 유독 효에 대해서 언급하지 않은 것은 무엇 때문인가. 하늘이 사람에게 명한 것과 사람이 살게 하는 근거가 곧 이른바 성이다. 나를 기르는 것은 부모요 나를 낳아준 것은 하늘이니 그 도는 하나이다. 군자가 효로써 어버이를 섬기니 곧 성으로써 하늘을 섬기는 것이다. 그러므로 대나무를 울려야 죽순(竹筍)이 생기고 얼음을 두드려야 고기가 나오는 것이 감응(感應)하는 이치이니 어찌 빨리 하지 않겠는가.

이 마음은 움직이기는 쉽고 편안하기는 어려우니 하루 12시(時)에서 태반은 사나운 물결 속 암실(暗室)의 경계(境界)와 같다. 만일 잠시의 경계에서 한가하고 잡다한 사려(思慮)가 없다면, 이 마음은 한번에 밝음을 보고 총명함을 들은 것이어서 일을 함에 정신(精神)이 있는 것이다. 잠시 두세 번 정신이 아득하고 흐리며 불안하면 거처하는 곳마다 병이 되지 않는 것이 없다. 정신을 기르는 것은 '무욕(無欲)' 두 글자에 달려 있다.

문청(文清) 설선(薛瑄)[34]이 말하기를, 비록 수십 년 동안 학문에 힘쓴 공이 있다 하더라도 만일 하루의 시간만 있다면 전에 쌓은 공력이 다 없어진다. 그러므로 『서경(書經)』에서는 9길이 넘는 산도 한 삼태기의 흙으로 무너진다[35]고 하였으니 무너뜨리는 데는 수십 년의 공(功)은 필요 없고 하루 사이만 있으면 된다. 또 십한일폭(十寒一曝)[36]의 공력이 없으니 가볍고 경솔하며 생각이 짧고 미쳤으며 어리석어서, 도리어 어리석은 선비가 처음에 지식이 없는 것보다도 못하다. 그 이유를 궁구해보면

---

34) 명(明)나라의 학자로 생졸년은 1389~1464년이다. 학식과 덕행이 뛰어났으며 설부자(薛夫子)라고 불리웠고 그 밑에서 배우는 사람이 많았다.
35) 『서경(書經)』 권7 「주서(周書)」 「여오(旅獒)」편」. "嗚呼 夙夜罔或不勤 不矜細行 終累大德 爲山九仞 功虧一簣 允迪玆 生民保厥居 惟乃世王"
36) 열흘 춥고 하루 햇볕이 쬔다는 뜻으로, 일을 하는데 근실하지 못하여 자주 중단함을 이른다.

실심(實心)으로 향상(向上)하려는 정성이 없고 옛 습관에만 안주하여 스스로 뛰어나지 못하니 옛 선인들의 도를 구하여 단지 고인(古人)의 책만 섭렵하려고 한다. 요행히도 전광석화(電光石火)같은 소식은 사람이 사람되게 하는 것인데도 단지 사방 1촌의 책만 믿으니 방촌(方寸)의 마음이 이와 같아서 사람이 될 수 있겠는가. 옛사람들은 성(誠)을 보존하는 것은 마땅히 망령된 말을 하지 않는 것에서부터 시작한다고 하였다. 나도 일생동안 힘쓴 것이 비록 여기에 있으나 끝내 조그만 진취도 없었으니 어찌 크게 근심할 일이 아니겠는가.

종일토록 심신(心神)이 평안하고 안정되며 쉬게 하여 하나라도 움직이거나 동요하는 실수가 없다면 눈과 귀는 자연히 밝아지고, 지체(肢體)는 자연히 편안해진다. 옛 진인(眞人)[37]의 환단법(還丹法)[38]도 여기에서 벗어나지는 않는다.

양(量)이라는 것은 용서(容恕)하는 것이다. 용서하면 도량(度量)이 있는 것이다. 사람의 도량은 기르면 한이 없고 스스로 포기하면 어리석고 좁고 막히어 하나의 선(線)으로도 통할 수 없는 것이다. (도량을) 길러서는 군자(君子), 귀인(貴人), 복인(福人)이 될 것이고 스스로 포기하면 소인(小人), 천인(賤人), 악인(惡人)이 될 것이다.

말은 입에서 나오지 않는 것과 같이 해야 하니 덕이 있는 사람의 기상(氣像)은 말이 많은 것을 두려워하여 마음을 보존하는 것이다. 절대로 마음을 보존하지 않고 망령된 말을 시작해서는 안 된다.

---

37) 도교(道敎)의 깊은 진리를 깨달은 사람을 가리킨다.
38) 도가(道家)에서 행하는 일종의 연금술(鍊金術)로 연단(煉丹)의 순환변화를 하는 것을 말한다.

우복(愚伏) 정경세(鄭經世)[39]의 시(詩)에서는, "병에 익숙하여지니 혼돈되어 병을 잊었고, 오랜 쉼은 곧 한가로움을 염증나게 하네"[40]라고 하였다. 나는 4년 동안 병마에 싸여서 습관과 성품이 이에 맞추어졌다. 모든 일에서 지나친 것을 참을 수 있어서 병이 해(害)가 되는 것을 다시 알지 못하였으니 뜻과 생각이 한 모양이라고 할 수 있다.

전국시대(戰國時代)의 선비들은 노도(老道)[41]를 많이 믿었으므로 한 명의 정대(正大)한 사람이 없었다. 공자(孔子)가 순화시켜 조금 바르게 되었으나 조금 젖어 있어 전국시대의 풍습에서 면하지 못하였다.

자방(子房) 장량(張良)[42]의 마음은 지극히 섬세하고 지극히 정신(精神)이 있었다. 대개 그 도(道)가 무(無)에서 오로지 나오니 그 진(秦)나라와 초(楚)나라를 멸망시키고, 한(韓)나라에 보답하며 한(漢)나라를 일으킨 것은 모두 평지에서 파란(波瀾)을 일으킨 것이다.

각(覺)이라는 것은 깨닫는 것이다. 고인(古人)들의 책을 배워서, 나와 고인이 같지 않은 것을 깨달아서 고치는 것이다. 왕양명(王陽明)은 깨달음을 곧 양지(良知)로 삼으니 대체로 깨달음에 공사(公私)의 구분을 지어 학문에 뜻을 두면 깨닫는 것은 역시 공(公)이 많고 사(私)는 적어질 것이

---

39) 조선중기의 문신이자 학자로 생졸년은 1563~1633년이다. 임진왜란 때 의병을 모아 공을 세웠고 인조반정 이후에 대사헌·대제학 등을 거쳤다. 성리학과 예론에 밝았고 『광해군일기(光海君日記)』의 편찬도 담당하였다.
40) 이 싯귀는 정경세(鄭經世)의 『우복집(愚伏集)』에 있다. 그에 따르면 한음(漢陰) 이덕형(李德馨)이 새 달력을 보내오면서 그 위에 시를 써보냈기에 이 시에 차운(次韻)하여 지은 시라고 하였다. 『우복집』 권1 '즉사(卽事)조'를 참조하시오.
41) 노자(老子)를 가르침을 가리킨다.
42) 전한(前漢)의 공신(功臣)이다. 소하(蕭何)·한신(韓信)과 함께 한나라의 삼걸(三傑)이다. 대대로 한나라 대신(大臣)이었는데, 한나라가 망하자 그 원수를 갚고자 박랑사(博浪沙)에서 역사(力士)를 시켜 철퇴로 진시황을 쳤으나 실패하였다. 후에 한고조(漢高祖) 유방(劉邦)의 모신(謀臣)이 되어 진(秦)나라를 멸망시키고 초(楚)나라를 평정하였다.

다. 만일 그 깨달음으로 인해 잘못된 것을 없애면, 천리(天理)는 곧 나에게 있게 되니 이것이 곧 양심(良心)이 발현하는 단서로서, 이른바 전광석화(電光石火)의 깨달음은 반드시 번거롭게 구하여 찾지 않아도 곧 지키고 잃지 않을 수 있을 것이다.

임신(壬申)년(1752) 중추(中秋)에 용흥사(龍興寺)에 놀러 갔는데, 밤에 승방(僧房)에서 자면서 대사승(大師僧) 총윤(摠允), 서민(瑞旻)과 밤새도록 문답(問答)하여 토론이 끝이 없었으니 자못 임하(林下)의 기운이 있었다. 다음날 향도암(向陶庵)에서 입정승(入定僧) 담화(曇和)와 마음에 대해 논했다. 이 승려는 나이가 75세이고 50여 년 동안 수행하였다. 맨발에 곡식을 끊은 지도 역시 30년이 되어 팔도에 이름이 났었다. 말하기를 내가 처음으로 산방(山房)에 들어와서 여러 승려들이 모두 나와 맞이하는데, 모두 속된 승려였으나 유독 가장 나중에 있는 승려는 형상이 마른나무의 탄 재와 같아 여윈 것이 마치 도인(道人)의 풍모가 있었다. 곧 그 이름을 물으니 담화(曇和)였다. 그 [도를 닦음에] 힘쓴 것에 대한 시말(始末)을 처음에는 매우 사양하다가 천천히 말하기를, "빈도(貧道)[43]가 어렸을 때 거사(居士) 김창흡(金昌翕)과 함께 세속의 선비를 나누어 후대하였으나 도(道)를 좋아할 수 있는 사람은 몇 사람뿐이었다. 이에 지금 낭군(郞君)이 왔으니 어찌 귀하지 않겠는가. 이른바 마음은 둥글고 밝은 구슬과 같아서 있는 곳을 비추지 않는 곳이 없기에 가장 따져 묻기가 힘들다. 벽을 향해 앉으니 어둡고 불안한 땅이 되고, 경전을 잡아서 음미하여도 구이(口耳)의 학문이 되고, 심체(心體)가 비록 이미 밝혀져도 이 공부에 도달하는 것이 매우 어려워서 마치 하늘로 올라가려고 하나 계단이 없고, 벽을 오르려고 하나 발이 물려지는 것과 같다. 소승의 나이가 금년 70세이고 고행(苦行)한 지도 50년이지만 다만 옛 모양을 그대로 따랐을 뿐입니다." 말을

---

43) 중 또는 도사(道士)의 겸칭이다.

마치고 또 눈을 감았다. 나는 바야흐로 돌아오려고 하여 즉시 인사하고 출발하니 승려가 합장하며 말하기를, "이 마음은 역시 따로 떨어진 사물(事物)이 아니니 잊지도 말 것이며 조장(助長)하지도 말 것이니 [이와 같이 하면] 오래되어 얻음이 있을 것이다라는 것이 우리 불가의 공안(公案)[44]이다"라고 하였다. 나는 곧 '예예'라고 대답하고 나왔는데 승려 역시 합장만 할 따름이었다.

문중자(文中子)[45]는 어지러운 세상을 뛰어넘는 아름다운 군자(君子)이다. 『중설(中說)』 1부(部)는 종종 격언(格言)과 가론(嘉論)이 있어 위(魏)·진(晉) 이래 비교의 대상이 없었으니 성학(聖學)에서 얻은 바가 적지 않았다. 유독 수(隋)·당(唐)의 전해지는 역사에 들지 못한 것은 반드시 불교(佛敎)와 노장(老莊)을 편들어서 그런 것이니 곧 목천필(木天筆)[46]인 것이다. 그렇지 않다면 이천(伊川)선생이 왜 하필 덕(德)을 숨긴 군자(君子)라고 하였고, 왕양명(王陽明)도 하필 양공심고(良工心苦)[47]라고 하였겠는가. 두 선생은 반드시 본 것이 있는 것이다.

조사필(趙師䨄)[48]은 한탁주(韓侂冑)[49]의 압객(狎客)[50]이었다. 일찍이 한탁주의 울타리 안에서 개 짖는 소리를 내어 어여쁨을 받아 직위가 상서

---

44) 선종(禪宗)에서 수행자의 마음을 연마하기 위해 과하는 시험 문제를 가리키는데, 여기서는 오랫동안 해온 화두(話頭) 정도의 의미이다.
45) 수(隋)나라 왕통(王通)의 사시(私諡)이다. 또 그의 저술인 중설(中說)을 가리키기도 하는데, 총 10권으로 문답체이며 유(儒)·불(佛)·도(道) 삼교(三敎)의 일치를 논하였는데, 문체는 『논어(論語)』를 모방하였다.
46) 목천(木天)은 학사(學士)가 거처하는 곳을 말한다. 즉 목천필은 학사들의 붓으로 학사들이 쓴 것을 말한다.
47) 기교(技巧)가 뛰어난 경우에 마음속의 고심도 많은 것을 말한다.
48) 송(宋)나라 광종(光宗) 때의 사람으로 한탁주에게 아부하여 공부(工部) 상서까지 지냈다.
49) 송(宋)나라에서 권세를 부렸던 인물로 주희(朱熹)도 한탁주 때문에 죄를 얻었다.
50) 남의 놀림감이 되는 사람을 말한다.

(尚書)에까지 이르렀다. 송나라의 『심숙해사(沈俶諧史)』에서는 조사필의 일에 대해 영예로운 말이 많고 심지어 명특(明特)한 사람이라고까지 하니 역사의 어긋남을 의심할 만하다.

왕양명(王陽明)은 호걸(豪傑)스런 선비이다. 소견이 방자(放恣)하여 할 수 없는 일에 얽매이지 않고, 마음을 가라앉혀 크게 현명한 사람에게 머리를 숙였다. 과백(科白)⁵¹⁾ 가운데 팔구(八區)⁵²⁾를 능가하고 구괴(九塊)⁵³⁾를 건넜다는 생각을 하니 마침내 편안한 것만을 말하고, 법문(法門)의 좌독(左纛)⁵⁴⁾·황옥(黃屋)⁵⁵⁾은 애오라지 혼자서 즐겼을 따름이다. 정주를 배척하는 논의를 하지 않았다면 요컨대 역시 크게 현명한 무리가 되는 것에 실패하지 않았을 것이다. 그러나 애석하게도 그 망령되게 스스로를 높였다. 주렴계의 학문과 정주(程朱)의 공부는 매우 같고 다른 점이 있으나두 사람[정자와 주자]은 [주렴계를] 헐뜯지 않았다. 양명이 주자를 대하는 것이 주자가 주렴계(周濂溪)를 대하는 것과 비슷하였더라면 오히려 성문(聖門)의 죄인이 되지는 않았을 것이다.

상을 치르는 예는 비단 산 사람 때문에 추모(追慕)하는 뜻만 있는 것은 아니다. 죽은 자는 신혼(神魂)이 방황하여 의지할 곳이 없기 때문에, 만일 산 사람의 감격스런 정성이 없다면 수그러들어 돌아가 상하(上下) 사방(四方)으로 자연히 소멸되어 끝내 펴서 돌아갈 수 없게 되는 이치이다. 곡(哭)을 하며 발을 구르는 것이나, 슬퍼하여 부르는 절차는 비록 이미 죽

---

51) 과백(科白)은 배우의 동작과 대사(臺詞)를 말하는데 여기서는 왕양명의 말을 가리킨다.
52) 팔방(八方)의 지역으로 천하를 말한다.
53) 구괴(九塊)도 천하를 지칭하는 말이다.
54) 천자의 수레 왼쪽에 세우는 큰 깃발을 말한다.
55) 천자의 수레 덮개를 말한다. 천자가 타는 수레는 황색 비단으로 겉을 덮기 때문에 이름붙은 것이다.

은 것에 더 보탤 것은 없으나 역시 귀신을 감격시키는 정성에는 충분하니 제사를 잘 받드는 도리를 더욱 하지 않을 수 없다. 사람이 만일 이것을 염두에 둔다면 어찌 스스로 게으르고 해이하게 할 수 있겠는가.

사람의 정신(精神)은 혈기(血氣)에 따라 생기는데, 죽어서는 몸과 서로 떨어져서, 혼(魂)은 하늘로 올라가고 백(魄)은 땅에 떨어진다. 그 어둡고 막막한 사이에 스스로 도처에 가득 차 있는 존재인데, 다만 육체와는 사이를 두고 수작(酬酌)하거나 접촉하지는 못하니 비록 가까운 한 집안 자손이라도 상관(相關)이 없는 것이다. 자손이 정성을 다해 예로써 제사를 지내면 향(香)이 잘 타오르고, 그 향기가 올라가 신령(神靈)의 기(氣)가 사람을 엄습하는 사이에 반드시 귀신이 와서 흠향(歆饗)하는 이치가 있으므로 그 모이고 흩어지는 것은 다만 자손들의 정성이 있는지의 여부에 달려 있을 따름이다. 이에 조상 신령이 이미 향기 좋은 냄새를 접하고 이미 감동하여 통하면 자손들의 기와 서로 호응하여서 반드시 복을 내릴 것이다. 만일 그 자손들이 감응하여 접하는 도리가 없다면 조상들과 서로 떨어져 비록 재앙(災殃)이 있더라도 도움을 받을 수 없을 것이다. 제사의 예는 비록 화복(禍福)의 차원에서 논할 수는 없지만 역시 이러한 이치가 없을 수는 없다.

적소(狄素)는 마을사람들이 철나한(鐵羅漢)이라고 부르는 자와 함께 싸우다가 물가에서 빠뜨려서 죽였다. 소(素)를 체포하였는데, 그 아우인 무양공청(武襄公靑)은 바야흐로 16세였다. 말하기를, 나한을 죽인 자는 바로 나다라고 하였다. 사람들은 적소를 풀어주고 무양공청을 포박하였다. 공청이 말하기를, 내가 나한을 구하여 다시 살려내기를 기다려서 만약 죽으면 그때 나를 체포하여도 늦지 않을 것이다고 하였다. 무리들이 그 말을 따랐다. 공청은 조용히 기도하여 말하기를, 내가 이같이 나한을 귀하게 여기니 마땅히 소생하리라고 하였다. 이내 시체를 들고 물에서 꺼내니 조금 있다가 살아났다. 내가 적공(狄公)을 두고 이르길, 한갓 스스로 믿는 것이 매우 큰 것만이 아니다. 홀로 죽는 것을 차마 보지 못해 그 형을 몸으로써 회복시켰으니 그 효우(孝友)는 강굉(姜肱)56)보다 못하지 않다. 나한이 죽지 않은 것은 어찌 하늘이 느꺼운 바가 아니겠는가.

어우당(於于堂) 유몽인(柳夢寅)57)은 스스로 말하기를, 구양수(歐陽修)와 소식(蘇軾) 이후로는 내 문장과 같은 것이 없다고 하였다. 지금 그의 작품을 보니 흡사 식자(識者)들의 비웃음을 사지 않은 것이 없었다. 문인(文人)이 망령되게 스스로 과장하여 다른 사람들을 싸잡아 비난하는 것, 바로 그 지점이 곧 선비인 군자(君子)가 스스로 반성해야 할 곳이다.

시인(詩人)이 오동나무의 작은가지(桐孫)를 일컬은 것은 대개 일반적인 나무의 경우 뿌리가 튼튼하고 줄기 끝은 허약하나, 오직 오동나무는 이와 반대인 것을 말한 것이다. 시험적으로 작은 가지를 자르면 모두 견실(堅實)해지나 그 뿌리는 모두 가운데가 비게 되는 것이다. 부형(父兄)이 현명하지 못하나 자손(子孫)이 똑똑한 경우는 동손(桐孫)에 비유할 수 있으니 얼룩소의 붉고 뿔이 반듯한 비유58)보다는 좋다.

명(明)나라 태조(太祖)의 입법(立法)이 엄정(嚴正)하여 내신(內臣)들이 감히 일을 함께 할 수가 없었다. 태종(太宗)이 먼저 이 제도를 파괴하니 겨우

---

56) 후한(後漢) 광척(廣戚)의 사람이다. 두 아우인 중해(仲海)·계강(季江)과 함께 효행으로 유명하였다.
57) 조선 중기의 문신으로 생졸년은 1559~1623년이다. 문장이 뛰어났으나 성품이 경박하여 스승인 성혼(成渾)의 책망을 받고 절교당하자 이이첨(李爾瞻) 등 대북(大北)파와 교유하며 중북(中北)의 영수가 되었다. 조선중기의 설화문학(說話文學)의 대가였으며 여러 서체의 글씨에도 두루 능했다.
58) 공자가 "얼룩소 새끼라도 털이 붉고 뿔이 반듯하다면, 비록 제물로 쓰지 않으려 한다 해도 산천의 신(神)이 내버려두겠는가?"라고 말한 데서 나온 비유이다. 『논어(論語)』 권6 「옹야(雍也)」편.

2대가 지나 바른 사람을 떨게 하는 화(禍)가 일어나 지극히 충성하는 자와 현명한 자를 순치(馴致)하니 나라가 끝내 멸망하였다. 태종은 자칭 옛 제도를 준수하여 건문(建文 : 1399~1402, 명의 惠帝)의 잘못을 교정하였다고 하나 처음부터 큰 것을 바꾸었으니 어찌할 것인가. 아아. 애석하도다.

명나라 영종(英宗)은 어린 나이에 황제에 올랐다. 양영(楊榮 : 東楊-저자 주)과 양사기(楊士奇 : 西楊-저자 주) 등이 성체(聖體)가 쉽게 게을러질 것을 염려하여 매일 아침 8건의 일을 처리하기 전에 말을 하지 못하게 하였다. 하루는 각하(閣下)에 이르러 각노(閣老)59)들이 미리 각각의 일에 대한 처분을 진주(陳奏)하니 상(上)이 아뢴 대로 전지(傳旨)를 내렸다. 이후로는 여러 황제들이 잠깐사이에 먹을 겨를도 없이 치평(治平)의 도리를 구하여서, 옛 것을 회복하지는 못했어도 드디어 한 시대의 일정한 제도를 만들었다. 영종(英宗) 이후 명나라에는 다시 현명한 군주가 없었으니 이러한 이유로 양씨(楊氏) 두 사람이 비록 명신이었으나 이 일 때문에 명나라가 멸망하는 계기가 되었으니 애석하구나.

경황제(景皇帝)는 서유정(徐有貞)60)의 간사함을 잘 분별하여 말하기를, 제주(祭酒)를 감당하지 못하니 우숙민현(于肅愍賢)이 마음을 비우고 받아들여야만 한다. 사람을 알면 명철함이 황제에게도 부끄럽지 않다. 황명(皇明)의 현명한 군주는 오직 인·선종(仁宣宗) 이후에 경황제가 이에 해당한다.

하문연(何文淵)61)이 온주(溫州)의 수령으로 있을 때 청렴하고 욕심내지

___

59) 당(唐)나라와 명(明)나라에서는 재상(宰相)을 가리킨다.
60) 명(明)나라 오현(吳縣) 출신의 인물이다. 복벽(復辟)의 공을 이유로 대학사가 되었고 무공(武功)이 있었다.
61) 하문연(何文淵)은 명나라 때의 사람이다.

않아 온 읍이 잘 다스려졌다. 형부(刑部)의 관리가 되었을 때, [뇌물로]보
낸 금을 물리치니 일 만들기를 좋아하는 자들이 각금관(却金館 : 뇌물을 물
리친 것을 기념하는 건물)을 세웠다. 이부상서(吏部尚書)가 되어서는 괴이한
행적을 비로소 드러내니 입신(立身)한 것이 한번에 수포가 되어 회복할
여지가 없었다. 앞뒤로 행한 일이 다른 사람처럼 판이하니 처음처럼 신
중히 마치기가 어렵다는 말을 대개 하는 것이다. 장준(張俊)[62]이 묘(苗 : 苗
傳)·유(劉 : 劉正彦)의 변(變)[63]에 명수태자(明受太子)[64]를 죽여서 고종(高宗)
에게 후사를 끊기게 하였으니 이것은 한 번 보아도 큰 불충(不忠)이 되므
로 그 죄가 진회(秦檜)[65]보다 못하지 않다.

---

62) 장준(張俊, 1094~1164)은 송나라 한주(漢州) 면죽(綿竹) 사람이다. 자(字)는 덕원(德
遠)이며, 세칭 자암선생(紫岩先生)이라고 불렸다. 휘종 때 진사가 되었으며, 고종 때에
는 어사(御使), 예부시랑(禮部侍郞) 등을 지냈다. 금나라가 남침하자 오문(吳門)에 머물
면서 군마(軍馬)를 절제(節制)하였다. 묘(부)·유(정언)의 변에서는 여이호(呂頤浩), 장준
(張俊), 한세충(韓世忠) 등과 함께 근왕복벽(勤王復辟)에 공을 세워 지추밀원사에 제수
되었다.
63) 송나라 건염(建炎) 3년(1129) 3월 5일, 묘부(苗傅)·유정언(劉正彦)이 일으킨 병변(兵
變)을 말한다. 고종(高宗)을 퇴위시키고 제위(帝位)를 황태자 조부(趙旉)에게 물려주었
으며 융우태후(隆祐太后)로 하여금 수렴청정을 하도록 요구하였다. 고종은 퇴위당하여
현충사(顯忠寺)에 머물게 되었고 겨우 세 살된 황자 조부를 황제위에 즉위시킨 후 명수
(明受)라고 개원(改元)하였다. 당시 재상 주승비(朱勝非)와 맹후(孟后)의 계모(計謀)에
의해 채 2개월도 되지 않아 묘·유의 난은 평정되었다.
64) 명수태자(明受太子)는 송나라 고종의 아들로서 이름은 조부(趙旉)이다. 묘부(苗傅)·
유정언(劉正彦)이 일으킨 병변(兵變)으로 인해 3살에 황제위에 오르게 되었다. 원래 명
수는 황제위에 오른 뒤에 지은 새로운 연호이다. 고종이 복위된 후에 황태자로 되었다
가 병으로 죽었다.
65) 진회(秦檜, 1090~1155)는 송나라 강녕(康寧) 사람이다. 자(字)는 회지(會之)이며, 휘종
때 진사가 되었다. 1131년 이후 24년 간 재상의 자리에 있었다. 그 동안 남침을 거듭하
는 금군(金軍)에 대처하여, 철저한 항전을 주장하는 군벌이나 명분론·양이론(攘夷論)
의 입장에서 실지(失地) 회복을 주창하는 이상주의 관료 등의 여론을 누르고, 1142년
화이허강[淮河]·친링산맥을 잇는 선을 국경으로 하여, 금과 남송이 중국을 남북으로
나누어 영유하기로 합의하였다. 그 조건으로 송나라는 금나라에 대하여 신하의 예를
취하고(후에 叔姪로 고침), 세폐(歲幣)를 바쳤다. 유능한 관리였으나 정권유지를 위해
'문자의 옥'을 일으켜 반대파를 억압하였으므로, 민족주의·이상주의를 내세운 후세의
주자학파(朱子學派)로부터는 특히 비난을 받았다. 그의 손에 옥사한 악비(岳飛)가 민족
의 영웅으로 존경받는데 반하여, 그에게는 간신이라는 낙인이 찍혔다.

유가(儒家)는 양(陽)의 세계(世界)가 되고 불씨(佛氏)는 음(陰)의 세계가 되며 노장사상[老道]은 음양(陰陽)의 사이가 된다. 소(邵)선생[邵雍]이 천진(天津)에서 두견(杜鵑)의 울음소리를 듣고 천하가 장차 어지러워질 것을 알았으니 그 징조는 미약하였다. 불교가 한(漢)나라 명제(明帝) 때에 중국에 들어와 그 후 200년이 지나 위(魏)·진(晉)시대에 오호(五胡)[66]가 어지럽게 성하여 탁발씨(拓跋氏)가 드디어 중원(中原)을 소유하여 전후로 300년이 지나서 탁발씨가 망하였다. 우문(宇文)[67] 보육(普六) 여대(茹代) 당이씨(唐李氏)가 이적(夷狄)의 종자로서 또한 천하의 주인이 되어 순수하다고 할 수 없고, 이적(夷狄)이라 말할 수 있으나 만일 요사(姚姒)[68]·은주(殷周)의 시기라고 한다면 불가하다. 또 그 후 오대(五代)[69]의 시기에 사타(沙陀)[70]가 (중국에) 들어왔으나 오래가지 못하였다. 거란씨(契丹氏)는 또한 북방(北方)에서 융성하였다. 송조(宋朝)의 문물(文物)은 여러 대를 넘어서 최상으로 여겨지며 중원(中原)에서 일시에 문명(文明)이 모인 것이다. 나라를 세운지 백여 년에 완안민(完顔旻)[71]이 또한 동북(東北)에서 일어나니 중원이 드디어 침입당하여 망하였다. 몽고(蒙古)가 금(金)나라를 이었으나 대명(大明)의 진인(眞人)[72]에게 멸망당하였다. 대명 270년에 홍타시(紅他時)가 연경(燕京)에 들어와 중원은 또한 이적(夷狄)의 손아래 들어갔다.

그렇다면 불교가 중국에 들어온 후 1,500년 동안 중국인이 황제가 된 것은 500년에 불과하고 당나라[唐李][73]를 합하여 말하더라도 겨우 800

---

66) 한(漢)·진(晉) 무렵 서북방에서 중국 본토에 이주한 다섯 민족을 말한다. 곧 몽고의 흉노(匈奴)·갈(羯), 몽고계와 퉁구스계의 혼혈인 선비(鮮卑), 티베트계의 저(氐)·강(羌)을 말한다.
67) 선비(鮮卑)족에서 천자(天子)를 가리키는 말이다.
68) 순(舜)임금과 우(禹)임금. 요는 순임금의 성(姓)이며 사는 우임금의 성이다.
69) 당(唐)나라 이후 후량(後梁)·후당(後唐)·후진(後晉)·후한(後漢)·후주(後周)의 나라가 있던 시기를 말한다.
70) 돌궐족의 하나로 서쪽에 살았다.
71) 금(金)나라의 태조(太祖)이다. 세조(世祖)의 두 번째 아들로 초명(初名)은 아골타(阿骨打)인데 여러 번 요(遼)나라를 쳐서 드디어 황제로 칭하고 나라이름을 금이라고 하였다.
72) 명(明)나라의 태조인 주원장(朱元璋)을 말한다.

년이다. 중국[神州]이라는 하나의 문명(文明)지역은 오랑캐와 중화인(中華人)이 서로 바꾸기를 빨리하였다. 그렇다면 불도(佛道)가 중국에 들어온 것은 천진(天津)의 두견(杜鵑) 때문인가. 한(漢)나라 황제가 불상(佛像)을 믿어 환상적인 정치를 한 것은 숙손수우(淑孫豎牛)가 당시에 싹을 버려 악(惡)을 없애지 못했기에, 그 화(禍)가 여기에까지 이르게 된 것이다. 아아! 내가 누구를 원망할 것인가. 하늘을 탓할 것인가. 사람을 탓할 것인가.

위(魏)·진(晉) 이후에 노장(老莊)과 불교(佛敎)가 성인(聖人)의 학문(學問 : 儒學)을 포위하였으나 실같이 끊기지 않아 두 정자(程子)[74]와 주자(朱子)가 공언(空言)으로 떠받치고 바르게 하였다. 이에 천하의 사대부가 모두 공씨(孔氏)의 학문이 있음을 알게 되었다. 그 후 육왕(陸王)[75]의 무리들이 또한 좇아서 난을 일으켜 심지어 선유(先儒)를 비난함에 이르렀으므로 중원의 여러 군자들이 기꺼이 이를 존숭하여 정학(正學)은 거의 어두워졌다. 아! 삼대(三代)의 후에 사람이 망하고 정치가 종식되어 음(陰)으로 떨어진 것이 극에 달하였다. 송나라 유자(儒者)의 학문은 비유하면 마치 동지(冬至)의 한 점 양(陽)과 같으니 금세(今世)의 인정(人政)에서 마땅히 떠받들고 보호하여 그 기운이 바쁘게 움직이게 하여야 한다. 오직 저 망령된 학설이 우리 당(黨)의 선비들에게서 일어났으니 어찌 애석하지 않은가.

가운데 배열하여 조그만 원으로 두르고 성(性)이라고 쓴 한 글자를 가늘게 지나서 꿰뚫게 한 것은 도심(道心)이 보존된 것과 발한 것이 이와 같이 은미하고 미세한 것을 보여주는 것이다. 크게 지나서 가로로 그은 것은 인심(人心)의 점거(占據)와 위태롭게 움직임(危動)이 이와 같이 거칠고 크다. 조그만 원의 밖에는 정욕(情慾)의 소굴(所窟)이 아닌 곳이 없어 그곳에 거처하여 동화됨이 점점 그치지 않으면 금수처럼 온전히 막힌 곳으로 들어갈 것이다. 만일 의리(義理)의 단서를 점점 끌어들여 쌓아나

---

73) 이연(李淵)의 당나라를 말한다.
74) 북송(北宋)의 성리학자였던 정호(程顥)와 정이(程頤)를 말한다.
75) 송(宋)나라의 육구연(陸九淵)과 명(明)나라의 왕수인(王守仁)이 주창한 유학을 말한다.

가면 위태로운 움직임이 거칠고 컸던 것이 확연(廓然)하게 걷혀서 천하 일가(一家)는 탑외(榻外)에서 다른 사람들이 코골며 자는 것을 용납하지 않을 것이다. 손으로 그림을 완성하여서 스스로 경계한다.

신미년 8월 27일 각재(覺齋)

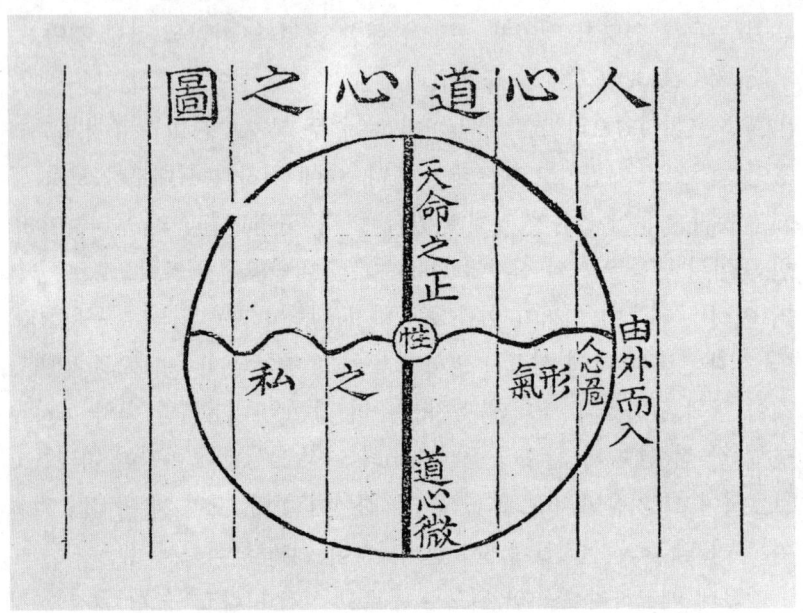

▲ 인심도심지도(人心圖心之圖)

사론(史論)

1. 신라론(新羅論) 일(一)

성인(聖人)은 형기(刑器)로써 천하를 다스려서, 도(道)가 그 사이에 행해지니 요순(堯舜) 삼대(三代)에서 공자(孔子)에 이르기까지는 도를 행하는 것이 항상 형기에서 벗어나지 않는다는 것은 분명하다. 형기(刑器)를 세우지 않고도 천하를 잘 다스릴 수 있는 것은 대개 있는 그대로 놓아두고 하는 일이 없는 것[自然而無所爲]을 원하는 것이다.

이러한 학설은 노담(老聃 : 老子)이나 장주(莊周 : 莊子)에서 시작하여 요임금을 비웃고, 순임금을 비루하게 여기며 삼대(三代)를 헐뜯어서 예악(禮樂)을 질곡(桎梏)으로 여기고 형정(刑政)을 무용지물로 여기며, 도(道)는 변화(變化)에 수시로 응하는 가운데 있다고 여겼다. 그 조술(祖述)하여 도(道)라고 부르는 것은 반드시 복희씨(伏羲氏)[1]와 헌원씨(軒轅氏)[2]의 때에 있고 혁서(赫胥)[3]의 사이에는 없다고 하여 외루(畏壘)[4]의 풍요와 화서(華胥)[5]의 안락함을 공효(功效)로 삼았다.

대체로 그 설은 황하(黃河)와 한수(漢水)만큼이나 큰 차이가 있었다. 그런데도 한(漢)나라의 문경(文景)[6]은 이 학설로 서경(西京)을 다스려 생민(生民)은 이에 의지하여 휴식하고 편안히 길러져 후세에 소강(小康)이라고 일컬어졌다. 대개 불교가 만연하나 이익이 없는 것과는 같지 않았다.

일찍이 신라(新羅)라는 나라를 보면 조선(朝鮮)과는 풍속이 달라 중화(中華)와 이적(夷狄)의 사이에서 왔다갔다 하였다. 그러나 그 건국 때에는 박혁거세(朴赫居世)로부터 소지왕(炤智王)에 이르기까지 수십 세(世)의 사이에 삼성(三姓)이 서로 신성(神聖)한 덕(德)을 이어 백성들과 무사(無事)한 상태에서 서로 편안하게 여겼다. 비록 고구려, 백제와 서로 싸우는 시기였으나 [침략에] 대응하는 군사[應兵][7]였지 [적극적으로] 일어난 군사는 아니었다. 그 나라를 다스리는 도는 반드시 예악(禮樂)과 형정(刑政)이라고 말할 수는 없어도 이른바 상응하여 변화해서 있는 그대로 놓아두고 [억지로] 하는 바가 없던 점[自然而無所爲]은 대개 도모(圖謀)하지 않아도 같은 것이 있었다. 진실로 한(漢)나라의 문경(文景)이 황로(黃老)[8]에 관심

---

1) 상고시대(上古時代)의 제왕(帝王)으로 삼황(三皇) 중의 한사람이다. 백성에게 어렵(漁獵), 농경, 목축을 가르쳤으며 처음으로 팔괘(八卦)를 만들었다.
2) 황제(黃帝)의 이름이다. 그가 헌원의 언덕에서 낳았다고 하여 지은 이름이다.
3) 상고시대(上古時代) 제왕의 이름으로 혁서씨(赫胥氏)와 같다. 이때 혁연(赫然)한 공으로 백성들을 도왔다고 하여서 붙인 이름이다.
4) 노(魯)나라에 있는 산(山)이름이다. 여기서는 『장자(莊子)』의 말을 인용하여 노장(老莊)의 도를 가리킨다. 『장자』「庚桑楚」, "有庚桑楚者 偏得老聃之道 以北居畏壘之山."
5) 화서지몽(華胥之夢)에서 온 말로 황제(黃帝)가 낮잠을 자다가 꿈에 화서의 나라에 가서 그 나라가 이상적으로 잘 다스려진 상황을 보았다는 고사(故事)로 길몽(吉夢)을 가리킨다. 여기서는 안락하고 평화로운 경지를 말한다.
6) 한나라의 문제(文帝)와 그 아들인 경제(景帝)를 말한다. 부자가 서로 이어서 현명한 군주로 이름이 높아서 '문경의 치세'라고 일컬어졌다.
7) 적군(敵軍)의 도전에 대하여 이를 그치게 하기 위해 대응하여 싸우는 군대를 말한다.
8) 황제(黃帝)와 노자(老子)를 말한다. 또는 그에 기초한 학문으로 도가(道家)사상을 주창하여 유교와 대립한 것을 말한다.

을 둔 것과는 같지 않으나 천기(天機)를 베푸는 것이 몰래 황로와 부합하였으니 대개 진한(辰韓)의 옛 풍속은 외루(畏壘)와 화서(華胥)의 영역에 스스로 들어가서 팔구백 년이 지나도록 스스로 알지 못하여 그만두지 않았다. 노담(老聃)과 장주(莊周)의 방법으로써 나라를 경영하여 스스로 다스렸으니 진실로 여기에 덧붙인 것은 없었다.

옛날에 주공(周公)과 공자(孔子)는 그 도(道)를 [일상의] 비근(卑近)한 것에서 항상 시작하여 마침내 미묘(微妙)한 것에 들어가서 헤아릴 수가 없었다. 그 이치[理]는 태극(太極)에서 발기(發起)하였고, 그 수(數)는 예악(禮樂)·형정(刑政)·명물(名物)·기복(器服) 등에 흩어져 있었으니, 그 하나라도 갖추어지지 않으면 왕도(王道)에 부족하다고 여겼다. 그러므로 군자(君子)는 죽을 때까지 말을 많이 하였으나 그 설(說)을 다 완성하지 못하였다. 그러나 일찍이 [왕도에서] 벗어나지 않아도 도를 행한 것이 대개는 이와 같지 못하였다. 성인의 다스림으로도 그 성(盛)함을 이를 수 없었으니, 군자가 그것을 일러서 말하기를 '구차함에서 마쳤을 뿐이다'라고 하였다. 대개 이러한 이유 때문에 그 도가 요순(堯舜)의 즈음에 시작하여 주공(周公)과 공자(孔子)의 시기에까지 이르러서야 문장이 크게 갖추어진 것이다.

대개 왕도가 갖추어지기 어려운 것이 이와 같은데도 노장(老莊)의 도는 가까운 것으로 바탕 삼아 성(性)이 [그것에] 부합하는 것이어서 비록 방외(方外)의 이역(異域)에 있는 나라라도 숭상하여 도(道)로써 삼기에 어려움이 없다. 그 말이 미묘해서 굳이 애를 써서 도달 할 수 없고, 그 공효(功效)가 드러난 것도 이것에 불과하니 여기에서 그 계략이 매우 얕고 높지 않은 것을 볼 수 있다.

삼교(三敎)가 중국에서는 행해졌는데, 유교(儒敎)는 진실로 기씨(箕氏)의 시절부터 우리에게 있었고, 불교(佛敎)도 역시 위(魏)·진(晉)의 때에 우리나라에 들어왔으므로, 유행하지 못한 것은 오직 노자(老子)의 도뿐이다. 그러나 노(老)라는 이름은 없었으나 실질은 나라를 경영하는 데 행해졌으니 신라에서 그 정수(精髓)를 얻어 배우지 않고도 능하였던 것이다. 무릇 여기에서 유교와 도교의 깊이의 차이를 분석할 수 있다. 나는 그러므로 [신라개] 명목상은 유교라고 이름하였으나 실제로 행한 것은 노(老)였다는 것을 드러내어 논한다.

2. 신라론(新羅論) 이(二)

범민(凡民)의 정(情)은 지극히 편안한 것이 있어서 구습(舊習)을 지키고 버리지 않으며 고루하니 스스로 풀 수가 없다. 이때에 비록 범민을 다스리는 데 옛 형구(刑具)의 한가지인 도거(刀鋸)[9]로써 내몰고, 밧줄로 묶는 것으로써 바로 잡으려고 하나 끝내 [범민이] 막아서 받아들이지 않으니 변화시킬 수가 없다. 이 때문에 선왕(先王)이 장차 [범민의 정을] 바꾸려고 한다면 반드시 그를 위해 매우 좋아하고 즐겁게 하여 그의 눈과 귀, 심신(心神)을 새롭게 하는 것이니 기쁜 것은 백성들로 하여금 그 옛날 편안하게 여기던 것을 잊게 만든다. 대체로 이와 같이 온화하게 차례로 따라 하여 그 위엄과 형벌을 사용하지 않으며, 풍속을 바꾸어 모두 내 욕심대로 하여도 어김이 없게 되었다.

옛날에 불법(佛法)이 중국에 들어와서 그 설법을 잘 하는 사람은 현명한 자와 지혜로운 자를 기쁘게 할 수 있었고, 잘 하지 못하는 사람도 어리석은 사람을 미혹시킬 수 있었으니 바람에 따라 일어나는 파도[와 같은 분위기]를 막을 수가 없었다. 여러 세대가 지난 후에 그 가운데 편안하여져서 비록 진신(搢紳) 선생의 무리들로 하여금 매일 그 곁에서 예복

---

9) 도거(刀鋸)는 죄인을 칼로 베거나 톱으로 켜는 형벌에 쓰던 형구를 말한다.

(禮服)을 입고 주공(周公)의 예의와 공자[仲尼]의 가르침으로 가르쳐도 끝내 그 좋아하는 것을 바꿀 수가 없었다.

이와 같이 된 것은 무엇 때문인가? 대체로 그 가르침이 그들의 눈과 귀를 새롭게 하지도 못하고 심신(心神)을 열지도 못했기 때문이니 부자(父子) 사이의 친함이나 군신(君臣)의 합함, 부부(夫婦)의 연결, 술 마시고 고기를 먹어서 양육을 삼는 것은 내가 힘쓰는 바이며 저들이 달갑게 여기지 않는 것이다.

저들은 그 마음에 부모를 버리고 자식을 끊으며 군신(君臣)과 부부(夫婦)를 제거하여 스스로 즐거움을 삼고, 나물과 채소를 먹고 술을 마시지 않고서도 스스로 편안하게 여기니 저들에게서 무엇을 기대할 것인가. 대체로 그들의 행동은 모두 나의 죄를 도망가게 하고 나의 복을 맞게 하니 세상의 도거(刀鋸)와 정확(鼎鑊)10)으로도 나를 두렵게 하기에는 부족하였다. 대체로 이 때문에 그 정(情)은 지극히 편안한 바가 있고 만물은 내가 좋아하는 것을 바꾸기에는 부족하니, 여기에서 그들이 종횡(縱橫)으로 고착되어 깨뜨릴 수 없는 것이다.

위(魏)·진(晉)의 시대에 불교가 우리나라에 들어왔으니 신라가 가장 먼저 감화되었다. 그 후에 고려 말에 이르기까지 불교는 더욱 번성하여 처음에는 복을 빌고 이익을 추구하며 어리석은 백성들을 미혹시키는 것에 불과하였으나 드디어는 왕공(王公)이나 대인(大人)들 모두 그 설을 신봉하여 불교에 즐겁게 귀의하니 대체로 어떤 술수를 부리지 않고서도 그 좋아함을 바꾼 것이었다. 어찌 매우 좋아하고 즐길 만한 일로써, 그들의 학설이 우리의 위로 벗어날 수 없다는 것을 알리지 않을 수 있겠는가.

지금 대체로 사람을 말미암아 낳는 것은 하늘이며, 말미암아 기르는 것은 임금이다. 밝게 행하니 임금이 이롭게 할 수 있고 으슥하게 행하니 하늘이 복을 줄 수 있다. 그 종족을 사랑하며 인근의 마을을 긍휼히 여

---

10) 형구(刑具)의 일종인 큰 솥을 말한다.

기니 내가 그 때문에 다른 사람들로부터 사랑을 받고, 현명한 사람을 공경하고 불초(不肖)한 사람을 긍휼히 여겨서 내가 그 때문에 다른 사람으로부터 존중을 받으니 일가(一家)가 평화롭고 즐거우며 농사도 잘 되므로 지상낙원이 된다. 오래 살고 강녕(康寧)하며 자손이 현명하고 지혜로우니 천당(天堂)이 된다. 살아서는 화(禍)와 복(福)이 그 종류대로 이르고, 죽어서는 재앙과 경사(慶事)가 후세에 있게 되니 윤회(輪廻)하여 인과에 따라 선악이 되갚아진다. 세상사람으로 하여금 불교의 위에 나의 일천(一天)이 스스로 있음을 알게 하여 미천한 힘은 그 사이에 끼어들 수 없음을 알게 하면 아마도 그 눈과 귀, 심신(心神)을 새롭게 하여 좋아하는 것을 바꿀 것이다.

옛날 상(商)·주(周)의 시대에 진실로 이미 불교가 있었다. [그러나] 감히 중국에 들어오지 못한 것은 생민(生民)의 성정(性情)이 인(仁)·의(義)·예(禮)·지(智) 가운데 지극히 편안한 바가 있어서 비록 허황된 말이 있다고 하더라고 빈틈을 타서 들어올 수가 없었다. 갑자기 들어와서 드디어 금지할 수 없게 된 것은 백성들이 심심한 틈을 타서였을 뿐이다.

대체로 성인(聖人)이 위에 있어서 백성들의 생(生)·노(老)·병(病)·사(死)가 모두 그 당연함을 얻게 되면 편안하고 순조로우며 상서로와 고뇌(苦惱)할 것이 없게 되니 이러하고도 백성들이 바르게 되지 않는 경우는 천하에 없었다. 대개 천하가 어찌 유학을 높여야 하며 불교를 낮추어야 할 것을 모르겠는가. 오직 천하의 학설은 불교의 감미(甘美)로움을 바꾸기에 부족하며 이 때문에 마침내 불교 가운데 들어가서 돌아올 줄을 모른다. 우리의 학설이 즐길 만하다는 것을 명백하게 알게 하여 또 저들보다 낮게 된다면 대저 무엇을 꺼려하여 돌이켜서 우리의 것을 행하지 않겠는가?

3. 신라론(新羅論) 삼(三)

경순왕(敬順王)이 신라 말에 적신(賊臣)에 의해 세워졌다가 쇠약해져 흩어지고 드디어 망하는 데 이르렀다. 그 일은 지극히 미약하여 말할 것도 없다. 그러나 나라의 흥망은 모두 크든 작든 그 이유가 있으니 [나라의 규모가] 크거나 작다고 하여 혹 다른 것은 아니다. 내가 신라가 망한 이유와 오래 존손한 이유를 살펴보았으나 정돈되지 않았으니 대체로 주(周)나라의 일과 [경우가] 같다.

옛날 주(周)나라는 여유(厲幽)[11] 이후에 폐망하여 지극히 약한 나라가 되었고, 흩어져 옮겨다니다 망할 수 있을 뻔한 적이 여러 번이었다. 미친 진(秦)나라와 초(楚)나라가 매일 곁에서 엿보며 밟으면 꺾을 수 있고 가리키기만 해도 없앨 수 있는데도 오히려 감히 멋대로 할 수 없었다. 그래서 구정(九鼎)[12]을 옮겨 그 주인이 스스로 와서 장례(葬禮)보낼 것을 기다리니 이와 같이 한 것은 무엇 때문인가?

대체로 주나라의 문왕(文王)·무왕(武王)·성왕(成王)·강왕(康王)은 인자함이 깊고 은택이 두터워서 민심(民心)과 맺어졌으니, 백성들의 부자(父子)나 형제에서 자손에 이르기까지 백세(百世)가 지나도록 1,800개의 나라에 나뉘어져서도 천자(天子)가 위에 있으면 우리의 선조(先祖)나 먼 조상과 같이 여겼다. 비록 친진(親盡)[13]이 되어 미치지 못하더라도 오히려 그 공경과 사랑, 향모(向慕)하는 마음을 그치지 않았다. 대체로 이와 같

---

11) 주(周)나라의 여왕(厲王)과 유왕(幽王)을 말한다. 여왕은 10대 임금이고 유왕은 12대 임금인데, 보통은 유여(幽厲)로 써여서 망국의 책임이 있는 왕을 가리키는 뜻으로 쓰인다.

12) 우왕(禹王) 때 주조(鑄造)한 솥을 말한다. 하(夏)·상(商)·주(周) 삼대(三代)에 서로 전하여 온 보배이다.

13) 제사를 지내는 대(代)의 수가 다됨을 말한다. 임금은 5대조까지 평민은 고조(高祖)까지 제사지내는 것이 통례이다.

이 실 가닥처럼 끊어지지 않고 이어져 오히려 5백~6백 년까지 끊어지지 않았다.

신라의 덕이 비록 여기에는 미치지 못하나 사람을 죽이지 않고 인정(仁政)을 행하였고, 다투지 않고 의(義)를 행하여 넉넉하고 여유로우며, 조화를 이뤄 상서롭고 길하며 그 백성을 착하게 하고 사랑하여 차마 고통을 주지 않았다.

말세(末世)에 정치혼란을 비록 혹 제거하려 하였으나 도적이 되어 버렸고, 머뭇거리며 거리껴서 오히려 하루아침도 버티지 못하고 드디어 망하였다. 이것이 [평화로운] 상태를 만들었다가 한 번 쇠망하여지므로 다시 회복하지 못하고 멸망에 이르렀던 이유이다. 대개 굳센 마음과 굳은 기운이 없어서 쇠약함을 드러내고, 구습(舊習)을 지키고 버리지 않으며 구차하고 스스로 강하지 못하였으니 이것이 실패하게 되었던 까닭이다.

나라가 망하는 것을 내가 살펴보면, 대체로 반드시 쇠약한 징후가 쌓인 후에 비록 훌륭한 임금이 나와 억제하여도 오히려 제지할 수가 없는 것이다. 이 때문에 한(漢)나라의 선종(宣宗), 당(唐)나라의 선종(宣宗), 송(宋)나라의 신종(神宗) 이 세 임금은 역시 한 시대를 풍미한 훌륭한 임금이어서 나쁜 점을 고치고 부지런히 힘써서 간혹 조그만 안정은 이루었으나 몇 세대 후에 마침내 어지러워져서 망하게 되니 구제할 수가 없었다. 대체로 좋아하는 것에서 말미암아 스스로 힘써서 신기(新奇)한 것을 행하나 그 조종(祖宗)의 정치를 거론하지는 않았다.

옛날 무왕(武王)이 주(紂)임금을 멸망시키고 말하기를, "상(商)나라의 정사(政事)를 되돌려서 정사는 옛날을 따른다"[14]라고 하였다. 또 탕(湯)임금도 말하기를, "우왕(禹王)이 옛날 행하셨던 것을 잇는다"[15]라고 하여 오

---

14) 『서경(書經)』「주서(周書)」에 나오는 구절이다. "惟爾有神 尙克相予 以濟兆民 無作神羞 旣戊午 師渡孟津 癸亥 陳于商郊 俟天休命 甲子昧爽 受率其旅 若林會于牧野 罔有敵于我師 前徒倒戈 攻于後以北 血流漂杵 一戎衣 天下大定 乃反商政 政由舊 釋箕子囚 封比干墓 式商容閭 散鹿臺之財 發鉅橋之粟 大賚于四海 而萬姓悅服."
15) 『서경(書經)』「상서(商書)」에 있는 구절이다. "仲虺乃作誥曰 嗚呼 惟天生民有欲 無

히려 그 법을 고치지 않는데 하물며 그 자손이겠는가? 법이 오래되면 폐단이 생기는 데 이르니 삼대(三代)에도 오히려 폐단이 생기는 것으로 인해 옛날에 먼저 법을 만든 뜻을 고려하여 여러 신하들과 행하였다. 이 것이 당시의 사람들의 눈과 귀를 크게 놀라게 하지 않고 그 다스림은 옛날을 스스로 회복할 수 있게 한 것이다.

오직 신기한 것을 행하는데 힘쓰고 그 조상의 잘못을 탓하려고 하니 이것은 마침내 완성에 이르지 못하고 쇠약해지는 이유이다. 비록 그러나 이것은 마음이 공정하고 사심이 없는 임금과 더불어 할 수 있는 것이지 어찌 두 선종(宣宗)과 송나라의 신종(神宗)이 미칠 수 있는 것이겠는가? 아아! 신라의 말기에는 비록 말할 것도 없지만 이후의 임금도 역시 이것을 알지 않으면 안 된다.

4. 신라론(新羅論) 사(四)

세상에서는 신라가 박(朴)·석(昔)·김(金)의 세 성씨가 서로 선위(禪位) 하는 것을 요순(堯舜)이 천하를 물려주는 풍조가 있는 것으로 여겼다. 대체로 비슷하기는 하나 눌지왕(訥祗王) 이후로는 찬탈과 시해(弑害)가 그치지 않아 혜공(惠恭)·희강(僖康)·애장(哀莊)·민애(閔哀)왕은 모두 제 명대로 살지 못하고 죽었다. 그러므로 신라인들은 세 시대로 구분하여 진덕여왕(眞德女王)에서 박혁거세(朴赫居世)까지 위를 상대(上代)라고 하고, 무열왕(武烈王)에서 혜공왕(惠恭王)까지는 중대(中代)라고 하고, 선덕왕(善德王)에서 경순왕(敬順王)까지는 하대(下代)라고 하였는데, 하대의 20왕의 사이

主乃亂 惟天生聰明 時乂 有夏昏德 民墜塗炭 天乃錫王勇智 表正萬邦 纘禹舊服 玆率厥典 奉若天命."

에는 다스려지는 때는 적고 혼란된 시기가 많았으니 대체로 신라의 덕이 쇠하였던 것이다.

일찍이 『맹자(孟子)』를 보면 "요(堯)임금이 자기의 자녀 9남 2녀로 하여금 백관(百官)과 소와 양과 창고들을 준비하여 가지고 순(舜)을 밭 가운데서 섬기게 하였다"[16]라고 하였으니 그렇다면 단주(丹朱)[17] 외에 요임금에게는 아직도 9남(男)이 있었으나 순(舜)과 더불어 놀았다. 요임금의 현명함으로 사람의 은미한 사이를 살핀다면 그 가운데 반드시 현명한 사람이 있음을 알 수 있을 것이다. 단주가 비록 불초(不肖)하나 9남(男) 중에 어찌 하우(夏禹)처럼 개국(開國)할 만한 사람이 없었겠는가마는 요임금은 끝내 저 9남(男)으로 바꾸지 않고 순과 더불어 간격이 없었다. 농사짓고 고기 잡는 때에도 상하(上下)를 주선(周旋)하고, 심원(深遠)한 덕이 윗사람에게까지 소문이 났을 때에도 조금의 막힘도 없었으며, 가정과 국가의 이해가 있는 사이에서 그 마음이 태연하게 조금의 누(累)를 끼치는 것이 없었으니 현명하지 않고서야 할 수 있는 것이었겠는가.

신라의 상대(上代)에 세 성씨가 교대로 이어졌으니 자식이 없는 것은 아니었으나 대체로 여러 자식을 놔두고 현명한 자를 세웠던 것이다. 그 후에는 역시 전왕(前王)의 자식만 세워서 어려움이 없었으니 이것은 그 마음에 어찌 사적(私的)인 이해가 있었던 것이었겠는가. 이러한 예로 본다면, 비록 신라(新羅)를 요순(堯舜)과 비교하더라도 지나치지는 않을 것이다. 소식(蘇軾)의 시에서는, "주공(周公)은 관숙(管叔)·채숙(蔡叔)[18]과 함께 삼간(三間)의 집을 띠로 잇지 못한 것을 한으로 여겼다"라고 하니 이런 이후에야 인륜(人倫)을 보존할 수 있고 세도(世道)를 바로잡을 수 있는 것이다. 내가 보기에 [요임금의] 9남(男)의 일은 거듭 유감(有感)이다. 서로

---

16) 『맹자(孟子)』「만장(萬章)」 上 "帝使其子九男二女百官牛羊倉廩備以事舜於畎畝之
   中 天下之士 多就之者 帝將胥天下而遷之焉 爲不順於父母 如窮人無所歸."
17) 요임금의 아들을 말한다.
18) 관숙과 채숙은 모두 주공(周公)의 형제로 문왕(文王)의 아들이며 무왕(武王)의 동생
   들이다. 난(亂)을 일으켰다가 모두 죽었다.

관련되는 것을 썼던 것이니 요임금의 자식들이 다 불초(不肖)한 것은 아니나 부귀(富貴)와 권리(權利)의 기회를 가볍게 여기는 것이 이와 같았던 것이다. 아마도 미혹이 심한 사람들을 위해 비유하였던 것이다.

5. 전조선론(前朝鮮論) 상(上)

옛날 삼대(三代)의 제후는 나라를 보존하고 백성을 편안하게 하니 그 요체는 경외(敬畏)에서 벗어나지 않는다. 오직 공경하기 때문에 겸손하고 조심하며 근신하여 게으르지 않으며, 오직 두려워하기 때문에 분수를 지키고 의리를 살펴 교만하지 않았다. 만약 교만하고 게으르면서도 천자(天子)에게 죄를 얻지 않은 경우는 없었다.

이 때문에 맹자는 말하기를, "큰 것으로서 작은 것을 섬기는 자는 하늘을 즐기는 것이요, 작은 것으로서 큰 것을 섬기는 자는 하늘을 두려워하는 것이다"[19]라고 하였다. 무릇 그 공물(貢物)과 부세(賦稅)를 몰아서 옥(玉)과 비단으로 천자의 조정에 가서 섬기는 것은 오직 천명을 두려워하여 감히 함부로 하지 않는 것이다.

춘추(春秋)·전국(戰國)의 시기에 대개 약소(弱小)한 제후가 많았다. 그러나 추(鄒)·등(滕)·노(魯)·위(衛) 같은 나라는 제(齊)·진(秦)·진(晉)·초(楚)와 같은 나라의 사이에 끼어 있으면서도 각각 700~800년 동안 나라를 유지하였다. 위나라는 가장 오랫동안 유지되어 진시황(秦始皇) 때까지 멸망하지 않았으니 대체로 하늘을 매우 두려워하여 그 도움을 받은 것이다.

---

19) 『맹자(孟子)』 「양혜왕(梁惠王)」 下 "以大事小者 樂天者也 以小事大者 畏天者也 樂天者保天下 畏天者保其國."

송(宋)나라의 양공(襄公)20)은 약소한 나라로서 제(齊)나라와 초(楚)나라와 패권을 다투었다가 몸조차 보존하지 못하였고, 그 후 강왕(康王)21)은 땅을 잃었기 때문에 4국(國)으로 나뉘어져 천하의 비웃음을 샀으니 존망(存亡)의 이유가 어찌 알기가 어렵겠는가?22)

상(商)·주(周)가 교체되는 시기에 오직 기자(箕子)23)와 비간(比干)24)·미자(微子)25)만이 일찍이 그 뜻을 의논하여 말하기를, "상(商)나라가 없어지니 나는 신하로서 복종할 수가 없다"라고 하였다. 주나라가 일어나니 기자는 드디어 동쪽의 조선(朝鮮)으로 가서 그 말을 실천하였다. 비록 백이(伯夷)·숙제(叔齊)26)가 고사리를 뜯어먹었으나 어찌 능가할 수 있겠는가.

그러나 세상에 전해오지 않는 시(詩) 중에 '주(周)나라에 조회하고 상(商)나라를 방문한 슬픔[朝周過殷之悲]'라는 시가 있는데 이것은 어째서 그런 것인가? 대개 일찍이 소국(小國)이 대국(大國)을 섬기는 것이 천지의

---

20) 춘추시대 송나라의 임금으로 환공(桓公)의 아들이다. 이름은 자보(玆父)이다. 인의(仁義)를 좋아하였고 제(齊)나라의 환공(桓公)을 이어서 제후의 맹주가 되어 초(楚)나라와 패권을 다투다가 홍(泓)의 전투에서 부상을 입고 죽었다.

21) 주(周)나라의 강왕(康王)으로 성왕(成王)의 아들이다. 문·무(文武)왕의 공업을 이어 해내(海內)를 다스렸다.

22) 『춘추좌씨전(春秋左氏傳)』 '소공(昭公) 12년 11월조'에는 당시의 강국이었던 초나라의 임금이 사냥을 갔다가 우윤(右尹) 자혁(子革)과 나누는 대화 중에 네 나라가 주나라로부터 보배를 배당받았는데 초나라만 받지 못했으니 구정(九鼎)을 나누어 달라면 어떻겠냐는 내용이 나온다.

23) 상(商)나라의 태사(太師)이다. 은의 마지막 왕인 주왕(紂王)의 숙부로서 주왕에게 간언을 하다가 잡혀서 종이 되었다. 은나라가 망한 후에 조선으로 도망하여 기자조선을 창업(創業)하였다.

24) 상(商)나라 사람으로 주왕(紂王)의 숙부이다. 주왕의 악정(惡政)에 대해 간언을 하다가 피살되었다.

25) 상(商)나라 주왕(紂王)의 서형(庶兄)이다. 미(微)는 국명(國名)이고 자(子)는 작위이며 이름은 계(啓)이다. 주왕에게 여러차례 간언을 올렸으나 듣지 않으므로 마침내 나라를 떠났다. 뒤에 주공(周公)이 주(紂)의 아들 무경(武庚)을 주벌(誅伐)하였을 때 미자를 송국(宋國)에 봉(封)하고 은나라의 유민을 다스리게 하였다.

26) 형 백이(伯夷)와 아우 숙제(叔齊)를 말한다. 모두 상(商)나라 고죽군(孤竹君)의 아들이다. 무왕(武王)이 은나라를 치자 이를 간하였으며 무왕이 천하를 얻으니 백이·숙제 형제는 주(周)나라의 곡식을 먹는 것을 부끄럽게 여겨 수양산(首陽山)으로 도망가서 고사리를 뜯어먹고 살다가 마침내 굶어죽었다.

떳떳한 도리이며 고금(古今)에 두루 통하는 의리이다. 방내(方內)의 제후가 하루 조회를 하지 않으면 신속하게 천자의 벌을 받을 것이며, 그 스스로 험하고 멀다고 여겨 강과 산, 바다의 바깥에 있음을 믿고 굴하지 않는 것은 또한 하늘을 두려워하는 사람이 감히 할 수 있는 바가 아니다.

만일 기자로 하여금 관문(關門)을 닫고 길을 끊어서 중국과 통하자 않게 한다고 하더라도 남월(南粵)[27]의 우두머리는 되지 않는다. 또한 기자(箕子)는 일찍이 무왕(武王)에게 홍범(洪範)을 전하였다. 도(道)가 보존된 것은 성인(聖人)이 사사롭게 하지 않았기 때문이다. 대체로 대국(大國)이 있는 곳은 도(道)가 보존(保存)되는 것과 다르지 않다. 은에서 서주(西周)로 교체되는 시기에 기자(箕子)가 미자(微子)에게 백마(白馬)를 준 것이 어찌 문제가 되겠는가.

그 후 주나라가 쇠하게 되었을 때 연(燕)나라가 왕을 함부로 칭하니 조선후(朝鮮侯)가 군대를 일으켜서 연나라를 정벌하여 서쪽으로 주나라 왕실을 높이려고 하다가 대부(大夫) 예(禮)가 간언을 하여 그만두었다. 이러한 예로 본다면 그 사대(事大)하는 뜻은 자손에게까지 미쳐서 오히려 잊지 않았다.

대체로 기자 당시에는 주나라에 조회하는 것을 꺼리지 않았으나 허용 여부는 알 수 없고, 후세에 주나라 왕실에 대해 복종하여 사대하였으니 기자의 가르침은 반드시 평상시에 연구하고 연마하여 가법(家法)으로 삼은 것이었다. 기자의 전성기 때에는 번한(番汗) 서쪽 엄료갈(奄遼碣)까지 소유하였으니 대체로 그 땅이 10배까지 되었다.

고구려(高句麗)는 일찍이 항거하지 않고 서쪽으로 중국을 따라 섬겨 바다를 둘러싼 생령(生靈)들이 서로 편안하게 무사하였고, 춘추(春秋)의 참란(僭亂)과 6국(國)이 싸우는 어지러운 시대에도 의관(衣冠)과 제기[俎豆]를 갖추고 온화한 용모를 지녀서 한가한 날이 지속되었던 것은 그 하늘

---

27) 왕조(王朝)의 이름으로 한대(漢代) 조타(趙佗)가 세운 나라이다. 지역으로는 지금의 광동(廣東) · 광서(廣西)를 가리킨다.

을 두려워하는 것으로부터 스스로 얻은 것이 많다. 어찌 조술한 바가 없이도 그러하였겠는가?

그 후왕(後王) 비(否) 때에 진(秦)나라가 강포(强暴)하여 남월·동구(東甌)[28]는 풀을 베어 짐승을 내쫓듯 하였던 것에 비해 조선은 먼저 굴복하여 마침내 근심이 없었다. 대개 주나라에 대한 기자의 태도는 의리상 신복할 것이 없는데도 사대의 예를 폐하지 않았고 그 말기에 이르러서는 비록 진나라가 사납고 어질지 못하였어도 역시 제후로서 법도를 삼가하여 일찍이 더 해롭게 하지 않았으니 그 경외(敬畏)의 효험이 아니었다면 어찌 여기에 미칠 수 있었겠는가.

저 방외(方外)의 제국(諸國)은 대개 중국의 일에 관여되어 패망하지 않은 경우가 거의 없다. 오왕(吳王) 부차(夫差)[29] 부자(父子)의 전성기에는 양자강(楊子江)과 회수(淮水)보다도 넓었으나 상국(上國)을 주인(主人)으로 하는 맹서를 따르지 않아 다른 사람의 손에 죽었다. 선비 등등이 중국에 들어와 혹 천하의 반을 소유하는 데 이르렀으나 파패섬멸(破敗殲滅)[30]이 전후에서 서로 이어졌다. 그 종족과 부락을 아우름에는 한 초류(噍類)도 남기지 않았다. 그 스스로 단속하여야 후환이 없는 것이니 조선과 같은 경우는 어떠한가?

위만(衛滿) 이래 드디어 이것이 있음을 알지 못하고 우거(右渠)가 한(漢)나라의 사신을 죽이고 고구려, 백제는 수(隋)·당(唐)과 적이 되어 모두 잔멸(殘滅)되었다. 고려 왕씨의 경우에도 거란(契丹)·몽고(蒙古)의 난리에 괴로움을 당했으니 대개 모두 스스로 취한 것일 뿐이다. 대개 큰 것이 있는 곳에는 작은 것이 돌아가 의지한다. 그러므로 태왕(太王)이 훈육(獯鬻)[31]을 섬겼으나 군자가 잘못이라고 하지 않은 것은 무엇 때문인가. 큼

---

28) 성(城)의 명칭으로 지금 복건성(福建省) 구현(甌縣)의 동남이나 절강성(浙江省) 영가현(永嘉縣)의 서남을 말한다.
29) 춘추시대 오(吳)나라의 왕이다. 월(越)나라를 쳐서 그의 부왕(父王)인 합려(闔閭)의 원수를 갚았으나 후에 월왕(越王) 구천(句踐)에게 패하여 죽고 결국 오나라는 멸망하였다.
30) 깨지고 패배하여 없어지는 것으로 나라가 멸망하여 없어지는 것을 말한다.

이 훈육에 있기 때문이다.

만일 기씨(箕氏)가 진(秦)나라를 섬기지 않고 태왕이 훈육을 섬기지 않고서 나중에 말하길, "내가 천하에 예의를 할 수 있다"라고 한다면 이는 오히려 권도가 되지 않겠는가. 선부(善夫) 구준(丘濬)이 말하기를, "조선은 예의를 숭상하고 분수(分守)를 잘 지킨다. 항상 소국(小國)으로 사대하는 예를 행한다"라고 하였다. 맹자에서 말한 "하늘을 두려워하는 자는 나라를 보존한다"[32]는 말은 조선이 그 사례가 된다. 또 말하기를, "군신의 도리는 각각 스스로 다하기를 바랄 뿐이다"고 하였으니 이미 저 하늘을 두려워하는 성의를 다한다면 내가 그것을 대하는 것도 낙천적으로 자처하지 않을 수 있겠는가. 아아! 이것은 소국(小國)의 법으로 삼을 만하구나.

6. 전조선론(前朝鮮論) 하(下)

필부(匹夫)는 병에 넣은 밥에서 덕(德)이 나오는데, 오히려 맨손으로 분발하여 소리쳐서 닥친 어려움을 막아내는 데 사양하지 않는 것은, 그 정(情)이 힘써 강해진 것을 기다린 후에야 되는 것은 아니다. 대체로 역시 자연스럽게 천리(天理)에서 스스로 발(發)하는 것이다. 하물며 선비와 군자가 왕공(王公)·대인(大人)을 대함에 그 [왕공·대인의] 베풂이 크면 의뢰하는 것 또한 더욱 두터워질 것이다.

이 때문에 윗사람이 아래에 은혜를 베풀 때 오직 보답을 요구하지 않

---

31) 하대(夏代) 북방의 이민족이다. 주대(周代)에는 험윤(獫狁), 한대(漢代) 이후에는 흉노(匈奴)라고 일컬었다.

32) 『맹자(孟子)』「양혜왕(梁惠王)」 下 "以大事小者 樂天者也 以小事大者 畏天者也 樂天者保天下 畏天者其國."

아야 아랫사람이 윗사람을 섬기는 것에 역시 하루라도 잊지 않는 것이다. 대체로 이 때문에 상하(上下)가 교류하여 서로 환난(患難)의 때에 구제하니 베푸는 자와 보답하는 자가 서로 이어져서 끝이 없는 것이다.

옛날의 제후들은 상(商)·주(周)나라의 교체기에 그 신구(新舊)·대소(大小)의 나라들을 세우고 두루 구휼하게 도와서 두터운 은의(恩義)가 망극(罔極)에 이르지 않는 것이 없었는데도, 쇠약해져서는 비록 주나라와 동성(同姓)인 연(燕)·오(吳)·진(晉)·정(鄭)·노(魯)·위(衛)나라의 임금조차 위태로와 망하는 것을 보고도 구제하지 않았으니 하물며 다른 것에서랴!

대체로 여기에서 그 천리(天理)가 보존된 것이 거의 없는 것이다. 오직 기자(箕子)의 후손인 조선후(朝鮮侯)만이 연(燕)나라의 참칭(僭稱)을 부끄럽게 여겨서 군대를 일으켜서 서쪽을 토벌해서 왕실을 높이려고 하였으니 그 뜻이 어찌 위대하지 않겠는가.

주나라가 번성했을 때는 보옥(寶玉)·대궁(大弓), 밀수(密須)33)의 북, 궐공(闕鞏)34)의 갑옷, 총형(葱珩)35)·적불(赤芾)36) 등은 제(齊)·진(晉)·노(魯)·위(衛)나라의 분수로는 이르지 못하였다. 방백(方伯)37)·연수(連帥)38)의 동궁(彤弓)39)·노시(旅矢),40) 거창(秬鬯)41)·호분(虎賁),42) 정벌(征伐)·출척(黜陟)의 권리도 미치지 못하여서 춘추(春秋)의 대의(大義)는 산해(山海)의 바깥까지

---

33) 나라 이름으로 상(商)나라 때 길성(姞姓)의 나라이다. 주(周)나라의 문왕(文王)에게 멸망되었다.
34) 춘추시대 나라의 이름이다. 궐공의 갑옷으로 무왕이 은나라를 이겼다고 하였다.
35) 허리에 다는 파랑색의 구슬을 말한다.
36) 임금이 예복(禮服)을 입을 때 무릎 위를 가리던 옷을 말한다.
37) 주대(周代)에 한 지방의 제후의 장(長)인 대제후(大諸侯)를 말한다.
38) 주대(周代)의 제도로서 10국(國)을 연(連)이라 하고 그 우두머리를 수(帥)라고 하였다. 곧 10국을 지배한 장관을 말한다.
39) 붉게 칠한 활로 옛날에 천자(天子)가 공이 있는 제후에게 하사(下賜)하였다.
40) 검은 빛의 화살을 말한다.
41) 울창주(鬱鬯酒)를 말한다. 울금초(鬱金草)를 쪄서 창주(鬯酒)에 섞은 술인데, 강신(降神)할 때 주로 썼다.
42) '날래다'라는 뜻으로 천자(天子)를 호위하는 군사 또는 용사(勇士)를 말한다.

득의양양하여 잊혀질 수가 없었다. 대개 역시 천리(天理)가 스스로 발(發)하여서 그칠 수 없는 것이었으니 또 어찌 은의(恩義)의 두터움과 얇음을 논할 수 있겠는가?

그리고 나서 기성(箕聖 : 箕子)이 동쪽으로 간 후 무왕(武王)이 봉하여서 자손들이 대대로 지키며 살아 잃지 않았으니 대체로 주나라의 남은 은택이 있었던 것이다. 당(唐)나라와 신라, 송(宋)나라와 고려가 대소(大小)의 나라가 된 것과는 다르다. 아아! 임진(壬辰)·정유(丁酉)의 때에 우리나라가 은혜를 받은 것은 또 기씨(箕氏)에 비교할 바가 아니었다. 명나라 말의 혼란에도 또한 평공(平公)[43]과 환공(桓公)[44]이 얼굴이 붉어질 정도로 죽도록 최선을 다해 재가 되는 것처럼 하지도 못하고, 망연(茫然)히 서로 쳐다보아서는 안 되는데도, 화살 하나를 쏘고 조그만 병력으로 저항하지도 않고 틈만 엿보는 사이에서 서로 막고 서 있었다. 아! 이후에 큰 난리가 나서 비록 정유·임진 때보다도 백 배가 어려워지더라도 누가 기꺼이 우리를 위해 베풀겠는가?

7. 여태조론(麗太祖論)

삼대(三代)에 천하(天下)를 얻는 것은 오직 덕업(德業)이 성하여서 만은 아니고 하늘의 음즐(陰騭)[45]을 가졌기 때문이니 일찍이 『시경(詩經)』과 『서

---

43) 춘추시대 진(陳)나라 선공(宣公)의 증손인 진(陳) 영공(靈公)을 말한다.
44) 춘추시대 제(齊)나라의 15대 임금이다. 이름은 소백(小白)으로 희공(僖公)의 아들 양공(襄公)의 아우이다. 양공 때 제나라의 정치가 어지러우므로 외국에 망명하여 방랑하다가 뒤에 제후의 자리를 이었다. 명재상인 관중(管仲)의 도움을 받아 춘추 오패(五覇)의 제 일인자가 되었다.
45) 하늘이 명명(冥冥) 중에 백성을 안정시키는 것이나 또는 하늘이 은연중에 사람의 행

경(書經)』을 살펴보면 알 수 있다. 이윤(伊尹)은 말하기를, "저는 몸소 탕왕(湯王)과 더불어 모두 일덕(一德)을 소유하여 능히 천심(天心)에 합당하여 하늘의 명명(明命)을 받아서 구주(九州)의 무리를 소유하였습니다"46)라고 하였다. 『시경(詩經)』에는 말하기를, "소공(小共)과 대공(大共)을 받으시어 하국(下國)의 준방(駿厖)47)이 되며 하늘의 영광을 받으셨도다 온갖 복록이 이에 다하시도다"48)라고 하였고 또 "와서 이르시며 와서 흠향하여 복을 내림이 끝이 없도다"49)라고 하였다.

주(周)나라가 천하를 소유한 것이 역시 이러하니 주공(周公)은 말하기를, "우리 주왕(周王)이 무리를 잘 이어 능히 덕(德)으로써 이겨내셔서 신(神)과 하늘을 본받으시기에 하늘이 우리를 가르치시되 아름다움으로써 하여, 간택해서 은나라의 명을 주신다"50)라고 하였다.

『시경(詩經)』에서는 말하기를, "이 문왕(文王)이 조심하고 공경하고 공경하사 상제(上帝)를 밝게 섬기시어 사방(四方)의 나라를 받으셨도다"51)라고 하였고, 또 말하기를, "개제(愷悌)한 군자(君子)여! 복을 구함이 부정하지 않도다"52)라고 하였다. 그 개국(開國)하였을 때 집안을 이어서 장차 자손에게 전하면 삼가고 두려워하여 오직 하늘에 죄를 얻을까 두려워했

위를 보고 화복(禍福)을 내리는 것을 말한다.

46) 『서경(書經)』「상서(商書)」「함유일덕(咸有一德)」편 "夏王弗克庸德 慢神虐民 皇天弗保 監于萬方 啓迪有命 眷求一德 俾作神主 惟尹躬暨湯 咸有一德 克享天心 受天明命 以有九有之師 爰革夏正."

47) 소공(小共)과 대공(大共)은 소법(小法)과 대법(大法)을 가리킨다. 준방(駿厖)은 매우 두텁거나 뛰어나게 큰 것을 뜻하는 말이다.

48) 『시경(詩經)』「상송(商頌)」, "受小共大共 爲下國駿厖 何天之龍 敷奏其勇 不震不動 不戁不竦 百祿是總."

49) 『시경(詩經)』「상송(商頌)」「현조(玄鳥)」편 "約軧錯衡 八鸞鶬鶬 以假以享 我受命溥將 自天降康 豊年穰穰 來假來饗 降福無疆."

50) 『서경(書經)』「주서(周書)」「다방(多方)」편 "惟我周王 靈承于旅 克堪用德 惟典神天 天惟式敎我用休 簡畀殷命 尹爾多方."

51) 『시경(詩經)』「대아(大雅)」「대명(大明)」편 "維此文王 小心翼翼 昭事上帝 聿懷多福 厥德不回 以受方國."

52) 『시경(詩經)』「대아(大雅)」「사제(思齊)」편 "莫莫葛藟 施于條枚 豈弟君子 求福不回."

기 때문에 소리 없는 것에서 듣고 형체 없는 것에서 보아서 스스로 수양하는 도리를 닦는데 정성을 다하였고, 또 바르고 맑게 옷을 잘 차려입고 희생(犧牲)을 깨끗이 하고, 사직(社稷)에 향기를 내어 교묘(郊廟)의 사직(社稷) 제사를 지내므로 『서경(書經)』에서는 "하늘의 도를 흠모하고 숭앙하니 천명(天命)을 영원히 보존한다"라고 하였고, 『시경(詩經)』에서는 "온갖 예를 이루었도다"[53]라고 하여 복을 내렸다.

모두 대체로 선왕(先王)의 복(福)을 구하는 방법은 여기에서 그쳤으니 신(神)이 길흉화복을 내려주는 것이나 국가가 신의 도움을 받는 방법은 여기에 더할 것은 없는 것이다. 돌이켜 보건대 어찌 회피하거나 아첨하는 행동을 할 수 있겠는가?

고려 태조(太祖)가 누추한 곳에서 일어나 무예와 지략(智略)이 뛰어나서 여러 호족들을 능가하여 제어하고 경내의 닭과 오리 같은 병사를 휘몰아쳐서 셋으로 나뉘어졌던 것을 하나로 통일한 것은 요행(僥倖)이 아니었다.

훈요십조(訓要十條)를 보면 첫째는 불교를 받드는 것이며, 둘째는 절을 조성하는 것이고 연등(燃燈)·팔관회(八關會)와 산수(山水)·지리(地理)를 설명하는 데서도 간곡히 반복하는 것이니, 그 큰 공과 대업(大業)이 모두 여러 부처님이 보호한 힘에서 나온 것이라고 여겼다. 자손이 잘 지켜서 고치지 않았으나 [불교가] 드디어 두루 온 나라까지 비추게 되니 고려가 망하였다.

아아! 신라가 쇠약해졌을 때 궁예(弓裔)는 미친 짓을 하여 백성을 잃었고, 견훤(甄萱)은 패란(悖亂)하여 하늘을 거슬렀고, 양길(梁吉)[54]과 원종(元

---

53) 『시경(詩經)』「주송(周頌)」「재삼(載芟)」편 "載穫濟濟 有實其積 萬億及秭 爲酒爲醴 烝畀祖妣 以洽百禮."
54) 『삼국유사(三國遺事)』「왕력(王曆)」편 '궁예조'에는 '良吉'이라고도 하였다. 북원경의 호족으로 보이는 양길은 궁예를 자신의 휘하에 둔 이후 세력이 급속히 커져 현재의 강원도 남부와 경상도 및 충청도 북부지방을 단시일내 장악하였다. 그 후 궁예가 독자적인 세력을 구축하자 효공왕 3년(899)에 자기 휘하에 있던 30여 성의 성주(城主)들과

宗)⁵⁵⁾은 잘았다. 그러한 상황에서 너그럽고 인자하며 도량이 넓고, 백성을 사랑하며 천심(天心)에 부합하고 하늘이 내리는 복을 받을 사람은 태조 외에는 없었다. 어찌 불교의 힘을 기다리겠는가?

대체로 [왕]창근(昌瑾)의 거울참서[鏡讖]⁵⁶⁾와 여러 장수들이 추대(推戴)한 것은 하늘의 뜻이지 불교 때문이 아니며, 내정(內庭)의 장책(杖策)⁵⁷⁾과 환선길(桓宣吉)⁵⁸⁾이 스스로 물러난 것은 하늘의 뜻이지 불교 때문이 아니며, 의(義)로써 신라를 구하고 동수(桐藪)⁵⁹⁾의 재앙에서 탈피한 것은 하늘의 뜻이지 불교 때문이 아니며, 발해(渤海)가 흠모하여 귀화하고 투항하며, 신라가 핍박을 가하지 않아도 스스로 오며, 우릉도(芋陵島)이 사신을 보내고, 흑수말갈(黑水靺鞨)이 내조(來朝)하는 것은 모두 하늘의 뜻이지 불교 때문이 아니다.

안타깝게도 태조는 이와 같은 자태와 이와 같은 공(功)이 있었음에도 궁벽한 시골에서 태어나 자라서는 스승과 친구의 도움이 없었고, 시서(詩書)의 경구(警句)를 듣지 못했으며 선왕(先王)의 도를 알지 못했다. 비록 최응(崔凝)⁶⁰⁾에게 이단(異端)을 물리치는 논의를 들었으나 옛 습속(習俗)에 익숙하여 고치지 못하였다. 상(商)·주(周)의 교체와 같은 천명(天命)이 있

함께 궁예를 쳤으나 실패하였다. 그 후의 행적은 미상이다.
55) 신라 진성왕(眞聖王) 때 나라가 혼란할 때 사벌주를 근거로 하여 애노(哀奴) 등과 함께 반란을 일으켰던 인물이다.
56) 『고려사(高麗史)』에 있는 기록이다. 중국 상인 왕창근(王昌瑾)이 저자 가운데서 사람을 만나 자기의 거울을 사겠냐고 하여서 쌀 두 말을 주고 샀는데, 그 안에 왕건이 왕이 될 것이라는 내용의 147자의 참서(讖書)가 적혀 있었던 것을 가리킨다.
57) 말에게 채찍을 가하는 것으로 정책의 수립을 말한다.
58) 918년 역모를 꾸미다가 죽은 마군(馬軍) 장군(將軍) 환선길을 가리킨다.
59) 공산동수(公山桐藪)로 대구(大邱)를 가리킨다. 왕건(王建)이 견훤(甄萱)과 맞서 동수에서 큰 싸움을 진행하다가 형세가 불리했던 것을 말한다. 『고려사(高麗史)』「세가(世家)」'태조 10년 9월조'를 참조하시오.
60) 최응(崔凝, 898~932) : 고려 때의 문신으로 오경(五經)에 통하고 문장에 능하여 궁예의 밑에서 사령(辭令)을 받아쓰는 등 신임을 얻었었다. 궁예가 왕건에게 모반의 누명을 씌울 때 위태로움을 귀띔해주어 화를 모면하게 한 것을 계기로 가까워져 왕건의 즉위 후에 총애를 받았다.

었으나 스스로를 석가(釋迦)·아난(阿難)61)에 의탁하여 사사로운 복(福)을 비호(庇護)하니 이것은 군자가 두고두고 한스럽게 여기는 바이다.

이제현(李齊賢)은 말하기를, "태조(太祖)의 규모와 덕량으로 중국에서 태어났으면 송(宋)나라의 태조(太祖)보다 못하지 않았을 것이다. 송 태조가 여러 사람의 희망에 못 이기어 주나라 정권의 위양을 받게 되었던 것은 대체로 부득이한데서 나온 것이다. 태조는 궁예와 같이 시기가 많고 포악한 임금을 섬겼는데, 장군과 병사들이 추대하였으나 태조는 오히려 굳이 사양하여 연릉(延陵)의 절개62)를 지키려고 하였다. 그러나 한편으로 [백성들을 위해 죄 있는 임금을] 숙청하는 일을 어찌 그만둘 수가 있었겠는가"라고 하였다.

아아! 궁예는 한낱 도적일 뿐이어서 임금이 되지 못하였다. 태조는 대체로 세력으로써 굴하게 하였을 뿐이었으니 이것은 명(明)나라 태조(太祖)의 한림아(韓林兒)63)와 무엇이 다르겠는가? 이러한 예로 살펴본다면 태조가 나라를 얻은 것은 바르다고 할 수 있다. 하물며 태사(太師 : 箕子)가 교화를 남긴 땅에 거처하며 세 쪽으로 나뉘어져 합쳐지기 어려운 형세를 합하여 신라의 구차함을 일변(一變)하였음에랴.

기자의 융성함은 대체로 손바닥을 뒤집기보다 쉬우나, 다만 하늘과 불교의 나뉨에 밝지 못하여서 평생토록 불교를 하늘로 삼아 복을 구하였으니, 이른바 그 마음에서 발동하여 그 정치를 해쳤고 그 나라를 경영하여 고려(高麗)에까지 이르러서야 그만두니 애석하구나!

---

61) 석가의 제자이며 석가의 종형제이다. 석가의 입멸 후에 경문(經文)의 찬집(撰集)에 참여하고 가섭(迦葉)에 이어 장로(長老)가 되었다.
62) 중국 춘추시대 오왕(吳王) 수몽(壽夢)의 작은 아들 계찰이 현명하여 그 아버지가 후계자로 세우려고 하였으나, 계찰은 작은 아들의 절개를 지켜 굳이 사양하였으므로 수몽이 부득이하게 그를 연릉 땅에 봉하였던 것을 말한다.
63) 명(明)나라 초기에 반란을 일으켰던 인물이다. 원나라 말기에 그 아버지였던 산동(山童)이 요상한 말로 사람들을 선동하다가 죽었는데 아버지를 이어 한림아도 반란을 일으켜 10만 군중을 모으기도 하였으나 실패하여 죽었다.

8. 여혜왕론(麗惠王論)

고려 태조는 여염(閭閻)에서 흥기하여 3척(尺)으로 나라를 얻었으니 그 영웅적인 모략(謀略)은 거의 한(漢)나라의 고조(高祖)[64] · 명제(明帝)[65]와 같다. 그러나 형정(刑政)은 엄숙(嚴肅)하지 않고 신검(神劒)[66]이 아버지를 가두는 완악함을 용서해주고, 견훤(甄萱)이 임금을 죽인 흉악함을 포용한 것[67] 등은 모두 후대의 임금들에게 교훈을 삼을 것이 못된다.

그러나 혜종(惠宗)은 인자하여 난신(亂臣) 왕규(王規)[68]의 죄를 묻지 않으니 스스로 도피하여 차마 왕실을 죽이지 못하고 마침내 낮아졌다. 이의민(李義旼)[69] 등의 권간(權奸)과 역신(逆臣) 때문에 사직(社稷)이 미약해졌으나 실과 같이 끊기지 않았으니 후세에 그 원인을 좇아 살펴보면 내 생각으로는 애석하게도 불교를 지나치게 믿었기 때문이다.

옛 양(梁)나라 무제(武帝)[70]는 불교를 좋아하여 동태사(同泰寺)에 사신(捨

---

64) 한(漢)나라의 시조(始祖)로 성(姓)은 유(劉)이고 이름은 방(邦)이다. 초(楚)나라의 항우(項羽)를 해하(垓下)에서 격파하고 제위(帝位)에 올라 4백여 년의 왕조를 창업하였다.

65) 후한(後漢) 광무제(光武帝)의 넷째 아들이다. 이름은 장(莊)이고 시호는 명(明)이다. 유학(儒學)을 중시하였고, 사신을 천축(天竺)에 보내 불법(佛法)을 구하기도 하였다.

66) 후백제의 제2대 왕이다. 견훤의 맏아들로 견훤이 10여 명의 아들 중에서 넷째 아들 금강(金剛)에게 왕위를 전하려고 하자 이에 불만을 품고 두 아우의 권유를 받아 능환 등과 모의하여 견훤을 금산사에 유폐하고 왕위에 올랐다.

67) 견훤이 926년 신라 수도 경주를 함락하여 친려(親麗) 정책을 취하던 경애왕(景哀王)을 죽게 한 다음 김부(金傅)를 왕으로 삼고 철수한 사실을 말한다.

68) 광주 출신의 권신이다. 태조에게 두 딸을 후비로 들어보내 제15 · 16비가 되게 하였다. 945년 제16비 소생인 광주원군을 왕위에 앉히려는 야심을 품고 왕의 아우 요(堯 : 定宗)와 소(昭 : 光宗)가 딴 마음을 품고 있다고 무고하였으나 왕이 받아들이지 않았다. 이후 왕에게 자객을 보내기도 하였으나 실패하였고 후에 왕식렴(王式廉)에게 패하여 참살(斬殺)되었다.

69) 이의민(李義旼, ?~1196)은 고려 때의 무신이다. 본관은 경주이며 천민 출신인데, 기골이 장대하여 발탁되어 경군에 편입되고 수박(手搏)을 잘하여 의종의 총애를 받았다. 1170년 정중부의 난에 가담하여 공을 세워 이후 많은 관직을 역임하였다. 각종 부정을 저지르다가 최충헌에 의해 살해당했다.

70) 무제(武帝, 464~549)는 남조(南朝) 양(梁)나라의 시조(始祖)이다.

身)71)하고 사직(社稷)·교묘(郊廟)의 제사에 면으로 만든 국수72)를 가지고 희생을 대신하였다. 날이 갈수록 더욱 더 심해지고 마음으로는 더욱 자비(慈悲)만을 찾아 이에 자손과 신하들이 죄가 있어도 종종 묻지 않았다. 자제(子弟)들의 경우 교만하고 나태하고 패란(悖亂)한 것을 그치게 할 수가 없어 적자와 서자가 서로 기울고, 기강이 날로 문란해지니 후경(侯景)73)을 기다리지 않아도 난의 징조가 이미 있었다.

내가 왕씨의 행위를 보니 불교의 자비라는 잘못에 빠진 경우가 매우 많았으니, 면할 수 있었겠는가. 광종(光宗)은 모역(謀逆)을 이유로 대상(大相) 준홍(俊弘)과 좌승(佐丞) 왕동(王同) 등을 폄하하였다.74) 비록 권신(權信)의 참언(讒言)을 받아들인 것이었지만 이미 모역(謀逆)이라고 일컬었는데도 죄는 폄(貶)하는 데 그쳤다. 왕선(王詵)이 태조의 왕자인 천안군(天安君)을 죽여서 자신의 사사로운 복수를 하였는데도,75) 경종(景宗)은 [왕선을] 죽이지 않았다.

성종(成宗)은 불교에 아첨하지는 않았으나 오히려 부도법(浮屠法)에 의지하여 삼장월(三長月)76)에 짐승 도살을 금지한 것이나, 강조(康兆)의 시

---

71) 보은(報恩) 또는 수행(修行)을 위하여 자기의 생명(生命) 또는 속루(俗累)를 끊고 삼보(三寶)를 섬기는 일을 말한다.
72) 면생(麵牲)을 말한다. 제사에 희생(犧牲) 대신 쓰는 국수를 말한다. 불교에서는 동물로 희생을 쓰지 않기 때문에 그러하다.
73) 남북조 때의 삭방(朔方) 사람이다. 양(梁)나라 무제(武帝) 때에 하남왕(河南王)이 되었다. 자(字)는 만경(萬景)으로 무제가 죽자 자립(自立)하여 한제(漢帝)라 칭하였으나 오래가지 않아 멸망하였다.
74) 평농서사(評農書史) 권신(權信)이 참소하기를 대상 준홍, 좌승 왕동 등이 역모를 꾸민다고 하였기 때문에 이들을 내쫓았던 것이다.『고려사(高麗史)』「세가(世家)」'광종(光宗)조 경신 11년'에 있다.
75)『고려사(高麗史)』「세가(世家)」'경종조', 병자원년. 집정 왕선을 외지로 추방하였다. 이에 앞서 왕이 선대 임금 때에 참소를 입은 사람들에게 복수할 것을 허락하였더니 드디어 서로 마음대로 죽이기를 시작하여 또 억울한 일들이 생겼다. 이때에 왕선은 복수를 핑계하고 제 마음대로 태조의 아들 천안부원낭군(天安府院郎君)을 죽였다. 이에 왕선을 추방하는 동시에 제 마음대로 죽이고 복수하는 것을 금지하였다는 기사를 말한다.
76) 불교의 교법에 의하여 정월, 5월, 9월을 삼장월(三長月)로 하여 짐승의 도살을 금지한 것을 말한다.『고려사(高麗史)』「세가(世家)」'성종(成宗) 7년 12월조'를 참조하시오.

역(弑逆)77)을 현종(顯宗)도 역시 죄를 주지 못하였다. 이때 고려의 태아(太阿)가 아직 죽지도 않았는데, 오히려 스스로 토벌할 수 있다고 하여서 거란에 사신을 보내고 반드시 주변 나라들의 의병(義兵)을 기다렸다.

상장군 김훈(金訓)78) 등이 사적인 감정으로 문신 장연우(張延祐)와 황보유의(皇甫兪義) 등을 포박하여 매질하였으나 왕은 차마 벌을 주지 못하였고 도리어 연우 등을 귀양보내니 힘써 토벌하지 못하여 그렇게 된 것이 아니었다. 이러한 예는 원위(元魏)79)의 우림(羽林)80)이 장이(張彝)81)의 집을 불질렀어도 위나라 임금[魏主]이 (죄를) 묻지 못하는 것과 비교해 볼 때 무엇이 다른 것이겠는가? 그 후 2년에 왕가도(王可道)82)의 말을 받아들여 이로 인해 벌하였으나 역시 그 죄명(罪名)을 바로잡지는 못하였다.

인종(仁宗)83)은 이자겸(李資謙)에게 위협을 당해 거의 선위(禪位)할 뻔하다가 척준경(拓俊京)이 죄인을 잡았는데도 오히려 죽이지 못하였고, 그

---

77) 강조(康兆, ?~ 1010)는 고려 때의 무신이다. 목종 때에 김치양(金致陽)이 천추태후와 정을 통하여 낳은 아들을 왕으로 세우려고 하자 우여곡절 끝에 현종(顯宗)을 옹립하고 목종을 폐하였다가 나중에 살해하였다.

78) 김훈(金訓, ?~1015)은 고려 때의 장군이다. 현종 1년 거란군이 대거 침입하여 강조(康兆)의 군사가 통주에서 크게 패배한 후 거란군의 선봉을 무질렀다. 뒤에 상장군이 되었는데, 중추원사 장연우와 중추원 일직원 황보유의가 조정에 건의하여 경군(京軍)의 영업전을 빼앗아 문신들의 녹봉에 충당하기로 하자 이에 불평을 품고 이협(李恊) 등과 함께 군사를 이끌고 가서 왕을 협박하여 황보유의, 장연우 등을 귀양보내게 하였다.

79) 후위(後魏)의 별칭이다. 탁발위(拓跋魏)를 말한다.

80) 천자(天子)의 숙위(宿衛)를 담당하는 금위(禁衛)를 가리킨다.

81) 후위(後魏) 동무성(東武城)의 사람이다. 자(字)는 경빈(慶賓)이고 시호는 문(文)이다. 효문제(孝文帝) 때에 후작(侯爵)을 계승하였다.

82) 왕가도(王可道, ?~ 1034)는 고려의 현종 때의 문신이다. 초명은 자림(子琳)이고 본래의 성(姓)은 이(李)이다. 덕종비 현비(賢妃)의 아버지로 성종 때 문과에 장원을 하였다. 1010년 재정상의 이유로 경군(京軍)의 영업전(永業田)을 몰수한 데 불만을 품은 상장군 최질, 김훈 등의 반란으로 무신이 권력을 잡자 이에 격분하여 김맹(金猛)과 협의하여 서경에서 연회를 베풀어 무신들을 제거하여 폐단을 제거하였다.

83) 고려의 17대 임금이다. 비가 이자겸의 제3녀 폐비 이씨 및 제4녀 폐비 이씨이다. 15세의 나이로 이자겸에 의해 옹립되어 즉위했다. 1126년 이자겸의 난이 일어나자 최사전(崔思全), 척준경 등을 시켜 난을 평정하여 이자겸을 잡아 귀양보냈다. 묘청의 난이 일어나자 김부식(金富軾)을 보내 평정하였다.

친족과 당파 수 백 사람을 아울러 쫓아내는데 그쳤다. 김부식(金富軾)은
명신(名臣)이었는데도 오히려 정지상(鄭知常)을 함부로 죽였으나 간관(諫
官)들은 [그것을] 비판하지 못하였다. 왕도 정중부(鄭仲夫)에게 [죄를] 묻지
못한 이후에[84] 난신(亂臣)이 끊이지 않고 일어났으며, 일어나는 대로 죽
임을 당하여서 최충헌(崔忠獻)에까지 이르렀다.

　그때는 비교적 안정된 시기여서 근본적으로 다스려야 할 사람들을
다스려서 건강(乾綱)[85]을 밝혀 드높였으니 난적(亂賊)들의 간담이 서늘해
지고, 화란(禍亂)의 문이 막혔으며 포용하고 용서해주는 것이 그 해당
하는 사람에게만 하도록 하였다. 최충헌이 나라의 권세를 잡고 왕실은
드디어 아무것도 할 수 없다가 그 후 유경(柳璥)[86]이 최의(崔竩)를 벌하였
고, 또 김준(金俊)[87]·임연(林衍)·임유무(林惟茂)[88]로 이어졌다.

　충렬왕(忠烈王) 이후에는 원나라와 결탁하는 자가 많았으나, 나라를 원
나라에 파는 권신(權臣)은 없었다. 공민왕(恭愍王) 때에는 또 김용(金鏞)[89]
등의 예가 있었다. 대체로 최충헌(崔忠獻) 이후 조정(朝廷)에서는 애써서

---

84) 정중부(鄭仲夫, 1106~1179)는 고려 때의 무신이다. 천민 출신으로 기골이 장대하여
　　인종 때 발탁되었는데, 이때 연소한 내시 김돈중(김부식의 아들)에게 촛불로 수염을 태
　　우는 등의 모욕을 받고 김돈중을 때려눕혔다가 김부식의 분노를 샀으나 왕의 만류로
　　화를 면하였는데, 이 사건을 가리킨다.
85) 하늘이 만물을 주재하는 대본으로 천자(天子)가 만기(萬機)를 주재하는 대본이나 군
　　주의 주권을 가리킨다.
86) 유경(柳璥, 1211~1289)은 고려 때의 공신이다. 최항의 뒤를 이어 그 아들 최의가 국
　　정을 한손에 잡고 행패가 심하자 별장 김준(金俊)과 함께 협력하여 최의를 죽이고 정권
　　을 왕실에 반환하였다.
87) 김준(金俊, ?~1268)은 고려 때의 무신으로 아버지는 최충헌의 가노(家奴)였는데 최우
　　에 의해 추천되어 승진하다가 최의(崔竩)의 미움을 받고 유경 등과 함께 최의를 살해하
　　여 무신정권을 타도하였다. 원문에는 김인준(金仁俊)으로 되어 있으나 김준이 맞다.
88) 임연과 임유무는 부자(父子)사이로 임연은 최의를 죽인 공으로 위사공신이 되어 정
　　권을 잡았고 임유무는 아버지가 죽자 대신하여 강화도에서 교정별감(敎定別監)이 되어
　　실권을 장악하고 몽고에 지항하였다. 『동사(東史)』의 원문에는 '林衍維茂'로 되어 있으
　　나 '惟'자가 맞다.
89) 김용(金鏞, ?~1363)은 공민왕 때에 반란을 일으킨 사람이다. 공민왕을 살해하려고 공
　　민왕이 흥왕사에 행차한 틈을 타서 난을 일으키나 결국 발각되어 죽었다.

[잘못된] 행동을 막았으나, 정중부(鄭仲夫) 이전에는 대개 왕의 자비심이 지나쳐서 나라가 나라답게 되지 못한 것은 무엇 때문인가. 불교에서 살리기를 좋아하여 비록 미세한 생물(生物)이라도 역시 차마 죽일 수가 없어 말을 먹이어 말을 위하고 소를 먹여서 소를 위하였는데 하물며 살인하는 죄에서랴.

이 때문에 명종(明宗) 이후로는 한갓 빈 용기만을 품으니 마치 주(周)나라의 난왕(赧王)90) 한(漢)나라의 헌제(獻帝)91)가 기생(寄生)하는 것과 같을 뿐이다. 대체로 이것은 숭불(崇佛)이 지나친 것이었다. 대개 선왕(先王)의 정치는 대체로 역시 살리기를 좋아한다. 그러나 어찌 일찍이 이에 이를 수 있겠는가. 반경(盤庚)92)이 말하기를, "불길(不吉, 不善)하고 부적(不迪, 不道)한 사람들이 전월(顚越)하여 간귀(姦宄)한 짓을 하는 자가 있으면 나는 이들을 코 베고 죽여서 남겨두어 기르지 않아서 종자(種子)를 이 새 도읍에 옮겨놓지 못하게 할 것이다"93)라고 하였고, 무왕(武王)이 말하기를, "하늘이 우리 백성에게 주신 떳떳함이 크게 없어져 혼란할 것이니, 이러하거든 문왕(文王)이 만든 형벌을 빨리 행하여 이들을 형벌하고 용서하지 말라"94)라고 하였다. 상(商)·주(周)의 형벌은 함부로 쓰는 데까지는 이르지 않았다.

양(梁)나라 무제(武帝)와 왕태조(王太祖)는 신무(神武)한 임금일 뿐이다.

---

90) 주(周)나라의 37대 왕으로 주나라 최후의 천자이다. 현왕(顯王)의 손자이며 이름은 연(延)이다. 이때에는 주나라가 동서의 양주(兩周)로 나누어 통치되고 있었는데, 왕은 서주에 도읍을 하고 있었고 나라가 점차 미약해졌으며 진(秦)나라가 강국이던 상황이었다.

91) 후한(後漢)의 마지막 황제이다. 영제(靈帝)의 중자(中子)로서 이름은 협(協)이다.

92) 상(商)나라의 제17대 임금이다. 은나라 중흥의 명군(名君)으로 도읍을 상(商)으로 옮기고 백성을 잘 다스려 국운을 부흥시켰다.

93) 『서경(書經)』「상서(商書)」「반경(盤庚)」중(中) "乃有不吉不迪 顚越不恭 暫遇姦宄 我乃鼻殄 滅之無遺育 無俾易種于玆新邑."

94) 『서경(書經)』「주서(周書)」「강고(康誥)」, "王曰 封 元惡大憝 矧惟不孝不友 子弗祗服厥父事 大傷厥考心 于父不能字厥子 乃疾厥子 于弟弗念天顯 乃弗克恭厥兄 兄亦不念鞠子哀 大不友于弟 惟弔玆 不于我政人得罪 天惟與我民彝大泯亂 曰 乃其速由文王作罰 刑玆無赦."

그 처음에 어찌 불교를 숭상하는 것이 여기에 이를 것을 알았으리오 무릇 선왕(先王)의 경전을 버리고 잔단 인(仁 : 여기서는 불교의 자비를 가리킴)을 따랐으니 그 근본은 모두 사의(私意)에서 말미암아 사의로써 나라를 경영하니 천리(天理)를 거스르지 않는 것이 없었다. 이것이 양나라와 고려가 혼란되어 망하는데도 구할 수가 없었던 이유이다. 그러나 고려가 임금이 실권(實權)이 없이 위태로운 형세로 500년 동안 그래도 지속되어 남아 있을 수 있었던 것은 인자(仁慈)함과 용서하고 너그러운 점이 있어 역시 백성의 마음을 감동시킬 수 있어서 서로 유지되었으니 차마 떠나지 못한 것이었다. 그 역시 진(秦)·수(隋)나라와 비교할 것은 아니다.

9. 여광종론(麗光宗論)

인군(人君)으로서 사람을 잘 등용하는 자는 친하거나 소원(疎遠)한 자를 모두 택한다. 이때에 친하다고 하여서 모두 등용하는 것이 아니나 역시 일찍이 그 친함을 잃어서는 안 되며, 소원하다고 하여 반드시 등용되지 않는 것은 아니니 역시 일찍이 친함에도 간격이 있는 것은 아니다. 이에 친함과 소원함은 오직 그 재주로 나가게 하여야 국가가 의지하여 다스려질 것이다.

이것은 예나 지금이나 인군(人君)이 쉽게 알 수 있고, 쉽게 할 수 있는 것인데도 매번 그렇지 않음을 염려하는 것은 무엇 때문인가? 대개 일찍이 논한 것을 보면 인군이 학문(學問)이 없이 [왕위에] 임하면 지나친 것이나 모자란 것이 없을 수 없다. 밝음에 지나치면 친척이나 훈구(勳舊)에 속한 사람들은 뜻과 기(氣)를 얻어 위를 범하고, 아래에게는 마음대로 하여 종종 나를 위해서 쓰여지지는 않으니 소원한 사람들을 끌어들여 등용하는 것만은 못하다.

대체로 소원하여 타국(他國)에 기우(寄寓)하는 나그네로서의 신하같은 사람은 위로는 원조(援助)가 없고 아래로는 무리를 짓는 사람이 없이 스스로 잠깐 사이에 의지하여도 간담(肝膽)을 다 바칠 정도로 열심히 하여 나에게 마음을 다 바치지 않는 사람이 드물다.

그러나 참소하고 이간질하며 미워하며 사이가 벌어지는 혐의(嫌疑)와 위태로움이 반복되는 술책은 역시 이로 말미암아 어리석고 용렬한 임금을 만들어낸다. 또 반드시 이와는 반대로 말하기를, 좌우의 근신(近臣)이 믿을 만하더라도 권훈(權勳)과 귀척(貴戚)은 드디어 이로 인해 일을 마음대로 하여 마침내 큰 혼란에 빠져 그칠 수 없게 되는 것이다. 이러한 두 가지는 모두 인군(人君)에게서 말미암은 것이니 그 마음을 바로 하지 않으면 공정히 듣고 아울러 살피는 도리는 행해지지 않을 것이다.

옛 고려의 광종(光宗)은 분명하게 듣고 판단할 수 있는 능력이 있고 견실하게 시문을 짓고 풍류를 즐길 줄 알았으며, 그 모범을 베푸는 것으로 볼 때 고려 초의 정치에서 두드러진 탁월함이 있었다. 쌍기(雙冀)를 등용하고 구세력을 물리치니 조정에서 거친 일이라고 하였고 또 이것을 비난하여 말하기를, 광종의 병통은 오로지 쌍기를 등용한 것에 있다고 하였다. 아아! 이것은 역사가가 언급하지 않은 것이다.

내가 살펴보면 대체로 쌍기를 등용한 것은 광종의 성덕(盛德)인 것이다. 옛날 요임금 때에는 역시 항상 소원(疏遠)한 사람들을 등용하였다. 대체로 사악(四岳)95) · 방제(放齊)96) · 희(羲) · 화(和)97) · 공(共)98) · 환(驩)99) ·

---

95) 요임금 때 사방(四方)의 제후(諸侯)를 통솔하던 장관(長官)을 말한다.
96) 요임금 신하의 이름이다. 요임금이 때를 순히 할 사람을 물으니 방제가 요임금의 맏아들인 단주(丹朱)를 추천하는 곳에 보인다. 『서경(書經)』「우서(虞書)」「요전(堯典)」편.
97) 요임금 때 천문(天文)과 역상(曆象)을 맡은 희씨(羲氏)와 화씨(和氏)를 말한다.
98) 공공(共工)으로 요임금 때 물을 다스린 관리를 말한다.
99) 환두(驩兜)로 요순시대의 사람인데, 공공(共工)과 결탁하여 나쁜 짓을 하였으므로 순(舜)임금이 그를 숭산(崇山)으로 내쫓았다고 한다.

숭백(崇伯)¹⁰⁰⁾ 등 8~9인은 요의 친척이나 훈구(勳舊)이다. 그러나 공(共)·환(驩)·숭백(崇伯)은 요임금이 하루아침에 떠나게 해도 어렵지 않으며, 측근의 고루한 사람을 등용하였다.

재야에 있던 순임금의 경우에는 하루아침에 친척(親戚)·훈구(勳舊)의 위에 놓여졌으나 여러 신하들이 빠르다고 여기지 않았고, 천하 사람들도 이상하게 여기지 않았다. 대체로 공정히 듣고 아울러 살펴보아 등용과 내침을 자세히 살피니 친척이나 소원(疏遠)하다는 명분에 현혹되지 않았던 것이다.

그러므로 순임금이 위를 섬김은 역시 일찍이 이와 반대였겠는가. 그 이끌려 조정에 나온 사람들은 반드시 밥이나 구하는 사람은 아니었고, 자기 측근에 있는 사람과 고양씨(高陽氏)의 재자(才子) 팔원팔개(八元八凱)¹⁰¹⁾의 부류와 같은 사람들을 모두 도와주어 조정에 늘어 세우니 이것이 어찌 요임금의 훈구(勳舊)·친척(親戚)이 아니겠는가.

쌍기는 중국사람으로 그 사이가 멂이 재야에 있던 순임금[虞舜]보다 심하였으나 광종이 발탁하여 등용하였다. 또한 현명한 사람을 뽑는데는 가림이 없었다는 탕(湯)임금보다 잘 실현한 것이다. 쌍기로 하여금 순임금과 같이 공정하게 뽑되 친함과 소원(疏遠)함을 모두 잃지 않게 하니 광종의 밝게 분별함이 이와 같았다.

대개 광종의 자질은 현명하였으나 지나치게 의심이 많았다. 오직 그 현명하기 때문에 좌우의 친근한 사람을 부려서는 안 된다는 것을 알았으나 너무 지나쳐서 그 조정의 신하들에 대해 모두를 의심하였다. 이에 차라리 외국 사람을 끌어들여 온 나라가 (그 사람의 의견을) 들으니 향곡(鄕

---

100) 우(禹)임금의 아버지, 곤(鯀)을 말한다. 숭(崇)은 지명이고 백(伯)은 작위이다.
101) 여덟 사람의 선량한 사람과 여덟 사람의 화합한 사람을 말한다. 팔원(八元)은 고신씨(高辛氏)의 재자(才子)인 백분(伯奮)·중감(仲堪)·숙헌(叔獻)·계중(季仲)·백호(伯虎)·중웅(仲熊)·숙표(叔豹)·계리(季貍)이며 팔개(八愷)는 고양씨(高陽氏)의 재자인 창서(蒼舒)·퇴고(隤凱)·도인(檮戭)·대림(大臨)·방항(尨降)·정견(庭堅)·중용(仲容)·숙달(叔達)이다.

曲)의 천한 사람들도 인연이 되어 출세하여 조정에 있게 되었다. 또한 쌍기도 비록 선한 사람을 등용하려 하였으나 소원(疎遠)한 기려(羈旅)의 신하102)로 감히 임금의 뜻을 붙들어 맬 수 없었다. 여기에 그 세력이 드디어 어그러지고 격해져서 막을 수가 없었다. 왕도 진실로 그러하였으니 또한 어찌 문화(文華)한 한 사람의 쌍기에만 책임을 지울 수 있겠는가.

아 대체로 인군(人君)은 진실로 그 마음을 바로 하면 여러 신하들의 현명함과 그렇지 않은가의 여부는, 밝은 거울에 사물을 비추면 아름다움과 추함이 그대로 드러나는 것과 같다. 친하더라도 인재가 아니면 물리쳐서 너그럽게 해서는 안 되고, 관계가 멀더라도 쓸 만한 인재이면 등용시켜서 어려움이 없게 해야 한다. 한 사람의 현명한 사람이 있으면 한 사람의 불초(不肖)한 사람이 있으니 내가 그 사이에서 사적으로 하는 것이 없으면 쌍기와 같은 무리가 우리 고려의 신하에게 해가 되지 못할 것이며 또 어찌 성덕(盛德)에 누가 되겠는가. 대체로 이와 같은 자는 필요할 때에 그 마땅한 사람을 쓰지 못하는 경우가 없을 것이어서 사람이 장차 그 현명한 사람을 들어 써서 효과를 볼 것이다. 오직 공(公)을 추구하고 사적인 것은 없을 것이므로 여기에서 역시 천하가 지극히 밝게 되는 것이다.

10. 여덕왕론(麗德王論)

사람이 이적(夷狄)이나 금수(禽獸)와 다른 이유는 예의(禮義)가 있기 때문이다. 예의는 인륜(人倫)에서 시작하고 인륜은 남녀의 사이에서 일어나

---

102) 남의 집에서 손님 대우를 받으면서 부하가 되어 있는 사람을 가리킨다.

니 남녀의 분별이 없고도 인륜을 행하거나 예의를 행한 경우는 없었다. 이 때문에 성인은 이것을 소중하게 여겨서 반드시 다른 성씨(異姓)에게서 취하여 맴을 붙쫓고 분별을 풍요하게 여기니 이것에 신중하지 않으면 이적(夷狄)이며 금수(禽獸)이다. 이른바 이적이나 금수는 다른 것이 아니라 분별이 없는 것이어서 결국 인륜(人倫)과 예의가 없음에 이른다. 이 때문에 선왕(先王)은 이적(夷狄)을 배척하여 반드시 금수와 같이 붙여서 말하여 그 뜻을 엄정하게 하였다.

세상에서는 동방(東方)을 예의가 있는 나라라고 일컬으니 대체로 기자(箕子)가 와서 다스리고 자손들이 서로 그 법을 지키며 교화가 흐르고 풍속이 여유로와 [동방을 제외한] 다른 세 쪽의 지방과는 달랐다.

그러나 신라와 고려의 두 시대에는 혼인을 하는데 같은 성씨도 피하지 않아 심지어는 기공친(朞功親)103)에까지 이르렀다. 위에서 행하고 아래에서 본받았으니 그 백성들도 역시 알 만하다. 고려 덕종(德宗)은 하루아침에 두 자매를 왕비로 삼았다.104) 광종(光宗)과 문종(文宗)도 모두 그 누이를 처로 맞이하였으니,105) 천하에 어찌 이런 일이 있는가? 제(齊)나라의 환공(桓公)106)과 양공(襄公)107)이 보통의 경우가 될 수 있겠는가? 이것이 또한 이적이 깊이 수치스럽게 여기는 것이다. 나아가 예의의 나라라고 할 수 있겠는가.

---

103) 상례(喪禮) 때에 기복(朞服)과 공복(功服)을 입는 친척을 말한다.
104) 덕종(德宗)은 현종(顯宗)의 아들로 비는 역시 현종의 딸이었던 경성왕후(敬成王后)와 효사왕후(孝思王后)이다.
105) 광종은 태조(太祖)의 셋째아들이며 그 비는 태조의 딸인 대목태후(大穆太后) 황보씨(皇甫氏)이다. 문종은 현종(顯宗)의 셋째아들로 왕비는 인평(仁平)왕후 김씨인데 현종의 딸이다.
106) 춘추시대 제(齊)나라의 임금이다. 이름은 소백(小白)이며 양공(襄公)의 아우로 관중(管仲)을 중용하고 제후를 영도하여 진(晉)나라의 문공(文公)과 함께 오패(五覇)의 수령(首領)이 되었다.
107) 제(齊)나라의 임금으로 장공(莊公)의 손자이며 환공(桓公)의 형이다. 노(魯)나라 환공(桓公)의 부인은 양공과 남매인데 정을 통하였다. 환공을 이 사실을 알고 화를 내니 양공은 팽생(彭生)을 시켜서 환공을 죽였다.

세상에서 전하기는, 왕씨는 용(龍)의 자손이라서 그 겨드랑이 아래에 한 개의 비늘이 있기 때문에 [이런 사실을] 태조는 외예(外裔)에게 전해주는 것이 싫어서 드디어 자손들에게 서로 혼인하게 하여 결혼하는 후손들은 외성(外姓)을 노(魯)나라의 오맹자(吳孟子)[108]와 같이 휘(諱)하여 불렀으니, 같은 성씨끼리 결혼하지 않는 뜻을 고려에서 일찍이 알지 못했던 것은 아니라고 한다.

내가 보기에는 이것은 거짓이다. 대체로 태조는 구차하고 지체가 변변하지 못한 곳에서 일어나 선왕(先王)의 도를 듣지 못했고 서로 어울려 놀았던 사람들도 모두 도선(道詵)과 같은 승려의 부류였을 뿐이다. 또 내가 듣기로는 한(漢)·당(唐) 여러 나라들이 모두 외척(外戚) 때문에 어지러워져서 망했으니 같은 성씨끼리 결혼을 하면 종사(宗社)에 만세토록 영영 여무(呂武)[109]와 왕량(王梁)[110]의 환란이 없을 것이기에 드디어 자손에게 법으로 삼게 하였다고 하니 그 고루한 소견은 말할 것이 없다.

그러나 신라 때에 이미 행하여졌던 것이니 태조가 어찌 감히 처음으로 했던 것이겠는가. 일찍이 고구려의 역사를 살펴보니 후비(后妃)로 기록될 만한 사람이 자못 있으나 같은 성씨는 한 사람도 없었다. 그 다른 정령(政令)이 행해지는 가운데 문물(文物)과 예속(禮俗)으로 추정해 볼 수 있는 것도 모두 신라의 황탄하고 고루한 것과는 거리가 멀었다.

이것으로 볼 때 기자의 유민(遺民)이 고구려와 발해에 포섭되고, 신라는 곧 방외(方外)의 별국(別國)으로 조선(朝鮮)과는 서로 교섭하지 않았던 것을 더욱 믿을 수 있으니 신라 사람들이 예를 듣지 못한 것이 마땅하다. 백성들이 신의(信義)가 많아서 종종 절의(節義)를 실천하여 귀의하는 것은 그 천성(天性)이 그러한 것이다. 이 때문에 그 나머지를 믿어서는

---

108) 노(魯)나라 소공(昭公)의 비(妃)이다. 오(吳)나라의 여자이기에 오맹자(吳孟子)라고도 하였다.
109) 송(宋)나라 사람으로 태평주(太平州)의 병졸(兵卒)이다. 원(元)나라가 침입할 때 문천상(文天祥)이 모집하는 군대에 응모하여 종군하였다가 역모를 일으켰으나 죽었다.
110) 후한(後漢) 사람으로 광무(光武)를 좇아서 왕망(王莽)을 멸하였다. 전공(戰功)이 많았다.

안 된다.

대체로 동방(東方)에는 문헌이 적고 지금 족보로는 십수세(十數世) 이상으로는 알지 못하니 같은 성씨로서 관향(貫鄕)이 다른 경우는 모두 혼인을 하고 있다. 우리 조정의 한 재신(宰臣)은 이 때문에 중국 사신으로부터 기롱을 당하여 국가에서 성(姓)씨를 내려서 해결하였다. 근세에는 유현(儒賢)들의 의론으로 말미암아 지금부터 비록 관향이 달라도 서로 혼인하지 않는 것이 법령의 제1장에 있다. 그러나 어떤 사람들은 혹 옛 관습에 젖어서 고치지 않으니 고루함이 심하다. 어찌 후세 사람들의 입에 고려의 풍속을 회복한다고 회자(膾炙)되지 않는다는 것을 알겠는가. 그역시 다르니 중국의 소씨(蘇氏)는 모두 곤오번(昆吾樊)[111]에서 나오는데, 하내(河內)의 소씨(蘇氏)의 조상은 주(周)나라 사구(司寇) 분생(忿生)이고 부풍(扶風)[112]의 소씨(蘇氏)의 조상은 한(漢)나라 평릉후(平陵侯) 건(建)이었다. 천하의 여러 소(蘇)씨는 지금까지 수십백세(數十百世)에 이르렀으나 서로 혼인하지 않았으니, 마치 우리 동방과 같이 지금 비록 관향(貫鄕)이 다르지만 그 수백 년 전에는 형제(兄弟)인지 길거리를 지나는 아무 관계없었던 사람인지 누가 분변할 수 있을 것인가. 나는 그러므로 이런 점을 의논하여 후세의 경계로 삼는다.

11. 여예왕론(麗睿王論)

우리나라 사람들의 병통은 항상 뜻을 확고하게 세우지 못하는 것이

---

111) 지명(地名)으로 섬서성(陝西省) 남전현(藍田縣)의 동북(東北) 지방을 가리킨다.
112) 지명(地名)으로 삼국(三國)의 위(魏)나라가 설치한 군명(郡名)이다. 대체로 섬서성(陝西省) 지역이다.

다. 이 때문에 행한 것을 완성하지 못하였다. 일찍이 진(秦)나라 목공(穆公)113)이 진(晉)나라를 정벌하고 한(漢)나라 무제(武帝)가 변경(邊境)을 개척한 것을 살펴보면 대체로 여러 번 싸웠어도 그 뜻을 실현하지 못하였다. 건숙(蹇叔)114)이 군대를 일으키지 말라고 눈물로써 충고하여 목공(穆公)을 위해 계획한 것은 오직 병기를 놓고 백성을 쉬게 하여 이웃과 하루라도 평화롭고 편안하게 지내는 데 뜻이 있었던 것이었는데, 목공은 더욱 분발(奮發)함을 그치지 않아 마침내 세 번 싸워서 곡량(曲梁)115)에서 전적(戰績)이 있었다. 한(漢)나라 군사들이 전공(戰功)을 쌓지 못하자 전분(田蚡)116)과 한안국(韓安國),117) 회남(淮南) 적산(狄山)118)의 무리들이 교대로 나아가 불가함을 역설하였으나 무제는 해마다 정벌하여 영남(嶺南)과 삭방(朔方)을 개척하였다. 당시에 비록 원망을 받았으나 후세에 마침내 이익을 얻으니 한(韓)을 부르고 변방을 두드려서 사이(四夷)가 와서 항복하였다. 대체로 이 두 임금은 뜻이 확고하여 일에서 마침내 성공하였다.

고려의 예왕(睿王 : 睿宗)은 숙종(肅宗) 때부터 부자(父子)로서 공(功)을 세워 이름을 드러내기를 좋아하여 여진(女眞)의 틈을 타서 [공격하여] 군사들을 많이 부상시켰으나 일은 끝내 성취시키지 못하였으니 후세에 기롱을 받은 것은 마땅하다. 그러나 처음에 군사를 일으켰을 때 공이 있어

---

113) 춘추오패(春秋五霸) 중의 한 임금이다. 백리해(百里奚)·건숙(蹇叔) 등을 등용해서 선정(善政)을 베풀어 마침내 서방(西方) 제후의 장(長)이 되었다.
114) 춘추(春秋) 때 진(秦)나라 사람이다. 목공(穆公)에게 벼슬하여 대부가 되었다. 목공이 정(鄭)나라를 습격하려고 건숙을 방문하였는데, 건숙은 불가(不可)하다가 간언하였으나 듣지 않자 건숙의 아들을 종군(從軍)시켰다. 그리고 울면서 말하기를 내가 너의 뼈를 효(殽)의 남북 이릉(二陵) 사이에서 거둘 것이라고 예언하여 과연 그렇게 되었다.
115) 현명(縣名)으로 춘추시대 때 적적(赤狄)의 땅을 말한다.
116) 전분(田蚡)은 한(漢)나라 장릉(長陵) 사람이다. 효경왕황후(孝景王皇后)의 동생으로 세도를 휘둘렀다.
117) 한안국(韓安國)은 한나라 때 사람으로 오나라와 초나라가 반란을 일으켰을 때 오나라 군대를 물리쳐서 안국이라는 이름을 얻었다.
118) 한나라 사람으로 무제(武帝)가 흉노를 정벌하는 것에 대해 간언을 올렸으나 무제가 노하여 듣지 않았다.

땅 수천 리를 개척하여 9군(郡)을 설치하였으니 번성하였다고 할 수 있다. 마침내 여러 신하들의 논의에 휘둘려서 성을 철수하여 돌아오니 역사에서는 또한 이것을 일러서 멀리 가서 회복하지 않는 길함이 있다라고 하였다.

나는 그렇게 생각하지 않는다. 대체로 9성(城)은 옛 단기(檀箕)[119]와 고구려의 지역이다. 왕 태조가 개국(開國)한 이후 서북(西北) 지방을 경략(經略)하여 황폐해진 평양을 수리하여 도읍으로 삼았으니 대체로 그 뜻은 닭을 잡고 오리를 치는 것에서 그치는 것은 아니었다. 장차 요동(遼東)과 발해(渤海)를 수복하고 단기(檀箕)의 옛 강역을 회복하려고 하였으니 자손(子孫)된 자는 [이 뜻을] 이어서 완성하는 것이 진실로 마땅하다.

우리 세종조(世宗朝)에 김종서(金宗瑞)는 6진(鎭)을 개척하는 일을 주관하였는데, 조정에서의 의논은 시끄러웠고 이주시킨 백성들은 원망하였다. 그때 잔치를 열어서 병사들과 연회를 하는 날에 어디에선가 날아든 화살이 술잔을 맞추었으나, 김종서는 조금도 미동(微動)조차 하지 않아 6진(鎭)이 드디어 완성되었다.

윤관(尹瓘)[120]과 오연총(吳延寵)[121]의 때에는 사태가 급박함이 반드시 이보다 심하지는 않았으나 고려 군사의 위세는 우리 조선보다 매우 높았다. 윤관과 오연총으로 하여금 그 요충지에 주둔하며 지키게 하였으며, 척준경(拓俊京)[122] 등은 기회를 틈타서 바깥에서 공격하여 마침내 시

---

119) 단기(檀箕)라는 용어는 단군(檀君)과 기자(箕子)의 준말로서 사학사(史學史)에서는 단군과 기자의 정통(正統)을 이은 것을 가리키는 말이다.

120) 윤관(尹瓘, ?~1111)은 고려 때의 명장이다. 문종 때 문과에 급제하여 여러 관직을 거쳤으며, 1107년 여진 정벌군의 원수가 되어 부원수 오연총과 함께 17만 대군을 거느리고 동북계에 출정하여 9성을 쌓아 여진을 평정하였다.

121) 오연총(吳延寵, 1055~1116)은 고려 때의 문신이다. 가난한 집에 태어나 학문에 힘써 문장에 능했다. 여러 관직을 두루 거쳤으며 예종 2년 부원수가 되어 윤관과 함께 여진을 소탕한 뒤 성을 쌓았다.

122) 척준경(拓俊京, ?~1144)은 고려 때의 무신이다. 어렸을 때에는 가난하게 지내다가 뒤에 숙종이 된 계림공(雞林公)의 종자(從者)가 되었다. 이후 예종 2년 윤관을 따라 동여진을 정벌할 때에 석성(石城)·영주(英州) 전투에서 공을 세우기도 하였다.

간이 지난 후 옮긴 백성들은 편안하게 되고 오랑캐들도 스스로 물러났으니 김종서와 같은 공을 세우는 것이 어찌 어려웠겠는가? 이런 예로 살펴본다면 윤관과 오연총은 반드시 김종서의 적수가 안 되는 것은 아니나 예종이 세운 뜻은 그 굳기가 끝내 우리 세종(世宗)에게 미치지 못하였으니 그 공이 이루어지지 않은 것이 마땅하다. 그러나 우리 조선에서는 북계(北界) 지역은 9성(城) 지역을 살펴서 회복하니 역시 예종이 3년간 읍을 설치한 힘인 것이다. 내가 여기에서 오히려 느낀 바가 있다.

옛날 고려의 충선왕(忠宣王)은 원나라의 피를 이은 외손(外孫)으로 자못 재능과 기예가 있었다. 성종(成宗) 이후 연경(燕京)에서 숙위(宿衛)한 것이 거의 수십 년이어서 여러 황제와 제왕(諸王)들과 매우 가까운 친척이었고 더불어 정책(定策)을 들어서 일이 행해지지 않는 경우가 없다. 만일 그가 예종(睿宗)과 같은 뜻이 있었다면 요동(遼東)과 심양(瀋陽) 외각에 원나라와 경계를 이룰 수 있었을 것이다. 왕이 이와 같이 말했다면 원나라는 다만 무엇이 아까워서 따르지 않겠는가. 당시 이제현(李齊賢)과 같이 따라 다닌 여러 신하들은 진실로 그 책임을 사양(辭讓)할 수가 없다.

그 후 우리 태조(太祖)가 나하추(納哈出)[123]의 올자성(兀剌城)을 공격하여 동쪽으로는 황성(皇城)의 북쪽으로부터 동녕(東寧)에 이르고 남쪽으로는 압록강에서부터 서쪽으로는 바다에 이르기까지 하나의 공간으로 만들었다. 아! 이때가 조선(朝鮮)과 삼한(三韓)이 장차 통합할 수 있는 시기였다. 원나라 임금은 이미 패하여 도망가고, 관외(關外)는 크게 어지러워졌는데, 명나라 군대는 연경(燕京)에서 떠나지 않고, 나하추의 기새(奇賽)[124]는 중

---

123) 나하추(納哈出, ?~1381)는 원(元)·명(明)시대의 무장(武將)이다. 원나라 초기 공신의 후예로 부조(父祖) 때부터 요동(遼東)을 진무(鎭撫)하는 중신가문(重臣家門)에 태어나 스스로 행성승상(行省丞相)이라고 칭하고 심양을 중심으로 만주지방에 세력을 떨쳤으며, 원나라 멸망 5년 전에 고려의 동북면 쌍성을 다시 차지하고자 수만 대군으로 침입하였으나 이성계가 이끄는 군대에 참패하였다.

124) 기새인첩목아(奇賽因帖木兒)를 말한다. 기새는 그 아버지가 반란을 도모하다가 처단된 이후 고려에 원한을 품었는데, 이 당시 요·심(遼瀋)지방을 장악하고 있었다. 『고려사(高麗史)』「세가(世家)」'공민왕(恭愍王) 19년 12월 정사(丁巳)일' 참조하시오.

립을 지켜서 서로 통합되지 않았으니 이것은 동방의 기회였다.

만약 우리 태조로 하여금 승리하는 여세를 몰아서 올자(兀剌)의 형승(形勝)에 근거하여 이적(夷狄)과 중국(中國)의 새로 모여드는 무리들을 달래어서 요동의 왼쪽을 공격하여 목영(沐英)[125]이 운남(雲南)[126]을 개척한 것과 같은 치적을 이룬다면 단기(檀箕)의 봉지(封地)를 이룰 수 있었다. 애석하게도 고려의 임금과 신하들은 계획이 이런 데서 나오지 않고 요동의 경계에 미쳐서 천자(天子)의 판도(版圖)에 들어가는 것은 곧 [천자에] 거스르는 군사를 일으키는 것으로 여겼으니 후퇴하지 않고 망한 것은 마땅한 것이었다. 비록 그러나 뒷날 공을 세우기를 좋아하는 임금이 진(秦)·한(漢)나라와 같은 굳은 뜻도 없이 한갓 변경의 틈이 생겨서 화란(禍亂)이 일어난 것을 보고 전쟁을 일으켜서 그치지 못하여 천하의 웃음거리가 되는 것은 그 또한 예종과 같은 죄인이다.

12. 고사삼국직방고론(古史三國職方考論)

직방(職方)[127]의 기록은 오래되었다. 황제(黃帝)의 구구(九丘)[128]는 오직 초(楚)나라 좌사(左史) 의상(倚相)[129]이 보았고, 세상에서는 또한 하(夏)의 공서(貢書)에 전해져 청주(靑州)의 경계(境界)는 우이(嵎夷)[130]·기주(冀州)[131]

---

125) 명(明)나라 태조(太祖)의 양자(養子)로 토번(吐蕃)을 격파하는 등 전공을 쌓았다.
126) 운남성의 주도인 곤명(昆明). 운남성은 중국 서남 변경에 있는 성(省)을 말하는데 교통이 매우 불편하다.
127) 주대(周代)의 관직명으로 천하의 지도(地圖)와 토지에 관한 일을 맡았다.
128) 중국의 옛날 전설에 있는 지리서(地理書)의 이름이다. 구주(九州 : 중국 본토)의 지리에 관한 책이라고도 한다.
129) 춘추 때 초(楚)나라의 좌사(左史)이다. 삼분(三墳)·오전(五典)·팔색(八索)·구구(九丘) 등의 책을 잘 읽었다.

의 지역에서 다하고 갈석(碣石)[132]에서 그친다. 좌해(左海)[133] 일방(一方)은 삼대(三代)의 직방(職方)에서 누락되었고, 우리나라 사람들의 거칠고 보관이 잘 되지 않은 지도와 서적은 또한 전하지 않으니 매우 안타깝다. 비록 그러나 중국의 여러 역사서(歷史書)에서 우리나라의 유사(遺事)를 추론(推論)하면 그 나뉘고 합해짐과 규모가 축소됨과 득실(得失)의 행적을 대략이나마 살펴볼 수 있다.

대체로 단군과 기자 이래로 삼한(三韓)과 사군(四郡), 삼국(三國)과 고려(高麗)에 이르기까지 그 흥망(興亡)이 하나같지 않았다. 바야흐로 전성기에는 백 리(百里)의 나라로 나누어도 남음이 있었으나 쇠약해졌을 때에는 합하여 몇 경기(京畿)의 봉지(封地)를 만들어도 스스로 보존할 수가 없었으니 어찌 하나같이 도덕에 근본하지 않을 수 있겠는가.

단군의 나라는 처음에 태백산(太白山)으로부터 당장(唐莊)으로 옮겼고, 그 아들 부루(夫婁)는 지금의 개원(開原)[134]에 도읍을 하였다가 드디어 북부여(北夫餘)를 만들었다. 대개 그 경계는 남쪽으로는 임진강(臨津江)에 미치고 동쪽과 서쪽, 북쪽으로는 지금의 오라(烏喇)[135] · 초창(舟召廠) · 요심(遼瀋) 세 위(衛)의 사이에 대체로 놓여 있다. 기자(箕子)가 동쪽으로 온 이래 단군(檀君)의 옛 강역으로 인해 연계(燕薊)까지 점차 가까워졌고 전국(戰國)시대의 초기에는 만번한(滿番汗) 서쪽 2천 리(千里)까지 연(燕)나라에 포함되고 드디어 연의 동 · 서군(東西郡)이 되었다. 연나라의 말기에는 또

---

130) 해가 돋는 곳을 말한다.

131) 구주(九州)의 하나로서 지금의 하북성(河北省) · 산서성(山西省)의 대부분과 하남성(河南省)의 일부를 가리킨다.

132) 석비(石碑)를 말하기도 하나 여기서는 산(山)이름이다. 소재지에 대해서는 여러 설이 있다.

133) 동해(東海)를 말한다. 우리나라의 별칭(別稱)이기도 하다.

134) 현명(縣名)으로 청나라 때 설치하였다. 만주(滿洲) 요녕성(遼寧省) 창도현(昌圖縣)의 남쪽이다.

135) 취락(聚落)의 이름이다. 호륜사부(扈倫四部)의 하나로 선조 때에는 나라를 호륜(呼倫)이라고도 불렀다. 포안(布顏)의 때에 부근의 여러 부(部)를 정복하였고 성을 오라하(烏喇河)의 부근에 두었다.

한 만번한 동쪽 5백 리(百里)를 잃고, 진(秦)나라의 패수(浿水)와 경계를 이루었다.

조선이 드디어 폐하여져 지극히 약한 나라가 되어 위만(衛滿)이 이를 틈타서 다시 숙신(肅愼) 예맥(濊貊)을 다시 정복하고 여러 작은 나라들을 항복시켜서 4천 리(千里)의 땅을 소유하게 되었다. 그러나 남쪽으로는 대수(帶水)를 넘지는 못하였다. 한(漢)나라는 조선에 현(縣)을 두어 4개를 설치하였으나 2부(府)로 합해졌다. 그러나 부여(夫餘)는 동북(東北)으로 나누어졌고 옥저(沃沮)는 남동북(南東北)으로 나뉘어졌다. 송양(松壤)[136] · 예맥(濊貊)[137] · 양맥(梁貊)[138] · 개마(盖馬)[139] · 구다(句茶)[140] · 황룡(黃龍)[141] · 행인(荇人)[142] 등의 크고 작은 여러 나라들이 그 사이에 있었다.

한(漢)나라가 약해졌을 때 사군(四郡)은 간혹 스스로 나라를 만들었는데, 고구려는 현도군에서 흥기하였으니 지금의 노성(老城) 애양(靉陽)[143]과 경계이다. 처음에는 송양국(松壤國)에 부용(附庸)되어 미약하였다. 동명성왕(東明聖王)의 손자인 대무신왕(大武神王) 때에 비로소 동부여(東夫餘)를 아울

---

136) 송양국(松讓國)으로 비류국(沸流國)과 같은 곳으로 추정된다. 비류국은 비류수(沸流水) 즉 혼강(渾江 : 佟佳江)의 상류지역에 있었다고 한다.

137) 말갈족을 가리킨다.

138) 맥족(貊族)의 한 갈래이다. 거주지역에 대해서는 『삼국지(三國志)』 권30 「위서(魏書)」「고구려전(高句麗傳)」에 보이는 소수맥(小水貊)으로서 현도군의 속현이었던 서개마현(西盖馬縣)이라는 설과 중국 요녕성(遼寧省) 태자하(太子河) 유역이라는 설이 있다.

139) 개마국(盖馬國)으로 현재의 개마고원(盖馬高原)의 산간지역에 있었던 소국(小國)으로 추정된다. 『한서(漢書)』 권28 하(下) 「지리지(地理志)」에 고구려현(高句麗縣), 상은태현(上殷台縣)과 함께 서개마현(西盖馬縣)이 현도군(玄菟郡)에 속한 것으로 보이고 있고, 『삼국지(三國志)』 권30 「위서(魏書)」 「동옥저전(東沃沮傳)」에 '東沃沮 在高句麗 盖馬大山之東'이라고 하였다.

140) 현재의 위치를 알 수 없으나 개마국(盖馬國)의 인근에 있었던 것으로 보인다.

141) 현재의 위치를 알 수 없다.

142) 행인국(荇人國)을 『신증동국여지승람(新增東國輿地勝覽)』 권54 「안변대도호부(安邊大都護府)」 '고적조(古跡條)'에서는 현재의 강원도 안변 방면에 비정하였으나 이것은 태백산을 현재의 묘향산으로 볼 경우이고 태백산을 백두산으로 볼 때에는 그 동남쪽인 함경북도 무산(茂山)이나 그 남쪽의 해안 지역으로 추정된다.

143) 보(堡)의 명칭이다. 만주(滿洲) 요녕성(遼寧省) 봉성현(鳳城縣)의 북쪽이다.

러서 그 땅이 드디어 커졌고, 세 옥저(沃沮)와 송양국·예맥·구다·개마
는 모두 고구려에 예속되었다. 그 후 사군(四郡) 지역을 다 차지하였다.

대개 조선(朝鮮)은 단군(檀君)으로부터 일어나서 기자(箕子)가 차지하였
다가 위만(衛滿)에게 전하여 주었다. 한(漢)나라가 위만을 차지하였다가
고구려에게 돌려주었으나 고구려는 그 전 지역을 통합하지 못하였다.
한(漢)·위(魏)나라의 교체기에 공손탁(公孫度)144)에 의해 나뉘어졌다가 진
(晉)나라 말에는 우문(宇文)·모용씨(慕容氏)145)와 말갈(靺鞨) 및 거란(契丹)
에 의해 나뉘어졌다. 북부여(北夫餘)의 남은 세력이 또한 그 동쪽 경계에
있었다.

당(唐)나라 때에 고구려를 취하였다가 다시 발해에게 돌아갔다. 대조
영(大祚榮)은 비로소 단군과 기자의 강역인 5천 리(千里)의 지역을 회복하
여 5경(京) 9주(州) 92군현(郡縣)을 두었다. 고려(高麗)에서는 다시 패수(浿水)
를 경계로 삼아 다시 30~40% 정도만 회복하였으니 이것은 조선의 강역
이었다.

삼한(三韓)은 그 남쪽에 있었는데 중국의 제(齊)·오(吳)나라와 바다를
사이에 두고 서로 바라보는 위치에 있었다. 북으로는 대수(帶水)146)까지
이르고 동쪽으로는 예맥(濊貊)에 접하며 남쪽으로는 바다에 면해 있으니
사방 천여 리 정도인데, 크고 작은 78개의 나라가 있었다. 기자(箕子) 이
래로 외복(外服)하는 신하였다. 준왕(準王)이 남쪽으로 내려와 점차 겸병
(兼倂)하여 삼국(三國)이 되었다.

실직(悉直)147) 남쪽에서 바다까지 아울러서 장산(萇山)148)과 팔공(八公)

---

144) 후한(後漢) 말 요동에서 웅거하던 실력자이다. 처음 현도군(玄菟郡)의 관리가 되었다
가 후에 요동태수(遼東太守)가 되어 고구려와 오환(烏丸)을 공격하였다. 다시 산동(山
東)의 동래(東萊)를 접수하고 스스로 요동후(遼東侯) 평주목(平州牧)을 칭하였다.
145) 선비족(鮮卑族)의 갈래이다. 우문씨는 흉노족(匈奴族)에 혈연상 가까운 부족으로 12
부락으로 나뉘어 있었다. 우문씨는 344년 모용씨에게 패한 후 소멸되었다.
146) 임진강(臨津江)으로 추정된다.
147) 실직국(悉直國)으로 신라 명주(溟州) 삼척군(三陟郡)의 옛 국명(國名)이다.
148) 원래 장산국(萇山國)으로 부산 동래의 옛 이름이다.

에 이르렀고 오른쪽으로 돌아 낙동강(洛東江) 주변의 12개국을 병합하여 진한(辰韓)이 되었다. 황산(黃山)[149]의 연해(沿海)를 지나 서쪽으로 지리산(智異山)을 포함하고 왼쪽으로 돌아 12개국이 변한(卞韓)이 되었다. 한수(漢水)는 남쪽으로 웅진(熊津)을 지나고, 서쪽으로는 바다에 이르며, 동쪽으로는 큰 고개가 있는데 54개국을 크게 이끌어서 마한(馬韓)이 되었다.

그 후 박혁거세(朴赫居世)는 진한(辰韓)을 일으켰고, 김수로(金首露)는 변한(卞韓)을 차지하였다가 5개로 나누었고, 후에 신라에 병합되었다. 신라는 처음에는 6부(部)를 두었다가 후에 5주(州)를 설치하여 군현(郡縣)을 두었다. 진평(眞平)·진흥왕(眞興王) 때에는 그 국경이 북쪽으로는 지금의 김화(金化)와 철원(鐵原)의 사이이다.

백제(百濟)는 처음에는 마한(馬韓)에게 분봉(分封)을 받아 그 지역이 백리(百里)에 불과하였다. 나중에 마한을 빼앗아 서북쪽으로는 지금의 저탄(猪灘)[150]을 경계로 삼았다. 고구려가 연(燕)나라와의 싸움에서 져서 장수왕(長壽王)이 평양(平壤)으로 남천(南遷)하니 서북 지역의 땅은 거의 중국에게 빼앗겼다. 이에 점차 남쪽을 개척하여 백제와 신라는 모두 해를 입었다. 그 지역은 청목(靑木)[151]을 지나 궐구(闕口)[152]에 진을 치고 연해(沿海) 동쪽으로 당성(唐城)[153]·수성(隋城)[154]을 지나 상당(上黨)[155]에 가깝게 되어 괴양(槐壤)[156]에 인접하였으니 이것이 서남쪽의 경계였다. 옥저(沃沮)는 남쪽으로 교주(交州)[157]에 접하여 큰 바다에 면해 있는데, 황지(黃

---

149) 현재 충남의 논산군(論山郡) 연산면(連山面)으로 추정된다.
150) 저탄(猪灘)은 황해도 평산(平山)에 있는 예성강의 지류이다.
151) 청목산(靑木山)을 말하는데 정확한 위치는 알 수 없다. 경기도 포천이나 개성으로 추정하기도 한다.
152) 고구려 지명(地名)의 하나로서 현재의 황해도 신천군(信川郡) 문화면(文化面)이다.
153) 신라의 한주(漢州) 당은군(唐恩郡)의 고구려 및 고려시대의 지명이다. 지금 화성군 남양면이다.
154) 경기도 수원(水原)을 말한다.
155) 충북 청주(淸州)를 말한다.
156) 충북 괴산군(槐山郡)을 말한다.
157) 강원도(江原道)의 옛이름이다.

池·태백(太白)을 통과하여 지금의 문경(聞慶)과 용궁(龍宮)[158]부터 청송(靑松)까지를 포괄하고 영해(寧海)·영덕(盈德)·청하(淸河)까지 미치니 이것이 동남쪽의 경계였다. 3주(州) 36군(郡) 125현(縣)을 두었으나 고구려 지역이 되었다.

백제 문주왕(文周王)은 남쪽으로 옮겨서 이미 북쪽의 여러 성(城)을 잃었는데, 점차 신라 지역을 잠식(蠶食)하였다. 그 지역은 서남쪽으로는 바다와 탐라(耽羅)·강남(江南)·해양(海陽)[159]을 포함하고 잔수(潺水)[160]를 지나서 가야(伽倻)와 연합하였고, 진례(進禮)[161]를 넘어 화령(化寧)[162]과 혜성(槥城)[163]의 포구까지 이어졌고 사산(蛇山)[164]을 지나 바로 기술(蘷率)을 지나서 지금의 황간(黃澗)[165]까지이니, 5도(道) 2주(州) 37군(郡) 108현(縣)을 두어 백제국이 되었다.

신라 지역은 고구려와 백제에 공격을 당하고 형국이 산과 바다 사이에 놓여져서 가장 작은 나라가 되었다. 후에 당나라와 함께 백제를 멸망시켰다. 당나라는 5개의 도독부(都督府)를 두었으나 수십 년 뒤에는 모두 신라에 편입되었다. 고구려가 당나라에게 무너짐에 또 대동강(大洞江) 이남 지역을 얻었다. 그 지역은 동서(東西)와 남쪽으로 바다에 면해 있고 북쪽으로는 철관(鐵關)[166]을 넘어 옥저(沃沮)와 면해 있고, 곡주(谷州)[167]를 포함하고 급수(急水)에 면해서 당장(唐莊)을 포함하니, 9도(道) 5경(京) 120군(郡) 308현(縣)이 신라가 되었다.

---

158) 경상북도 예천군 용궁면이다.
159) 전라도의 옛이름이다.
160) 전라남도 구례군 구례읍을 가리킨다.
161) 충청남도 금산군(錦山郡)의 옛이름이다.
162) 경상북도 상주군(尙州郡)의 옛이름이다.
163) 충청남도 당진군 면천면의 옛이름이다.
164) 충청남도 천안군 직산면의 옛이름이다.
165) 충청북도 영동군 황간면이다.
166) 함경남도 문천군 덕원면 고성리이다. 현재는 강원도 문천군 신성리이다.
167) 황해도 곡산군의 옛이름이다.

대개 삼한(三韓) 지역은 조선과는 달라서 그 초기에는 모두 기자(箕子)에게 외복(外服)하였다. 북부여(北夫餘)는 진실로 단군의 후예이나 그 나라는 지금 두만강(豆滿江) 바깥 동해(東海)의 해변가에 있고 발해(渤海)의 소유가 되었다. 이러한 예로 말한다면 조선의 강역은 멀다고 할 수 있다. 수천 년 사이에 혹 나뉘어졌다가 혹 합쳐지기도 하였으니 항상됨이 없이 그 득실(得失)과 성쇠(盛衰)가 같지 않았다. 그 이유를 살펴보면 역시 어찌 인사(人事)와 다르겠는가. 신라와 백제의 주군(州郡)이 실린 옛 역사책이 있어서 고구려 패수(浿水) 북쪽의 여러 성(城)은 그 이름은 남아 있지만, 지금은 이역(異域)에 속하고 연대(年代)가 멀어서 자세하게 살필 수 없다. 슬프다. 그 살펴볼 수 있는 것은 족보와 같이 구비한다.

13. 신라백관지론(新羅百官志論)

신라 백관(百官)의 호칭은 방언(方言)에서 많이 나왔다. 그 상대(上代)의 시기에는 작관(爵官)이 더욱 복잡하여 분별하기 어렵다. 옛날에 기록한 것이 오래되어서 용사(龍師)168) · 운사(雲師)169) · 조사(鳥師)170) 화사(火師)171)도 있었으나 나중에는 멀리 선택하여 기록할 수가 없었다. 사람으로 사도(司徒) · 사구(司寇) · 사공(司空) · 총재(冢宰)의 직위는 이미 신라의 아찬(阿湌) · 각간(角干) 등에 속하는데, 방언(方言)이 의미가 통하지 않는 사투리여서 물(物)이나 사람[人]을 기록하는 것도 또한 어디에다 적을지

---

168) 복희씨(伏羲氏)의 관(官)을 말한다.
169) 옛 황제(黃帝) 때의 관직명이다. 구름은 상서로운 기운이 있기에 백관(百官)의 장(長)을 운사라고 이름하였다.
170) 옛날의 관직명으로 소호(少皞)의 때에 새 때문에 관직의 이름을 삼은 것을 말한다.
171) 옛날의 관직명으로 신농(神農)이 불의 덕이 상서롭기 때문에 이름지었다.

알지 못하였다. 당시의 지혜로운 사람들이 명(命)을 받아 이름지은 것은 반드시 약간의 의미라도 있을 것이지만 지금 모두 알 수가 없으니 애석하도다.

성인(聖人)이 하늘을 이어 표준[極]을 세울 때 무릇 하늘과 땅 사이에 모두 마땅히 주인으로 삼는 것이 있었다. 그러므로 하늘은 사시(四時)의 관리[吏]와 오행(五行)의 보좌[佐]가 있으니 사람이 실제로 그것을 본받아 봉조씨(鳳鳥氏)[172]로 역정(曆正)[173]을 삼고, 현조씨(玄鳥氏)[174]로 사분(司分)[175]을 삼고, 상구씨(爽鳩氏)[176]로 사구(司寇)[177]를 삼았다. 거듭하여 구망(勾芒)[178]이 되고 갖추어서 욕수(蓐收)[179]가 되고 닦아서 현명(玄冥)[180]이 되는 종류이다.

그러므로 물(物)에는 그 관(官)이 있고 관(官)이 그 방(方)을 다스리고 있어서 아침저녁으로 생각하니 하루라도 직위를 잃어서는 죽음에 이르게 된다. 그 직위를 정비하는 자는 자손이 이어받아 일찍이 추락하지 않는다. 그 법은 환룡씨(豢龍氏)[181]·어룡씨(御龍氏)와 같으니 모두 수관(水官)[182]에 소속되었고, 순(舜)과 우(禹)임금 이래로 그 관직이 없어지지 않았다. 주(周)나라 관직의 예부(禮部)에서도 역시 조수(鳥獸)를 맡아서 말하

---

172) 옛날의 관직명으로 역정(曆正)과 같다. 임금이 성덕(聖德)이 있으면 봉황(鳳凰)이 내려오므로 천시(天時)를 알 수 있기 때문에 역정과 같은 것이다.
173) 역(曆)을 담당하는 관리이다.
174) 옛날 소호(少皞)의 관직명이다. 역(曆)을 맡은 관리로 춘분(春分)과 추분(秋分)을 맡았다.
175) 고대에 춘분(春分)과 추분(秋分)을 맡은 관직을 말한다.
176) 옛날의 관직명이다. 오구(五鳩) 중의 하나로 사구(司寇)를 말한다.
177) 관직명이다. 옛날 육경(六卿)의 하나로서 형벌(刑罰)과 경찰(警察) 등의 일을 맡았다.
178) 오행신(五行神)의 하나로서 목신(木神)의 이름이다.
179) 신(神)의 이름으로 가을의 신이다. 하늘에 있으면서 형벌(刑罰)을 관장한다.
180) 대음(大陰)의 신(神)으로 북방(北方)의 신이다. 형살(刑殺)을 주관하였다.
181) 환룡(豢龍)은 옛날의 관직으로 말을 사육하는 것을 담당하였다. 요순 때에 동씨(董氏)가 이 관직을 있으면서 공을 세워서 이로 인해 환룡씨가 되었다. 여기서는 어룡씨(御龍氏)와 같이 용을 기르던 관직을 말한다.
182) 옛날의 관직명으로 오관(五官)의 하나인데, 물을 다스리는 것을 관장하였다.

는 관직을 두었으니 춘추(春秋) 때의 개갈로(介葛盧)[183)가 곧 그 남은 잔영이다.

순전(舜典)에는 말하기를, "순(舜)임금이 말씀하시길, '누가 나의 산택(山澤)의 초목(草木)과 조수(鳥獸)를 순히 다스리겠는가?'라고 하였다"[184]는 기록이 있으니 조수(鳥獸)는 사람과 다른 종류이고 그 물(物)이 지극히 미약하여 그 정(情)을 알기가 지극히 어렵다. 성인(聖人)은 오히려 조수를 위해 관(官)을 만들고 맡기었다. 그 당시의 사람들도 사사로운 욕심으로 해치려는 마음이 없어서 그 처음에는 영혼이 맑았기에 물(物)과 간격이 없었으므로 그 뜻이 통할 수 있었고 말을 이해할 수 있었다. 이와 같은 성품이었으니 하물며 검수(黔首)[185]의 무리를 우리의 동포(同胞)로 삼는 것에서 더 말할 나위가 없었다.

이때에 천하 백성들의 그 은미(隱微)한 욕정(欲情)이 혹 터럭끝만한 것이 있어서 위에서 파악된 것에 대해서는, 인군(人君)은 팔짱을 끼고 아무 일도 하지 않아도 여러 관직에 있는 자들이 아래에서 다스렸으니 천지(天地)가 스스로 서고 만물이 스스로 길러져 천하가 다스려졌던 것이다. 이것이 복희(伏羲)·신농(神農)·황제(黃帝)·요순(堯舜)이 하늘과 더불어 하나가 되는 이유였고, 그 신하의 덕(德)이 쌓인 것도 역시 사시(四時)를 맡았던 이(史)와 오행(五行)의 보좌[佐]와 간격이 없이 같았다.

옛날에는 관(官)이 그 업(業)을 편안하게 하여 그 물(物)을 이루었다. 관이 변경되면 물(物)도 곧 비탈에 엎어져서 무성하게 길러지지 않는다. 이러한 예로 본다면 삼대(三代) 이후에 비록 만물(萬物)이 그 자리를 얻지 못한 경우가 많았다. 하물며 우리 백성들은 말할 나위도 없다. 그러므로 성인(聖人)이 관(官)을 설치한 것은 이미 사람을 얻은 것이었다. 또 설(契)[186]

---

183) 춘추시대 개국(介國)의 임금이다. 희공(僖公) 29년 노(魯)나라에 조회하였다. 소와 말이 잘 통하였다.
184) 『서경(書經)』「우서(虞書)」「순전(舜典)」, "帝曰 疇若予上下草木鳥獸."
185) 백성(百姓)을 말한다. 관(冠)을 쓰고 있지 않아 검은 머리를 드러내고 있다는 뜻이다.
186) 고신씨(高辛氏)의 아들로 순(舜)임금 때 사도(司徒)가 되었다. 우(禹)임금을 보좌하여

을 오랫동안 사도(司徒)로 삼았고 기(夔)[187]는 전악(典樂)[188]을, 고요(皐陶)[189]는 사(士)를, 용(龍)[190]은 납언(納言)을 담당하게 하여 바꾸지 않았다.

신라 때에는 김후직(金后稷)[191]이 간언을 하였고, 호공(瓠公)[192]이 도와주었고, 이사부(異斯夫)[193]와 김유신(金庾信)은 장수로 도왔는데, 그 이력(履歷)의 변화가 볼 만한 것이 없었다. ·또 동방(東方)의 나라에서 신라의 풍속이 가장 옛날에 가까우니 과연 먼 옛날의 관직을 적어서 용사(龍師)·조관(鳥官)[194]의 남긴 뜻을 얻을 수 있겠는가? 잘 모르는 일이다. 그 우리나라의 역사와 중국의 여러 책에서 뽑아낸 것을 모두 아래에 자세하게 기록한다.

물을 다스리는데 공을 세워 상(商)에 봉해졌고, 상나라의 조상이 되었다.
187) 순(舜)임금의 신하의 이름으로 음악을 담당하였다.
188) 상고(上古)시대에 음악을 담당하였던 관직명이다.
189) 순(舜)임금의 신하이다. 옥관(獄官)의 장인 사구(司寇)를 지냈다.
190) 순(舜)임금의 신하이다.
191) 신라의 충신으로 지증왕의 증손이다. 이찬(伊湌)으로서 진평왕 2년에 병부령(兵部令)을 지냈다. 진평왕이 지나치게 사냥을 좋아하므로 왕에게 사냥의 중지를 간언하였으나 왕은 듣지 않았다. 죽으면서 세 아들을 불러 놓고, 자기가 죽으면 왕이 사냥다니는 길가에 묻어주면 죽은 뒤에도 간언을 하겠다는 유언을 남겼다. 후에 진평왕이 사냥을 가다가 도중에 이상한 소리가 들리므로 그 까닭을 묻자 신하가 그 유언을 왕에게 알려 왕은 다시는 사냥을 하지 않겠다고 하였다.
192) 족성(族姓)과 생몰년이 미상이다. 『삼국사기(三國史記)』에 의하면 호공은 원래 왜인으로 신라에 건너와서 박혁거세 38년 마한에 사신으로 파견되었으며 탈해왕 때에는 대보(大輔)가 되었다고 한다. 호공은 탈해왕 4년 시림(始林)에서 알지(閼智)의 탄강을 처음 목도하여 왕에게 아뢰었다고 한다.
193) 신라 때의 장군으로 내물왕의 4대손이다. 고구려와의 싸움에서 공이 많았다.
194) 관직명으로 소호씨(少昊氏)가 새 때문에 관직의 이름을 삼은 것을 말한다. 소호씨 때에 봉황이 마침 와서 봉조씨(鳳鳥氏)로 역정(曆正)을 삼은 것이다.

14. 고사고려유림전론(古史高麗儒林傳論)

대개 은나라 태사(太師 : 箕子)의 은혜가 우리 동방(東方)에 미쳐 900년 동안 문치(文治)가 행하여졌다. 그 자손이 위만(衛滿)에게 위협을 당해 남쪽 해상(海上)에 가서 살게 되고, 옛 지역의 유민(遺民)은 드디어 위만조선(衛滿朝鮮)이 되었다. 그러나 그 남겨진 풍속은 한(漢)나라의 사군이부(四郡二府)의 시대까지 이어져 오히려 삼예(三裔 : 三韓)보다 남달리 볼 만한 점이 있다.

고구려 때에는 부강(富强)한 습속으로 장려하였고, 수(隋)·당(唐)나라의 시기에는 백성들을 강회(江淮)로 옮겨서 남은 사람들은 발해(渤海)가 되었다. 그 후에 거란과 고려에 나누어 편입되고, 기자의 후손 무강왕(武康王 : 준왕)은 그 좌우의 관인들을 이끌고, 남한(南韓)을 보존하였다가 백제가 멸망시키고 백성을 보유하였다. 신라가 백제와 고구려를 통일하여서는 동방(東方)에 그 신라의 풍속을 스스로 퍼뜨려서 백성들의 눈이 어두워졌기에 선왕의 정치와 예악(禮樂)·문물(文物)의 아름다움을 듣지 못하였다. 그러나 그 천성이 순하고 선하며 국가를 위해 죽는 의리에는 익숙하였기 때문에 전쟁을 할 때에는 병사들이 자못 절개가 있었다. 그러나 제도(制度)·규모(規模) 같은 것에서는 대체로 오랑캐에서 멀지 않았으니 옛 조선(朝鮮)의 풍속(風俗)은 마치 제(齊)·노(魯)나라의 오(吳)·월(越)나라에 대한 관계와 같았다.[195]

고려의 왕씨가 일어나서 신라를 계승하여 그 나라를 경영할 때 [신라의 제도를] 혹 고치기도 하고 혹은 그대로 준수하였으나 형제의 사이에서 차이가 있었다. 대체로 이때에 이르러서 조선(朝鮮) 기자(箕子)의 예악

---

195) 제(齊)나라와 노(魯)나라는 주(周)나라의 문화적 정통을 잇는 문학(文學)의 근원지이고 이에 비해 오(吳)나라와 월(越)나라는 패도(覇道)를 추구한 나라이므로 조선(朝鮮)과 신라(新羅)를 이 관계에 대비하였다.

(禮樂)은 거의 사라졌을 따름이다. 아아! 혜종(惠宗)이 그 딸을 자신의 아우인 소(昭)[196]에게 시집보내고 광종(光宗)[197]과 문종(文宗)[198] 모두 누이에게 장가드니, 남녀 사이의 혼인이 어찌 이다지도 혼란스러워 금수(禽獸)의 지경에까지 다다르게 된 것이 아닌가?

태조 원년(元年), 도내(道內)에 10개의 절을 만들어서 왕이 친림(親臨)하여 팔관회(八關會)를 행하고[199] 남녀가 모여들어 절에서 재(齋)를 행하니 온 나라의 상하(上下)가 어찌 머리 깎은 승려와 부처의 나라가 아니겠는가. 이의민(李義旼)·정중부(鄭仲夫)가 가부(加釜)하여 임금을 가라앉히고, 최충헌(崔忠獻)도 사가(私家)에서 왕에게 조회하니 권신(權臣)이 세도를 잡고 경재(卿宰)는 왕을 모시기만 한다면 어찌 왜국의 관백(關白)[200]이 되지 않겠는가.

충선(忠善)·충숙(忠肅)왕의 경우에도 원에서 공주(公主)에게 장가들어 장인(원나라황실)의 위세에 의탁하니 동방(東方) 군자(君子)의 나라로서 어찌 회골(回鶻)[201]이나 오손(烏孫)[202]이 되지 않을 수 있겠는가. 궁중에다 자제위(子弟衛)[203]를 설치하니 공경(公卿)들이 직무를 보고 있을 때 처첩(妻妾)들이 서로 훔치므로 막지 않았다면 백성들이 살아가는 이치에 어

---

196) 고려의 4대 임금인 광종(光宗)의 이름이다.
197) 『동사(東史)』의 원문에는 '광덕(光德)'이라고 되어 있는데, 이것은 광종(光宗) 때의 연호(年號)이다. 바로 앞에 광종의 이름인 소(昭)가 나왔기 때문에 중복을 피하여 쓴 것이다. 광종의 비(妃)는 태조의 딸로 대목태후(大穆太后) 황보씨(皇甫氏)이다.
198) 고려의 11대 임금으로 비(妃)는 같은 아버지인 현종의 딸인 인평왕후(仁平王后) 김씨(金氏)이다.
199) 태조 원년, 918년 11월 처음으로 팔관회를 연 것을 말한다.
200) 일본의 관직 이름으로 천황(天皇)을 보좌하여 정치를 집행하였던 중직(重職)을 말한다.
201) 수(隋)·당(唐)시대부터 송(宋)·원(元)시대에 걸쳐 몽고 및 감숙성(甘肅省) 등지에서 약 일세기 동안 세력을 잡은 터어키 계통의 부족을 말한다.
202) 한대(漢代)에 서역(西域) 곧 이리지방(伊犁地方)에 있던 나라, 또는 그 지방의 인종(人種)을 가리킨다.
203) 고려 때의 임시관청의 하나이다. 1372년(공민왕 21) 젊고 용모가 잘 생긴 청년을 뽑아 여자 대신 왕의 시중을 들게 하기 위해 설치하였다. 조선 초기의 역사서에서는 이를 부정적으로 묘사하였으나 개혁을 위한 새로운 세력을 양성하는 관점에서 이해할 수 있다.

찌 방탕하고 어지러워 귀신의 나라가 되지 않을 수 있겠는가.

아아! 난세(亂世)라고 이를 만하다. 선비가 그 사이에 살면서 구차스럽게 자신을 수양하여 바로 세우려고 하나 진실로 어렵다. 그러나 최응(崔凝)은 태조 때에 이미 불교를 물리치라는 상소를 올렸으며, 최충(崔沖)·안향(安珦)·우탁(禹倬)의 무리들도 유학자들이 스스로 향당(鄕黨)을 맑게 하라고 명하였다. 이것을 시(詩)에서는 이른바 '바람과 비 때문에 어두우나 닭 울음소리가 그치지 않는구나'라고 하였다. 그 말엽에 이르러서는 이색(李穡)·김구용(金九容)·정몽주(鄭夢周)는 모두 문학(文學)으로 특별히 성장하였던 인물들로 볼 만한 점이 있었다. 이색이 공민왕(恭愍王)에게 상소를 올려서 한 의논은 더욱 위대하였는데, 그가 학교(學校)에 대한 언급한 것을 보면,[204] "옛날의 배우는 사람은 성인(聖人)이 되기를 바랐으나, 지금 배우는 사람들은 벼슬을 구하는 것을 목적으로 합니다. 시(詩)를 읊고 글을 읽는데 공부가 깊지 못하고 화려한 문장을 수식하기에만 노력하여 문장과 구절을 다듬는 데만 지나치게 마음을 써서, 성의정심(誠意正心)의 공력은 어디 있는지 찾아볼 수가 없습니다.

청컨대 중앙의 학당(學堂)과 지방의 향교(鄕校)에서 인재를 심사하여 12(徒)[205]에 진급시키고 또 12도에서 총괄적으로 심사하여 성균관(成均館)에 올려서 일정한 기간이 지난 후에 그 덕(德)과 재예(才藝)를 심사하여 예부(禮部)에 추천하고, 합격한 사람은 전례에 따라 관직을 주고, 불합격한 사람에게도 출신(出身)에 따른 길을 터 줄 것입니다. 이리하여 현직 관리로서 과거 보기를 희망하는 자를 예외로 하고 그 나머지는 국학생

---

204) 이색(李穡)의 상소 내용은 『고려사(高麗史)』 「열전(列傳)」 제28 「이색(李穡)」에 나오는 내용이다.
205) 고려 때 사학(私學)으로 십이공도(十二公徒)를 말한다. 최충(崔沖)의 문헌공도(文憲公徒), 정배걸(鄭倍傑)의 홍문공도(弘文公徒), 노단(盧旦)의 광헌공도(光憲公徒), 김상빈(金尙賓)의 남산도(南山徒), 김무체(金無滯)의 서원도(西園徒), 은정(殷鼎)의 문충공도(文忠公徒), 김의진(金義珍)의 양신공도(良愼公徒), 황영(黃瑩)의 정경공도(貞敬公徒), 유감(柳監)의 충평공도(忠平公徒), 문정(文正)의 정헌공도(貞憲公徒), 서석(徐碩)의 서시랑도(徐侍郎徒), 귀산도(龜山徒) 등을 일컫는다.

이 아니면 시험을 볼 수 없게 할 것입니다. 그러면 이전에는 불러도 오지 않던 사람이 이제는 (떠밀어도) 가지 않을 것입니다"라고 하였다.

그 불교를 숭상하는 것이 잘못된 것에 대해 말하기를, "공자의 말에 '귀신은 공경하되 멀리할 것이다'라고 하였고 신이 불교에 대해 바라는 것도 역시 이와 같습니다"라고 하였다. 아아! 이 말이 어찌 고려 사람들의 말이겠는가. 어(語)에는 말하길, "하늘이 장차 맑아지고 바람이 부니 해는 떠서 밝기를 원하고 별은 먼저 우리의 아침을 열어서 기씨(箕氏)와 교차하게 하는구나"라고 하였다 [이에] 고려 유림전을 짓는다.